省级精品资源共享课“供应链管理”指定配套教材
大连海事大学研究生精品课程“现代物流与供应链管理”指定配套教材
最新现代高等物流教育系列

Supply Chain *Management*

供应链管理（第3版）

杨华龙 刘进平 主编

东北财经大学出版社·大连
Dongbei University of Finance & Economics Press

图书在版编目(CIP)数据

供应链管理 / 杨华龙，刘进平主编. —3版. —大连：东北财经大学出版社，2015.10
（最新现代高等物流教育系列）
ISBN 978-7-5654-2014-6

Ⅰ. 供… Ⅱ. ①杨… ②刘… Ⅲ. 供应链管理-高等学校-教材 Ⅳ. F252

中国版本图书馆CIP数据核字(2015)第157066号

东北财经大学出版社出版
(大连市黑石礁尖山街217号 邮政编码 116025)
教学支持：（0411）84710309
营 销 部：（0411）84710711
总 编 室：（0411）84710523
网 址：http：//www.dufep.cn
读者信箱：dufep@dufe.edu.cn

大连图腾彩色印刷有限公司印刷 东北财经大学出版社发行

幅面尺寸：185mm×260mm 字数：373千字 印张：18 3/4 插页：1

2015年10月第3版 2015年10月第3次印刷

责任编辑：郭 洁 责任校对：刘咏宁
封面设计：沈 冰 版式设计：钟福建

定价：36.00元

第3版前言

商业环境复杂、企业与供应链的业务模式发生了很大变化的今天，为供应链管理的发展提供了更广阔的空间，供应链管理也受到了越来越多的关注。主要表现在以下三个方面：一是企业生产成本已没有多少可缩减空间，许多企业已经开始意识到通过供应链管理来缩减成本会更为有效；二是信息和通信系统如今已得到了广泛应用，特别是物联网、云计算和大数据等对公司业务和供应链的各个部分都产生了巨大的影响；三是随着生产离岸化和全球化的持续发展，供应链的复杂性和风险显著增加，同时不断上涨的成本及不断加速的企业间兼并收购，促使许多企业需要重新审视其供应链管理战略。

本书第3版修订的重点是在已有第2版内容的基础上进行完善，并按当前供应链管理实践案例的变化进行相应更新。主要变化包括：

鉴于供应商有面向订单生产和面向库存生产两种供应链形式，新版在第3章中增加了面向库存生产的供应合同的内容，分设了“面向订单生产的供应合同”与“面向库存生产的供应合同”两节，同时删除了原有的“采购组织与人员设置”和“供应商选择评价”两节。

鉴于运输和库存费用是供应链成本中的重要因素，新版在第7章中增加了“供应链物流设计”一节，删除了原有的“供应链绩效评价指标体系”一节。

鉴于受全球金融危机的影响，我国经济出现了增长势头放缓的新常态，国内中小企业贷款面临更多的困难和挑战，新版将第8章更名为“供应链金融与风险管理”，并增加了“供应链金融管理”一节，将原有的“供应链定价和收益管理”一节调整到了第2章。

同时，得益于我国供应链管理领域的迅猛发展，我们收集整理了许多国内企业供应链管理的最新案例，对原版中的案例进行了全面更新。

修订后本书各章的主要内容如下：

第1章供应链管理概述，主要介绍企业变革的宏观经济背景和竞争特点，并讲解供应链管理的基础理论，包括概念、特点、管理目标、运营机制、主要领域、难点等，为读者学习和完善供应链管理理论打下良好的知识基础。

第2章客户价值与供应链定价，主要介绍客户价值与客户服务的基本知识，分析客户价值的内涵和影响因素，讨论客户服务的要素，阐述制定客户价值的实现策略和客户服务的标准。此外，本章还着重讲解客户价值市场细分方法和基于客户价值的供应链优化思想。

第3章采购与供应管理，主要介绍采购的基本理论，供应链环境下采购的特点，以及采购流程、购买策略、采购价格等。探讨供应商面向订单生产和面向库存生产两种供应链环境下的各类采购合同。最后，介绍未来采购的发展趋势。

第4章供应链库存管理，主要回顾库存的基本理论和管理方法，并介绍供应链中库存管理的特征。本章还将具体解释需求不确定性、需求预测和安全库存，为更好地选择订货方法和更深入地理解供应链奠定基础。同时讨论供应链风险分担和集中化库存的原理。最后介绍主要的供应链库存管理的新策略，包括JIT库存管理、VMI、JMI、CPFR。

第5章物流网络设计，讲述物流网络规划问题及其重要性，并介绍物流设施选址应该考虑的主要因素和规划过程，具体阐述物流网络规划所需的数据和物流网络规划使用的技术，详细讲解供应链中设施选址的方法，其中包括单设施选址、多设施选址、服务设施选址。

第6章供应链信息管理，首先解释信息技术在供应链管理理论与实践的发展过程中所起到的非常重要的作用，然后详细讲解供应链中的牛鞭效应及其产生原因和处理方法，供应链中的沟通技术也在本章一一加以介绍，并且具体阐述了电子商务对供应链的影响、物联网对供应链的影响，最后简单介绍供应链决策支持系统。

第7章供应链业务流程重构，先从传统业务流程及其弊端入手，从而引出业务流程重构（BPR）的产生及其概念，重点介绍供应链业务流程重构实施方法、物流设计理念方法及供应商参与产品设计的策略，最后提出了基于标杆法的供应链绩效评价与供应链运作参考模型。

第8章供应链金融与风险管理，主要讲解股东价值的相关知识，分析供应链管理对资产负债表和净资产收益率的影响，通过杜邦模型和客户收益分析模型探讨供应链财务管理的作用，阐述供应链定价和收益管理的理论和方法，介绍供应链金融管理的理论和方法，并针对供应链风险问题，讨论供应链风险识别与管理的内容，分析供应链风险的预警与规避方法。

第9章供应链管理战略，作为本书的最后一章，详细讲解主要应用在供应链管理中的战略思想：快速反应、有效客户反应战略，推动、拉动系统和推-拉式系统，精益供应链、敏捷供应链、延迟战略、供应链业务外包和全球化供应链战略。

本书可作为高等学校的教材，也可作为致力于物流与供应链管理研究的人员与实际工作者学习的参考资料。

本次修订的大纲由杨华龙拟定，刘进平及博士生张倩、王滋承、邢玉伟，硕士生黄桃、胡艳梅、范肖霞、赵俊伟、丁旭楠、曹阳、祝百豪、孙浩德等协助查阅资料并参与部分章节的修订编写工作。

本书在修编过程中参考了一些现有的供应链管理教材，借鉴了国内外著名的供应链管理专著和研究成果，在此谨向所参考、吸收、采用的有关专著、教材、网站文章的作者表示衷心感谢。

由于编者水平有限，书中不妥之处在所难免，敬请专家和广大读者批评指正。

编　者

2015.05 · 大连

目 录

第1章 供应链管理概述

学习目标

1. 掌握供应链的定义及特征、供应链管理的定义及特征、供应链管理的目标、供应链管理的难点和主要领域。

2. 理解供应链管理产生的背景、企业面临的竞争特征、供应链管理对获取竞争优势的作用、供应链运行机制、供应链管理的类型、消费者行为的变化对供应链管理的影响。

3. 了解供应链管理与传统管理方式的区别。

基本概念

供应链　供应链管理　竞争优势　全局优化

引导案例　　海尔集团：利用供应链的竞争

海尔集团1984年创业初期只是一个年亏损147万元的集体所有制小厂，到今天已发展成为特大型企业集团。海尔集团先后实施了名牌发展战略（1984—1991）、多元化发展战略（1991—1998），从1998年开始。海尔集团进入了国际化发展战略阶段，目标是挺进世界500强，成为国际化的海尔。

在不同的发展阶段中，海尔集团始终注意并抓住不同时代顾客需求的热点，然后通过创新全力加以满足。在国际化发展战略阶段之初，他们又敏锐地意识到以最快的速度满足用户的个性化需求已经成为当前消费者的需求热点。为满足国际化的市场需求，他们意识到必须对企业内部的组织流程进行改造，整合企业内外部资源，重新规划内外部供应链，进行供应链管理。

海尔集团在快速扩张式的发展过程中，随着企业规模的扩大，组织结构也处在不断调整的过程中，先后经历了直线职能制、事业部制、本部制等三种组织结构。从1998年开始，海尔集团进入国际化战略发展阶段，为此，海尔集团在整个集团范围内进行了以信息化、扁平化和网络化为目标的业务流程再造，实现了企业内部和外部网络相连，使企业形成一个开放的而不是封闭的系统。

海尔重新定位与供应商之间的关系，把双方由供需关系上升到以订单为中心的战略合作伙伴关系，变买卖关系为双赢关系。海尔集团在整合集团物流资源后，实行统一配送。利用集团的配送货源，整合社会仓储、运输网络资源，建立起覆盖全国的网络配送体系。

在国内，海尔与经销商、代理商的合作方式主要有店中店和专卖店，而这也是海尔营销渠道中颇具特色的两种形式。海尔集团在全国有影响力的大店、名店内开辟“海尔店中店”，主要是致力于拓展全国市场销售的主渠道。由商家设计、海尔制造的全新经营模式正在形成。在海外，海尔集团利用外商现成的经销渠道，建立起海外营销网络，起到了“借助外力，为我所用”之功效。利用国外经销商网络的最大好处是可以拥有整套的销售网络，特别是国外代理商们完善的服务网络。在整合海外经销商资源时，海尔有三个基本原则：互动、发展、创新。也就是美国的一些好的销售经验可以被欧洲学习，欧洲的好的经验可以被中东采纳。海尔定期召开全球海尔经理人互动会，经常性地对好的销售经验进行交流、沟通、学习，使海尔对市场的反应更加灵活、敏锐、快捷，而它又反过来使海尔更深地契入市场，更快地开辟市场，更多地占有市场。这使海尔在全球的销售额增长的非常快。

信息共享是供应链管理的基础，为实现集成化供应链管理，海尔集团使用世界一流ERP软件供应商——SAP提供的产品，经过多年的实践开拓，海尔集团完成了连接海内外，贯通采购、设计、生产、销售、财务等企业所有方面的计算机信息化管理系统工程。实现了业务流与信息流、资金流的统一。以此系统为基础，海尔搭建电子商务平台，实现网上招标、网上采购、网上支付。

（根据公开的网络资料整理）

20世纪80年代，许多企业开发出新的制造技术和策略，使得成本减少，并在不同的市场更好地参与竞争。同时，准时制造、看板、精益生产、全面质量管理等战略变得越来越流行，为了实施这些战略，企业投入了大量的资源，许多企业降低生产成本的幅度已经接近了实际可能的极限。

随着经济全球化和知识经济时代的到来，以及全球制造业的出现，供应链在制造业管理中得到普遍应用。面对市场竞争日益激烈、用户需求的不确定性和个性化增加、高新技术迅猛发展、产品寿命周期缩短和产品结构越来越复杂的环境，企业管理如何应对新的竞争，已成为广大管理理论及实际工作者关注的焦点。本章将在介绍企业变革的宏观经济背景的基础上，讨论企业竞争环境的特点，并且进而探讨竞争优势与供应链管理的关系。接下来，本章将介绍供应链的概念及特点、供应链管理的概念及特点、供应链管理的目标、供应链管理的运营机制、供应链管理与传统管理模式的区别、供应链管理的类型、供应链管理的难点和供应链管理的主要领域。

1.1 企业变革的宏观经济背景

20世纪90年代以来，由于消费者行为的变化、科学技术的不断进步、全球化市场的形成、技术变革的加速、政府政策的改变和呼声日益强大的可持续发展的要求，使企业管理发生了变革。正是这些驱动力促使物流和供应链管理的重要性得到了前所未有的凸显。

1. 日益强大的消费者

消费者行为一直是市场分析和战略发展研究的焦点。通常，这种分析以消费者整体和主要消费群体或部分消费群体为对象，通过了解消费者的需求特点，从而向消费者提供相应的产品或服务，占领一定的市场份额。这种分析也对物流与供应链管理有一定的影响，但在过去这种影响没有得到重视。现在，消费者对物流与供应链管理的影响越来越明显而且更加直接。

由于信息和网络技术的快速发展，消费者可以自由地从多种渠道获得产品或服务的信息，除了直接来源，还可以通过包括产品目录、互联网、电视、电话、报纸等其他来源获取有关信息。于是消费者可以比较商品的价格、质量与服务，从而选择价格更优惠、质量更优良、服务更好的产品及购买场所。可以说，随着消费者获得信息能力的加强，消费者更加理性化和自主化。

同时，随着双职工家庭与单亲家庭数量的增加，社会人口状况的变化使“时间”成为许多消费者首要考虑的因素，他们希望并要求商家按照他们制订的计划更加快捷和便利地提供商品或服务。消费者需要24小时的全日制服务和最少的等待时间。

另外，由于商品和品牌的多种多样和消费者信息能力的增强，如今的消费者不再像以前那样对某种品牌有很强的忠诚度。假如，以前消费者可能对雀巢咖啡情有独钟，如果超市的货架上雀巢咖啡缺货，消费者宁愿等到下次再买或到其他商家去买；而现在，消费者可能会尝试购买其他的品牌或替代产品。因此，货架产品的可获得性受到很多商家和生产商的重视。

随着时代的发展，大众知识和信息水平的提高和激烈竞争带给市场的产品越来越多、越来越好，消费者对产品和服务质量的要求和期望越来越高，消费者的价值观发生了显著变化，需求结构普遍向高层次发展。首先是消费者对产品的种类、规格、花色、品种、需求数量呈现多样化、个性化的要求，而且这种多样化要求具有很大的不确定性；其次是对产品的功能、质量和可靠性的要求日益提高，而且这种要求提高的标准又是以不同用户的满意程度为尺度，从而产生了判别标准的不确定性；最后是在满足个性化需求的同时，产品的价格要向大批量生产的那样低廉。制造商将发现，最好的产品不是他们为用户设计的，而是他们和用户一起设计的。

由此可见，消费者行为的变化促进了企业管理的变革进程。企业要想在市场中取得竞争优势，就必须提供客户需要的产品或服务。为了更好地满足客户需求，企业就必须改善产品研发、生产、配送、销售等流程。为了能够生产出消费者需要的产品或服务，制造商需要与零售商密切合作，对消费者的需求做出快速反应，这需要整合整个供应链，来共同开发新产品；为了提供高质量的产品，制造商必须严格管理和控制生产流程、采购流程等；为了提供全天服务，零售企业不得不每周7天24小时营业；为了提供高质量低价格的产品或服务，所有供应链成员必须尽可能有效地运作；为了赢得用户，不仅要靠具有吸引力的产品质量，而且还要靠销售后的技术支持和服务，因此许多世界著名企业在全球拥有健全而有效的全球性技术支持和售后服务网。所有这些都要求企业更有效地管理物流运作和供应链。因此我们说，消费者的强大促进了供应链管理的发展。

2.供应链中的权利转移

一般来说，在买方市场中，生产商在供应链或配送渠道中起着支配作用，这在消费产品供应链中更是明显。生产商负责设计、生产、促销和配送产品；供应商、批发商、经销商和零售商通常规模较小，不得不服从大生产商的领导。在第二次世界大战后的一段时间内，随着电视广告的出现，制造商品牌变得越来越重要，而配送与物流系统却没有像产品开发、促销及品牌管理那样受到足够重视。

到了20世纪八九十年代，伴随着零售业合并趋势的加快及巨型零售商如沃尔玛（Wal-Mart）、凯玛特百货公司（K-Mart）、玩具反斗城（Toys R Us）、家得宝（The Home Depot）等的出现，供应链中相对的经济力量发生了显著变化。供应链中起支配作用的主体由原来的生产商向零售商转移，或者说向下游转移，向靠近消费者的一端转移。

供应链中这种权利变化的重要意义是什么?供应链末端零售环节经济力量的联合形成了大规模的零售企业，这种大型零售企业的基本竞争战略通常建立在低价基础之上。这种战略只强调生产商的产品销售系统以及顾客，而不考虑订单履行战略对零售商效益的影响。这种方式会增加零售商的运营成本。在权利转移的供应链中，大型零售商能够逆向对生产商施加压力，迫使他们改变物流及供应链战略，如特制托盘包装、定期配送、连续补货系统等。因此我们说，供应链中权利的转移也驱动了物流与供应链管理理论在企业的应用与发展。

3.管制的解除

许多企业的基础结构都是建立在交通运输、通信、能源、金融这四个基础行业之上的。20世纪八九十年代，由于美国政府解除了经济管制，企业经营活动的这四个基础行业发生了根本性的转变。多年以来这四个基础产业部门曾受到严格管制，由于行业内可能存在垄断，所以企业需要政府采取管制措施加以保护。

从20世纪70年代后期开始到80年代，美国政府解除了交通运输部门的经济管制，例如，对地方税务和服务区域的管制。交通运输服务可以在具有竞争性的环境中提供，这样做通常会使用户享受更低的价格和更好的服务。同时，金融业的管制也同样解除了，金融服务质量不仅提高了而且服务品种也增加了，并且使买方和卖方的支付方式发生了显著变化，采购卡的应用就是解除金融管制提高效率的一个例子。再者，通信行业的管制也在逐渐趋向解除，竞争性日益加强，但由于重大变化要通过最高法院决议，因此情形有所不同。最后一个行业是能源，特别是电力部门，在美国采取逐州解除管制的方式，企业或家庭可以自由选择电力供应商。

我国的上述四个行业也在逐渐向市场开放。国家在交通领域的政策已经表现出对交通管制放松的决心，如对公路、水路货运的管制已经放松，个人可以经营货运业务。但由于国情的不同和经济发展的不同阶段，我国对上述四个行业管制的完全解除还有很长一段路要走。

4.世界经济全球化

很多人认为，全球化已经成为世界经济发展的主要驱动力。“全球市场”的概念对所有的企业和消费者都具有新的意义，政府制度的改革和“新”技术的发展使经济全球化的概念成为无法更改的事实。我们今天所指的供应链管理通常是指全球化供应链管理。由于互联网和其他相关技术的发展变化，世界地理限制已经不再存在。无论企业规模的大小，其产品和服务都能在世界任何地方进行买卖。这种开放性的市场和信息交流，对企业的经营方式有深远的影响，当然全球化也给企业带来了特殊的挑战和问题。每一个变革的驱动力都很重要，但如果必须从中选择一个最重要的，许多人会认为是全球化的影响。

事实上，经济全球化不仅已经很明显，而且进程正在加快。科学技术的进步为经济全球化提供了各种必要的手段和物质保证，而其中信息技术的日新月异更成为推动经济全球化的一大动力。信息技术的发展，打破了时间和空间对经济活动的限制，为国家、企业间的经济关系的发展提供了新的手段和条件。正是在经济全球化高速发展的基础上，世界上的每个企业都被各种经济纽带更紧密地联系在一起，既互相依存又互相补充。而同时，每个企业都有机会占领更大的市场，但也有可能因竞争失利而被市场所淘汰，企业面对的将是日益激烈甚至是残酷的市场竞争。

5.技术驱动力

从微观角度，技术应当被视为变革的工具，但从宏观或者从企业外部来讲，技术可以被认为是变革的驱动力。技术革命，即硬件和软件的革命，迫使许多企业改变了经营方式。毫无疑问，现在的企业和消费者拥有更多的信息，这些信息对他们买卖商品和服务产生了影响，但技术也同样在改变市场的运作方式。互联网的发展改变了经营空间的问题，卖方不必再到买方处所或某场所查询要购买的东西，而可以采用网上购买的方式。信息技术不仅激发并推动了消费者行为的变化，而且正在改变着企业的经营方式。

信息技术也加剧了企业之间的竞争。全球高速信息网使所有的信息都极易获得，使人们可以在短时间内掌握最新技术。面对一个市场机遇，可以参与竞争的企业越来越多，从而大大加剧了国际竞争的激烈性。

技术在驱动企业变革的同时，也是企业变革的工具。例如，计算机辅助设计、计算机辅助制造、柔性制造供应链管理系统、自动存储和拣出系统、自动条码识别系统等，在世界各国尤其是工业发达国家的生产和服务中得到了广泛应用。虽然高技术应用的初始投资很高，但它会带来许多竞争上的优势。高技术的应用不仅仅在于节省人力、降低劳动成本，更重要的是提高了产品和服务质量，减少了废品和材料损耗，缩短了对用户需求的响应时间。由于可以在很短时间内就把新产品或服务介绍给市场，企业赢得了时间上的优势。这种趋势在21世纪还会进一步加强。

6.可持续发展的要求

近年来，维持生态平衡和环境保护的呼声越来越高。臭氧层、热带雨林、酸雨、核废料、能源储备、可耕地减少、噪音污染、全球气候变暖等一个又一个的环境保护问题摆在人们面前。进入21世纪，物流必将把有效利用资源和维护地球环境放在发展的前沿，建立全新的从生产到废弃全过程效率化的，信息流与物流循环化的绿色、低碳物流系统。目前，世界各国都在尽力把绿色物流的推广作为物流业发展的重点，如采用排污量小的货车车型、近距离配送、夜间运货方式，以减少交通阻塞、节省燃料和降低排放等，促进新材料的广泛应用和开发，进行回收物流的理论和实践研讨，以及积极出台相应的绿色物流政策和法规，努力为物流的绿色化和可持续发展奠定基础。环保的因素正在促使企业改变运营模式。

以上这些宏观经济因素，即消费者日益强大、供应链中的权利转移、基础产业的管制解除、经济全球化、技术进步和可持续发展的要求等之间是相互作用、互相影响的，它们共同促使企业管理发生变革。而所有这些经济变革的驱动因素都将促使供应链管理的重要性被提升到成为企业获得竞争优势的关键因素之一的战略高度。

1.2 竞争优势与供应链管理

在上节中，我们讨论了企业面临的宏观经济环境，在这里我们将探讨当今市场竞争的特点。随着世界经济和技术的发展，影响企业在市场上获取竞争优势的主要因素也发生着变化。认清主要竞争因素的影响力，对于企业管理者充分利用、获取最大竞争优势具有非常重要的意义。下面将描述当前企业面临的竞争特点，这些特点也是企业所面临的挑战。

1.产品生命周期越来越短

随着消费者日益强大，消费者需求越来越向多样化发展，再加上企业之间竞争激烈，促使企业的产品开发能力也在不断提高。目前，国外新产品的研制周期大大缩短。例如，AT&T公司新电话的开发时间从过去2年缩短为1年；惠普公司新打印机的开发时间从过去的4.5年缩短为22个月，而且这一趋势还在不断加强。与此相应的是产品的生命周期却在缩短。由于产品在市场上存留时间大大缩短了，企业产品开发和上市的准备时间也越来越少，给企业造成了巨大压力。例如，当今的计算机行业，新开发的产品几乎是一上市就已经过时了。

2.产品品种数量飞速膨胀

由于消费者需求的多样化越来越突出，厂家为了更好地满足其要求，便不断推出新的品种，从而引发了一轮又一轮的产品开发竞争，结果使产品的品种数成倍增长。

尽管产品品种数量已非常丰富，但消费者在购买商品时仍然感到难以称心如意。为了吸引用户，许多厂家不得不绞尽脑汁不断增加花色品种。但是，按照传统的思路，每一种产品都生产一批以备用户选择的话，那么制造商和销售商都要背上沉重的负担，从而使库存占用大量的资金，严重影响企业的资金周转速度，进而影响企业的竞争力。

3.对交货期的要求越来越高

随着市场竞争的加剧，经济活动的节奏越来越快，使每个企业都感到用户对时间方面的要求越来越高。这一变化的直接反映就是主要竞争因素的变化。20世纪60年代企业间竞争的主要因素是成本，到70年代时竞争的主要因素转变为质量，进入80年代以后竞争的主要因素转变为时间。这里所说的时间要素主要是指交货期和响应周期。用户不但要求厂家要按期交货，而且要求的交货期越来越短。我们说企业要有很强的产品开发能力，不仅指产品品种，更重要的是指产品上市时间，即尽可能提高对客户需求的响应速度。例如，在20世纪90年代初期，日本汽车制造商平均2年可向市场推出一个新车型，而同期的美国汽车制造商推出相同档次的车型却要5~7年。可以想象，美国的汽车制造商在市场竞争中会很被动。因此，缩短产品的开发、生产周期，在尽可能短的时间内满足用户要求，已成为当今所有管理者最为关注的问题之一。

4.对产品和服务的期望越来越高

从20世纪90年代开始，用户对产品质量、服务质量的要求越来越高，进入21世纪更是如此。用户已不满足于从市场上买到标准化生产的产品，他们希望得到按照自己要求设计的产品或服务。这些变化导致了产品生产方式革命性的变化。传统的标准化生产方式是“一对多”的关系，即企业开发出一种产品，然后组织规模化大批量生产，用一种标准产品满足不同消费者的需求。然而，这种模式已不再能使企业继续获得效益。现在的企业必须具有根据每一个顾客的特别要求提供产品或服务的能力，即所谓的“一对一（One-to-One）”的定制化服务（Customized Service）。企业为了能在新的环境下继续保持发展，纷纷转变生产管理模式，采取措施从大量生产（Mass Production）转向定制化大量生产。不过，应该看到，虽然个性化定制生产能高质量、低成本地快速响应客户需求，但是对企业的运作模式也提出了更高的要求。

在产品生命周期越来越短、客户对交货期的要求越来越高、产品品种数量的飞速膨胀和客户对产品和服务的期望越来越高的竞争环境中，企业需要想办法既满足客户的需求，同时又使利润最大化。由此可见，企业需要采取新的战略获得竞争优势。供应链管理就是帮助企业在上述竞争环境中建立竞争优势的有效战略武器之一。

迈克尔·波特（哈佛大学商学院著名教授）将企业价值活动分为基本活动和辅助活动两大类（如图1-1所示）。

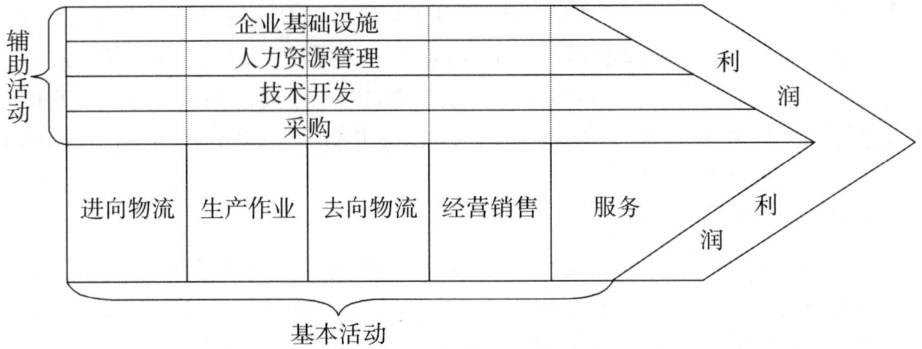

图1-1 价值链

基本活动主要包括进向物流、生产作业、去向物流、经营销售、服务等环节。辅助活动是辅助基本活动并通过提供外购投入、技术、人力资源以及各种公司范围的职能相互扶持。这些活动都是跨越传统的职能公司的。竞争优势来源于企业在价值链中组织和实现这些活动的方式。为了比竞争对手获得竞争优势，一个公司必须比它的竞争对手在执行这些活动时更有效地为客户提供价值，或者，用一种创造差异化的独特方式来执行这些活动。在理论分析的基础上，波特提出了获取竞争优势的三大战略，即通常所称的通用竞争战略。波特的三种竞争战略分别是：低成本竞争战略、差异化战略和集中型战略。

低成本竞争战略是指企业在提供相同的产品或服务时，其成本或费用明显低于行业平均水平或主要竞争对手的竞争战略。低成本战略的意义是通过成本优势使企业在相同的规模经济下取得更大的盈利，或积累更多的发展基金，或在不利的经营环境中具有更强的生存能力。

差异化战略是指企业通过向用户提供与众不同的产品和服务的竞争战略。这种战略不仅可以给企业带来高于同行竞争对手的利润率，同时，也避开了激烈的价格竞争，由于产品或服务的独特性，增加了对顾客的吸引力，减少了顾客对价格的敏感性。

集中型战略指企业主攻某个特殊顾客群、某个产品细分或某一个地区的市场，在这个狭窄的领域内实施差异化策略或实施低成本策略，或二者兼而有之的竞争战略。

上述的三种策略归结起来实质上只有两种：低成本竞争战略、差异化战略。下面我们将要讨论如何通过有效的供应链管理在当今的竞争环境中取得竞争优势。

低成本战略通常是建立在规模经济的基础之上，扩大产量、降低单位成本，通过销售量来实现的。然而，也必须认识到物流和供应链管理提供了很多提高效率和生产力的方法，有利于大大降低单位成本，从而帮助企业取得低成本竞争优势。另外，我们知道物流成本在总成本中占有重要比例，所以通过对物流流程的重新设计来降低成本是完全可能的。例如，可以通过共同配送策略来提高设备利用率，通过改善库存策略来降低库存成本等。

传统上，实现差异化优势的主要手段是品牌或企业形象战略和产品研发技术。但目前，随着“品牌”力量弱化，生产技术不断集中，厂商不可能再通过品牌或企业形象和产品技术的差异来取得竞争优势。另外，一个强有力的提升企业差异化优势的手段是服务，市场对服务的敏感程度正在不断加深，这在企业所面临的竞争特点中已经讨论过了。许多公司已经将服务作为获得竞争优势的方法，而服务正是物流与供应链管理的主要内容和主旨所在，它有很多表现形式，包括准时制送货、售后服务、一站式服务、技术支持等等，这些都有利于帮助企业提升差异性优势。

可见，有效的物流和供应链管理可以帮助一个组织同时取得低成本优势和差异性优势。这与供应链管理的最终目标也是一致的：以尽可能低的成本，满足客户的要求。

1.3 供应链的概念及特征

1.供应链的概念

在当今经济全球一体化的市场竞争环境中，“大而全”的企业体系正在逐渐分崩离析。任何有实力的企业都不可能单独出色地完成企业的所有业务，企业的整个业务流程是由多个企业共同参与完成的，企业间有这样一种相互依存的关系：生产企业要依赖于供应商提供原材料、毛坯料，如果都要自己去制造加工，那样生产周期就会太长；同样，生产出来的产品也要通过流通领域的销售商供应给用户，如果整个流通渠道不畅通，营销网络不顺畅，产品就很难进入市场，也就很难实现产品的价值。由原材料供应商、制造商、销售商、客户及物流服务提供商等参与者形成了一个环环相扣的链条，链条上的企业所组成的序列或企业业务流程网络就称为企业的供应链（Supply Chain）。

我们以顾客到附近的超市购买啤酒为例来分析供应链的概念。

大家是否想过陈列在超市内货架上的啤酒，在顾客购买之前是经过怎样的途径送达超市的呢?啤酒制造商生产啤酒，要采购大麦、啤酒花等原材料，并进行酿造。酿造出来的啤酒为了保持鲜度，需要快速地通过各种流通渠道运送到经销啤酒的零售店。小型的超市通过批发商或分销商进货，而一些大型连锁超市（General Merchandise Store，简称GMS）则越过批发商或分销商这一中间环节，直接与制造商进行交易。

在一个典型的供应链里，首先需要购买原材料，在一个或多个工厂中生产出产品，然后运到仓库临时储存，最后再运给零售商或客户。供应链由供应商、制造商、仓库、配送中心和批发商、零售网点组成，而原材料、在制品和成品在这些设施之间流动，如图1–2所示。

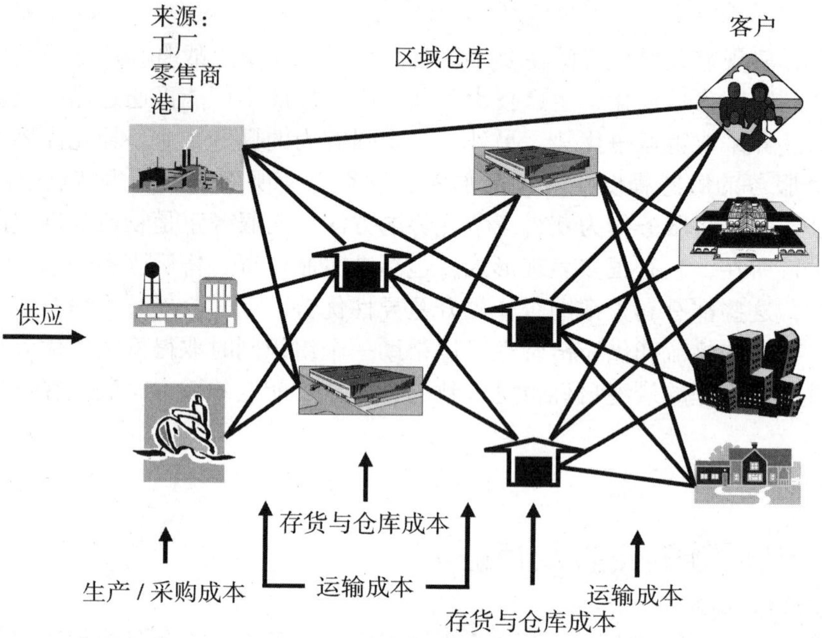

图1-2 供应链示意图

供应链也有其他名称。例如，从商品的价值在业务链中渐渐被增值的角度而言，可称为价值链（Value Chain）；从满足消费者需求的业务链角度而言，还可称为“需求链（Demand Chain）”。

同认识任何其他事物一样，人们对供应链的认识也是一个不断发展的过程。早期的观点认为供应链是制造企业中的一个内部过程，即把从企业外部采购的原材料和零部件，通过生产转换和销售等环节，传递到零售商和客户的过程。这样的观点把供应链仅仅视为企业内部的一个物流过程，所涉及的主要是物料采购、库存、生产和分销等部门的职能协调问题，最终目的是为了优化企业内部的业务流程，降低物流成本，从而提高经营效率。这种传统的供应链概念局限于企业内部操作的层面，仅注重企业自身的利益目标。

随着产业环境的变化和企业间相互协调的重要性的上升，人们逐步将对供应环节重要性的认识从企业内部扩展到了企业的外部，从而，供应商被纳入了供应链的范畴。人们开始从某种产品的原料到最终产品的整个生产过程来理解供应链。在这种认识下，加强与供应商的全方位协作、消除供应链中的“冗余”成分、提高供应链的运作速度，成为核心问题。

进入20世纪90年代，由于需求环境的变化，原来被排斥在供应链之外的最终客户的地位也受到了前所未有的重视，被纳入了供应链的范围。这样，供应链就不再只是企业内部的一条生产链了，而是一个涵盖了整个产品“运动”过程的增值链。

美国学者史迪文斯（Stevens）认为：“通过增值过程和分销渠道控制从供应商的供应商到客户的客户的流就是供应链，它开始于供应的源点，结束于消费的终点。”

随着信息技术的发展和产业不确定性的增加，今天的企业间关系正在呈现日益明显的网络化趋势。与此同时，人们对供应链的认识也正在从线性的“单链”转向非线性的“网链”。实际上，这种网链正是众多条“单链”纵横交错的结果。

中国2001年发布实施的《物流术语》国家标准（GB/T 18354—2001）中对供应链的定义是：在生产及流通过程中，由涉及将产品或服务提供给最终客户活动的上游与下游企业所形成的网链结构。这一定义在2006年修订版的《物流术语》（GB/T 18354—2006）中没有变化。

供应链的概念更加注重围绕核心企业的网链关系，即核心企业与供应商、供应商的供应商及一切前向关系，与客户、客户的客户及一切后向关系。供应链的概念已经不同于传统的销售链，它跨越了企业界线，从扩展企业的新思维出发，并从全局和整体的角度考虑产品经营的竞争力，使供应链从一种运作工具上升为一种管理方法体系和一种运营管理思维和模式。供应链的网链结构示意图如图1-3所示。

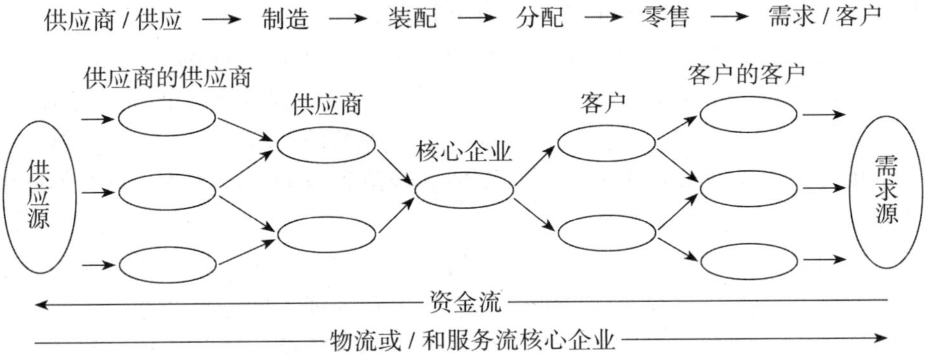

图1-3 供应链的网络结构模型

从图1-3中可以看出，供应链是由所有加盟的节点企业组成的，其中一般有一个核心企业（可以是产品制造企业，也可以是大型零售企业）。节点企业在需求信息的驱动下，通过供应链的职能分工与合作（生产、分销、零售等），以资金流、物流、服务流为媒介实现整个供应链的不断增值。

供应链是一个动态系统，它包括不同环节之间持续不断的信息流、产品流和资金流。供应链的每个环节都执行不同的程序，并与其他环节相互作用与影响。例如，世界最大的零售商——沃尔玛（Wal-Mart）向顾客提供产品，同时标出商品价格和使用信息，顾客向沃尔玛支付货款。沃尔玛将卖场信息及补货订单传给分销中心，分销中心又将补货订单随同送货车返还给沃尔玛商店。沃尔玛在补货订单完成后把货款转给分销商，分销商也向沃尔玛提供价格信息和送货日程。类似的信息流、货物流和资金流发生在供应链的全过程。

综上所述，所谓供应链，是指围绕核心企业，通过对信息流、物流、资金流的控制，产品生产和流通过程中所涉及的原材料供应商、生产商、批发商、零售商以及最终消费者组成的供需网络，即由物料获取、物料加工并将成品送到用户手中这一过程所涉及的企业和企业部门组成的一个网络。它是一个范围更广的企业结构模式，包含所有加盟的节点企业，从原材料的供应开始，经过链中不同企业的制造加工、组装、分销等过程直到最终客户。它不仅是一条连接供应商到客户的物料链、信息链、资金链，而且是一条增值链。例如，物料在供应链上因加工、包装、运输等过程而增加价值，从而给相关企业带来收益。

2. 供应链的特征

从供应链的结构模型和对其概念的分析可知，供应链是一个围绕核心企业的供应商、供应商的供应商、分销商、零售商、最终客户组成的网链结构。由此可知，供应链的特点在于：网链结构，由客户需求拉动；高度一体化的提供产品和服务的增值过程；每个节点代表一个经济实体以及供需的两个方面；具有物流、信息流和资金流三种表现形态。此外，现代企业的供应链主要具有以下特征：

（1）复杂性。供应链是一种复杂的、非线性的、虚拟价值链网络，是由多种类型、多个层次和具有不同冲突目标的节点企业所组成的网链。供应链上的节点企业有供应、制造、运输、储存、流通加工、批发、配送、零售等类型；有上游、下游、核心层等层次。同时，供应链上的各节点企业又是具有独立经济利益的不同实体，具有不同的、相互冲突的经营目标。

同时，供应链上的各企业有着各自不同的管理模式、偏好、价值观、文化观以及行为人个人的情感、意志等，这些都可能给供应链协同管理中增加复杂性。

在实际运作中，每个节点企业都在进行着价值创造活动，这些活动过程又表现为较强的时序性和协同性，即每一企业的每一工序都必须“无缝对接”，换句话说，就是在恰当的时间，按恰当的数量、恰当的质量、恰当的状态送达到恰当的地点，并使总成本最小。如果其中任何一个节点企业的作业出现无序，都会影响其他节点企业的价值创造活动。在这种网链结构上，各节点企业既存在竞争，又必须相互合作、相互依赖，构成了一个不可分割的有机系统。供应链网链这种结构模式比一般单个企业结构模式要复杂得多，其管理更是充满着复杂性。

（2）动态性。供应链系统是一个开放的动态系统，它与外部环境有着密切的联系。外部环境的任何一种变化（如宏观政策的变化，经济发展的速度和质量，新技术发展和应用所引起的商业模式的改变等），都会波及系统整体功能的实现。当外部环境发生变化时，系统的管理模式也将随之发生变化，因此，从发展的角度看，供应链系统及其管理是动态性的。这就要求供应链系统应具有自适应性，具有与环境相互作用的自我调整性，能适时根据市场条件、竞争环境的变化调整系统和变换战略，并且在调整和变化中发挥系统中各要素间的相互作用，实现供应链系统整体价值的最大化。

（3）多层次性。供应链上涉及的各节点企业往往分布在不同行业、不同区域或不同阶段，且各节点企业又自成体系地承担着在供应链上不同的工序。同时，该节点企业为完成该工序又可能构筑一条相应的分支供应链，从而形成了多层次、多维度、多功能、多目标的立体网链。供应链上的每一层次均是下游相邻工序层次的基础，供应链管理则要延伸至每一个节点层次，并采取相应的松散或紧密的管理方法，以确保供应链整体功能得以实现。

供应链这种多层次结构，可能会由于信息的不对称，使供应链管理中的决策和控制呈非线性和不确定性的特征。这就要求供应链系统上的“虚拟组织”能成为一个“学习型组织”，并能及时地对其层次结构和功能结构进行重组和完善。“虚拟组织”的成员要有协同观念和团队意识，使供应链各环节之间既分工又合作，既独立又融合，以保证整个链条的运行达到最佳状态。

（4）竞合性。供应链是由多个企业组成的虚拟组织，这些具有独立经济利益的单个企业是供应链运作的主体。由于独立经济利益的驱动，虚拟组织中的各企业间充满着竞争性，然而，这种竞争又体现为矛盾和统一的两个方面。一方面，供应链上的各企业单纯追求自身利益最大化，使得个体目标与供应链整体目标发生冲突，从而发生单个企业的行为与整体目标的逆反，其结果势必造成供应链整体效率下降。另一方面，在由各企业组成的供应链条上，任何企业要实现利润最大化，必须以整条供应链的价值增值为基础。换句话说，单个企业的盈利，是以各合作伙伴“共赢”为基础的，因此，企业间的竞争将向着有利于实现供应链整体目标的方向发展。竞争的内容也将由个体利润最大化转向整体利润最大化所涉及的各个方面，如尽快达成与供应链整体目标相一致的共同价值主张，实现个体行为与整体运作的同步性（Synchronization）等方面的竞争。供应链上各企业这种相互作用和相互依赖的关系，使得供应链运作充满了竞争与合作。竞合性是现代供应链的新特点，它使供应链合作伙伴间的关系变得更为密切和复杂。同时，“竞合”促使供应链上各节点实现“无缝对接”，从而，实现供应链管理的“多赢”战略。

（5）面向客户需求。供应链的形成、存在、重构，都是基于最终客户需求而发生的，并且在供应链的运作过程中，客户的需求拉动是供应链中的信息流、产品或服务流、资金流运作的驱动源。

（6）交叉性。供应链上各节点企业既可以是这个供应链的成员，同时又可以是另一个供应链的成员。众多的供应链形成交叉结构，增加了协调管理的难度。

1.4 供应链管理的概念及特征

1.供应链管理的概念

对于供应链这一复杂系统，要想取得良好的绩效，必须找到有效的协调管理方法，供应链管理（Supply Chain Management，简称SCM）是在物流管理和系统论等相关学科相互融合的基础上发展起来的新的管理理念。随着全球竞争的加剧和科学技术的进步，越来越多的企业开始运用供应链管理策略来达成企业内外环境的协同，进行一体化管理，以提高客户的满意度，提升企业的核心竞争力。

供应链管理作为一种新的集成的管理哲学理念和方法，成为理论界关注的热点话题。许多学者从不同的层面和视角给出了不同的定义。

伊文斯（Evens）认为：供应链管理是通过前馈的信息流和反馈的物料流及信息流，将供应商、制造商、分销商、零售商，直到最终客户连成一个整体的管理模式。

飞利浦（Phillip）认为：供应链管理不是供应商管理的别称，而是一种新的管理策略，它把不同企业集成起来以提高整个供应链的效率，注重企业之间的合作。

辛奇-利维（Simchi-Levi）认为：供应链管理是用于有效集成供应商、制造商、仓库与商店的一系列方法，通过这些方法，使生产出来的产品能以恰当的数量，在恰当的时间，被送往恰当的地点，从而在满足服务水平要求的同时使系统的成本最小化。

最早人们把供应链管理的重点放在管理库存上，作为平衡有限的生产能力和适应客户需求变化的缓冲手段，它通过各种协调手段，寻求把产品迅速、可靠地送到客户手中所需要的费用与生产费用、库存管理费用之间的平衡点，从而确定最佳的库存投资额。因此，其主要的工作任务是管理库存和运输。现在的供应链管理则把供应链上的各个企业作为一个不可分割的整体，使供应链上各企业分担的采购、生产、分销和销售的职能成为一个协调发展的有机体。

美国供应链管理专业协会（Council of Supply Chain Management Professionals，简称CSCMP）认为：供应链管理贯穿于整个渠道，包括管理供应与需求、原材料与零部件采购、制造与装配、仓储与存货跟踪、订单录入与管理、分销，以及向客户交货。

我国于2001年发布实施的《物流术语》国家标准（GB/T 18354—2001）（已经修订）中对供应链管理的定义是：利用计算机网络技术全面规划供应链中的商流、物流、信息流、资金流等，并进行计划、组织、协调与控制。这一定义在2006年修订版的《物流术语》（GB/T 18354—2006）中简化为“对供应链涉及的全部活动进行计划、组织、协调与控制”。

对于供应链管理，除了这些不同的定义外，也有许多不同的叫法，如有效客户反应（Efficient Customer Response，简称ECR）、快速反应（Quick Response，简称QR）、虚拟物流（Virtual Logistics，简称VL）或连续补货（Continuous Replenishment，简称CR）等等。这些叫法是立足于不同的层次和角度而产生的，但有一个共同点，即都通过计划和控制实现企业内部和外部之间的合作。

通过上述分析，一个比较确切的供应链管理的定义是：为了满足客户的需求，用系统的观点对供应链中的物流、信息流和资金流进行设计、规划、控制与优化，即行使普通的管理职能，进行计划、组织、协调与控制，以寻求建立供、产、销以及客户间的战略合作伙伴关系，最大限度地减少内耗与浪费，实现供应链整体效率的最优化，并保证供应链中的成员取得相应的绩效和利益的整个管理过程。它是一种集成的管理哲学理念和方法，执行供应链中从供应商到最终客户的物流计划与控制等职能。它是一种管理策略，主张把不同企业集成起来以提高供应链的效率，注重企业之间的合作。它把供应链上的各个企业作为一个不可分割的整体，使供应链上各个企业分担的采购、分销和销售的职能成为一个协调发展的有机体。

这里所提出的供应链管理框架包括三个相互紧密联系的要素的结合：供应链的结构、供应链的业务流程、供应链管理的组成要素。

供应链的结构是由供应链成员及成员之间的联系所组成的网络；业务流程是指为客户产生具体价值输出的活动；管理组成要素是那些使业务流程跨越整个供应链得到集成和管理的管理变量。

供应链管理的实施包括识别所需连接的关键供应链成员，有哪些流程必须和每一个关键成员相连接，以及对每一个过程的连接采用什么类型或程度的集成。供应链管理的目标是使公司和包括最终客户在内的整个供应链网络的竞争力和营利能力实现最大化。因此，对供应链流程进行集成以及积极的重组行动的目的，应该在于提升横跨供应链成员的总体流程的高效性和有效性。

从上述定义可以得出几点结论：

首先，凡是对成本有影响并在满足顾客需求过程中起作用的环节，都在供应链管理考虑之列——从供应商和制造厂开始，经过仓库和配送中心，直到零售商和商店。事实上，在有些供应链分析中，还必须考虑供应商的供应商和顾客的顾客，因为他们也对供应链绩效产生影响。

其次，供应链管理的目标是整个系统的效率和成本效益。系统的所有成本，包括运输和配送，以及原材料、在制品和成品的库存，都要最小化。因此，重点不是简单地最小化运输成本或降低库存，而应该在供应链管理中使用系统方法（Systems Approach）。

最后，由于供应链管理围绕着供应商、制造商、仓库和商店进行有效集成，因此供应链管理涵盖从企业战略层到战术层再到运作层的所有层次的活动。

2.供应链管理的特点

从供应链管理的概念可以看出，供应链管理始终以客户为中心，致力于建立成员之间的伙伴关系，强调伙伴间的合作与“共赢”。与传统的管理方法相比，它具有以下特点：

（1）以客户为中心。在供应链管理中，客户服务目标的设定优先于其他目标，供应链管理的最高目标是提高客户的满意程度，它通过降低供应链成本的战略，实现对客户的快速反应，以此提高客户的满意度，从而提升企业的信誉度，获得竞争优势。例如，对下游企业来讲，供应链上游企业的功能不是简单地提供物料，而是要用最低的成本提供最好的服务。由于满足客户需求与成本支付之间是一对基本矛盾，因此，对客户服务目标的设定，要更关注满足客户需求与成本支付的平衡。

（2）强调物流、商流、信息流和资金流的集成。物流、商流、信息流和资金流在企业日常经营中都会发生，但过去是间歇性或者间断性的，因而影响企业间的协调，最终导致供应链中企业整体竞争力下降。供应链管理则强调必须要把这几个流集成起来，只有实现跨企业流程集成化，才能实现供应链企业协调运作的目标。

（3）强调伙伴间的合作。在供应链管理中，企业要清楚地辨别出自己的核心业务，然后狠抓核心资源，以提高核心竞争力，而非核心业务可以采取外包的方式分散给业务伙伴，超越组织机构的界限，与业务伙伴结成新型的战略伙伴关系，强调伙伴间的合作，强调利益共享和风险共担。合作更需要依赖供应链成员之间对业务过程一体化的共识，需要建立相应的信任机制和协商机制。信任是信息增值交换的基础，只有实现增值信息的共享，才能放大供应链上的利润。协商机制是解决核心企业与客户利益冲突关系的基础，包括利益的合理分配、高效的合作和风险共担。

（4）强调一体化的精细管理。供应链上的核心企业，除了核心业务外，其余的各种业务都是来自于外部，即按照市场规则将内部业务外部化，按照核心企业需求，将具有不同核心能力的企业及资源整合起来，使得组织边界变得更加模糊，供应链管理则成了一项高度互动而复杂的系统工程。它强调的是一体化的精细管理，以保证在延迟生产环境下整个供应链的协同运作和各环节的无缝对接。

（5）注重信息技术的集成应用。信息技术是提升整个供应链运作效率的重要保障之一。在这个多节点、多合作伙伴组成的复杂网链上，信息技术的支撑，降低了伙伴间的交易成本，可使合作伙伴及时获取有效信息，快速反应，来满足客户的需求。同时，基于Internet的信息技术的集成（如GIS、GPS），又可随时对在途物品进行管理，满足物流的个性化需求。

（6）更加关注物流企业的参与。在供应链管理环境下，物流的作用特别重要，因为缩短物流周期比缩短制造周期更关键。实际上，最终给客户的产品不是由单独一家企业完成的，而是从原材料开始一级一级制造并传递过来的，响应周期是多级的“链式周期”，而不是点式周期（单个企业的制造周期）。因此，缩短物流周期所取得的效益往往更大。供应链管理强调的是一种从整体上响应最终客户的协调性，没有物流企业的参与是不可想象的。

（7）注重供应链的动态优化管理。为了满足企业战略和适应市场需求变化的需要，供应链中的节点企业需要动态地更新，这就使得供应链具有明显的动态性。

综上所述，供应链管理具有以下特征：以客户为中心；强调物流、信息流、资金流的集成；强调伙伴间的合作；强调一体化的精细管理；注重信息技术的集成应用；更加关注物流企业的参与和注重供应链的动态优化管理。

【小资料】

供应链管理有七个重要理念：

（1）以顾客为中心，以市场需求的拉动为原动力。

（2）强调企业应专注于核心业务，建立核心竞争力，在供应链上明确定位，将非核心业务外包。

（3）各企业紧密合作，共担风险，共享利益。

（4）对工作流程、实物流程、信息流程和资金流程进行设计、执行、修正和不断改进。

（5）利用信息系统优化供应链的运作。

（6）缩短产品完成时间，使生产尽量贴近实时需求。

（7）减少采购、库存、运输等环节的成本。

这七个理念中，（1）、（2）、（3）是供应链管理的实质；（4）、（5）是实施供应链管理的两种主要方法；而（6）、（7）则是实施供应链管理的主要目标，即从时间和成本两方面为产品增值，从而增强企业的竞争力。

（根据中国物流与采购网相关资料整理）

1.5 供应链管理的目标

新经济时代的供应链管理的基本思想就是以市场和客户需求为导向，以核心企业为盟主，以提高竞争力、市场占有率、客户满意度和获取最大利润为目标，以协同商务、协同竞争和双赢原则为基本运作模式，通过运用现代企业管理技术、信息技术、网络技术和集成技术，达到对整个供应链上的信息流、物流、资金流、业务流和价值流的有效规划和控制，从而将客户、销售商、供应商、制造商和服务商等合作伙伴连成一个完整的网链结构，形成一个极具竞争力的战略联盟。

供应链管理的目的，旨在通过对供应链各个环节的活动的协调，实现最佳业务绩效，从而增强整个供应链上所有企业业务的表现，使生产系统能较好地管理由原料到产品、到客户的生产过程，最终提高客户的满意程度，并缩小总成本。

对企业来说，供应链管理最根本的目的就是增强企业核心竞争力，其首要目标是提高客户的满意程度，即做到将恰当的产品或服务（Right Product or Service），按照恰当的状态与包装（Right Condition and Packaging），以恰当的数量（Right Quantity）和合理的成本费用（Right Cost），在恰当的时间（Right Time），交与恰当地点（Right Place）的恰当客户（Right Customer）。

供应链管理是对最终客户直至原始供应商的关键业务流程的集成，它为客户和其他有关者提供价值增值的产品、服务和信息。供应链管理是一个高度相互作用的、复杂的系统方法，要求同时做出许多权衡。如图1-4所示，供应链管理跨越了组织的界线，因为它要在组织内部和组织之间考虑有关应在何处设置库存以及应在何处采取行动等问题。

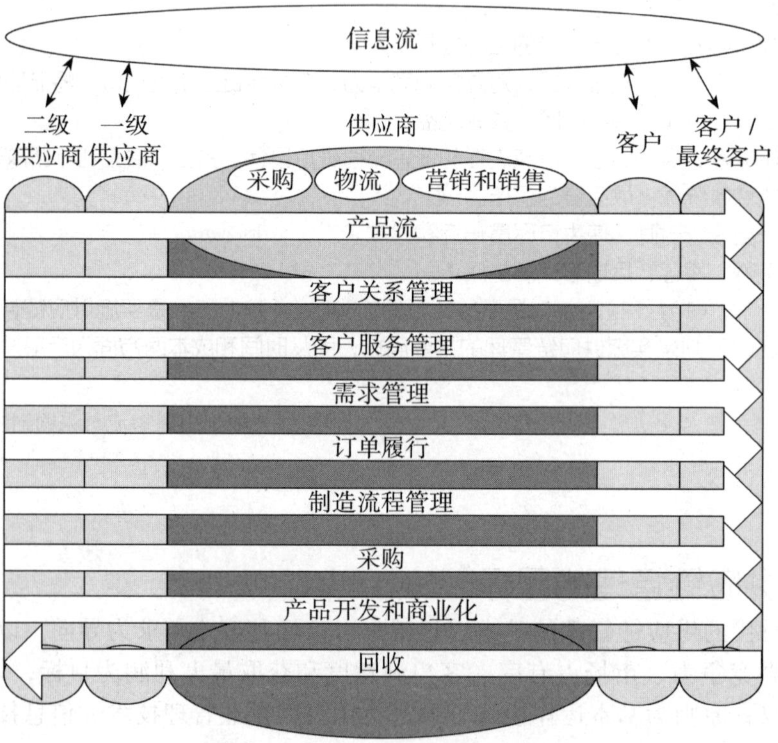

图1-4 供应链管理的关键业务流程

供应链管理的最终目标是满足顾客需求和实现整个供应链上所有企业营利能力最大化。因此，对供应链流程进行集成以及积极的重组行动的目的，应该在于提升横跨供应链成员的总体流程的高效性和有效性。我们发现一件商品要经过很多物流的过程，如果不经过物流，不沿着供应链去流通，那么制造商生产出的产品只能是存放在仓库中的产品，不能变为商品，从这个意义上说，物流赋予产品使用价值，并使之附带商品属性。整个物流供应链是从供应商的供应商到顾客的顾客的“供应链的多边共赢”。

供应链管理活动从顾客订购开始，并在顾客为他或她的采购活动付款时结束。企业通过供应链管理会树立起产品或服务的形象，并沿着供应商—制造商—分销商—零售商—顾客这个链条传播。

1.6 供应链管理的运营机制和类型

1.供应链管理的运营机制

供应链运作的表现是物流、信息流、资金流（即人们通常所说的“三流”），但是供应链的成长过程包含两方面的含义：一是通过产品（技术、服务）的扩散机制来满足社会的需求；同时，通过市场的竞争机制来发展壮大企业的实力。因此，供应链管理实际上是一种基于“竞争—合作—协调”机制的、以分布企业集成和分布作业协调为保证的新的企业运作模式。

当考察一个供应链的成长过程时，我们不仅应该看到企业有形的力量在壮大，更应该看到企业无形的能量在升华，因此供应链的成长过程既是一种几何（组织）生长过程，也是一种能量的集中过程和思想文化的变迁过程。

供应链成长过程体现在企业在市场竞争中的成熟与发展之中。通过供应链管理的合作机制（Cooperation Mechanism）、决策机制（Decision Mechanism）、激励机制（Encourage Mechanism）和自律机制（Benchmarking Mechanism）等来实现满足顾客需求、使顾客满意以及留住顾客等功能目标，从而实现供应链管理的最终目标：社会目标（满足社会就业需求）、经济目标（创造最佳利益）和环境目标（保持生态与环境平衡）的合一（如图1-5所示），这可以说是对供应链管理思想的哲学概括。

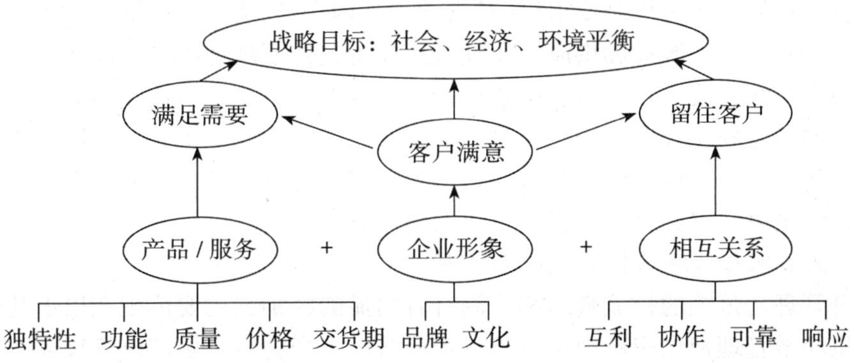

图1-5 供应链管理机制结构

（1）合作机制。供应链合作机制体现了战略伙伴关系和企业内外资源的集成与优化利用。基于这种企业环境的产品制造过程，从产品的研究开发到投放市场，周期大大缩短，而且顾客定制化（Customization）程度更高，模块化、简单化产品，标准化组件，使企业在多变的市场中柔性和敏捷性显著增强，虚拟制造与动态联盟提高了业务外包（Outsourcing）策略的利用程度。企业集成的范围扩展了，从原来的中低层次的内部业务流程重组上升到企业间的协作，这是一种更高级别的企业集成模式。在这种企业关系中，市场竞争策略最明显的变化就是基于时间的竞争（Time-Based）和基于价值的供应链管理。

（2）决策机制。由于供应链企业决策信息的来源不再仅限于一个企业内部，而是在开放的信息网络环境下，不断进行信息交换和共享，达到供应链企业同步化、集成化计划与控制的目的，而且随着Internet/Intranet发展成为新的企业决策支持系统，企业的决策模式将会发生很大的变化，因此处于供应链中的任何企业决策模式都应该是基于Internet/Intranet的开放性信息环境下的群体决策模式。

（3）激励机制。归根到底，供应链管理和任何其他的管理思想一样都是要使企业在21世纪的竞争中在“TQCSF”上有上佳表现。T为时间（Time），指反应快，如提前期短、交货迅速等；Q指质量（Quality），即产品、工作及服务质量高；C为成本（Cost），即企业要以更少的成本获取更大的收益；S为服务（Service），即企业要不断提高用户服务水平，提高用户满意度；F为柔性（Flexibility），即企业要有较好的应变能力。缺乏均衡一致的供应链管理业绩评价指标和评价方法是目前供应链管理研究的弱点和导致供应链管理实践效率不高的一个主要问题。为了掌握供应链管理的技术，必须建立、健全业绩评价和激励机制，使我们知道供应链管理思想在哪些方面、多大程度上给予企业改进和提高，推动企业管理工作不断完善和提升，也使得供应链管理能够沿着正确的轨道与方向发展，真正成为能为企业管理者乐于接受和实践的新的管理模式。

（4）自律机制。自律机制要求供应链企业向行业的领头企业或最具竞争力的竞争对手看齐，不断对产品、服务和供应链业绩进行评价，并不断地改进，以使企业能保持自己的竞争力和持续发展。自律机制主要包括企业内部的自律、对比竞争对手的自律、对比同行企业的自律和比较领头企业的自律。企业通过推行自律机制，可以降低成本、增加利润和销售量，更好地了解竞争对手，提高客户满意度，增加信誉，企业内部部门之间的业绩差距也可以得到缩小，提高企业的整体竞争力。

2.供应链管理与传统的物流管理的区别

供应链管理与传统的物流管理和控制有着明显的区别，主要体现在以下几个方面：

（1）供应链管理把供应链中所有节点企业看做一个整体，供应链管理涵盖整个从供应商到最终用户的采购、制造、分销、零售等职能领域过程，如图1-6所示。

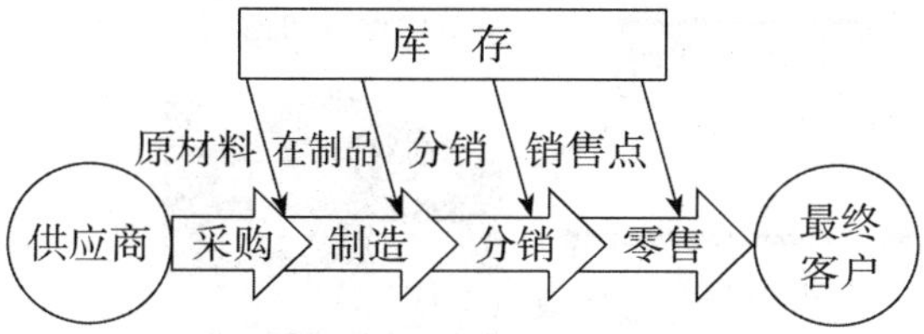

图 1-6 供应链管理的范围

（2）供应链管理强调和依赖战略管理。“供应”是整个供应链中节点企业之间事实上共享的一个概念（任两节点之间都是供应与需求关系），同时它又是一个有重要战略意义的概念，因为它影响或者可以认为它决定了整个供应链的成本和市场占有份额。

（3）供应链管理最关键的是需要采用集成的思想和方法，而不仅仅是节点企业、技术方法等资源简单的连接。

（4）供应链管理具有更高的目标，通过管理库存和合作关系去达到高水平的服务，而不是仅仅完成一定的市场目标。

供应链管理与传统的物流管理有着根本性的区别。传统的物流管理是指按照市场的要求，将产品从供应地向需要地转移的过程，它强调的是单个企业物流系统的优化，即对运输、仓库、包装、装卸搬运、流通加工、配送和物流信息实施一体化管理。

供应链管理的精髓表现在：以顾客的需求为大前提，通过供应链内各企业紧密合作，有效益地为顾客创造更多附加价值；对从原材料供应商、中间生产过程到销售网络的各个环节进行协调；对企业实体、信息及资金的双向流动做出管理；强调速度及集成，并提高供应链中各个企业的即时信息可见度，以提高效率。

3. 供应链管理模式的类型

根据供应链中主导企业的类型，供应链管理模式可以分为三种类型：以制造企业为主导的供应链、以零售商或连锁超市为主导的供应链和以第三方物流服务商为主导的供应链。

（1）供应链模式之一：以制造企业为主导的供应链，如图 1-7 所示。

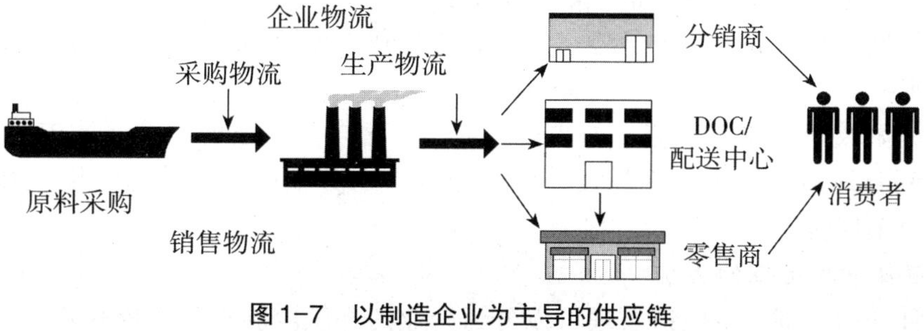

图 1-7 以制造企业为主导的供应链

（2）供应链模式之二：以零售商或连锁超市为主导的供应链，如图 1-8 所示。

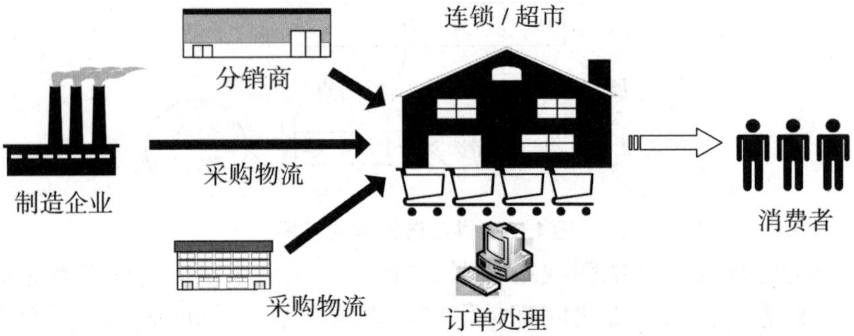

图1-8　以零售企业（连锁超市）为主导的供应链

（3）供应链模式之三：以3PL（集成物流供应商）为主导的物流服务供应链。如图1-9所示。

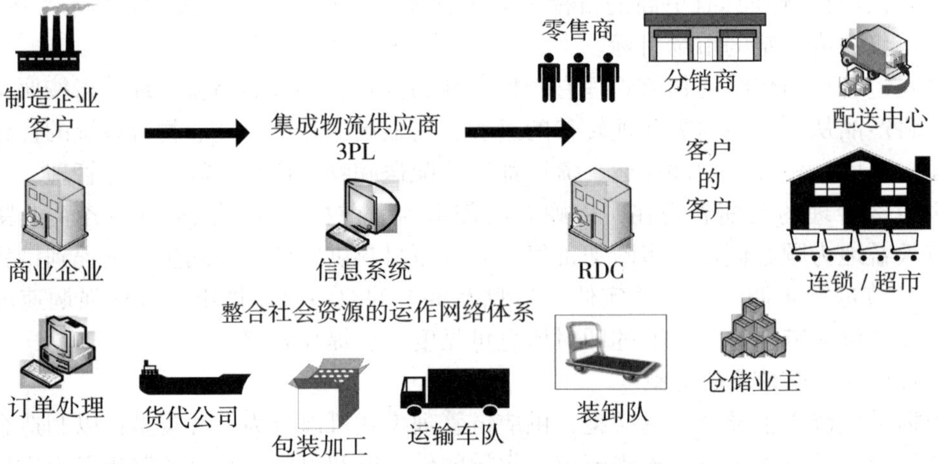

图1-9　以3PL（集成物流供应商）为主导的供应链

上述三种模式中，以第三方物流企业为主导的供应链管理更强调整合，更注重整个供应链的完整性，它能为客户带来以下价值：

（1）降低成本，取得竞争优势。信息畅通有利于控制和降低库存，并减少成本（包括人力成本）。

（2）提高效率，快速反应，加快资金周转。客户在自己的系统（或3PL系统）中，能实时看到各地最新进出仓库物资和库存数据，财务根据系统动态结果能及时开出发票，加速资金周转。

4.供应链管理范围的类型

根据管理的范围，供应链管理可以分为企业内部供应链管理、企业外部上下游供应链管理、产业供应链或动态联盟供应链管理、全球网络供应链管理。

（1）企业内部供应链管理。企业内部供应链管理主要针对企业内部的供应关系进行管理。通过内部供应链管理可以实现企业内部各职能部门间的业务和信息集成，形成一条内部集成的供应链。最初，企业信息化管理是从各个单独的业务单元开始的，相对于整个企业是一些信息化的孤岛。为了使企业的经营运作更为有效，需要将这些分离的单元集成起来，形成业务流程和信息连贯的信息化管理，MRP-II/ERP较好地解决了这一问题，它通过企业内联网和统一的数据库将企业内部的业务，如订单、采购、库存、生产、销售、财务和人力资源等单元连接起来，并将制度体系的建立、组织结构的改造、业务流程的调整以及绩效考核的标准等都纳入到一条业务链内进行管理，实现了有效的企业业务经营过程的自动化事务处理和内部流程的贯通性与信息共享性。

这种供应链管理关注企业内部资源的调配，实现各种业务和信息的高度集成、共享、控制、管理和协调运营。它消除了企业内部业务流程中无效的环节和影响业务流程运行的因素，减少企业的库存量，有效地集成企业内部供应链流程的主要计划和业务决策。这种管理的核心是内部集成化供应链管理的效率问题，主要考虑的是在优化资源、能力的基础上，以最低的成本和最快的速度生产多品种的产品或提供多种服务，快速地满足用户的需求，提高企业反应能力和效率。

（2）企业外部上下游供应链管理。每一个企业在社会和市场大环境中都不是孤立的，都有供应商和客户。“广义的”供应商是它的上游业务提供者，是它的“供”方；而它的“广义的”客户是它下游业务的需求者，是它的“需”方。每一个企业都有其上游和下游供应链，合成在一起就是完整的企业外部上下游供应链。因此，一个企业同时要与其上游和下游的供应链上的成员进行业务往来，下游的需求拉动了它的业务；而它的业务又拉动了上游的业务。

企业在与供应链上其直接的上游企业打交道时，可以借助于供应链管理中的供应商关系管理系统（Supplier Relationship Management，SRM）来更好地获得所需的、由上游提供的产品和服务，并利用所得到的“供”与自己的能力和资源相配合，在企业内部供应链管理系统的控制下高效率和高效益地产出。在与供应链上直接的下游企业打交道时，则可以借助于供应链管理中的客户关系管理系统（Customer Relationship Management，CRM）来更好地了解下游客户的“需”，并在企业内部供应链的管理下，快速响应和匹配其需求，为之提供产品和服务。

在企业下游供应链上，必须以“使客户满意”为战略中心点，通过信息集成和共享及时掌握客户的需求及其变化，通过协同运作充分利用自己手中的资源，甚至整合其他方资源来最大限度地为客户提供优质和及时的服务，从而扩大客户群落和扩大市场，提高销售额和增加利润。

在企业上游供应链上，必须以“双赢”的经营理念为指导思想，与广义的供应商结成长期的、稳固的和互惠互利的共赢伙伴关系，以最低的成本和在最短的时间内获得策略性的资源，并将供应商的技术、知识和创新能力集成进自己的业务流程中，与供应商共享信息、协同运作来使它们快速和高效地响应自己的需求，从而节约成本、缩短产品投放市场的时间、增强产品和服务创新能力以及自己响应市场和客户的能力，赢得市场，实现获利。

（3）产业供应链或动态联盟供应链管理。企业内部的供应链管理集成了企业内部各个业务部门信息化的孤岛，实现了内部业务流程的连贯性和连续性整合，使企业各部门、各环节能够更好地共享信息和有限的资源。虽然单个企业实现了信息化，但对于整个行业、市场或整个社会来说，它仍然是一个信息化的孤岛，急需进一步将这些孤岛进行连接，将其集成为产业供应链或动态联盟供应链。这种供应链管理是将企业内部供应链管理思想从上游供应链和下游供应链双向延伸扩展，一直从产品生命线的“源端”开始，终止于“终端”的消费者。

在21世纪，市场竞争不再体现为单个企业之间的竞争，而是变成了供应链与供应链之间的竞争，因此，每一个企业都必须将自己完全融入供应链中，某个企业的业务失误和流程的延迟都会影响到整个供应链的运作。这种业务关联紧密、环环相扣的供应链使链上的成员能够在一个统一的供应链管理体系下实现协作经营和协调运作，共同实现对外部市场的竞争，以各自的优势共同满足客户的需求。

在产业供应链上，存在着市场、原料、零件、加工、制造、分销、配送、运输、仓储、流通加工和零售等环节。当然，产业供应链与动态联盟供应链也有些差别。产业供应链是贯穿整个行业从业务源头一直到终端客户市场的全部流程范围，一般其结构较为稳固，有明确的上下游供应链划分；而动态联盟供应链则较为虚拟，常常不具备产业供应链那种稳固的结构，它是一种“市场机会驱动型”的灵活组织，它从组成到消失完全取决于市场机会的存在与否。动态联盟供应链的优点是避免重复投资，可在短时间内形成较强的竞争能力，实现对市场需求的敏捷响应；其缺点是供应链运行的最优目标和效率难以清晰的定义，运作过程蕴涵着较高的风险。

（4）全球网络供应链管理。随着世界经济全球化和一体化的发展，资源的获取和使用更趋于在全球之间调配。据统计，从20世纪80年代起，超过半数的美国公司在海外进行投资，而且在海外开展业务的公司和投资额在急剧增加。同时，各企业之间、合作伙伴之间，甚至是竞争对手之间的业务交流也越来越多，从本土迅速发展到海外，这使得业务过程越来越复杂，形成了一种全球范围内协作式的供应链运作模式。信息技术的全球化和互联网、电子商务技术的蓬勃发展，为全球供应链提供了信息和业务集成的基础支持。在这种供应链中，企业的形态和边界将产生根本的改变，全球资源随着市场的需求可以动态组合，以响应不断变化的客户需求。全球供应链包括：全球范围内的产品开发、采购进货、货物运送、加工/制造、分销/配送、产品销售/服务、信息收集和共享，以及全球范围内的资金流动等。

这种供应链的运作需要准确的预测、科学的决策、高度的协同、精确的计划、有效的执行和可衡量的绩效标准，供应链网络信息交流层次的沟通与协调将采取交互的、透明的、无对象的方式，生产的组织和实现超越了空间和时间的概念和限制，可以以网络信息为依托，在更广阔的范围内选择合作伙伴，采用灵活有效的管理组合模式，从而更加方便有效地实现多种企业的资源优势互补。这种供应链，以及产业供应链或动态联盟供应链的管理都需要借助一套供应链管理系统的协同和工具，如供应链计划（Supply Chain Planning，简称SCP）、协同计划、预测和补给（Collaborative Planning，Forecasting and Replenishment，简称CPFR）、物流信息系统LIS（Logistics Information System）以及客户关系管理（Customer Relationship Management，简称CRM）、供应商关系管理（Supplier Relationship Management，简称SRM）、电子商务等，并与企业内部供应链的管理系统和工具相配合，彻底除去企业间的围墙，实现供应链上的资源根据市场和客户的需求，策略地进行优化配置，快速响应市场需求，提高用户服务水平和降低总的交易成本，并且寻求两个目标之间的动态平衡。

1.7 供应链管理的难点和主要领域

1.供应链管理的难点

以上我们介绍了供应链及供应链管理的特征等，我们知道供应链是非常复杂的系统，成功地管理供应链绝非易事。那么，供应链管理的难点在哪里呢?尽管我们会在本书中讨论了各种各样的原因，但都与以下两个原因相关：

（1）全局优化。为了最小化系统综合成本，并维持系统的服务水平，设计与运作一条供应链极具挑战性。事实上，即使运作单一设施（a Single Facility），要在降低成本的同时维持服务水平常常也很困难。而要考虑到整个系统，难度会呈指数级增加。寻找系统最优策略的过程被称为全局优化（Global Optimization）。

（2）管理不确定性。不确定性存在于每一条供应链中。顾客的需求永远不可能准确预测，途中时间不可能准确确定，机器设备和车辆也会随时出现故障。供应链的设计需要尽可能消除供应链中的不确定性，同时还要能够有效应付其他不确定性。

2.供应链管理的主要领域

供应链管理主要涉及到四个主要领域：供应（Supply）、生产计划（Schedule Plan）、物流（Logistics）和需求（Demand）。这四个领域中，需求又是关键的要素。恰当的供应链设计将取决于顾客的需求和满足这些需求所涉及的环节。任何一个供应链存在的主要目的，都是为了满足顾客需求，并在这一过程中盈利。参见图1-10。

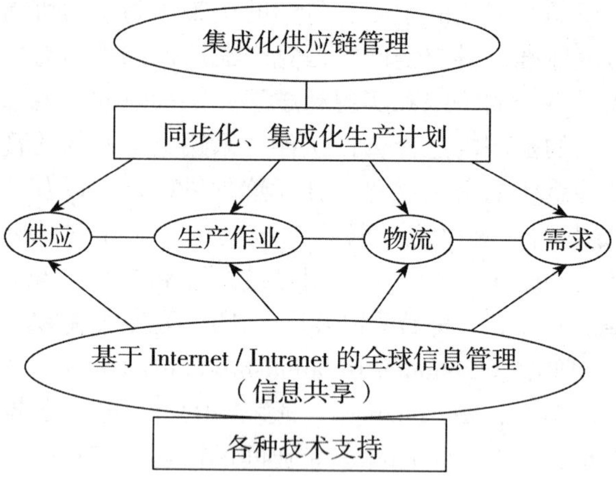

图1–10　供应链管理的主要领域

由图1–10可见，供应链管理是以同步化、集成化生产计划为指导，以各种技术为支持，尤其以Internet/Intranet为依托，围绕供应、生产作业、物流、满足需求来实施的。供应链管理主要包括计划、合作、控制从供应商到用户的物料（零部件和成品等）和信息。供应链管理的目标在于提高用户服务水平和降低总的交易成本，并且寻求两个目标之间的平衡。

供应链管理注重总的物流成本（从原材料到最终产品的费用）与客户服务水平之间的关系，为此要把供应链各个职能部门有机地结合在一起，从而最大限度地发挥出供应链整体的力量，达到供应链企业群体获益的目的。

具体说来，供应链管理的关键问题包括：

（1）客户价值与供应链定价。在客户导向的市场上，产品或服务本身将不再被强调，取而代之的是客户与企业接触时所感受到的客户价值。换言之，客户作为供应链中的重要角色，已成为企业的重要资产，企业衡量其产品和服务的重要标准，已从内部质量保证演化到外部客户满意，再发展为客户价值。客户对价值的判断与客户对服务的使用结果紧密相连，客户服务是提升客户价值、维系客户关系的重要因素。如何理解客户价值?如何从客户价值入手，制定企业的客户价值实现策略?如何创建市场驱动的供应链?如何制定客户服务标准?如何确定客户服务水平? 如何运用收益管理进行供应链定价？第2章将分析这些问题。

（2）采购与供应管理。传统的采购管理认为，采购就是为了补充库存。在供应链管理模式下，采购活动是在用户需求订单的驱动下产生的。采购管理是供应链管理的重点内容之一，它在供应链企业之间原材料和半成品生产合作交流方面架起一座桥梁，沟通生产需求与物资供应。为了使供应链系统能够实现无缝连接，并提高供应链企业的同步化运作效率，就必须加强采购管理。供应链网络中任意一对相邻节点上都存在供应商与购买商之间的相互关系，这种关系需要由合同或契约来约束管理。供应管理实质是设计优化合同策略，实现供应链绩效最优。因此，采购与供应问题是供应链管理的关键问题。第3章就将详述采购与供应管理的基本理论。

（3）库存控制与管理。库存管理的主要问题是要维持某个特定产品的库存量。由于顾客需求随时间不断变化，零售商只能用历史数据来预测需求和持有安全库存来缓冲需求和供应时间的不确定性。近些年来由于供应链的理念被引入库存管理，库存管理的内涵和目标都发生了巨大的改变，从而出现了以准时制（Just in Time，简称JIT）库存策略等为代表的一些旨在实现“零库存”的库存管理方法。此后，又出现了供应商管理库存（Vender Managed Inventory，简称VMI）和联合库存管理（Jointly Managed Inventory，简称JMI）等库存管理新方法，它们通过加强对供应链总体库存的控制来提高供应链的系统性和集成性，提高各节点企业的敏捷性和响应性。那么，这些库存策略到底是什么呢?选用何种策略能使经济利益实现最大化?第4章我们将解决这些问题。

（4）物流网络设计问题。物料流、信息流和资金流常被认为是供应链的三流，其中的物料流就是在网络中进行的。供应链的绩效在很大程度上取决于其物流网络规划的好坏。目前的仓库配置被认为是不合理的，管理者希望重新组织或重新设计配送网络，这可能源于需求模式的改变或成本的压力。另外，需求模式的改变可能需要改变工厂的产量、新供应商的选择，以及货物在配送网络中的流动方式。管理者应如何选择仓库的位置和容量，确定每个厂商的生产批量，并设定设施之间的运输流，包括生产厂到仓库和仓库到零售商，以保证这些决策可以最小化所有生产、库存和运输的成本，并满足必要的服务水平要求。这是一个复杂的优化问题，需要先进的技术和方法来解决。第5章将探讨上述问题。

（5）供应链信息管理。信息技术是有效供应链管理得以实现的关键。实际上，目前供应链管理之所以引发人们如此大的兴趣，一方面是由于充分的数据使企业机会增多，另一方面是由于完善的数据分析可以获得成本的节约。供应链整体成本优化既涉及企业内部各部门的协调，也要求平衡供应链上各企业的经营行为。但各个部门和企业的利益与目标通常是互相冲突的，要平衡与协调这些供应链的环节，对大量分散在企业各部门和各企业之间的商业信息必须加以收集、分析和利用。第6章将详细讲解供应链中的信息管理。

（6）供应链业务流程重构。虽然信息对供应链管理的成功至关重要，但如果没有合理的供应链流程，再发达的信息系统也不会实现供应链管理的目标，即以尽可能低的成本满足客户服务。传统以职能型组织机构为基础，旨在细化分工和提高作业效率的传统业务流程在现代的供应链与供应链的竞争中越来越显露出其弊端。因此，业务流程重构也已经成为企业改变原有流程的有效方法之一。最重要的是，基于供应链的业务重构具有更适应供应链竞争要求、更能发挥供应链的整体优势、更具有柔性和敏捷性等优势，所以大大增加了获得成功的机会，降低了重构的风险性。那么，到底什么是业务流程再造呢?如何在供应链环境下实现业务流程再造?有哪些方法可以实现业务流程再造? 如何进行产品或流程的物流设计? 如何评价供应链绩效? 我们将在第7章进行详细剖析。

（7）供应链金融与风险管理。世界各地的厂商在谋求企业利润最大化的前提下，不断整合其内部和外部的资源，供应链管理中越来越多的功能都是由提高股东价值这一目标驱动的。供应链财务管理决策过程中考虑的财务因素便是资源的利用率，特别是对于固定资本和营运资本的利用。大多数的企业都面临着提高资本利用率的压力。随着供应链变得更加复杂且紧密相连，供应链中融资和风险的形式也千变万化。因此，供应链金融与风险管理也应当全面展开，扩展到企业所能控制的范围之外。第8章将详细讨论供应链管理对股东价值的影响及如何进行供应链金融管理和供应链风险的防范与规避。

（8）供应链管理战略。随着经济全球化、市场国际化和电子商务的发展，企业所处的竞争环境发生了根本性的改变。市场竞争已经由原来的有形产品、服务的竞争转向供应链与供应链之间的竞争。面对用户需求以及经济的不确定性日益增加，任何一个企业只有建立有效的供应链系统才能取得市场竞争的主动权。为适应企业市场竞争的需要，供应链战略的选择对企业能否在激烈的市场竞争中取胜起着至关重要的作用，正确引导企业培育核心竞争力、增强竞争优势是顺应时代之需。第9章将对如何制定适合的供应链战略问题加以阐释。

小结

本章首先讨论了企业宏观经济因素的变化，即消费者日益强大、供应链中的权利转移、基础产业的管制解除、全球化、技术的发展和可持续发展的要求，这些因素都驱动着将供应链管理的重要性提高到成为企业获得竞争优势的战略高度。在此环境下，企业面临的竞争也发生了变化，在产品生命周期越来越短、客户对交货期的要求越来越高、产品品种数量飞速膨胀和客户对产品和服务的期望越来越高的竞争环境中，为了取得优势，企业不得不采取新的竞争武器即供应链管理。有效的物流和供应链管理可以帮助一个组织同时取得低成本优势和差异性优势，从而在市场中取得竞争优势。

在此基础上，本章介绍了供应链的概念及其特点和供应链管理的概念及特点。简单地说，供应链管理的目的，旨在通过对供应链各个环节活动的协调，实现最佳业务绩效，从而增强整个供应链上所有企业的业务表现，使生产系统能较好地管理由原料到产品、到客户的生产过程，最终提高客户的满意程度，并缩小总成本。另外，供应链管理需遵循合作机制、决策机制、激励机制和自律机制的运营机制。本章还介绍了供应链管理与传统管理模式的区别、供应链管理的类型、供应链管理的难点和供应链管理的主要领域。

问题讨论

1．解释供应链、供应链管理。

2．消费者行为的变化对供应链有何影响?

3. 从宏观和微观的角度，阐述供应链管理为什么会受到企业的重视。
4. 供应链管理的目标是什么？
5. 为什么说有效的供应链管理能成为企业的战略竞争武器？
6. 供应链管理有何特征？
7. 供应链管理与传统的管理模式有何不同？
8. 供应链管理主要应用的领域有哪些？
9. 在当今的情况下，供应链管理面临的主要困难有哪些？并讨论如何解决。

案例探讨　华为公司供应链制胜

华为技术有限公司是一家总部位于深圳的生产销售电信设备的由员工持股的民营科技公司，建立于1988年，经过20多年的快速发展，华为现已成长为全球最大的电信网络解决方案提供商，第二大电信基站设备供应商。华为的主要营业范围是交换、传输、无线和数据通信类电信产品，在电信领域为世界各地的客户提供网络设备、服务和解决方案。华为的产品和解决方案已经应用于全球150多个国家，服务全球1/3的人口。

华为公司通过改革，集财务、信息和管理模式于一体，对供应链中的信息流、物流和资金流进行设计、规划和控制，保证实现供应链的两个关键目标：提高客户的满意度，降低供应链总成本。由此，设计和建立以客户为中心、成本最低的集成供应链，改变了以往企业内部职能部门分散、独立控制供应链中不同业务并且组织结构松散的现状。

实现集成化供应链管理的关键在于将企业内部供应链与外部供应商和用户集成起来，形成一个集成化供应网链。而与主要供应商和用户建立良好合作伙伴关系，即所谓的供应链合作关系是集成化供应链管理的关键之关键。华为加强了战略伙伴关系管理，管理的焦点以面向供应商和用户取代面向产品，增加与主要供应商和用户的联系，增进两者相互之间的了解（产品、工艺、组织、企业文化等），相互之间保持一定的一致性，实现信息共享，通过为用户提供与竞争者不同的产品/服务或增值的信息而获利。通过建立良好的合作伙伴关系，可以很好地与用户、供应商和服务提供商实现集成与合作，共同在预测、产品设计、生产、运输计划和竞争策略等方面设计和控制整个供应链的运作。对于主要用户，华为一般建立以用户为核心的小组，这样的小组具有不同职能领域的功能，从而更好地为主要用户提供有针对性的服务。

在完成集成以后，华为已经构成了一个网链化的企业结构，称之为供应链共同体，它的战略核心及发展目标是占据市场的领导地位。华为在适应市场变化、柔性、速度、革新、知识等需要方面进行了改进和加强。华为这种集财务、信息和管理模式于一体的集成供应链成了一个能快速重构的动态组织结构，即集成化供应链动态联盟，很好地适应了市场的发展需要。

（根据公开的网络资料整理）

问题：

1. 分析华为供应链的特点，绘制华为供应链网络图。
2. 华为供应链管理的重点和难点是什么？

第2章 客户价值与供应链定价

学习目标

1. 掌握客户价值的几个层面、客户价值的测量方法、客户服务的要素、客户细分市场定价和收益管理模型，明确如何制定客户价值实现策略、如何制定客户服务标准。

2. 理解客户价值的内涵和影响因素、企业CRM系统，明确如何收集和整理客户信息、如何运用客户价值分析模型、如何衡量客户保持，以及收益管理在供应链中的作用。

3. 了解企业客户价值市场细分方法和基于客户价值的供应链优化思想，了解制定收益管理策略时应考虑的因素。

基本概念

客户价值　客户关系管理　客户服务　收益管理

引导案例　中铁快运股份有限公司

中铁快运股份有限公司是一家具有网络资源优势的中国铁路总公司直属企业，独家拥有铁路行李车和行邮专列、行李包专列等资源，并持续优化资源配置，形成资源优势，为合作企业不断创造价值。例如，在中铁快运与联想集团的合作中，由中铁快运独家承担联想集团产品的全国铁路运输业务。近期，中铁快运从新疆等地开始试点，又承担了联想集团到终端客户的仓储与区域配送业务。中铁快运利用自身网络资源优势，为联想集团提供了额外的上门取货、送货到门等“一条龙”服务。减少了产品运输的中间环节，为联想集团节约了大量人力物力，同时加快了产品周转速度，降低了库存与物流成本，提高了物流服务质量，更重要的是改进了销售模式，减少了销售环节，提高了市场反应速度，极大地增加了联想集团产品的市场竞争力，为联想创造了很可观的客户价值。

（根据公开的网络资料整理）

在当今客户导向的市场上，产品或服务本身将不再被强调，取而代之的是客户与企业接触时所感受到的价值，即客户价值。换言之，客户作为供应链中的重要角色，已成为企业的重要资产，企业衡量其产品和服务的重要标准已从内部质量保证演化到外部客户满意，再发展为客户价值。客户对价值的判断与客户对服务的使用结果紧密相连，客户服务是提升客户价值、维系客户关系的重要因素。

2.1 客户价值概述

1.客户价值的含义

客户价值是客户对在特定使用情形下有助于（有碍于）实现自己目标和目的的产品属性、这些属性的实效以及使用的结果所感知的偏好与评价。现代企业以利润最大化为目标的经营战略，往往在遭遇客户价值与企业当前盈利发生矛盾的情况下，追逐企业利润，牺牲客户价值和企业的社会责任，导致脱离客户、危害社会，最终损害企业长远利益；而以客户价值最大化为目标的企业经营战略，往往也会因为对客户价值内涵的理解和追求不一，过于突出企业利益而忽略客户利益，最终步入利润最大化的误区。现实中，只有那些别人和我们自己都知道，但却没有把握好的领域，才是真正的经营战略突破口，客户价值这个天赐良机，无疑是目前企业进行营销再造的最佳突破口。而在营销中，客户价值无疑是最难把握的部分，它甚至很难具体地描述。若企业能对客户价值进行有效的测量和及时的分析，并在此基础上制定新的营销策略，不仅会保住现有客户，甚至会将更多的潜在客户转变为自己的忠诚客户。

企业经营活动的最终成败是由所选择目标市场的客户价值水平所决定的。客户价值是发生在客户购买活动或相关行为之后的总收益与所发生的总成本之间的差别。其表达式是：

$$\text{客户价值}=\frac{\text{总收益}}{\text{所有权总成本}} \tag{2.1}$$

式（2.1）中分母采用“所有权总成本”而不是价格，原因是在通常情况下，购买或相关行为还涉及除价格外的其他重要成本。当然，与此类似的，发生在购买或相关行为之后的净收益也往往高于真实的产品特性及功能。例如，两种竞争性产品也可能会因技术水平稍微有所差别，但其中一种产品因为提供了客户支持就可能显得格外优越。

给“竞争优势”一个简单的定义就是：就竞争者而言，那些成功的企业实现了更多的客户价值。换句话说，它们的收益成本比要高于同市场领域的其他企业。至于客户价值比率的分子和分母，供应链管理对它们的影响是一模一样的。这一点在我们将比率公式做出如下扩展后变得更加明显。

$$\text{客户价值}=\frac{\text{服务}\times\text{质量}}{\text{时间}\times\text{成本}} \tag{2.2}$$

四个要素可以简单地定义如下：质量——产品的用途、性能和技术规格。服务——可得性，客户支持以及对客户的承诺。成本——包含价格与生命周期各成本在内的客户交易总成本。时间——对客户需求做出反应的时间，比如配送的提前期。这四者中的每一要素都需要一套能够进行持续升级、革新和投资的方案，以确保持续的竞争优势。

卡特彼勒（Caterpillar）是一家在市场上处于全球领先地位的企业，它向建筑业或采矿业销售柴油发动机。多年来，卡特彼勒公司不仅关注生产能力和新产品开发方面的提升，还把目光投向了客户支持与反应。支持这些创新行为的基础，源于对创造出色的供应链管理能力的不懈追求和重视。卡特彼勒因其客户支持而获得了世界范围内的赞誉，特别是即使投送地点在多么偏远的位置，它也能在48小时内把货送到。在使用卡特彼勒设备的企业中，“停机时间”的成本非常大，因此相应的服务也就格外重要。通过与在世界范围的经销商和批发商之间的亲密合作伙伴关系，通过先进的库存和信息管理系统，卡特彼勒提供了高水平的客户服务，并因此实现了客户价值。在这方面只有极少数企业才能与其匹敌。

2.客户价值的层面

客户价值可以分解为以下几个层面：

（1）匹配需求。向客户提供所需产品或服务的能力，是对供应链管理实现可获得性和选择性的基本要求，也是供应链需具备的市场调节功能。这一功能与供应链把原材料转换为产品，然后再通过供应链渠道将产品送达客户的实体功能是不一样的。当供需不平衡时，与市场媒介功能相关的成本将出现。如果供给大于需求，在供应链中将出现库存成本；如果需求大于供给，有可能会损失销售机会和市场份额。

匹配需求也和客户通道有关。客户通道是指找到和购买某种产品或服务的能力，如国美电器、苏宁电器等连锁超市，它们的通道主要是指实际的场所。另外，还提供电话和网络通道，而不只是物理的店铺，这样能够提高使客户方便购买商品的能力。通道还包括通过商店或网站提供给客户一种感知，使他们能够容易地找到和购买他们正在寻找的商品。

（2）产品选择。许多产品有多种型号、式样、颜色和形状，如某品牌汽车有5种式样、10种不同的外部颜色、10种内部颜色、手动/自动转换方式，那么总计有1 000种不同的配置。困难在于分销商和零售商需要存储大多数的各种配置的不同产品。产品选择的多样化，使得很难预测客户对于某种具体规格产品的需求量，从而迫使零售商和分销商必须保持大量的库存。因此，产品多样化对客户价值的贡献是很难分析和理解的。

（3）价格和品牌。产品价格和服务水平是客户价值的基本组成部分。尽管价格不一定是客户考虑的唯一因素，但任何产品可被接受的价格范围都很有限。例如，当产品是大众消费品时，它们的价格柔性很小，因此，企业通过对供应链进行创新，可以获得成本优势。沃尔玛是供应链管理领域的创新者，它通过供应链创新提供低成本商品，实现了在竞争中压价。沃尔玛的“天天低价”策略十分诱人，客户不必再担心在错误的时间购买商品，零售商和制造商也可以不必再做计划，以考虑促销行为所引起的需求变动。

价格中的另一个重要因素是产品品牌。在当今的市场中，销售人员越来越不喜欢超市类商场，但越来越多的客户希望在超市类商场购物。在客户脑海里品牌是质量的保证，如奔驰汽车、劳力士手表等品牌，有很高的质量和声誉，因而能开出比其他品牌产品更高的价格，而且高价格本身就是象征威望和可感知质量的重要因素。在这种情况下，由于边际收益更高，销售机会丧失会带来更大的机会成本，因而需要供应链迅速做出反应。增加的供应链成本，将被扩大的边际利润所抵消。

(4) 增值服务。在供应过剩的经济中，许多企业不仅仅是在产品价格上进行竞争，还需要寻找其他收益来源。这迫使企业提供一些与竞争对手不同的增值产品和服务，如支持和维护，以获得更加有利可图的价格结构。

一种重要的增值服务是信息获取。企业允许客户获取自己的数据，如即将发生的订单、支付历史记录，这增加了客户对企业的了解。例如，客户十分看重获知订单状况的能力，有时候这种能力的重要性甚至超过实际的周转时间。这种能力确保了可靠性，使制订计划成为可能。联邦快递最先提出包裹跟踪系统，此系统已成为包裹处理行业的标准。随着越来越多的客户期望信息的可视化，使客户获取信息的能力，已经开始成为供应链管理的基本要求。互联网使这种能力成为可能，企业需要对支持此能力的信息系统进行投资。

(5) 关系和经历。客户价值最后一个层面是通过开发关系，在客户和企业间建立更加紧密的联系。由于建立关系需要客户和企业双方均投入一定的时间，从而使客户转向其他企业更加困难。例如，戴尔为大客户配置电脑提供支持，当戴尔帮助客户管理采购的全过程，包括特殊用户属性时，客户就更难转向其他供应商了。

除关系外，一些企业也向客户设计、销售独特的经历。当企业把服务当成舞台，产品当成道具，在整个过程中以某种方式使客户参与进来获得深刻的印象时，经历就产生了。要使经历本身有价值，需要大量投资。迪士尼的主题公园可以被看成是一流成功经历体验的例子，许多顾客愿意为这种经历体验付费。而公园也可以看成销售迪士尼产品的一种方式，包括电影、各种玩具和附件。

3. 客户信息采集

要实现客户价值，要做的首要工作就是对客户的信息进行采集、整理与分析。尤其是在信息技术高速发展阶段，如果企业对客户信息分析能力差，对客户的支持力度不够，企业对于信息的采集与分析缺乏相关的软、硬件支持，业务关系越来越复杂，所产生的数据就会越来越多，对历史数据的分析能力低下，会直接导致市场机会的浪费，从而无法尽快了解客户的需求。现代化的客户关系管理（CRM）系统对客户管理有着决定性的意义。

如何才能够采集到最完整、最真实、最有效、最及时的客户信息?这个问题一向是在实施客户关系管理项目过程中所遇到的最大的难点之一。它不仅是技术或是系统问题，更和业务流程设计有关。由于企业每天都会有大量的数据录入，而目前计算机智能技术还没有发展到会自动获取所有相关数据的程度，所以客户信息还是需要由相关的操作人员来录入。在和客户联系的过程中，有时有的相关人员图省事，只是随手进行记录，这样，不仅很难保证数据的完整，而且会产生大量的零碎的重复的数据。要克服这种问题，企业要做到以下几点：

首先，要制定严格的操作流程。比如要求工作人员在与客户联系时，如果发现是新客户，则必须在记录客户联系内容之前，为其在CRM系统中创造新的客户主数据。

其次，CRM系统要能提供人性化的交互界面。人性化的交互界面能够简化操作人员的工作。尤其重要的是，CRM系统要能够保证同样的数据绝对不重复录入，并且在今后有新的业务联系发生时，已有的全部相关信息都能被方便地参考及调用。

再次，要制定严格的措施，保证企业各部门各司其职。数据采集之所以困难，是由于数据有多种不同的来源——客户可能会同时跟企业的不同部门联系，有时客户的信息是来自渠道经销商或服务商。企业若制定了严格的措施，就足以保证各个相关部门都很好地完成所负责的客户信息的搜集。

最后，制定合理的奖励惩罚措施。合理的奖励或是处罚措施，可以使企业的渠道商能够及时完整地录入企业所需要的客户信息。否则的话，不仅数据难以实现及时录入，而且会出现大量零碎的甚至是前后不一致的客户信息。

在这种情况下，CRM系统不但把企业各部门所录入的客户信息都直接记录到系统供销的中央数据库，而且要结合应用最新的网络技术，给分布在全部甚至世界各地的经销及服务网络提供一个安全的接入方式，让它们也能够把搜集到的客户信息及时地录入到CRM系统中来。

在采集到的客户信息中，通常可以分为静态数据和业务数据。静态数据包括客户个人的姓名、年龄、出生日期、学历等；客户企业的公司名称、所属行业、创立日期、会计报表等；不同客户之间可能会存在的关系，如人与人之间的父子关系、公司与员工之间的雇佣关系、公司与公司之间的控股关系等。特别需要指出的是，这些所谓的静态数据也并非一成不变的，静态只是相对的。业务数据主要包括对客户执行过的市场及促销活动的记录；合同、订单、发货及付款等交易记录；其他与业务交易相关的信息等。

要把静态数据和业务数据有效地在CRM系统中进行管理，就要求CRM系统必须能按其各种内在的真实的逻辑，并考虑到不同种类数据之间的联系，这样才能对它们进行有条不紊的管理。一般的做法大致如下：

（1）在首次接触到客户时便为其在系统中创建一个相应类型（个人、企业）的静态数据，输入其各项相关静态数据，得到一个相应的客户号。

（2）如果此客户与其他客户之间有联系的话，要为它们之间创建关系，并对关系的定义在系统中进行描述。这些不同类型的关系在系统中只需要定义一次，需要时在相应的地方调用即可。

（3）当客户与企业发生业务往来或其他联系时，在进行系统记录时，首先要在系统的帮助下利用各种搜索条件找到此客户，然后再针对其创建各个业务记录，这样就可以很方便地对其业务数据进行记录及后续的使用。

（4）当客户的静态信息发生变化时，可直接在其静态数据库中进行修改，从而可以保证数据的一致性，同时也不会影响到与此客户相关的业务记录。

（5）可在CRM系统中创建多种不同的角色，如员工、购买方、付款方、收货方、渠道经销商，系统中的客户都可以分配到这些角色的一个或者多个，这样企业就可以根据不同的角色对客户的业务操作权限进行授权控制。

4.客户信息的使用

在CRM系统中，客户信息的使用有以下两种方式：

第一种，系统提供相关信息，供用户参考。这种情况下，系统要实现的目标就是让合适的信息在合适的时间出现在合适的位置给合适的用户使用。当一个客户接待人员与客户进行联系时，CRM系统会适时地把相关的客户记录如客户的基本个人资料、订单及付款记录、投诉及处理情况、欠费及其他需注意事项等列在工作界面的合适位置供这位接待人员参考。

第二种，系统自动引用相关的客户信息。比如在创建订单时，系统会自动对该订单及相关的客户执行信用检查，也就是把与此订单中客户的全部相关未付款的订单金额与记录在该客户主数据中的信用额度进行比较，如果有超出的话，则系统根据预先的设定给出警告或阻止当前订单的执行。这样做的好处在于，可以在系统帮助下，在简化操作人员工作程序的同时更好地规范企业相关的业务流程。还有一种使用方式，就是CRM系统提供接口，能够输出标准格式的客户信息，供企业使用的其他管理信息系统调用。

2.2 客户价值的影响因素及测量分析方法

1.客户价值的影响因素

客户的欲望是永无止境的，当企业在满足客户当前欲望时，为了避免惨遭淘汰，它还必须主动改进其产品和服务，以迎合永无止境的客户欲望。从这个意义上讲，供应链中每个企业在为客户提供产品或服务前，都必须清楚其客户现在的价值和未来的价值，积极了解、认真研究客户的需求与欲望，而这一切是从分析客户价值的影响因素开始的。

对于一个处于供应链中的企业来说，影响客户价值的因素有很多，既包括外部环境因素，也包括企业自身因素和客户自身因素。

（1）影响客户价值的外部环境因素包括：宏观环境因素、供应链内部环境因素和不同供应链之间构成的环境因素。

①宏观环境因素。这些因素主要包括自然环境因素、经济环境因素、政治法律环境因素、社会文化环境因素、科技环境因素和人口环境因素等。为了更好地满足客户的价值需求，企业应该经常就这些环境因素对客户价值的影响进行准确的解释和定量分析。例如，油价大幅上涨会增加企业的运输成本，为了节约成本企业可能会把更多的运输项目外包给第三方物流公司，第三方物流公司如能把握这一机遇，将带来更多的客户价值。

②供应链内部环境因素。这一环境因素包括供应链始端的供应商、制造商、各级分销商、末端的客户等因素。针对其中某一具体的企业，供应链中的其他部分构成了该企业的外部环境。在分析环境因素时，企业应该对所在供应链的内部环境因素进行认真分析，充分利用这些环境因素中的有利因素，为客户提供高质量的服务。比如汽车厂商如果没有高质量的原材料、零部件供应商，很难为客户提供高质量的整车。

③不同供应链之间构成的环境因素。这一环境因素主要体现在竞争环境方面，比如竞争会对不同的汽车供应链产生增加客户价值的压力，这不仅是因为竞争限制了供应链内部汽车零部件、整车价格提升的空间，迫使该汽车供应链将大部分利益转让给末端的客户，降低了客户消费的成本；同时还因为竞争刺激了创新，不同供应链的汽车制造商为了获得更多的客户价值，会努力通过生产和销售等技术的革新为客户提供新的利益。

（2）影响客户价值的企业自身因素主要包括以下几个方面：

①企业为客户提供价值的意愿。这主要体现在企业是否愿意把客户价值放在首位，是否愿意整合企业的全部资源为客户提供服务，是否愿意并切实地弄清楚客户的实际需求。

②企业对客户需求能力的认知能力。这直接关系到客户价值创造的效果。要了解客户的实际需求，企业要善于调查研究，加强与客户间的沟通，挖掘客户尚未察觉的潜在需求。

③企业的成本控制能力。企业的成本控制能力是决定企业客户价值创造能力的重要因素之一。如果企业对成本的控制能力强，就可以以更低的成本提供与竞争者所提供的相同的产品或服务，这样企业就可以有更大的让利空间，从而降低总客户成本，增加客户价值。

④企业员工的服务能力。这一因素的重要性毋庸置疑，服务人员良好的服务态度和很强的服务能力可能成为客户得益的主要来源。

⑤企业的品牌知名度。企业的品牌形象直接关系到客户与本企业合作所能获得的价值的大小。消费者购买某种产品的目的可能不是为了获得产品本身的某些物理功能，而是借助于该产品的品牌而获得的某种知觉满足，或是树立自身的某种特定形象。

（3）影响客户价值的客户自身因素。决定客户满意度及其忠诚度的不仅仅是企业创造客户价值的能力，更重要的还在于客户是如何知觉这些利益的。影响客户对某种产品价值感知的因素包括：

①从订货到交货时间的长短、是否按约定的时间交货、产品收到时的完好状况、销售访问及订货的复杂程度、售后支持的有效性等。

②客户对某种产品和服务掌握的信息多少、客户对某种消费选择的偏爱程度、市场供求状况及替代品的可获得性、客户购买和使用体验、客户使用某种产品或服务的用途和目的等也会对客户价值产生不同程度的影响。

2.客户价值测量

客户在购买产品或服务的同时，也获得了相应的价值，否则他不会购买，但客户获得了什么样的价值，有时就是客户自己也不太清楚，但满足客户需求和为其创造价值的企业应该通过相应的方法对客户价值进行测量，否则为客户创造价值就是一句空话。测量方法可分为定性和定量两类，下面分别对这些测量方法进行介绍。

定性测量方法包括：观察法、倾听客户的声音、与客户进行充分的交流和沟通。

（1）观察法。该方法是指那种不需要与被调查者进行直接的沟通交流，而是以旁观者的身份对具体时间、人物和行为模式等的特征、演变过程进行记录来收集相关客户价值需求信息的方法。客户价值测量最终是为了确定客户是怎样使用产品的、使用后好的和坏的结果各是什么、具体的使用情境要求以及怎样影响了产品的价值，这些信息都可以通过观察得到。在使用观察法测量客户价值的时候，人员观察显得更为重要。尤其是通过对客户购买行为的观察，可以了解客户的价值取向。

有这样一个故事，惠普公司的一名研发人员为了对客户的环境有更多的了解，坐在手术室观看外科医生做手术。他发现，医生通过观察显示器上病人的身体和自己的手进行手术。但护士会时不时地走到监视器前面，因此医生的视线会被短暂地挡一下，这看起来并不妨碍手术的正常进行，但是这位好奇的观察者记下了这件事，并反复思考惠普公司能对此做些什么，最终他找到了解决方法——轻质头盔。这个头盔能把显示器挂在距医生的眼睛只有几英寸的地方，不仅使手术免受干扰，还增加了更多客户收益，即通过提高准确性，使产品给医生与病人提供一个更安全的保证。但是，医生自己永远不会要求这样的革新，因为他不知道这是可能的，这就是观察法的真正好处——即使客户无法说出自己的愿望，制造商也可以了解到客户的需求。

（2）倾听客户的声音。倾听客户的声音是企业进行成功的价值创新的重要保证。因为客户的抱怨和投诉实际是在给企业提供生存和发展的机会，企业可以据此发现企业未来变革的方向，引入从未考虑过的新产品或服务，为客户提供新的价值。倾听客户的声音是企业永远的学习过程，因为客户在自己的领域中同样是专家，客户可以传递最新的产品信息、竞争对手的情况、对偏好变化的预测以及对服务和产品使用方法的及时反馈等。

据一份以432家企业营销人员为对象的调查显示，87%的客户认为企业的营销人员没有足够的有关他们需要的问题，49%的客户认为营销人员“说话太多”。可见，要想真正了解客户价值的需求，聆听是关键的因素之一。企业可以通过各种方式来倾听客户的声音，如定期发放调查问卷、定期会见一定数量的客户、设置免费电话热线、网上询问（如向客户发送E-mail等）、成立客户委员会（直接让客户参与到新产品的开发）等。

（3）与客户进行充分的交流和沟通。客户价值创造面向的是客户需求，只有在充分了解和把握客户需求的基础上才能为客户提供更多的价值。对客户需求的充分了解必须借助于与客户之间的充分交流和沟通。没有充分的交流和沟通，企业付出的巨大努力所提供的利益可能是客户并不需要或是并不看重的。为了促进企业与客户之间的交流，以便于为客户创造更多的利益，许多企业在经营过程中导入了早期介入概念，即在客户还处于设计其新产品的阶段，设备供应商或原材料供应商即已开始介入到客户开发新产品的工作之中，帮助客户发现能够制造出更好的产品的原材料和设备。

上海宝钢集团公司在这一方面走在了同行前列。该公司在其主要客户如汽车制造商、家电制造商等还在考虑开发新产品时，即派人参加到客户的新产品开发工作之中，实验、寻找能帮助客户制造出优质产品的钢铁材料。这一举措无疑大大降低了客户为获得满意产品所需要的供应商搜索成本，并避免了由于提供的原材料或设备不能适应客户需要而可能带来的损失。

定量测量方法。客户价值的测量是围绕目标客户展开的，对其进行定量测量往往需要通过问卷调查来实现。在调查中，要注意客户价值和价值陈述之间的语意差别，如运用若干语意相反的极端形容词（好-坏、真-假、新-旧等）来调查应答者的态度。客户态度的形成是一个心理过程，受访者实际只是凭借感觉，对各个需求项目完成一个排序的工作，客户价值的定量测量是一个数学演算的过程，需要的是具体的数字。因此，就必须将客户的这种心理感觉用数字表达出来。借助测量量表就可以达到转化的效果。量表是对事物的特性变量用不同的规则来赋值。基本的态度测量量表有四种：类别量表、顺序量表、差距量表和等比量表。

（1）类别量表。又称名义量表，该量表是根据被调查对象的性质分类的。由于类别测量表的项目都是不同性质的，项目与项目之间没有必然的关系。例如，消费者对各种商品满意或不满意，对某种商品用过没用过以及各有多少人、占总人数的百分比等。

（2）顺序量表。又称次序量表，该量表是表示各类别之间的顺序关系的一种量表。该表只表示顺序关系，但不确定各类别之间的差距。例如，可要求消费者对某商品的五种不同牌号依顺序分为最不喜欢至最喜欢，最不喜欢给1分，最喜欢给5分。可看出该表不反映某一品牌比另一种品牌的商品好，以上记分只说明喜欢程度的顺序，而不能说明各品牌之间的差距。

（3）等距量表。又称差距量表，它比顺序量表更为精细，不仅能表示顺序关系，还能测量各顺序位置之间的距离。这种量表可以进行相加或相减计算，但不能相乘、相除计算，因此，可确定地指出4分与3分之间的差距等于3分与2分的差距，但不能说明6为3的2倍，这是因为等距量表中的零点是人为决定的，没有真正的零点。

（4）等比量表。该量表是说明各类别之间的顺序关系成比率的量表。等比量表除了有差距量表的全部特点外，还有一个零点。但这种量表在态度和意见上的表达是有困难的，在市场调查中应用较少。

目前为止有多种态度测量技术已被应用到对客户的调查中，在此简要介绍两种测量技术，即评比量表和固定数量表。

（1）评比量表。该表属于顺序量表，在市场调查中应用较为广泛。大致过程如下：调查者拟定出调查项目顺序排列的答案，被调查者可以自由地选择答案，量表的两端为极端答案，中间的答案可以根据所调查的项目要求的深度及评价的程度提出，答案一般可分为3~5个阶段，若要求答案更细，则可将答案分为更多个阶段，如：不好、稍好、甚好、最好；完全不满意、很不满意、不满意、无所谓、满意、很满意、非常满意。

（2）固定数量表。该量表是由调查对象在固定数值范围内，对所测的项目依次分配一定的数值，作为不同的评价的一种态度测量表。固定的总数是10或100。如在对客户进行对不同的快递公司的满意程度调查时，可以采用以下方法：

请您就对以下三个快递公司的满意程度打出一定的分数，总分10分。

公司A：6　　　公司B：4　　　公司C：2

由于客户对各快递公司的满意程度不同，所得到的数值也是不同的，所以经调查者汇总整理后，即可得知客户对不同快递公司的满意程度。

众所周知，客户的需求是不断变化的，客户价值也因之不断变化，企业必须思考关于客户价值的一系列问题，应该也必须不时地对自己的客户价值的影响因素进行分析，并对其进行测量，以便在未来某一时刻到来时能及时满足客户的需求，这样企业才能更好地为客户创造价值。

3.客户价值分析模型

客户对价值的判断与客户对服务的使用结果紧密相连，而且这些判断随着时间的推移及客户需求的变化而变化。下面介绍两种客户价值分析模型：

（1）基于设计价值（DV）和期望价值（EV）的客户价值分析模型

该模型（如图2-1所示）要从企业与客户两方面来理解。首先，在整个业务过程刚开始时，我们把企业对所打算提供给客户的价值称为意向价值，它源于企业对客户需要的感性认识，并以其战略、能力和资源等为依据。当然，这只是一些模糊的想法。通过调查研究，企业试图将意向价值与未来客户的喜爱和希望接轨，以提供客户所需要的产品（或服务）。相对的，客户对该产品（或服务）的各种利益和成本有自己的模糊描述，这可以称为客户的希望价值。意向价值与希望价值之间必然存在差异，这种差异反映了企业对客户需求信息的不充分性、非对称性即信息差距，从而使得企业可能将注意力集中到了“错误的”客户身上。

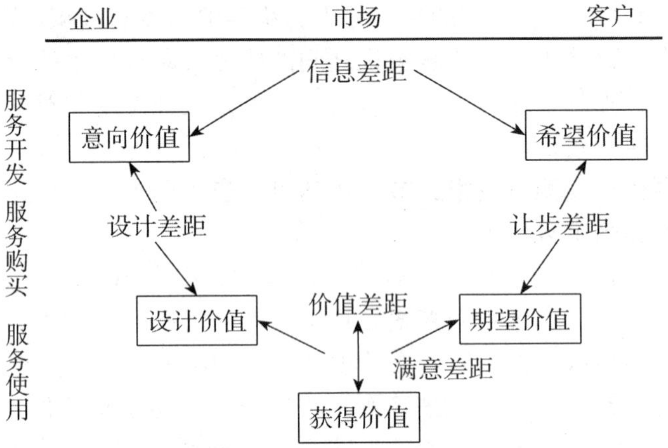

图2-1　基于设计价值和期望价值的物流服务客户价值分析模型

在制定整个流程的过程之后，企业开始服务于自己的客户。在模型中企业所制定的产品（或服务）的价值称为设计价值。由于技术本身的局限和企业各部门之间的界面沟通不畅会产生设计误差，与意向价值不一致。当产品（或服务）“摆上货架”之后，客户会根据自身的经验形成对产品（或服务）的期望或期望价值。多数情况下，客户最初的希望价值与现在的期望价值有差距，这时，客户不得不在两者之间做出让步或选择：购买决策。这种差距我们称之为让步差距。如果让步差距越小，说明企业在赢得客户上取得的成功机会越大。当客户的期望价值与企业的设计价值不一致时，有可能出现企业提供的产品（或服务）的确很好但是客户却不能感知的情况，这时，企业应该通过加强合作沟通来缩小这种感觉差距。在使用阶段，客户必定会对其原来期望的价值与实际获得的价值进行比较、评价，满意差距就反映两者之间的差异。实际获得价值越是大于期望价值，客户的满意度就越高，甚至会产生客户欣喜（Customer Delight）。

（2）基于总收益（*TR*）和总成本（*TC*）的客户价值分析模型

客户价值是客户从某一特定产品（或服务）中获得的总收益与客户总成本的差额。在该模型中客户总收益包括产品（或服务）收益、人员收益、形象收益等，用*TR*来表示；客户总成本包括客户为了购买某一产品（或服务）所耗费的时间、精力与货币成本等，用*TC*来表示。则客户价值可表示为：

$$CV = TR - TC$$

若$TR>TC$，则$CV>0$，存在客户价值（如图2-2所示）。作为客户一方，在选择某一企业提供产品（或服务）时，总希望把这部分成本降到最低，而又希望从所提供的产品

（或服务）中得到最大收益。一般来说，理性的客户总在有限的成本资源约束下细心考察、比较评价，以实现其客户价值最大化。作为企业一方，如果能够以客户为导向，真正为客户所想，站在客户的立场去设计、开发、制定和推广业务，尽可能降低客户的成本支付或为客户创造尽可能多的收益，则该企业就能在竞争中战胜对手，吸引更多的潜在客户，留住老客户，从而赢得市场。

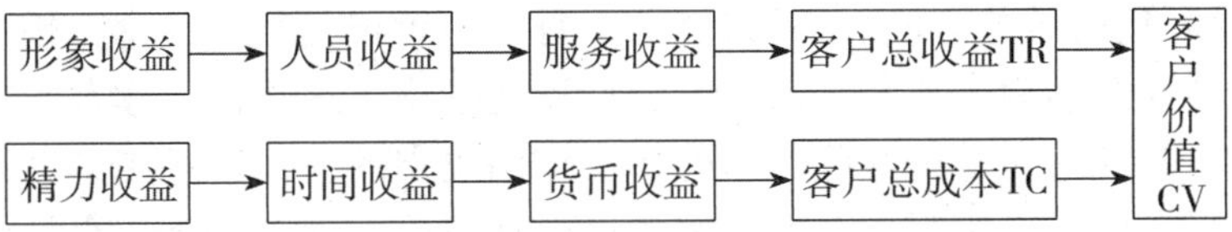

图2-2 基于总收益和总成本的物流服务客户价值分析模型

2.3 客户服务与客户保持

1.客户服务

供应链管理的最终目标是为了满足客户需求和实现营利能力最大化。换言之，任何供应链系统的最终目的都是满足客户需求。这是很浅显易懂的概念，但是人们却常常不能很容易地意识到，尤其当你是一位参与生产安排或库存控制等活动的经理时，因为这些活动往往远离市场。当然，实际情况是组织中的每个人都与客户服务利害相关。其实，许多成功的企业早已开始检查他们的内部服务标准，以使企业内部的每个人都切身认同他们必须为某些人服务。施乐（Xerox）公司一直以来就非常努力地执行内部客户的思想，它们甚至扩展思维，将奖金同客户满意度指数联系在一起，其目标是建立一个客户链，把组织中不同层级的人员直接或间接地与市场联系起来，供应链管理的重点就是，在经营活动及事态的进一步发展之中进行客户服务链的管理。

市场营销可描述为“4P”管理，即产品（Product）、价格（Price）、促销（Promotion）和地点（Place）管理，但在实践中，着重强调的却是前三者。在越来越多的市场上，品牌的影响力正在日益被削弱，消费者更愿意接受替代品，甚至制造产品的技术差别也变得越来越微不足道了。在这种情况下，企业产品与其竞争者之间的显著区别，就只能由客户服务来创造了。

客户服务越来越成为企业竞争的重要武器，这可以从两个方面加以说明。其中之一就是持续上涨的客户期望。比如，与30年前相比，几乎每个市场上的客户都比过去更苛刻、更复杂。同样，在生产资料的采购中，购买者也希望从卖主那里得到更高水平的服务，尤其伴随着越来越多的企业转向建立准时制（Just in Time）物流系统之后，这一点变得更加明显。第二个方面就是向“无差异商品”市场的过渡，这是一个缓慢却不可避免的过程。这意味着，随着竞争性产品技术差异的逐渐消失，“品牌”的影响力快速下降，因而产品差异更加难以察觉。

正如前面所讨论的那样，客户服务所扮演的角色是在销售者与购买者之间传递货物及服务的过程中，实现“时间与地点效应”。换句话说，只有当产品或服务到达客户或消费者手中的时候，才体现出自身的价值。因此，从本质上来讲，使产品或服务“可得”，才是企业配送所最关心的。“可得性”本身是一个很复杂的概念，构成客户服务的一系列因素对其皆有影响。这些因素可能包括投递频率、可靠性、库存水平和订单周期等。其实，客户服务最终是由这些因素的相互作用决定的，而这些因素会影响到生产产品的过程和购买者可获得的服务。客户服务可以从三个方面来检查：交易前要素，交易中要素，交易后要素。

客户服务的“交易前要素”涉及企业的政策和方案，如关于服务政策的书面文件、组织的结构性能和系统灵活性等。“交易中要素”是指那些直接行使物流功能的变动要素，如产品和投递的可靠性。“交易后要素”大体上是指产品付诸使用后的支持性措施，如产品保证书、零配件和维修服务、客户投诉程序和产品退换等。如表2-1所示。

表2-1 **客户服务的要素**

交易前要素	交易中要素	交易后要素
●客户服务策略的书面文件 （是在外部交流还是内部传达?是否被充分了解?是否足够具体、足够量化?） ●易接近性 （是否容易联系或进行交易?联系渠道是否单一?） ●组织结构 （是否设置了客户服务管理体系?对服务过程的控制水平如何?） ●系统灵活性 （是否能够随机应变地调整配送系统，以迎合特定客户需求?）	●订单周期时间 （从收到订单到投递耗时多长时间?可靠性/变化性如何?） ●库存可得性 （对于每张订单，多大比率的需求可由库存直接提供?） ●订单完成率 （在固定的前置时间内，多少订单被成功完成?） ●订单状况信息 （对于那些被要求的信息，做出回复的时间多长?是我们通知客户相关问题，还是他们联系我们?）	●备件可得性 （维修配件的库存水平多高?） ●上门服务时间 （维修人员到户所花费的时间?首次呼叫成功率?） ●产品追踪/保修 （能否确定客户以前购买单个产品的具体位置?是否可以按照客户期待的服务水平维持/延长我们的保质期限?） ●客户投诉、索赔等 （对客户投诉和退换做出迅速反应的程度?是否用反应灵敏度来衡量客户满意度?）

在任何特定的产品/市场形势下，都会存在某些作用明显超过其他诸要素的因素。而且，在某个具体的市场上，很可能出现如表2-1所列要素之外的因素发挥重要作用。因此，在不同市场上应该因地制宜地制定客户服务策略。只有少之又少的公司拥有明确的客户服务策略，更不用说它们能够灵活多变地管理和控制这些服务了。大量的证据表

明，如果企业无法在客户需求时提供相应的产品和服务，而且没有相似的替代品，那么客户就会流向竞争者，即使在那些品牌忠诚度极高的市场上，缺货也足以导致品牌的转移。

一份研究表明，如果货架上出现缺货，不管是生产者还是零售者，都要耗费巨大的成本。研究还发现，当面对缺货时，消费者会重新进行选择，如图2-3[①]所示。有超过1/4的客户会选择其他品牌的商品，31%的客户会去别处购买同种商品。另外一项调查表明，超过2/3的决定是在即将购买时才做出的，即购买行为是看到货架上的商品后才发生的。如果货物没有陈列到货架上，则购买自然不会发生。持续的缺货还会驱使客户永远不再购买此品牌产品，或者再也不光顾这家商店。显而易见，不管对于生产商还是零售商，缺货所导致的潜在损失都是巨大的。

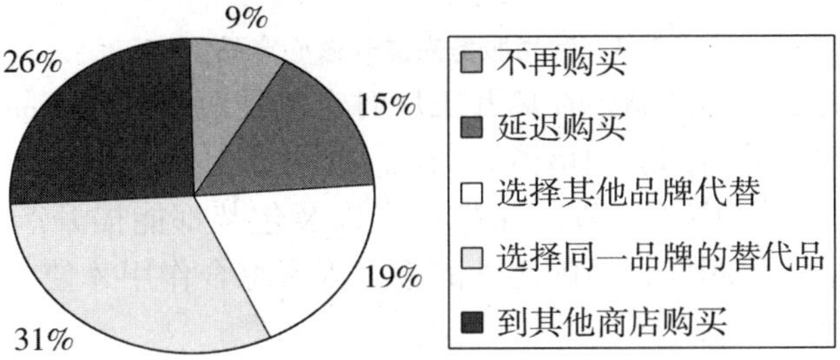

图2-3 缺货时的消费者行为

同样，在生产资料市场上，采购原材料时的忠诚度问题同样给供应商带来压力。随着越来越多的企业采取准时制战略，只持有最低库存，它们需要供应商的反应更加迅速。过去，这种需求主要是缩短配送的提前期和安全配送。随着这些客户寻求优化供应商规模和力图与少量供应商合作的趋势，供应商的压力骤增。现在，要成为一个更受欢迎的供应商，意味着必须要优先实现更大的客户价值。

许多企业早已在这种新的竞争环境下吃到了苦头。因为在过去，它们一直关注着市场营销的传统项目——产品开发、促销行为和价格竞争。虽然这些都是一个成功的市场营销所必须考虑的方面，但是，仅限于此远远不够。同样，部分损失来自对降低成本的关注，这迫使很多企业的经营战略最终陷入困境中。只有当不以放弃客户服务或客户价值创造为代价时，降低成本才算是一个有意义的目标。低成本战略可能促成有效率的物流，却难以形成有效益的物流。今天，所谓赢得订单，就是企业的产品要素对客户自身的价值创造过程产生确凿而又积极的影响。

不难看出，那些只在产品性能方面进行竞争的企业，最终会发现，它们与那些通过增值服务提升产品价值的企业相比，明显处于劣势。人们购买的不是产品，购买的是利益，“产品”所关联到的全部内容共同实现客户价值。例如，一件库存的制成品与一件

① CORSTEN D，GRUEN T.Stock-outs Cause Walkouts[J].Harvard Business Review,2004，82（5）：26-28.

用户手中的商品在产品属性上并无二致，然而，很明显，客户手中的产品价值要远远高出库存的产品。在这个例子中，物流服务是价值增加的来源。图2-4通过“配套服务”的概念，展现了这一思想。

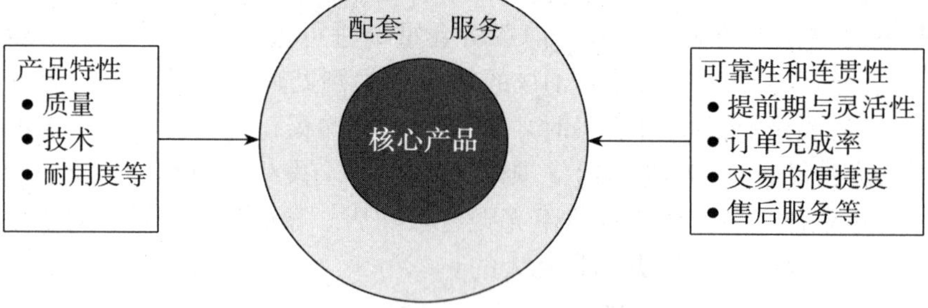

图2-4 利用服务来提升核心产品价值

图中位于中央的是核心产品，在离开工厂时它就是最原始的产品。外部的圆环代表所有客户服务以及物流活动创造的增值。当然，也并不是说只是客户服务与物流活动才能增加价值。在许多例子中，广告、品牌推广以及包装都能提升产品的原始价值。然而，正如我们所观察到的那样，品牌之外的很多因素综合作用才使产品较其他产品具备细分优势。

2.客户保持

配套服务对客户的影响又是什么呢?经典的市场营销定义是“获取并保持客户”。但是，在实际中，如果我们留意一下多数企业在市场营销方面的努力就不难发现，它们只是停留在“获取”客户上面，而不是“保持”他们。因此，典型的市场营销计划偏重追求市场份额，而不是客户保持。虽然在任何商业活动中，新客户都会受到欢迎，但必须同时意识到，一个已存在的客户能够创造更高的利润，他们可能增加购买额度以及增加购买次数。

客户保持的重要性可以通过客户“终身价值”的概念体现出来。客户的终身价值按如下方式计算：

客户终身价值=平均交易额×年购买频率×客户“寿命期望”

显而易见，如果一个客户被说服忠于某个供应商，那么他们的终身价值就会显著增加。进一步说，客户同我们合作的时间越长，那么他们身上就越“有利可图”。面对一个固有客户进行销售和服务时，耗费明显减少。而且，随着关系的不断深入，他们极有可能把更大的业务转给那些被当做合作伙伴的供应商。这就是“客户份额”的思想，通过增加企业的整体耗费来达到目标，而且，感到满意的客户还会告诉他人。因此，经由这一途径增加新客户业务的机会就应势而生。

客户保持的一种简单衡量方式是，将12个月之前的客户数量与现在客户数量进行比较。同时，还可以将其加以扩展，把原有客户群所创造的购买额度包括进来，以进一步评估企业在提升这些客户的购买水平方面成功与否（参见图2-5）。

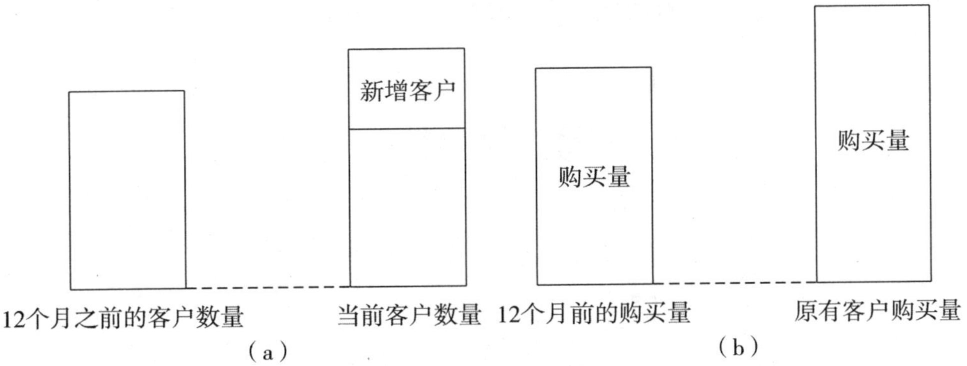

图2-5 客户保持指数

任何客户战略的首要目标都应该是增强客户维持。客户服务不仅在赢得客户上发挥着良好作用，而且它也是客户保持方面最有力的武器。

2.4 客户价值的实现策略

1.市场驱动的供应链

大多数传统供应链在设计时，都要考虑使供给企业的内部流程达到最优。因此，一家生产商就可能抱着生产效率最大化的想法来设计供给与配送安排，这就必须进行大量生产和大量运输，而且必须在上下游保持库存以缓冲工厂的生产压力。这样的话，“低成本生产商”的目标就可以实现。

虽然这种方法从生产企业的角度看是非常不错的，但是从围绕客户需求设计供应链的意义上来说，却远不是“以客户为中心”。随着生产商到消费者之间配送渠道的能力不断转变，这种传统的思想观点已经变得越来越不合时宜。现在，以“客户导向”方式来设计供应链逐渐取代了以前的“产品导向”方式。这种新的方式不再将最终用户视为供应链的末端，而是将其置于伊始位置。

图2-6提出了一组合理的行为序列，来创建市场驱动的供应链。

2.客户市场细分

世上没有完全一样的鸡蛋，也没有服务需求完全相同的客户。不过，客户的服务需求在一定程度上具有相似性。依照这种相似性，可以将客户分门别类，这就是“服务细分”。供应链战略的制定者需要了解，哪些服务指标可用于划分服务群。想要更好地进行服务细分，市场调查能够发挥重要作用，然而实施服务细分的正式调查活动却寥寥无几。怎样才能很好地实施这些调查活动呢?

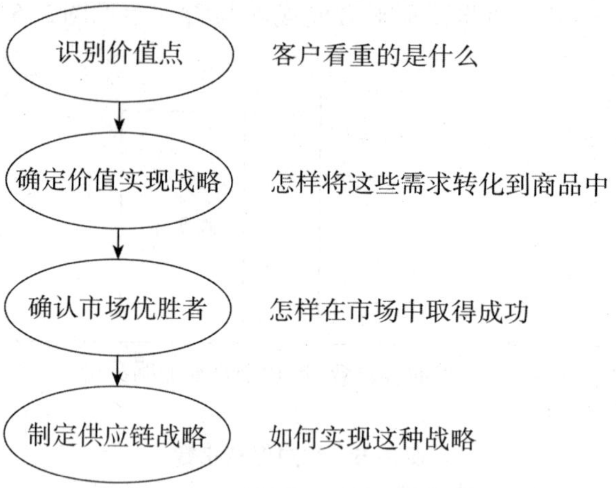

图2-6　将客户价值与供应链管理相结合

客户服务具有可感知性。要想真实地反映出服务绩效，需要抛开那些硬性的内部指标，因为只有客户的感受能够说明真相。比如，库存可得性是一个广泛应用的内部指标，从客户视角出发，与之相应且更为确切的外部指标是准时送货。所以，划分服务细分的关键是要制定对客户具有实际意义的一系列服务标准。

具体实施时，可按以下三个步骤进行：

（1）找出在客户眼中关键的客户服务因素

企业常错误地认为自己“清楚客户需要什么”，然而事实上，日复一日的巨大经营压力，令管理部门精疲力尽，以至于企业很容易和市场的真实情况背道而驰。

如果企业销售零部件给某制造企业，是什么人握有决定权?这个问题不易回答，因为通常牵涉到好几个人。事实上，采购部门只是采购决策的执行者，真正的决策者另有其人。当然在其他情况下，他的影响力远非如此。如果我们是依靠零售商进行销售的产品制造商，库存经理是不是决定库存水平的主要甚至是全部力量?对此，通常人们会摇头说，销售决定库存。作为决策者，销售代表能依据经验判断出恰当的库存水平。

明确谁具有购买决策权，至少能令客户服务的调查者们清楚调查目标。这样，尚需明白的问题就是：卖方整体营销决策中的哪些因素对购买决策构成影响、怎样影响?

一旦清楚了决策者是谁，企业就应立刻进行初步的、小规模的调查活动，开始访问具有代表性的买家。通过访问，企业将了解两方面的内容：一是在客户眼中，相对于价格、产品质量、促销活动等市场营销组合，客户服务的价值何在；二是对客户而言，客户服务中的某些特定项目是否具有特别的重要性。

只有客户本身才能给出较有意义的客户服务相关指标。这也就说明了为什么衡量客户服务时，这一步骤至关重要。一旦确定了这些指标的等级，我们就能找出每一要素的相对重要性，也就能够得知不同客户群重视的、愿意放弃的服务项目分别是什么。

（2）设定客户服务要素的相对重要性

要想明白客户服务每一要素对客户的重要性，最简单的方法就是先按步骤（1）描述的过程找出服务要素，再由具有代表性的客户样本把这些要素从“最重要”到“最不重要”划分等级。当然，实际操作起来有一定难度，尤其是当要素数量繁多、又无法深入了解每一要素的相对重要性时。这种时候，可以改用等级评分法。举例来说，我们可以让受访者按照自己感觉的重要程度，为每一要素从1至10打分。但受访者可能会认为每一要素都非常重要，因为这些要素均是在实施第一个步骤时由客户自己提出的。解决办法之一，是事先规定总分为100分，再请受访者依照重要程度，为每一要素分配分数，但受访者可能会厌烦这样繁琐的工作，并且随意给分。

这时，我们可以采用权衡技术。一个生活化的例子可把此概念解释清楚。例如我们考虑购买一辆新车，我们会希望它具有哪些品质?在性能方面，我们对速度和加速度有要求；在经济方面，希望它能够更省油；同时还得具有较大容量，装得下足够多的乘客和包裹；另外，这辆车不但物美更还得价廉。但是，任何一辆车都不可能同时满足上述所有要求，所以我们不得不为了其中某些品质，放弃其他品质。

买车如此，面对配送服务时，客户也同样要选择：为了保证配送可靠性，购买者必须准备放弃一两天的提前期；为了提高订单速度，就要以牺牲订单完整性为代价。实际上，权衡技术之所以能起作用，是因为做调查时呈现在客户面前的是客户服务要素的不同可行性组合，客户需要明确这些组合的优先次序，之后，计算机会根据他们对每一组合的反应进行分析并得出结论。

（3）根据服务需求相似性，划分客户群

至此，之前提到的各种服务要素已依据客户的答案赋予了权重。最后要做的事情，是看一下有没有客户在服务需求上表现出一定的相似性。举个例子，如果有一部分客户选择可行性组合的优先次序与其他客户选择的次序明显不同，那么就可以将其认为是两个不同的服务组群。

怎样才能进行客户服务细分呢?群组分析法是一项卓有成效的技术。群组分析法需要运用计算机对所有数据进行分析，并将所有备选答案划分为不同等级。如果在第二步权衡分析法中，有两个客户选择的服务组合的次序相似，那么他们的等级分值将会相差无几，群组分析法会把他们归为一类。

市场经济条件下一切资源都具有稀缺的特征，随着客户需求的多样化，企业之间竞争的力度非但没有下降，反而由于各种结盟及各种企业网络、供应链网络的构建，变得更为复杂。资源的有限性、客户需求的多样化和竞争的不断加剧迫使企业只能面向一定的市场建立客户价值优势，这就要求企业应根据客户价值属性来对整个市场进行科学细分，并在此基础上选择适合自己的目标市场。

所谓客户价值属性，是指对客户价值有贡献的特征变量，比如产品的质量、价格、企业的品牌及创新等。基于客户价值属性的市场细分，是以客户价值属性为依据，根据客户注重的价值属性类别、重要程度和集聚程度对市场进行细分，其目的是力图寻求客户共同关注且价值较大的价值属性，在客户所关心的特性中寻求有效的共性，然后提供价值属性尽可能多、价值属性相对重要的密集的产品（或服务），以期为客户提供更多的客户价值。

基于客户价值属性的市场细分，可以从以下几个方面来进行：

①根据客户价值属性的重要程度，可以分为不重要价值属性、一般重要价值属性和很重要价值属性。

②根据客户价值属性的集聚程度，可以分为需求分散的价值属性、需求一般集中的价值属性和需求非常集中的价值属性。

③根据客户对市场提供价值属性的满意程度，可以分为不满意价值属性、一般满意价值属性和非常满意价值属性。

综合运用上述三种市场细分标准，可以构建基于客户价值的市场细分模块，如图2-7所示。

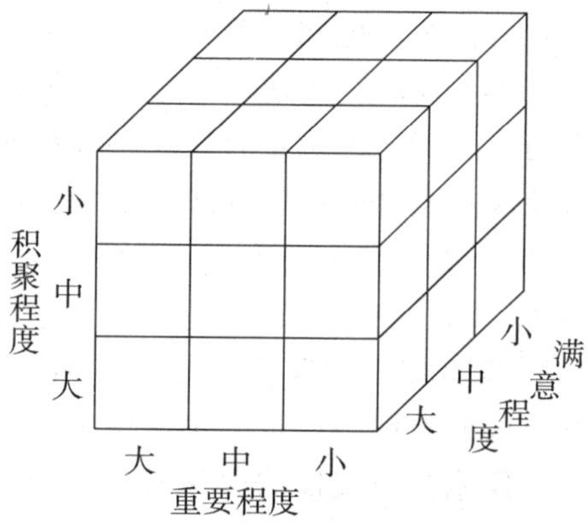

图2-7 基于客户价值的市场细分模块

在图2-7的市场细分模块中，通过对客户价值属性的重要程度、客户价值属性的积聚程度、客户对价值属性的满意程度三个维度的任意组合，将市场细分为27个子市场。根据每一个细分市场的不同特点，企业在考虑自身条件的情况下，来选择适合自己的目标市场。

通过基于客户价值属性的市场细分，可以了解到在客户价值积聚区，每一个价值属性对客户来说都十分重要，而且客户对这些价值属性的需求非常集中，因此客户价值积聚区的价值属性具有需求量大、竞争力强的特点，它们是构成企业竞争优势的关键要素。若企业提供包括该子市场中价值属性的产品，容易产生规模经济，并能保持足够的竞争优势，因而该子市场是企业在定位目标市场时的首要选择。

3.基于客户价值的供应链策略

供应链活动的核心在于创造客户价值，客户需求总是处于不断变化之中，供应链中的所有企业都必须不仅从内部成本而且应该从客户角度出发，不断优化向客户提供的价值及价值提供的过程，不断谋求优化乃至重构供应链。供应链的优化主要围绕着提高客户价值创造和提供的效率或是客户价值创新而展开，从策略上看，可以将其区分为供应链改良策略、供应链集中策略、供应链扩展策略和供应链创新策略等四种类型。

（1）供应链改良策略。以客户价值为导向对供应链进行优化的最基本目的就是要使供应链中的企业更具有竞争力，通过对现有供应链的改良，实现这一目的的具体途径又可以区分为三种情形：一是缩短客户价值创造流程的时间，增强供应链中企业对外部变化的反应能力，特别是对客户诉求变化的反应能力；二是扩大流程所能创造出的客户价值，产品和服务质量的提高即属于这种情形；三是降低整个供应链的运转成本，使客户价值创造流程更具效率。无论哪种途径，基本的手段又可以分为两种：一种是通过供应链内部以及企业内部各环节次序关系的调整，在各环节之间重新配置资源（在瓶颈环节增加投入，在长线环节减少投入），改进各环节之间的质量等，加强组成供应链内部及企业内部各环节之间的协调性；另一种是设法提高供应链中创造客户价值环节的运行效率。

（2）供应链集中策略。集中策略就是细化供应链中每个企业在整个链中的位置，缩小企业经营边界，放弃企业现有客户价值创造效率较低的环节，改自我生产为外包，将资源集中于企业已具备竞争力的某一个或几个客户价值创造环节，或是期望形成较强的竞争力的环节。这一策略无疑符合构建、加强核心能力的思想。供应链优化的集中策略与企业目标市场选择中的集中策略有着共同之处，它们都强调将企业的资源集中在有限的领域。所不同的是，企业目标市场选择中的集中策略要求企业将资源限定在提供某一种或很有限的几种营销组合上，以便更好地满足特定细分市场上的客户需求，而供应链优化中的集中策略则要求各企业将资源集中于有限的客户价值创造环节上，以便形成更突出的比较优势。

（3）供应链扩展策略。与集中策略相反，扩展策略的基本指导思想是在供应链中企业现有客户价值的基础上增加新的价值创造环节，为客户提供更多的价值。供应链优化的扩展策略也可以称为一体化发展策略或延伸策略。一方面，企业可以谋求向上游扩展，即承担一部分原来由供应商承担的工作；另一方面，也可以谋求向下游扩展，承担部分原来由客户或其他厂商承担的工作。在产品制造和销售基础上，向客户提供多方面的服务，实际上也是扩展策略的体现。通过扩展，特别是向下游扩展，来进行供应链的优化，既是对市场发展变化提出新要求的回应，也可以为企业发展赢得新的增长空间。

（4）供应链革新策略。在企业经营环境条件发生快速变革时，仅依靠对原有客户价值创造流程的完善经常很难立足，必须进行客户价值创造的革新。事实上，当技术出现重大变革、客户群体发生重大变化，或是来自替代品的威胁加大时，变革就显得尤为必要。技术的重大创新是一柄“双刃剑”：一方面，它可能使企业能够以全新的概念和方法创造客户价值；另一方面，作为一种“创造性的破坏”，它也可能对企业现有的客户价值创造模式产生毁灭性的影响。供应链创新有两种表现形式：一是企业在整个供应链中仍提供与过去相似的供给，但采用完全不同的做法；二是提供与过去有很大区别的市场供给。传统的客户价值创造模式是“供应者从上游供给原料，企业给这些原料添加价值，然后再把它们向下游传递到链上下一个参与者——客户那里”。这种思维是一种基于传统工业经济的假想和模式，依据这种模式，每个企业都在一条供应链上占有一个特定的位置。

随着竞争的全球化和技术的快速发展，对客户价值创造的这种理解以及与之相配套的策略已经过时了，在变化无常的竞争环境中，企业对未来发展的考虑不再是把一套固定的行为放在供应链上某个位置的问题，而是要重新创造客户价值；战略分析的重点也不再是企业甚至产业，而是创造客户价值的系统本身。在这样一个系统之中，处于供应链不同位置的企业（原材料供应商、制造商、各级分销商、客户）一起工作，共同生产价值。他们的主要策划工作是对这个参与者群的角色和关系的彻底转换以使创造客户价值过程以新的形式、由新的参与者完成，而他们潜在的策划目标是在企业的能力和客户之间创造一种永久的和谐。例如，银行提供自动提款机服务，实际上是对原有供应链的一种创新。一方面，ATM帮助客户获得了在空间和时间上更为方便的服务；另一方面，客户价值提供过程及方式也发生了很大的变化，服务生产和消费过程中企业和客户的角色有了新的定义，客户取款过程中原来由银行员工承担的部分工作改由客户和企业提供的设备来承担。

2.5 供应链增值作业管理

现代企业可以看做是为了满足客户需要而建立起来的一系列有序作业的集合体。各种作业之间实际上形成了一个始于供应商，经过企业内部，最后为客户提供产品或服务的作业链。而这些作业又伴随着客户价值的产生和成本的消耗，从而形成了一个价值链。公司内部的价值链通过采购与供应商的价值链发生联系，直到最终客户，由此形成了产业价值链。在检查供应链效率的时候，经常发现许多作业是负利润的（成本的增加比价值的增加还要多）。例如，将一个托盘移入仓库，重新码放、储存，然后再移出，在这个过程中几乎没有增加任何客户价值但却大大增加了总成本。

企业创造的客户价值产生于其自身的一系列作业之中，如采购、生产、服务、销售等，这些作业在创造价值的同时也消耗了一定的成本。增值作业就是指那些对企业完成目标有帮助的而相互之间又有明显区别的企业活动。从客户角度看，即客户对企业提供的产品或服务有认同并愿意接受的价值。如果客户愿意支付的价值超过企业提供产品或服务所需的成本，那么企业就有盈余或盈利，它具有经济性（指完成增值作业本身所需的代价）、价值性（指增值作业对客户有贡献）、可比较性（增值作业以价值或盈余表现其贡献，因而可以比较）。增值作业所耗费的时间称为增值时间，"把正确的商品在正确的时间送到正确的地点"这句话概括出了增值作业的思想。因此，任何有助于实现这一目标的作业都可以被认为是增值作业。

与此相对，非增值时间是指即使取消也不会影响客户价值的某些作业所消耗的时间。由于当前的设计因素，有些非增值作业是必需的，但它们也要花费成本，所以应尽量减至最少。

区分增值时间与非增值时间，可以采取以下两个步骤进行：

第一步，设计供应链流程图。供应链中包含的活动过程被设计成了流程图后，将这些过程的管理者召集到一起进行讨论，决定过程中究竟哪些因素是增值的，哪些因素是非增值的。显然，结果不易统一，因为每个人都认为自己负责的部分给客户带来了增值。

第二步，绘制草图来直观反映增值和非增值活动花费的时间。如图2-8所示。

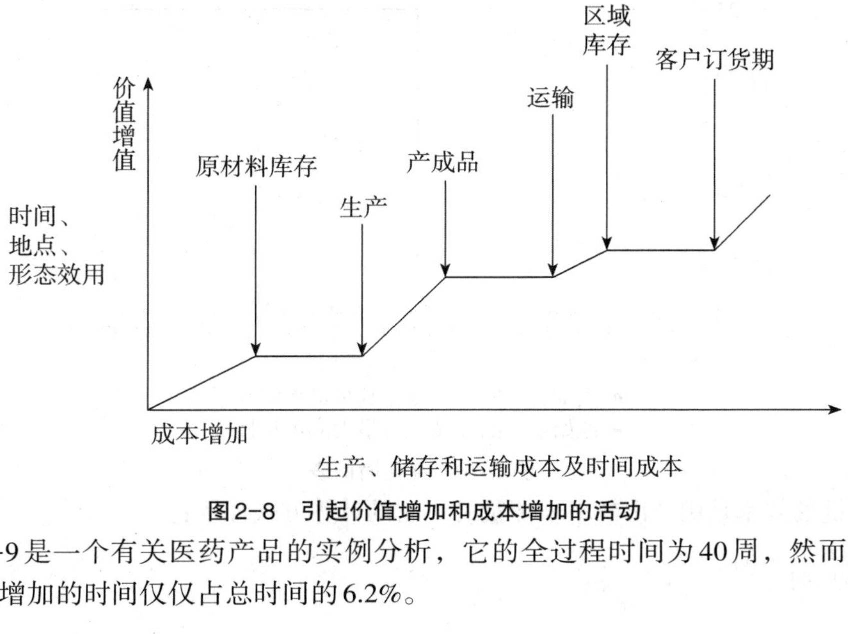

图2-8 引起价值增加和成本增加的活动

图2-9是一个有关医药产品的实例分析，它的全过程时间为40周，然而其中用于客户价值增加的时间仅仅占总时间的6.2%。

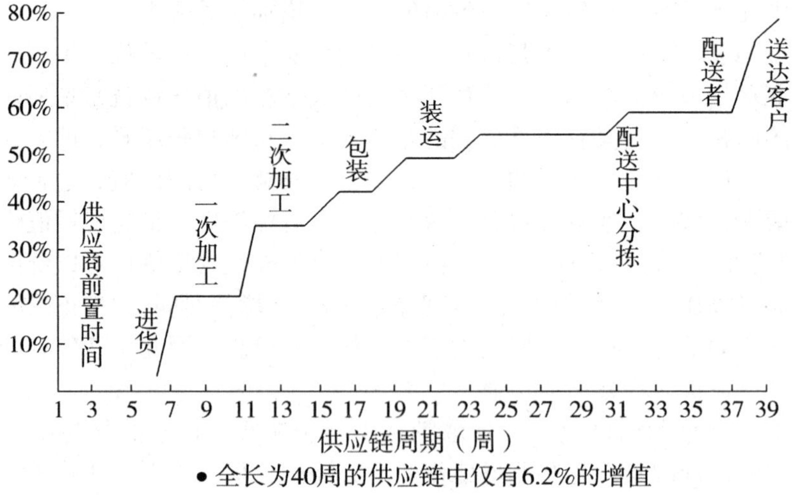

图2-9 增值时间表

从这个例子中我们可以看到，大多数增值都发生在过程的前期，因此持有库存就要付出更多的成本。而且，由于产品在前期就以特殊形式配置或包装，所以大部分的灵活性都已消失殆尽了。如图2-10所示，这种商品最初由3种活性部件组成，之后随着包装尺寸及包装形式的变化，很快就变为25个单位的库存单元，并且在公司的产品渠道中以库存的形式耗完了余下的时间。

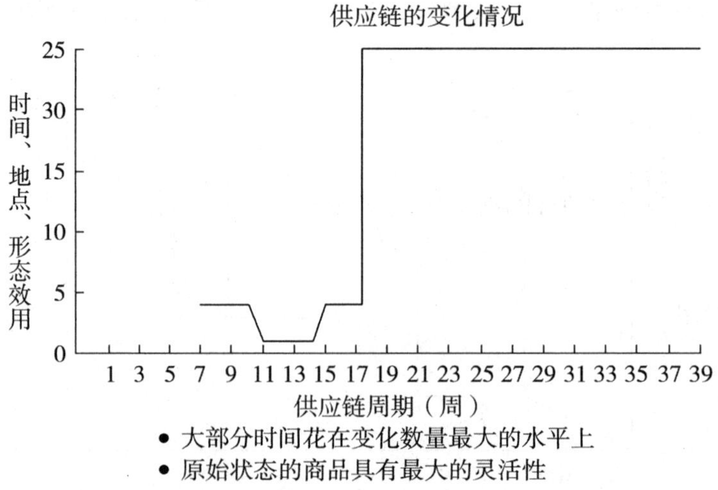

图2-10 变化时间表

供应链的效率是用产出效率来衡量的。它的计算方式如下：

$$\frac{\text{增值时间}}{\text{全过程时间}}\times100\%$$

如果产出效率低到10%，就意味着供应链的大多数时间都是非增值时间。图2-11显示了成本增加活动为何远远超过增值活动。

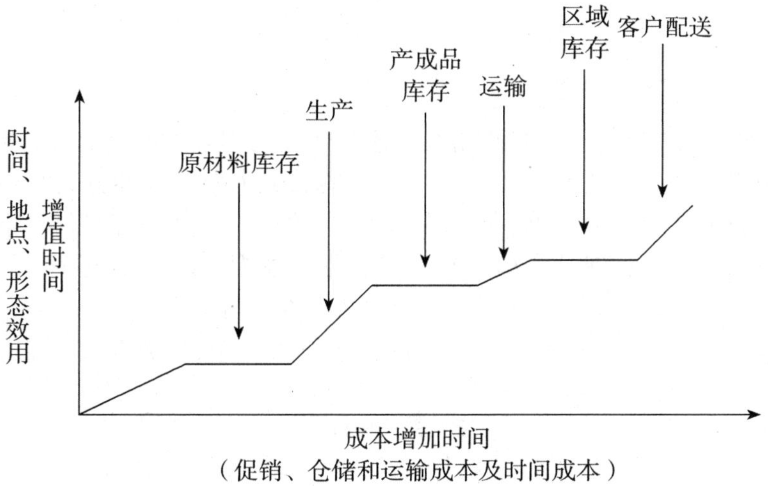

图2-11 成本增加时间与价值增加时间

渠道管理的难点是如何找到可以提高增值时间与成本增加时间比率的方法。过程管理的难点是在过程中如何优化增值时间和成本增加时间。图2-12表明通过缩短时间来压缩供应链，以此来降低成本增加时间。

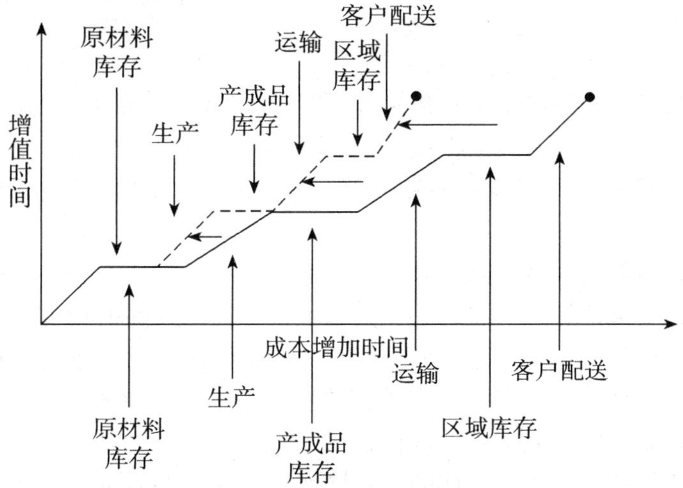

图2-12 通过减少非增值时间来提高服务水平并降低成本

渠道管理包括如何剔除渠道中导致库存增加和反应时间延长的各种障碍。造成这些障碍的原因包括：过长的生产准备时间或转产时间，瓶颈因素，过多的库存，连续的订单处理和渠道的可视性差。为了优化供应链中的活动过程，需要我们仔细检验各个要素之间的联系。

2.6 客户服务水平确定

供应链管理的目的在于，在供应链总成本最小化的同时，按客户要求提供服务。以市场为导向制定的供应链战略，要能够用持久的、成本效益高的方式实现客户服务目标，为此，我们引进了完美订单（Perfect Order）的概念。完美订单，是指企业完全满足了客户的服务需求。虽然这一概念只是以客户个体为标准，不过在实际应用该概念时，更常见的做法是将客户按之前所提过的方法分类，再识别每一类客户的核心服务需求。这样，当每一项服务需求都能令客户满意时，便可以说，企业实现了完美订单。

【小资料】

宝洁的完美订单

完美订单代表着以及时无错的方式提供100%交货的供应链能力。消费品的制造商与分销商对完美订单的定义为：及时满足买方要求的交货日期、完全装运、发票准确以及在途无损坏。1992年，宝洁（Procter and Gamble）公司开始评价“完美订单”。刚开始管理层惊讶地发现完美订单的数量只有75%左右。从那以后，宝洁的做法有了重大改善。1995年，完美订单占82%，到1998年占88%。这是通过持续修正，使客户服务代表与主要客户密切合作以及改善信息系统实现的，宝洁注意到，每一张不完美订单由于重复交货、收入损失、货物损坏、仓储和运输成本、缺货和违约而损失的成本有200美元左右，知道持续的供应链改善对客户真正重要。对于客户来说，完美订单是最重要的。

企业有多少时候能完全满足客户需求呢?这就是“完美订单率”。这一百分数可衡量企业的服务质量。通常，该百分数根据企业某时期对所有客户的服务水平计算而出。不过，在应用时，它可用于衡量企业对单个客户甚至任何规模组织的服务水平，如客户群、地区或配送中心。

计算完美订单率常用的指标是准时率、全部完成率、无差错率。运用完美订单来衡量实际服务水平，要求计算出上述每一个要素数值，再把这些值相乘。

举例说明，如果某企业近一年来所有订单的完成情况如下：准时率90%，全部完成率80%，无差错率70%，那么实际的完美订单率应为：90%×80%×70%=50.4%。也就是说这一年里，该企业完成的完美订单数仅占订单总数的50.4%。

不同客户带来的利润率是不一样的。不同客户购买不同质量、不同种类的产品，花费到这些客户上的成本也千差万别，这里牵涉到80/20法则。该法则是以意大利经济学家的名字命名，称之为帕累托原理。原理描述如下：20%的客户将提供企业利润的80%，80%的服务成本将作用于20%的客户（通常这两个20%不尽相同）。当然，比例并不恰好为80/20，只是大致在此范围内。

客户服务水平和成本之间的关系可用一条递增曲线表示（参见图2-13）。

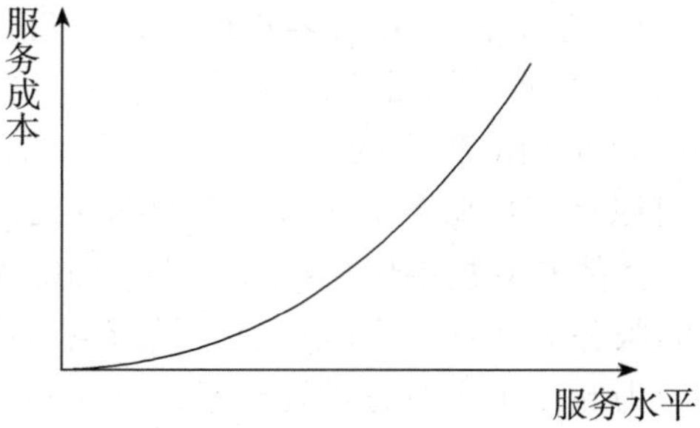

图2-13 服务成本关系曲线

任何一个供应链系统都需要完成特定目标：按一定水平为客户服务。因而，有必要设定服务优先级。帕累托原理或80/20法则，给出了一个设定优先级的基本方法。所谓80/20原则是指数量上占20%的事物对经济起到的作用可以达到80%，而数量上占到80%的事物的经济贡献往往只有20%。这种关键的少数和一般的多数的规律是普遍存在的，所以我们要将有限的力量也就是要将管理的重点放在这些具有决定性影响的少数事物上，也就是说服务资源需集中于核心产品上，也需集中在核心客户身上。

运用80/20法则同时对产品和客户分类，结果就如图2-14所示。

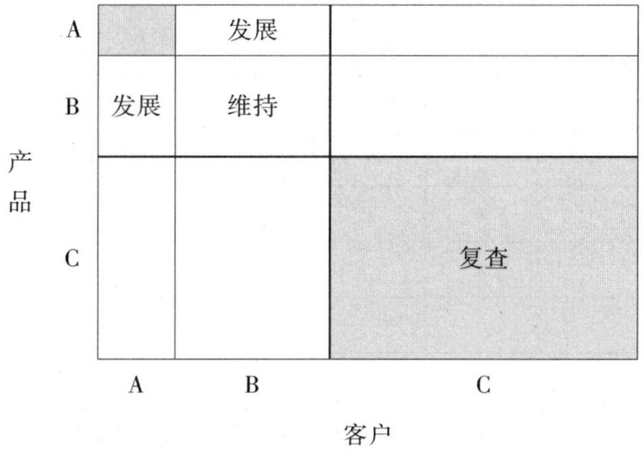

图2-14 80/20法则在客户服务上的应用

企业的绝大部分经营活动仅依赖于少量客户，它们购买为数不多的高利润产品。道理其实很简单：

20%的客户购买20%的产品（等于所有交易的4%），而这4%所带来的是80%总利润中的80%（等于64%），也就是说，4%的交易量提供了企业64%的总利润。

现在我们已经了解了这些重要事实，那么怎样运用这一法则呢?毫无疑问，第一件事就是在核心客户订购核心产品时，一定要提供高水平服务，保证产品具有高可得性。图2-14右下角的方框告诉我们要持续检查那些只具较低利润率的客户和产品。在该图左上角和右下角之间的范围，是某种产品对客户的“重要度”。在零部件的服务策略上，这种思想至关重要。如果某种产品对机器的运作非常重要，会造成高额的停工成本，那么这些零部件应该被赋予相应程度的重要度。以重要度做产品的权重，结合80/20法则排出的利润等级，可以计算出服务优先级。参见表2-2给出的例子。

只有事先确定好标准，才能有效控制服务绩效。供应商需要清楚、客观地理解客户需求，同时要使客户期望的服务形象化。也就是说，供应商所愿提供、所能提供的服务应与客户的期望完全匹配，为此，买卖双方需要坐下来，就服务标准问题好好谈判。毕竟任何一方都不愿看到服务不当所导致利润率下降的情形。

针对某种特定服务要素，应设定何种标准?由客户指定的标准最为有效。因此，需要进行客户调查和竞争性标杆研究，以便设计出每一种细分的客户服务标准。服务标准应包括：订单周期、库存可得性、订单规模限制、订货便捷性、送货频率、送货可靠性、文档质量、索赔程序、订单完整性、技术支持、订单状态信息。

表2-2 **临界值分析法**

产品	利润等级	重要度*			等级×重要度	订单服务的优先级
		1	2	3		
C	1			×	3	1
P	2		×		4	2=
R	3		×		6	5
B	4	×			4	2=
X	5	×			5	4
Y	6			×	18	8
Z	7		×		14	7
H	8	×			8	6
J	9			×	27	10
K	10		×		20	9

*重要度含义：1——失销；
2——稍稍的延迟可以接受；
3——较长的延迟仍可接受。

（1）订单周期。指从客户下订单到送货的时间。它的标准要根据客户具体要求制定。

（2）库存可得性。与此相关的内容是产品现有库存量（以库存单元计）能满足需求量的百分比。

（3）订单规模限制。越来越多的客户希望供应商能对小批量订货及时发运，那么配送系统是否有足够的弹性来应对客户多种多样的需求规模?

（4）订单便捷性。客户能很方便地与我们进行交易吗?他们怎样看待我们?双方的系统能相互对话吗?

（5）送货频率。客户对准时制的重视，还体现在他们对送货频率的要求上。他们希望送货频率更高，送货间隔的时间更短。这就要以配送系统响应需求的弹性为基础，制定服务绩效标准。

（6）送货可靠性。全部订单中，有多少实现了准时送货?这一百分比既能说明送货的执行情况，又能反映出库存可得性和订单处理程序的优劣。

（7）文档质量。发货单、提货单、同客户的通信记录错误率有多高?我们的文档界面足够"用户友好"吗?这些会引发很多服务问题。

（8）索赔程序。索赔的趋势、原因是什么?我们处理客户投诉和索赔的速度够快吗?我们有"补救服务"的机制吗?

（9）订单完整性。完全执行的订单比例是多少?即未退回或部分送货的订单率是多少?

（10）技术支持。货物售出后，我们还要为客户提供哪些技术支持?我们关于外出修理响应时间和首次修复率的标准恰当吗?

（11）订单状态信息。我们是否有热线电话等可以解决客户的疑难?我们有没有一定的程序能够收集客户关于库存可得性或送货方面的潜在问题信息?

以上每一项都可定量衡量客户需求。不仅如此，它们也都可用于与竞争性绩效比较。

对客户来说，服务水平只有两种，不是100%就是0。客户要么是在正确的时间、地点收到了自己预定的货物，要么就不是。100%执行订单是难以实现的，任何事情都存在偶然性。如果一份订单上有10件货物，每一件货物库存的可得性为95%，那么该订单能够被完全执行的概率仅为0.95^{10}，即0.559。这也意味着，我们只有一半的机会令客户满意。

表2-3的数字显示出随订单货物品种的增多，完全执行订单的概率逐步减小的速度。

企业应该建立标准，并利用这些标准检查各项客户服务措施。综合多项服务标准，可建立一个符合指数。这个指数是十分有用的管理工具，尤其可用来综合内部服务标

表2-3 **完全执行订单的概率**

一份订单上的产品种类数量	各类产品可得性			
	90%	92%	94%	95%
1	0.900	0.920	0.940	0.950
2	0.810	0.846	0.884	0.903
3	0.729	0.779	0.831	0.857
4	0.656	0.716	0.781	0.815
5	0.590	0.659	0.734	0.774
6	0.531	0.606	0.690	0.735
7	0.478	0.558	0.648	0.698
8	0.430	0.513	0.610	0.663
9	0.387	0.472	0.573	0.630
10	0.348	0.434	0.538	0.599
11	0.314	0.399	0.506	0.569
12	0.282	0.368	0.476	0.540
13	0.254	0.338	0.447	0.513
14	0.225	0.311	0.400	0.488
15	0.206	0.286	0.395	0.463
16	0.195	0.263	0.372	0.440
17	0.167	0.243	0.349	0.418
18	0.150	0.223	0.328	0.397
19	0.135	0.205	0.309	0.377
20	0.122	0.185	0.290	0.358

准。表2-4给出了一个符合指数的例子，这个指数以客户眼中每项服务要素的重要度作为权重。

表2-4 **综合服务指标**

服务要素	重要度权重(i)	服务绩效水平(ii)	分值(i×ii)
订单满足率	30%	70%	0.210
及时送货率	25%	60%	0.150
送货准确率	25%	80%	0.200
单据准确率	10%	90%	0.090
退货率	10%	95%	0.095
			指数=0.745

2.7 供应链定价和收益管理

1.收益管理及其作用

在市场经济条件下，供求关系决定价格水平。反过来，价格也会影响到供求关系。在供应链中，定价是一种重要的杠杆，它影响需要的产品数量和得到的总收入。合理的定价策略可以更好地匹配供应和需求来提高供应链的利润。收益管理就是在有限的供应链资产约束下使用定价来提高利润。即在适当的时机，以适当的价格向适当的客户销售适当的产品。供应链资产存在于两种形式：产能和库存。供应链中产能资产的存在是为了满足生产、运输和存储的需要。库存资产存在于整个供应链中，它用来提高产品的可获得性。

传统上，企业通常通过投资或减少资产来降低供需的差异。在供小于求时，企业通过追加投资以增加额外的产能；在供大于需时，企业又需要减少一些产能。而收益管理思想则认为，企业应该首先使用定价来尽量达到供需平衡，然后再投资或减少资产。例如，一家物流公司拥有20辆货运卡车，该公司可以为它的运输服务制定一个固定的价格，当运力过剩时，可以使用广告宣传来刺激需求。但是，运用收益管理，则公司可以采用更多的方法来调节供需差异。一种方法是对那些提前下订单的客户采用低价，对那些需要立即运输的客户采用高价。另一种方法是对签订长期合同的客户采用低价，对紧急客户采用高价。第三种方法是在需求旺季时采用高价，在需求淡季时采用低价。

收益管理是基于客户分类、使用时间、产品或产能可获得性的差异定价来提高供应链利润的。在下列条件下，通过调整价格和可用的产能，收益管理对供应链利润将产生巨大的影响。

（1）产品在不同细分市场中的价值不一样。

（2）产品有易逝性或损耗性。

（3）需求有季节性或其他波动。

（4）产品同时在大宗订货市场和零星订货市场销售。

下面我们将分别讨论有效应用收益管理的各种情形，以及每种情形中的具体方法。

2. 客户细分市场的定价和收益管理

在供应链中，如果市场可细分，那么在不同的细分市场中，客户的需求曲线就会不同，供应商就可以针对不同的客户制定不同的价格。例如，在航空客运中，商务旅客愿意为满足自己行程的飞机票支付高价，而休闲旅客愿意改变行程而获得低价票。下面，我们以一艘游轮为例说明细分市场的定价和收益管理问题。

【例2.1】某游轮公司拥有一艘400个座位的游轮，市场研究发现其需求曲线是：

$$D = 1\,000 - 0.5P$$

式中：D——需求；

P——价格。

如果游轮公司不做市场细分，则游轮每个座位的统一的定价为1 200元。公司的收入为480 000元。如图2-15所示。

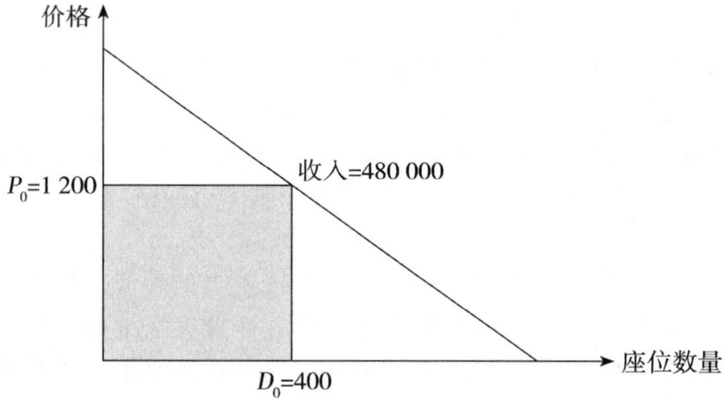

图2-15 游轮公司不做市场细分时的收入

如果游轮公司能够进行市场细分，将客户分为两类，对需求前200个座位的客户定价为1 600元，对需求后200个座位的客户定价为1 200元，则公司的收入为560 000元。如图2-16所示。

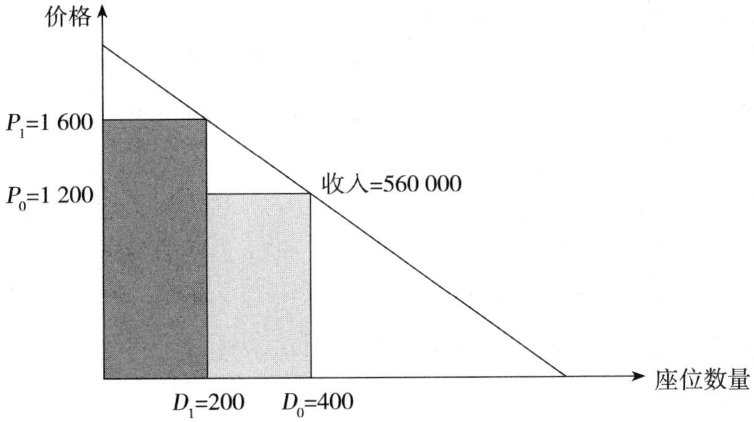

图2-16 游轮公司两个细分市场时的收入

如果游轮公司能够继续细分市场，如将客户分为三类，对需求前100个座位的客户定价为1 800元，对接下来100个座位的客户定价为1 600元，对需求后200个座位的客户定价为1 200元，则公司的收入为580 000元。如图2-17所示。

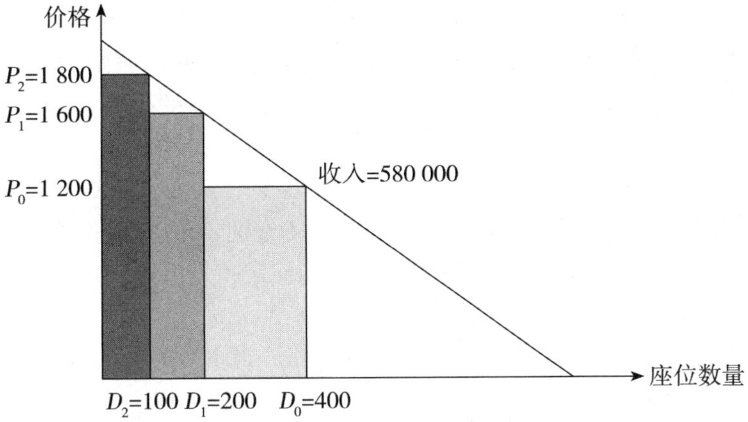

图2-17 游轮公司三个细分市场时的收入

在实践中，需要解决好两个基本问题：一是如何区分细分市场并且构造定价机制；二是如何控制需求，将有限的资源在各个细分市场中进行分配，而不至于让低价细分市场消耗所有的资源。

考虑一家产品（或服务）供应商已经确认了k个细分市场，每个细分市场i的需求曲线是（为了简化分析这里假定是线性需求曲线）：

$$D_i=a_i-b_iP_i \tag{2.3}$$

式中：D_i——第i个细分市场的需求；

P_i——第i个细分市场的价格；

a_i、b_i——第i个细分市场需求价格曲线中的系数。

假定供应商生产单位产品的成本为C，则供应商的利润为：

$$R=\sum_{i=1}^{n}(P_i-C)(a_i-b_iP_i) \tag{2.4}$$

若供应商没有产能约束，对于每个细分市场i，供应商要实现利润最大化：

$$R_i=\max(P_i-C)(a_i-b_i)P_i$$

则其最优定价为：

$$P_i=\frac{a_i}{2b_i}+\frac{C}{2} \tag{2.5}$$

若供应商产能的最大值为Q，则供应商利润目标函数为：

$$\max\sum^{n}(P_i-C)(a_i-b_iP_i) \tag{2.6}$$

约束条件为：

$$\sum_{i=1}^{n}(a_i-b_iP_i)\leqslant Q$$

$$a_i-b_iP_i\geqslant 0 \qquad i=1,2,\cdots,k$$

【例2.2】一个供应商为它的产能确定了两个细分市场：一个市场中的客户愿意提前至少一周下订单，其需求曲线为D_1=5 000−20P_1；另一个细分市场中的客户愿意为较晚下订单而支付高价，其需求曲线为D_2=5 000−40P_2。供应商的生产成本为C=10元/单位。试求：

① 供应商为两个细分市场统一定价，价格是多少？

② 如果没有产能约束，供应商为两个细分市场分别定价，价格是多少？

③ 如果供应商产能约束为4 000单位，又该如何定价？

解：

① 如果供应商为两个细分市场制定相同的价格，此时供应商利润为：

$$R=(P-10)(5\,000-20P)+(P-10)(5\,000-40P)=(P-10)(10\,000-60P)$$

供应商利润最大化时的最优价格为：

$$P=\frac{10\,000}{2\times 60}+\frac{10}{2}=88.33\text{（元）}$$

两个细分市场的需求为：

D_1=5 000−20P=3 333.4（单位）

D_2=5 000−40P=1 666.8（单位）

供应商的总利润为：

R=（P−10）（10 000−60P）=416 667（元）

② 如果没有产能约束，供应商为两个细分市场分别定价，则根据式（2.5）可以计算出两个细分市场的价格分别为：

$$P_1=\frac{a_1}{2b_1}+\frac{C}{2}=\frac{5\,000}{2\times 20}+\frac{10}{2}=130\text{（元）}$$

$$P_2=\frac{a_2}{2b_2}+\frac{C}{2}=\frac{5\,000}{2\times 40}+\frac{10}{2}=67.5\text{（元）}$$

两个细分市场的需求为：

$D_1=5\,000-20P_1=2\,400$（单位）

$D_2=5\,000-40P_2=2\,300$（单位）

供应商的总利润为：

$R=130\times 2\,400+67.5\times 2\,300=467\,250$（元）

因此，差异定价比统一定价可使供应商利润提高50 583元。

③ 如果供应商有5 000单位的产能约束，则为两个细分市场最优差异定价引起的需求超过了产能，因此，需要根据式（2.6）求解：

目标函数 $\max\{(P_1-20)(8\,000-40P_1)+(P_2-20)(8\,000-80P_2)\}$

约束条件 $(8\,000-40P_1)+(8\,000-80P_2)\leqslant 5\,000$

$8\,000-40P_1\geqslant 0$

$8\,000-60P_2\geqslant 0$

求解可得：两个细分市场的价格分别为：

$P_1=141.7$（元）

$P_2=79.2$（元）

两个细分市场的需求分别为：

$D_1=2\,166.67$（单位）

$D_2=1\,833.33$（单位）

供应商的总利润为：

$R=412\,083.3$（元）

通常，在细分市场定价问题中，低价市场的需求比高价市场的需求先出现。一个供应商可以为提前下订单的客户制定较低的价格，为最后时刻下订单的客户制定较高的价格。为了追求利润最大化，供应商必须限制低价客户需要的产能，即使他们有足够大的需求用掉所有的可用产能。因此，为高价客户保留多少产能问题就尤为重要，供应商需要权衡接受低价客户的订单或者等待将要到来的高价客户订单之间的产能分配。当为高价客户保留了产能但高价客户的需求没有出现时，就产生了“座位虚耗”的风险。当产能分配给了低价客户而不得不拒绝高价客户的需求时，就产生了“需求溢出”的风险。在高价客户需求不确定的条件下，供应商必须确定为高价客户保留的产能数量，以使座位虚耗和需求溢出的预期成本最低。

【例2.3】某航空公司为一架有120个座位的支线客机制定两种价格等级，休闲旅客每张票320美元，商务旅客每张票800美元。市场分析表明，休闲旅行乘客需求的数量足够多，商务旅行的乘客需求是不确定的，但其概率分布如图2-18所示。那么，该公司应将多少座位分配给商务舱旅客以实现收入最大化呢?

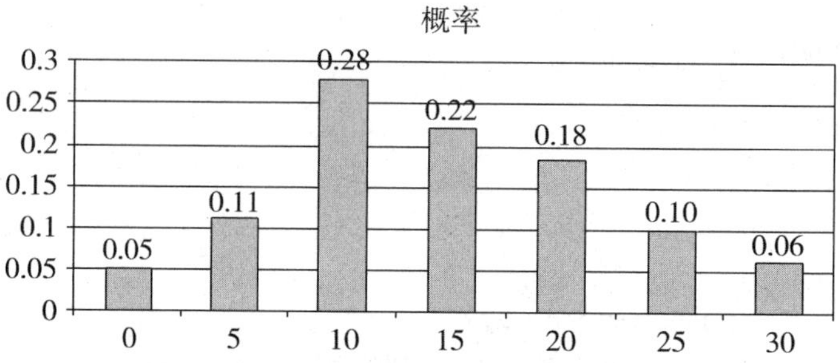

图2-18 商务旅客需求的概率分布

解：根据图2-18商务旅客需求的概率分布，可以计算出分配给商务旅客一定舱位数时公司的期望收入，如图2-19所示。

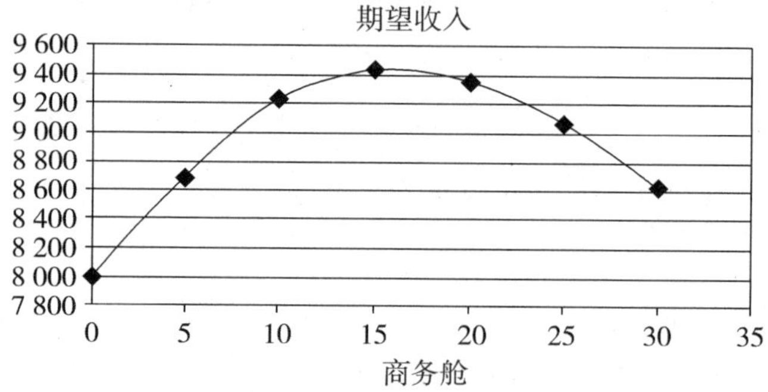

图2-19 商务旅客的舱位的期望收入

由图2-19可以看出，分配给商务旅客15个舱位时，可使公司期望收入最大。

3. 易逝产品的定价和收益管理

随着时间推移逐渐失去价值的任何资产都有易逝性，如水果、蔬菜、药品、计算机和时装等都是易逝的。易逝资产包括所有形式的生产、运输和储存能力，它们一旦没有被充分利用就浪费了。

戴尔公司使用动态定价和收益管理来销售电脑，公司把每年分成若干个约两周左右的销售周期，每当销售部门为下一个销售周期做预测时，营运部门就要保证零部件和产能的供应。因此，下一个周期的库存和产能资产是固定的，销售部门通过调整价格和供应从有限的资产中获取最大的收入。

易逝资产收益管理的另一个例子是航空业中使用的超订方法。一旦飞机起飞，飞机上的空座位就没有任何价值。由于某些旅客即使预定了座位也可能不登机，所以航空公司会接受多于飞机运载量的预订数量，以使预期收入最大化。

易逝资产的两个收益管理策略是:

（1）动态定价。随着时间改变价格的策略，适用于在某个确定的日期之后失去价值的资产。为易逝资产动态定价，资产所有者必须能够估计资产随着时间推移的价值，并且能够有效地预测价格对客户需求的影响。

（2）超订。当客户能够取消订单而且资产价值在一个期限后急剧下降时，超订策略非常有效。超订时要在因为过多的取消而导致的产能（库存）浪费和因为过少的预订取消而导致的产能（库存）短缺之间进行权衡。制定超订决策的目标是通过减少产能浪费的成本和产能短缺的成本来使供应链利润最大化。

4.季节性需求的定价和收益管理

供应链中经常发生季节性的高峰需求，面对季节性高峰，一个有效的收益管理策略就是在高峰时期制定高价，在非高峰时期制定低价，从而将需求从高峰时期转移到非高峰时期。如果由于较小高峰带来的成本下降和非高峰时期的收入增加可以弥补非高峰时期给出的价格折扣，结果就是有益的。

在供应链中，任何生产或运输能力的所有者当面临季节性高峰时，都可以使用非高峰时期价格折扣策略，因为随时改变能力代价是非常昂贵的。收益管理策略可以增加资产所有者的利润，降低一部分客户需要支付的价格，同时也在非高峰时期吸引了潜在的客户。

5.大宗订货和零星订货的定价和收益管理

在供应链中，企业经常面临两个细分市场，一些客户以折扣价大批量地购买产品，而其他客户以高价购买单个或小批量的产品。以物流中心为例，可以将仓储能力以大批量租给一家大的仓储公司，或以小批量租给一些小客户以满足他们的紧急需要。以批量租赁的大公司通常比其他公司得到更优惠的价格。物流中心需要权衡如何以折扣价租赁给大公司或以高价租赁给小公司。即确定多少比例的资产以批量销售，多少比例的资产保留给零星订货市场。在供应链中，生产、运输和仓储企业的下游客户也需要制定类似的决策。以一家大的钢铁企业为例，它的一个选择是与一家船公司签订一个长期铁矿石批量运输合同，另一个选择是在即期不定期船航运市场上与承运人签订航次租船合同。长期批量运输合同的优点是有一个固定的低价，但缺点是有可能造成运力浪费。航次租船合同的缺点是运价较高，但优点是没有运力的浪费。

小结

本章在介绍了客户价值的含义和客户价值的四个层面的基础上，分析了客户价值的影响因素测量方法，建立了基于设计价值（DV）和期望价值（EV）的客户价值分析模型和基于总收益（TR）和总成本（TC）的客户价值分析模型，讨论了客户服务的“交易前要素”、“交易中要素”和“交易后要素”，阐述了客户保持的方法，分析了制定客户价值的实现策略，讨论了基于客户价值的供应链改良策略、供应链集中策略、供应链扩展策略和供应链创新策略，分析了供应链作业的增值时间和非增值时间，讨论了客户服务标准的确定问题，讲解了客户价值市场细分方法和基于客户价值的供应链优化思想。此外，本章还着重阐述了收益管理理论和基于收益管理的供应链定价方法。

问题讨论

1. 你是如何理解客户价值的？客户价值可以分解为哪几个层面？影响客户价值的因素有哪些？
2. 结合本章内容，探讨企业在CRM系统下如何收集和整理客户的信息？
3. 你认为如何从客户价值入手制定企业的客户价值实现策略？如何创建市场驱动的供应链？
4. 客户服务标准有哪些？如何制定客户服务标准？
5. 客户服务水平和成本之间有何关系？如何设定客户服务优先级？如何确定客户服务水平？
6. 如何进行客户收益分析？
7. 供应链中收益管理的作用有哪些？
8. 航运物流企业如何运用收益管理？

案例探讨　上海海烟物流发展有限公司通过优化物流服务为客户创造价值

上海海烟物流发展有限公司（简称海烟物流）是专注于卷烟、酒类、食品的配送与分销，集现代物流、商品流通、产品营销、信息服务于一体的企业。物流企业的产品就是服务，只有提供客户满意的服务，才能获得更好的发展。因此，如何通过优质高效的服务为客户创造价值，同时为自己扩大利润空间，是物流企业核心竞争力的体现。“服务创造价值”不是口号，而是物流企业的生存之道。对此，海烟物流不仅有深刻的认识，而且通过持续优化服务走在了行业的前列。

早在2009年，通过平时的回访，海烟物流发现，卷烟零售商户对送货时间比较关注，经常询问配送车辆的到达时间。经了解，由于卷烟的价值比较高，收货人员责任大，店主或者店长希望能够亲自接货。但是，海烟物流的送货车到达时间不确定，所以他们必须在店里等候，无法办理其他业务。客户对此感到非常不方便。此外，在年度的客户满意度评测中，海烟物流的上游客户——卷烟生产企业对服务的满意程度也比较低，具体反映在卸货等待时间比较长。原因是送货车辆到达后，驾驶员都希望自己的货物能够尽快卸车，但是物流中心的月台资源有限，难以做到及时卸车，到达车辆往往需要排队等候，在一定程度上影响了货车的运营效率，增加了运输成本。为了解决以上问题，海烟物流提出了“两个一”的服务承诺：向全市卷烟零售户发出送货时间承诺书，明确提出“到货时间误差约定在一小时内”；对上游卷烟生产企业则承诺“烟卷进货车辆等待不超过一辆车”。此举大大方便了客户：对广大零售商而言，约定送货时间，便于其根据到货时间，预先安排好自己的工作，避免浪费时间精力；对工业客户来说，送货车辆等待时间大为缩短，有助于加快车辆周转，提高运营效率，降低运输成本。海烟物流通过自己改善物流服务，为客户创造了很可观的价值。

海烟物流认识到，客户服务不仅仅应做好仓储、配送等常规物流业务，在特定的商业环境中，服务还应该有更多的内涵和较大的延伸空间，近年来，海烟物流尝试在供应链管理领域不断创新，为客户提供更多增值服务，创造更大的客户价值。

例如，海烟物流了解到，上游卷烟生产企业希望掌握卷烟市场的消费信息，为安排生产提供参考依据；下游零售客户希望商品采购便捷，有稳定的货源保障。自己作为连接卷烟生产企业与零售商的核心环节，应尽量满足上下游客户的需求，为其创造更多的客户价值。为此，海烟物流为大型零售商提供供应商管理库存（VMI）服务。VMI服务是海烟物流与集团连锁型零售客户之间建立更深层次合作的有益尝试，在双方约定的目标框架下，海烟物流作为零售客户的供应商负责管理其库存。VMI服务的主要内容包括：在双方共享烟卷销售数据的前提下，海烟物流帮助零售商预测市场需求，基于数据分析为其设定库存目标，建立订单自动生成系统，并在完成对零售客户的卷烟配送后进行评估修正，真正将服务纳入策划、实施、反馈、修正的闭环系统，不断提高服务水平。VMI服务体现出信息反馈及时、订货迅速、配货准确的优势，给零售商客户带来的不仅仅是便利，更重要的是帮助其提高了营利能力，促进了其经营效益稳定增长。对比2006年与2010年上半年的数据，集团客户卷烟零售的毛利率从11%上升到13%。同时，海烟物流直接管理零售客户库存，代其下单，为其节省了人力成本，提高了运作效率；通过强调事先控制，有效降低了零售商库存积压和商品脱销的风险。而上游工业企业也可以借助VMI更准确地把握市场需求，在计划内更好地满足需求，极大地为客户创造了价值。

（根据公开的网络资料整理）

问题：

1．海烟物流公司对客户服务有什么独特的认识？其为改善服务做了哪些努力？

2．海烟物流通过改善客户服务创造了什么客户价值？

3．海烟物流公司改善物流服务、创造客户价值的措施有什么借鉴意义？

第3章 采购与供应管理

学习目标

1．掌握采购的流程、采购策略、采购总成本。

2．理解采购的概念、采购目标、商品的价值/风险矩阵、供应合同、采购组织的作用和地位、供应链环境下的采购特征。

3．了解电子采购的特点、常用的供应商选择和评价方法。

基本概念

采购　采购流程　采购策略　供应合同

引导案例　　区域协同采购模式在中铝

近年来，中铝公司采取多项措施不断创新营销采购方式方法，如实行大宗原材物料集中采购、价值量承包和统谈分签等措施，都取得了良好收益，为公司降低采购降成本做出了贡献。2014年在原来规模化集中采购的基础上，中铝公司进行了拓展和创新，实施区域协同采购。中国铝业河南分公司、中州分公司和焦作万方（铝业股份有限公司）发挥区域优势，对耐火黏土砖进行了协同采购。此次区域协同采购确定的招标结果相比原来各家独自采购价格分别降低了4.76%至19.64%，取得的效果远远超出了招标前的预期。

2014年10月，在中铝公司总部的大力支持下，中国铝业河南分公司抽调该公司营销管理部和招标办的精兵强将组建了区域协同采购工作小组。区域协同采购小组成员为使协同采购工作能够顺利进行，专门设计了包括物料描述、需求数量、使用窑体、技术标准、历史采购价格和采购单位在内的信息调查表，以获取三家企业的采购信息，并务求使采集到的信息细致准确。此外，区域协同采购小组还加强与协同采购企业间的信息沟通与协调，认真落实各项基础数据与信息，并就一些问题的关键点反复与三家企业进行电话沟通和电子邮件确认。经过一个多月的沟通与确认，河南分公司、中州分公司和焦作万方三家企业就一些关键点统一了思想，达成了一致意见，使招标文件如期发出。

11月份，区域协同采购招标工作顺利推进。此次招标共邀请到三家单位的11家供应商参加，各家供应商都积极踊跃参与报价竞争。与此同时，此次招标采购也在由三家企业人员共同组成的7人评审团的认真评审下，确定了招标结果。

据了解，此次区域协同采购的进行，发挥出了区域协同采购的优势，达到了提高议价能力的目的，实现了更大程度的降低采购成本空间的目标，为中铝公司实现扭亏脱困探索出了一条新的采购模式。区域协同采购与集中采购相比，能够有效克服地区差异带来的影响，进一步增强各分子公司间的交流与协作，也更增强了供应商之间的竞争，有效实现了采购方式的灵活与便捷。据中国铝业营销采购部总经理杨新介绍："此次区域协同采购的成功进行，进一步扩大了中铝公司区域协同采购的范围，为公司采购管理创新探索了新的思路。"

（根据公开的网络资料整理）

在一条供应链中，每个组织是从上游供应商处购买物料，增加附加值，然后再把它卖给下游客户。通常采购本身并不负责移动物料，而是负责组织这些物料的转移，它提供物料的需求信息并安排所有权和所在地的转移。所以说，采购主要涉及信息处理，从各种不同的渠道搜集数据并加以分析，然后把信息传递给供应链。

采购管理是供应链管理的重点内容之一，它在供应链企业之间原材料和半成品生产合作交流方面架起一座桥梁，沟通生产需求与物资供应的联系。为使供应链系统能够实现无缝连接，并提高供应链企业的同步化运作效率，就必须加强采购管理。在供应链管理模式下，采购工作要做到五个恰当：恰当的数量、恰当的时间、恰当的地点、恰当的价格、恰当的来源。本章主要介绍与采购管理有关的理论和方法，另外还要对供应合同、供应商选择与评价的方法等进行阐述。

3.1 采购概述

1.采购的含义

采购是各个企业所共有的职能，也是企业经营的开始环节，同样也为企业创造价值。随着企业规模的不断扩大及精细管理和信息技术的广泛应用，采购的作用日益突出。它不仅是保证生产正常运转的必要条件，而且也为企业降低成本、增加盈利创造条件。它具有狭义和广义两方面的含义。

在狭义上，采购可以被定义成为企业购买货物和服务的行为；或者在更广泛的角度上，采购可以被定义为企业获取货物和服务的过程。然而，采购过程不仅仅是一种活动的终点，而是一系列跨越组织边界的活动的成功实现。

我们可以从以下几个方面来理解：

（1）采购是从资源市场获取资源的过程。采购对于生产或生活的意义在于能提供生产或生活所需要、但是自己缺乏的资源。这些资源，既包括生活资料又包括生产资料，也包括物质资源以及非物质资源。

（2）采购是商流过程和物流过程的统一。在采购过程中，一是要实现将资源的所有权从供应者手中转移到用户手中，二是要实现将资源的物质实体从供应者手中转移到用户手中。前者是个商流过程，主要是通过等价交换来实现；后者是个物流过程，主要通过物流功能手段实现。只有这两个方面都实现了，采购过程才算完成。

（3）采购是一种经济活动。既然是经济活动，就要遵循经济规律，追求经济效益。在整个采购活动中，一方面，通过采购获取了资源，保证企业正常生产的顺利进行，这是采购的效益；另一方面，在采购过程中也会发生各种费用，这就是采购成本。科学采购是实现企业经济利益最大化的基本利润源泉，要实现科学采购，就要科学地进行采购管理。

2.采购的目标

采购的总目标是保证组织拥有可靠的物料供应。根据这一最高目标，可以得到下列具体的目标，也可以说是采购部门的职能：

（1）为企业组织可靠的、不间断的物料流动。

（2）正确购买物料，在保证质量符合要求的同时确保物料在需要的时间送到需要的地点，并满足其他要求。

（3）与使用部门紧密配合，发展关系并了解使用部门的真正需求。

（4）找到良好的供应商，并和他们加强合作，发展互利关系。

（5）协商达成合理的价格和条件。

（6）在考虑库存政策、投资、物料的标准度和可获得性等前提下，持有库存；物料沿着供应链快速移动，必要时提前交货。

（7）与环境变化保持一致，包括价格上涨、物料短缺、新产品推出等。

采购是供应链的一项重要职能。从广义的角度来看，采购环节联结了供应链中的各个成员，同时协调物料在供应链合作组织成员之间移动。在供应链的每个节点上，采购都后向传递有关客户的信息，并前向传递有关供应商可提供的物料信息。

从狭义角度来看，采购是一项很重要的职能，是取得竞争优势的源泉之一。每个组织的物料供给都由采购职能负责。如果采购工作完成得不好，就会引起物料短缺、交货种类错误、数量差错、交货时间延误、物料质量低等问题，会影响产品的质量和服务的质量。采购不仅重要，而且也是一项主要的支出。对于一个典型的制造商而言，60%的支出用于物料采购，例如通用汽车，每年的物料支出超过500亿美元，所以采购是公司的主要支出，一个相对小的改善就能取得很大的经济回报。因而，采购具有重要意义。

3.供应链采购与传统采购的差异

传统采购的重点放在如何和供应商进行商业交易的活动上，特点是比较重视交易过程中的供应商的价格比较，通过供应商的多头竞争，从中选择价格最低的作为合作者。虽然质量、交货期也是采购过程中的重要考虑因素，但在传统的采购方式下，质量、交货期等都是通过事后把关的办法进行控制，如到货验收等，交易过程的重点放在价格的谈判上，因此在供应商与采购部门之间经常要进行报价、询价、还价等来回的谈判，并且多头进行，最后从多个供应商中选择一个价格最低的供应商签订合同，订单才确定下来。

在供应链管理的环境下，企业的采购方式和传统的采购方式有所不同。这些差异主要体现在如下几个方面：

（1）从为库存而采购到为订单而采购的转变。在传统的采购模式中，采购的目的很简单，就是为了补充库存，即为库存而采购。采购部门并不关心企业的生产过程，不了解生产的进度和产品需求的变化，因此采购过程缺乏主动性，采购部门制订的采购计划很难适应制造需求的变化。在供应链管理模式下，采购活动是以订单驱动方式进行的，制造订单的产生是在用户需求订单的驱动下产生的，然后，制造订单驱动采购订单，采购订单再驱动供应商。这种准时化的订单驱动模式，使供应链系统得以准时响应用户的需求，从而降低了库存成本，提高了物流的速度和库存周转率。

（2）从采购管理向外部资源管理转变。在建筑行业中，当采用工程业务承包时，为了对承包业务的进度与工程质量进行监控，负责工程项目的部门会派出有关人员深入到承包工地，对承包工程进行实时监管。这种方法也适用于制造企业的采购业务活动，这是将事后把关转变为事中控制的有效途径——供应管理或者叫外部资源管理。向外部资源管理转变是由于：一方面，在传统的采购模式中，供应商对采购部门的要求不能得到实时响应；另一方面，关于产品的质量控制也只能进行事后把关，不能进行实时控制，这些缺陷使供应链企业无法实现同步化运作。为此，供应链管理采购模式的第二个特点就是实施有效的外部资源管理。

（3）从一般买卖关系向战略协作伙伴关系转变。在传统的采购模式中，供应商与需求企业之间是一种简单的买卖关系，因此无法解决一些涉及全局性、战略性的供应链问题，如库存问题、风险问题、降低采购成本问题、组织障碍问题等，而基于战略伙伴关系的采购方式为解决这些问题创造了条件。

3.2 采购流程与策略

1.采购流程

采购流程是指企业为了达成生产和销售计划，从适当的供应商那里，在确保适当品质的情况下，于适当的时间、以适当的价格，购入恰当数量的物品和劳务的作业活动过程。采购流程会因采购的来源——国内采购，国际采购；采购的方式——议价、比价、招标；以及采购的对象——物料、工程发包等，在作业上有若干差异，但基本的流程则大同小异。

根据美国采购学者所主张的采购作业基本流程（如图3-1所示），我们可以将采购流程分为以下几个步骤：

（1）确定或重新评估需求。即在采购前，应先确定买哪些物料?买多少?何时买?由谁决定?有时可能是重复常规采购，而有时则需要对相应发生的变化重新对需求进行评估。无论是哪种情况，一旦需求被确认了，采购活动就开始了。

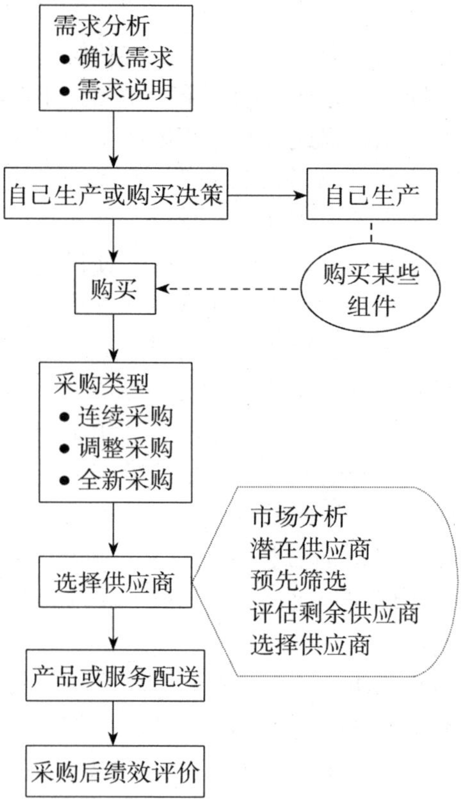

图3-1 采购流程

（2）需求说明。即在确认需求后，对需求的内容如品质、规格型号、需要日期、包装、售后服务、运输及检验方式等，均需加以说明，以确保供应商选择和价格谈判等作业能顺利进行。

（3）决定是自制还是外购。在要求外部供应商提供产品之前，购买企业必须决定是自己制造还是购买产品或服务来满足用户需求。但是，有时即使决定自己制造，购买企业通常也需要向外部供应商购买某些规格的原材料。

（4）确认采购的类型。满足用户所必要的采购类型将决定采购过程所需要的时间以及该过程的复杂程度。从所需时间最少、过程最简单到所需时间最多、过程最复杂，有三种采购类型，分别是连续采购（Straight Rebuy）、调整采购（Modified Rebuy）和全新采购（New Buy）。连续采购，也称为定期采购；调整采购要求改变现有的供应商或原材料；全新采购，来自于新的用户需求。在连续采购或调整采购中，下面的步骤是可以省略的，如没有必要识别所有可能的供应商。

（5）选择供应商。即在对市场进行调查等前期工作的基础上，识别所有可能的供应商或从原有的供应商中选择业绩良好的厂商，通知其报价，或以登公告的方式公开征求报价，对其综合多种情况进行筛选、分析，选出一个供应商。

（6）收到运送的产品和服务。这个活动的发生是供应商试图满足用户需求的第一步。这个活动的完成同时会产生下一步活动所需使用的绩效数据。

（7）进行采购后的绩效评价。一旦服务已经提供或产品已经运送，就应该评价供应商绩效，从而确定供应商是否真正满足了用户需求。这同时也是控制活动。如果供应商的工作没有满足用户的需求，就一定要找到原因并采取相应的纠正措施。

2.采购策略

供应链理念下的采购策略主要指的是企业采购的产品或服务的类型、重视程度及不同的组合方式，是企业对自身的行为进行成本效益分析，实现效益最大化的过程。这个过程的实现受到企业自身经营范围、市场定位、信息的充分程度以及对购买风险的厌恶程度等多种因素的影响。如果在给电脑生产商供应曲别针和电脑芯片的时候采用同样的采购战略、策略和资源，那么就忽略了不同产品对于企业的生存和盈利的重要性的区别。下面主要介绍象限法在供应链管理人员评价需要购买的每一件产品和服务的重要性中的应用，并对不同类型条件下采取的相应策略进行简述。

象限法是采用2×2的四象限矩阵通过描述所采购产品的风险和价值来确定产品的相对重要性。用来描述重要性的标准是潜在的价值或利润和风险或独特性。图3-2描述了价值风险象限和各类产品的关系。低风险、低价值的商品是一般商品；低风险、高价值的商品是大宗商品；高风险、低价值的商品是特殊商品，而那些高风险、高价值的商品则是关键商品。

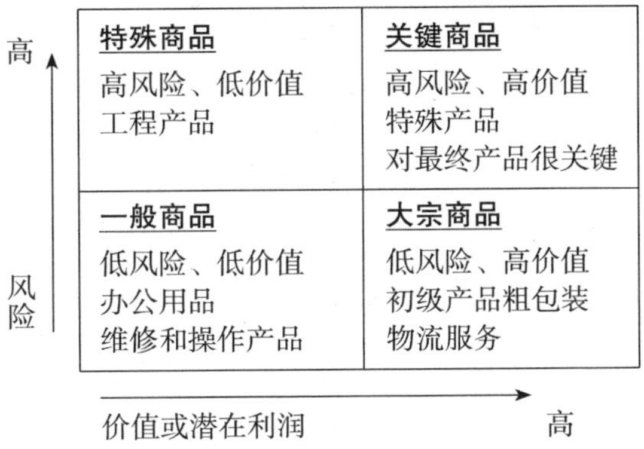

图3-2　商品的价值、风险矩阵

对一般商品而言，其管理费用和采购成本往往比产品的价格更重要，管理和加工成本往往可能超过产品或服务的总价，因此一般商品通常采用流水线采购过程，以降低与采购该类商品有关的成本。而大宗商品例如基本的生产原料（螺钉）、粗包装（外包装），它们是企业产成品的主要成分，可以提高企业的利润，但由于其具有普遍性，风险较低，而且这类商品几乎没有什么品牌差别，因此企业一般采取低价批量采购和较低存货成本的即时制系统加以控制。据美国某一咨询公司估计，伴随批量合并而带来的在采购价格和其他成本因素方面的节约是采购额的5%~15%。工程产品之类的特殊商品，购买人员一般不关心产品的差异性，但他们对连续经营存在威胁，其缺货可能导致产品停产，或者是围绕缺货产品而调整生产计划，这两种情况都会增加生产成本。这类商品购买策略的重点是定制标准化程序以消除或减少这种特殊产品的独特性，从而将这类商品转变成大宗商品。

这里，我们来谈谈诸如独特的电脑芯片之类的关键商品，在某种程度上关键商品决定了用户使用产品成本的最终成本，在上述例子中，产成品是电脑。关键商品的采购策略是通过采用新技术、单一化、同供应商密切联系以及研讨价值增值的方式来增加产品的价值，或者让全职采购专家去采购关键产品。

在实际应用中，建议供应链管理人员根据商品的价值和风险的不同情况采取不同的策略，从而有效地执行采购职能。

3.3 采购成本

在供应链环境下考虑采购，我们应该以整体的理念考虑采购的成本或价格，首先介绍采购总成本，采购总成本包括基本投入成本、直接交易成本、供应商关系成本、运输成本、质量控制成本和运营或物流成本（如图3-3所示）。

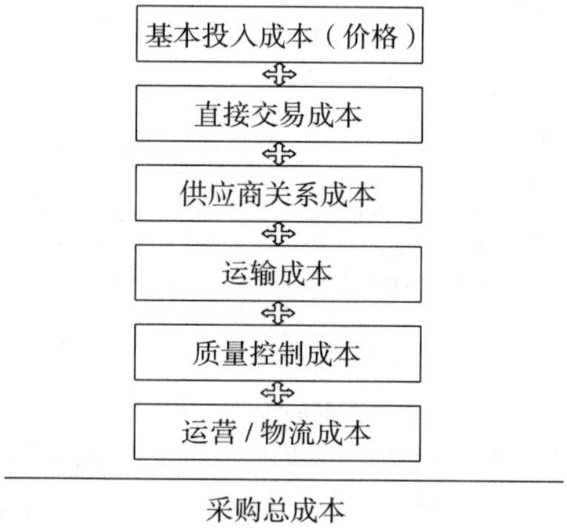

图3-3 采购总成本

可见，采购的总成本并不仅仅是基本购买价格，采购活动的目标是以“最优”的价格购买产品和服务，这个最优的价格对供应商来说或许并不是单位最低价格，特别是从全球供应链的角度来看时尤其如此。供应链理念的发展是个循序渐进的过程，在最初，企业仅仅是在最低价格或最低成本的基础上来评价采购和物流职能的作用，并没有考虑企业的总成本。在这种情况下，各个职能部门仅仅关注与本部门有关的成本，因此要降低总成本是很难的，除非管理人员或者集团直接负责两个或者更多的相互衔接的部门，才有可能带来总成本的节约。随着供应链管理这一概念的发展，使组织机构能够在21世纪这一全球化和高度竞争的环境中改善企业自身的效率并提高有效性，而不再是孤立地立足于最低基本价格或单位价格，从供应链的角度去创造价值，采购职能就变得更具有战略性。下面将对与采购总成本有关的几个方面进行说明。

（1）基本投入成本（价格）。这是企业支付的产品和物资的原始价格。它是企业通过投标、协商或询价方式得到的传统价格。这个价格很容易度量，而且长时间以来它一直是衡量买方绩效的标志；但是在供应链背景下，它仅仅是企业考虑和评价采购过程的一个因素。

（2）直接交易成本。即为采购商品而进行检验、传达需求以及处理物质流等活动所形成的成本。这些活动包括检验存货需求、发出订货请求、准备并向供应商传达订单、接收回执、处理货运单据和接收关于存货的信息等。直接交易成本经常是平常不易察觉的日常费用。

（3）供应商关系成本。这是用于建立和保持与供应商之间的关系的成本。它包括旅费、供应商培训和相关联系费用。

（4）运输成本。进货运输流包括两个关键成本元素：实际的运输成本和FOB销售条款。在采购活动中有四种不同的运输方式：供应商选择并雇用承运商、供应商自有承运商、卖方选择并雇用承运商、买方自有承运商。FOB（Free on Board）是国际贸易术语中所说的离岸价格，它包含的是出口产品在越过船舷之前的所有成本与费用，风险也在装运港的船舷由卖方转移给买方，通常在销售条款中规定。在采购过程中一定要考虑销售和运输条款，因为每一个条款的变化都会影响到最终的采购总成本。

（5）质量控制成本。质量是与商品和用户期望要求相一致的属性。它包括一致性的成本、不一致性的成本、评价和最终使用成本。通常买方要求的质量标准总与供应商所提供的质量状况相一致。虽然极严格的产品质量规范会导致附加成本，但是却能得到更高质量的产品，从而又会降低总成本。

（6）运营/物流成本。这部分成本主要发生在货物到达后需要进行的仓储、物料搬运等物流活动中。主要是指以下四个方面：接收货物、入库和检查等成本；直接影响空间要求、操作流程、单价等的批量成本；不同材料有不同的运营要求，从而产生不同的运营成本；采购货物的规格、质量、体积和形状会对运输、物流搬运、储存等物流活动会有不同程度的影响，对物流成本产生影响。

因此，在评价采购成本时，上述的几个成本因素都要考虑进去，否则得到的采购价格就不完全，并且会导致后期成本上涨的后果。

当产品沿着供应链移动的时候，供应链上所有企业都会增加产品的成本并可能增加产品的价值。企业通过降低总采购成本或增加产品的功能来增加产品的价值。供应链上的每个企业都会受益于这些因素或都会因这些因素而遭受损失。因此在采购时，需要从整个供应链的角度出发，关注采购总成本，而非单单的产品价格。

3.4 面向订单生产的供应合同

供应链网络中任意一对相邻节点上都存在供应商与购买商之间的相互关系，这种关系需要由合同或契约来约束管理，这就是供应合同。供应合同问题的实质是，对于不同的需求模式，确定相应的优化订货策略，设计优化合同策略，克服供应和需求的不确定性，使供需双方利润最大化。有效的供应链合同可以降低供应链总成本、减少库存、增强信息共享、提高服务水平，实现供应链绩效最优。因此，合同问题是供应链管理的关键问题。在供应合同中，购买商可以是向供应商购买原材料的制造商，也可以是向制造商购买制成品的零售商。

供应合同主要包括以下几个方面的内容：定价和数量折扣；最小化和最大化采购数量；交货提前期；产品或原材料质量；产品退货政策。合适的供应合同不仅能够确保足够的商品供应和需求，提高企业收益，促进节点企业间形成更紧密的动态联盟关系，而且对于供应链绩效有重要的影响。这一点将会从以下案例中体现出来。

【例3.1】一个销售泳装的零售商在每年夏季到来之前，必须确定其所售产品的订货数量。零售商的市场管理部门预测今年有六种可能的销售量及每种情形发生的概率如图3-4所示。

已知条件：零售商有80万元的固定成本；可变成本（即进货价）为每件泳装640元；每件泳装的售价为1 000元；任何在夏季不能被售出的泳装都将在折扣店以160元的价格销售，称之为残值。

为了确定最优的订货数量，零售商需要了解订货数量、顾客需求和利润之间的关系。

假定零售商订货10 000件，而最后需求是12 000件。显而易见，利润等于销售收入减去可变成本和固定成本。即：

利润=1 000×10 000−640×10 000−800 000=2 800 000（元）

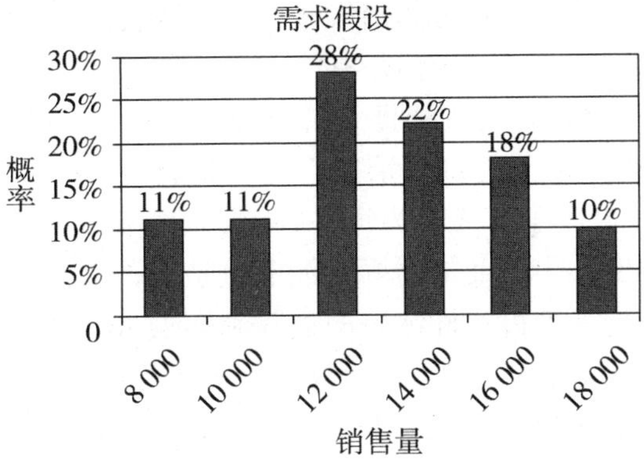

图3-4 销售预测

如果订货是10 000件泳装，而需求只有8 000件，利润则等于销售收入加残值，再减去可变成本和固定生产成本，即：

利润 = 1 000×8 000 + 160×2 000 – 640×10 000–800 000= 1 120 000（元）

同时，需求为8 000件的概率为11%，而需求为12 000件的概率为28%。因此订货10 000件泳装产生2 800 000元利润的概率为28%，产生1 120 000元利润的概率为11%。同样可以计算出其他几种给定销售量情形下订货10 000件泳装的利润。这时我们可以确定订货10 000件的期望利润，这个期望利润就是所有情形的利润分别乘以各情形对应的概率相加得出。通过计算，我们得出在不同销售量情形下的期望利润，如图3-5所示。其中显示出的最优订货量为12 000件。

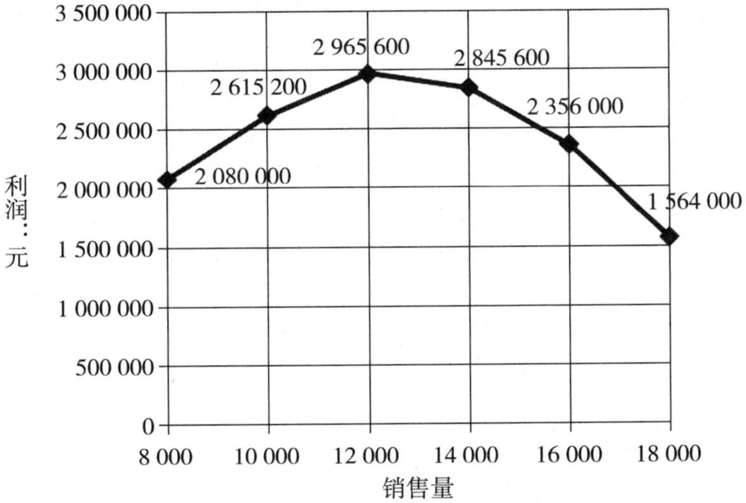

图3-5 不同销售情形下的期望利润值

【例3.2】同样采用泳装的例子，假定有两家公司涉及这个供应链：一个零售商面向顾客需求和一个制造商生产并向零售商销售泳装。对泳装的需求模式满足前面设定的情形，零售商销售价格和成本信息与前面一样：（1）夏季顾客购买每件泳装的零售价为1 000元；（2）零售商向制造商支付的批发价是每件640元；（3）任何在夏季不能被售出的泳装都将在折扣店以160元的价格销售。对于制造商，有以下信息：（1）固定生产成本为800 000元；（2）可变生产成本为每件280元。

从这些数据可以看出，零售商的边际利润和制造商的边际利润相等，均为每件360元。这意味着零售商在夏季销售一件泳装的边际利润是360元，小于在季末出售给折扣店的边际损失480元。因此，结合例3.1的数据，对于零售商来说，他的最优订购数量是12 000件，并获得2 965 600元的期望利润。那么，制造商的利润就是：

12 000×（640−280）−800 000=3 520 000（元）

在例3.2中描述的事件的发生顺序是依次的。零售商做出采购决策以提高自己的利润，然后制造商对零售商的决策做出反应。这被称为序贯供应链（Sequential Supply Chain），也就是一个供应链中每个环节独立确定自己一连串的行动，而不依赖于其他环节。

在例3.2中，零售商承担库存超过销售的所有风险，而制造商不需要承担。实际上，由于制造商不承担风险，制造商宁愿零售商尽可能多地订货。如果制造商愿意并能够同零售商分担风险，零售商可能愿意订购超过12 000件的产品，从而增加制造商和零售商双方的利润。

1. 回购合同

如果制造商和零售商签订一种回购合同，即供应商在销售季节结束后，将零售商没有售完的货物按一定的价格收购，这样就会给零售商一定的保护，从而引导零售商增大采购量，使需求不确定性产生的风险由供应商和零售商共同承担，平衡供应商和零售商的边际收益和边际成本，从而协调供应链。目前回购合同被广泛应用于短生命周期产品，另外，在市场需求波动显著的外部环境中应用也较多，如电子产品、图书、服装市场等。下面我们仍采用泳装的案例加以分析。

【例3.3】假定制造商同意以440元的价格从零售商处购买销售不掉的泳装，在这个合同下，图3-6中的实线代表零售商的平均利润，虚线代表制造商的平均利润。该图显示零售商愿意增加订货量到14 000件，并获得3 310 400元的平均利润，而制造商的平均利润增加到3 775 200元。因此，双方的总平均利润从原来的6 485 600元（2 965 600+3 520 000）增加到使用回购合同后的7 085 600元（3 310 400+3 775 200）。

回购合同之所以有效，是因为它令制造商分担了一部分零售商的风险，从而促使零售商增加订货数量。在这个案例中订货量增加了大约17%。制造商对风险增加的补偿，使得在需求大于12 000件的时候可以以标准价格销售更多的泳装。

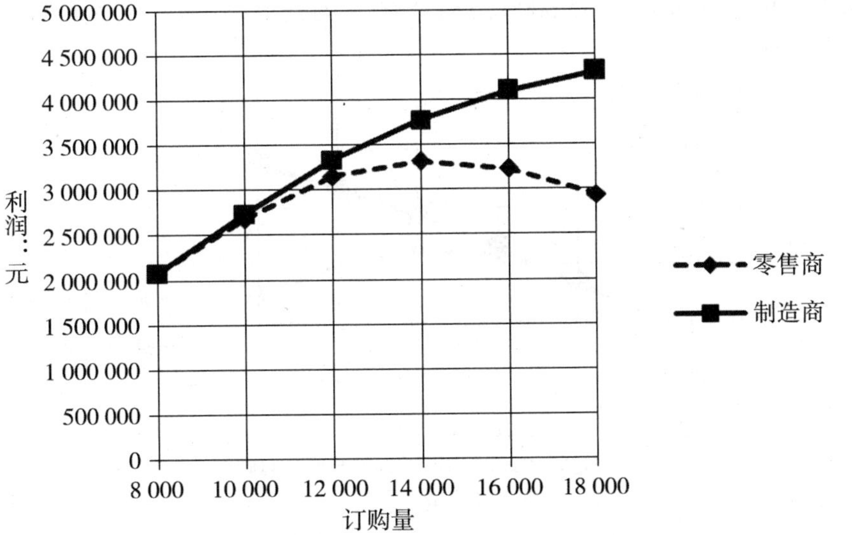

图3-6 回购合同下的利润与订货数量

Pasternack研究发现，供应商无限制的按批发价格回购或不回购都无法使供应链达到协调状态，只有当回购价格低于批发价格或回购部分剩余产品时，才可能达到协调状态，供需双方可以按任意比例分配收益。基于此，他提出了两种可以使渠道协调的回购策略，第一种是生产商以低于最初批发价的回购价格收回全部没有售出的产品，第二种是以期初批发价格收回部分未售出的产品，即生产商规定退货数量的上限。

2. 收益共享合同

在序贯供应链中，零售商只订购12 000件的一个重要原因是批发价太高。如果零售商可以说服制造商降低批发价，则零售商会订购更多。当然，如果不能销售更多产品，批发价下降会减少制造商的利润。收益共享合同解决了这个问题。在收益共享合同里，买方将一部分自己的收益与卖方分享，以换来批发价的折扣。

收益共享合同也是激励零售商增加订货量的一种方法，在这种合同中，生产商以低于批发价的价格把产品卖给零售商，但是要按一定的比例分享销售商所获得的销售收入。

【例3.4】假定泳装制造商和零售商有一个收益共享合同，其中制造商同意将批发价由640元降低至480元。同时，零售商将产品销售收入的15%返还给制造商。在这个合同下，图3-7中的实线代表零售商的平均利润，而虚线代表制造商的平均利润。图中显示，零售商将会增加订货量到14 000件（与回购合同一样），并获得3 234 600元的利润，尽管批发价低，但增加订货的同时使制造商的利润增至3 851 000元。因此，供应链总利润为7 085 600元（3 234 600+3 851 000）。也就是说，批发价的降低和收益分享的结合会增加双方的利润。

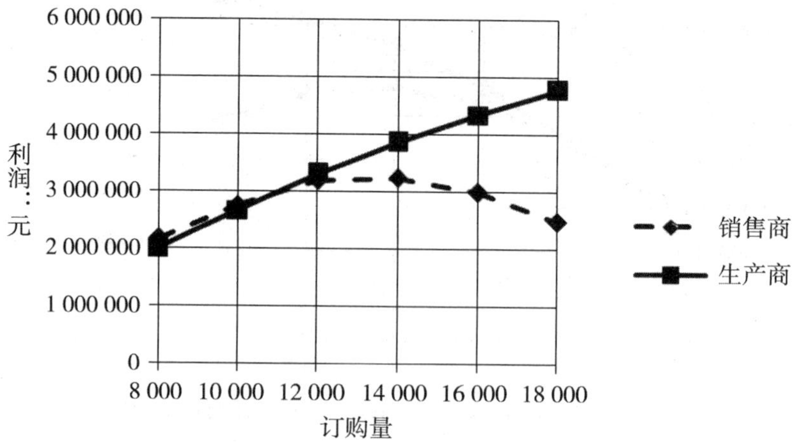

图3-7　收入共享合同下的利润与订货数量

收入共享合同与回购合同有紧密联系，都能协调供应链。但在市场需求随零售价格变化时，收益共享合同仍可以协调供应链，但回购合同却不能协调供应链。

前面介绍的各种合同提出了一个重要的问题：供应商和零售商之间所期望的共同的最大利润是多少?为了解决这个问题，我们采用一个完全不同的途径。如果允许一个没有偏见的决策制定者来确定整个供应链的最优策略，那么这个决策制定者会将供应链中制造商和零售商双方看成一个组织中的两个成员，这意味着将忽略两者之间的资金转移。

【例3.5】同样是泳装生产，在本例中，相关数据有售价1 000元、残值160元、可变生产成本280元和固定生产成本800 000元。在本例中，零售商向制造商的支付已经没有意义了，因为我们只关注外部的成本和收入。很明显，这里供应链的边际利润为720元（1 000−280），明显高于边际损失120元（280−160），因此供应链产量将高于平均需求。实际上，图3−8给出了全局优化策略，最优产量为16 000件，这意味着整个供应链的期望利润为7 316 000元。

此案例说明了供应合同的作用。有效的供应合同促使供应链伙伴将只优化自己利润的传统策略转换为使供应链利润最大的全局优化策略。全局优化的困难在于，它需要公司将决策制定权交给一个无偏见的决策制定者。

另外，从实施的观点看，全局优化的缺点在于它不提供在供应链伙伴之间分配利润的机制，只提供最优的信息以及供应链需要进行的一系列利润改进活动。供应合同则在供应链成员之间分配利润。更重要的是，供应合同是在不偏离全局最优的前提下，为供应链成员分配利润。通过下面的资料不难看出供应合同在实践中的影响。

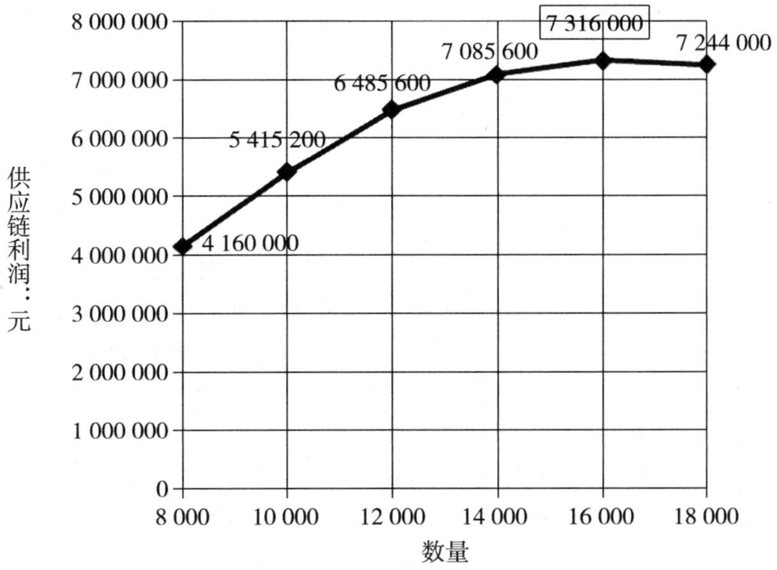

图3-8 使用全局优化策略的总利润

【小资料】

1998年之前，音像出租店通常以65美元的价格向电影发行商购买新电影的一个拷贝，并每次以3美元的价格出租给顾客。由于购买价格过高，出租店不可能买足够多的拷贝以满足顾客在电影发行10周内的峰值需求，因此顾客服务水平较低。在1998年的一个调查中，大约20%的顾客表示不能选择自己最想看的片子。因此，在1998年，百事达（Block-Buster）音像公司与电影发行商签订了一个收益共享合同，合同中规定的每个拷贝批发价从65美元降至8美元，同时，百事达每出租一次将支付给发行商出租价格的30%~45%。这个收益共享合同对百视达的收入和市场份额产生了巨大的影响。今天，收益共享合同被大多数音像出租店所采用。

（出处见书后主要参考文献11）

在本节介绍的案例中我们可以比较每种供应合同所产生的利润，如表3-1所示。可见，供应合同的选择对供应链绩效有着重要的影响。在不同需求模式下，选择合适的订货策略和合同策略，不仅能够保持供需平衡，使供需双方利润最大化，还能有效地加强供应链战略联盟关系，提高供应链的竞争力。

表3-1 四种不同的供应合同下产生的利润

战略	零售商	生产商	合计
顺序优化	2 965 600	3 520 000	5 685 600
回购合同	2 510 400	3 775 200	6 285 600
收益分享合同	2 434 600	3 851 000	6 285 600
全局优化			7 316 000

但是，回购合同和收益分享合同在实际应用中还存在一些执行上需要解决的问题。

例如，回购合同需要供应商拥有有效的逆向物流系统，因而也会增加物流成本。收益分享合同需要卖方检测买方的销售收入，从而会增加其管理费用。

3.5 面向库存生产的供应合同

在上节讨论的供应合同中，一个关键假设是供应商拥有面向订单生产的供应链，这意味着在传统的合同中，卖方不承担风险，买方承担了所有风险。而有效的供应合同则提供了从买方转移部分风险给卖方的机理。因此，当供应商面对的是面向库存生产的供应链时，则卖方承担了所有风险，买方不承担风险。此时，合适的供应合同应该是怎样的呢？下面我们仍采用例子加以说明。

【例3.6】一个生产滑雪服的供应商在每年冬季到来之前，必须确定其所有产品的生产数量，早于分销商向其下达订单的时间。供应商的市场管理部门预测今年有六种可能的销售量及每种情形发生的概率，如上节中图3-4所示。

已知条件：供应商有80万元的固定成本；可变成本为每件440元；每件滑雪服的批发价（分销商采购价）为640元；任何不能被分销商采购的滑雪服残值为160元。分销商以每件1 000元的价格出售给零售商；分销商的固定成本为80万元。

为了确定最优的生产数量，供应商需要了解生产数量、需求和利润之间的关系。

假定供应商生产10 000件，而最后需求是12 000件。显而易见，利润等于销售收入减去可变成本和固定成本。即：

利润=640×10 000−440×10 000−800 000=1 200 000（元）

如果生产10 000件滑雪服，而需求只有8 000件，利润则等于销售收入加残值，再减去可变成本和固定生产成本，即：

利润 = 640×8 000 + 160×2 000 − 440×10 000−800 000= 240 000（元）

同时，需求为8 000件的概率为11%，而需求为12 000件的概率为28%。因此生产10 000件滑雪服产生1 200 000元利润的概率为28%，产生240 000元利润的概率为11%。同样可以计算出其他几种给定销售量情形下生产10 000件滑雪服的利润。这时，我们可以确定生产10 000件时的期望利润，这个期望利润就是所有情形的利润分别乘以各情形对应的概率，再相加。通过计算，我们得出在不同销售量情形下的期望利润，如图3-9所示。其中显示出的最优生产量为12 000件，并获得1 283 200元的期望利润。

于是，分销商的利润就是：

12 000×（1 000−640）−800 000=3 520 000（元）

在例3.6中，供应商承担库存超过销售的所有风险，而分销商不需要承担风险。实

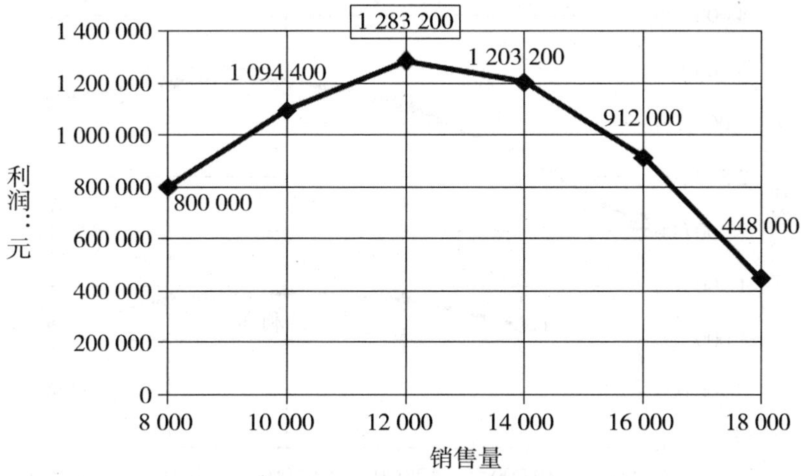

图3-9 不同销售情形下的期望利润值

际上，由于分销商不承担风险，分销商宁愿生产商尽可能多地生产。如果分销商愿意并能够同生产商分担风险，生产商可能愿意生产超过12 000件的产品，从而增加分销商和生产商双方的利润。

1. 补偿合同

如果生产商和分销商签订一种补偿合同，即分销商同意支付协议价来补偿生产商已生产的但分销商未购买的产品。显然，这会激励生产商生产更多的产品，使生产商闲置生产能力的风险降低，分销商的风险则会明显增加。补偿合同的设计要使增加的生产数量足以弥补分销商增加的风险。下面我们仍采用滑雪服的案例加以分析。

【例3.7】假定分销商同意以144元的价格来补偿生产商生产但没有被分销商购买的滑雪服，在这个合同下，生产商的边际损失是440−160−144=136（元），而边际利润是200元。因此，激励了生产商生产多于平均需求的产品。图3-10中的实线代表生产商的平均利润，虚线代表分销商的平均利润。该图显示生产商愿意增加生产量到14 000件，并获得1 442 240元的平均利润，而分销商的平均利润增加到4 203 360元。因此，双方的总平均利润从原来的4 803 200元（1 283 200+3 520 000）增加到使用补偿合同后的4 845 600元（1 442 240+3 403 360）。

补偿合同之所以有效，是因为分销商分担了一部分生产商的风险，从而促使生产商增加生产数量。在这个案例中生产量增加了大约17%。分销商对风险增加的补偿，使得在需求大于12 000件的时候可以以标准价格销售更多的滑雪服。

2. 成本分担合同

在序贯供应链中，生产商不愿意生产足够产品的一个重要原因是高昂的生产成本。如果生产商可以说服分销商分担一些生产成本，则生产商会生产更多的产品。当然，分

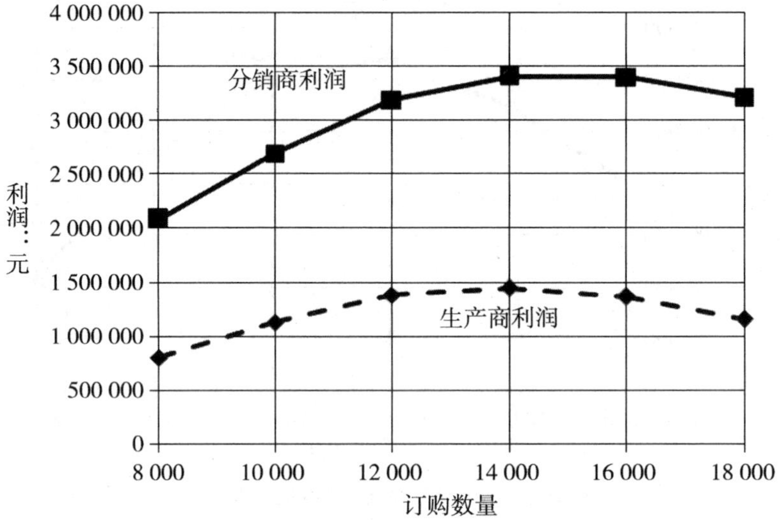

图3-10 补偿合同下的利润与订货数量

销商如果不能销售掉更多产品，支付部分生产成本将会减少它的利润。成本分担合同解决了这个问题。在成本分担合同里，买方分担部分生产成本的同时，卖方让渡给分销商批发价的折扣。再看一下滑雪服的例子。

【例3.8】假定滑雪服生产商和分销商有一个成本分担合同，其中生产商同意将批发价由640元降低至496元。同时作为回报，分销商支付生产商生产成本的33%。在这个合同下，图3-11中的实线代表生产商的平均利润，而虚线代表分销商的平均利润。图中显示，生产商将会增加生产量到14 000件（与补偿合同一样），并获得1 723 040元的利润，同时，尽管分担了部分生产成本，但由于批发价降低，分销商的利润增至3 122 560元。因此，供应链总利润为4 845 600元（1 723 040+3 122 560）。也就是说，批发价的降低和成本分担的结合会增加双方的利润。

成本分担合同需要生产商和它的分销商分享生产成本信息，而这是生产商通常不愿意做的事情。现实中双方可以通过一个协议来解决该问题。在协议中，分销商采购一种或多种生产商需要的元件，这些有分销商订购的元件直接运送到生产商的工厂，由工厂来完成产成品的生产。

【小资料】

电子行业一个大型原始设备制造商（OEM）与一家制造伙伴（CM）签订协议，这家CM负责设计和生产OEM使用的零件。OEM利用它的购买力从CM的供应商那里采购CM使用的关键零部件，这些零部件再转移给CM。所采用的转移方式是寄售，即OEM还拥有在CM那里的零部件的所有权，要么通过买卖协议，即OEM将零部件转售给CM。OEM的购买力意味着它可以获得一个比CM能得到的更好的价格。此外，这种策略确保任何一个从CM那里购买零部件的OEM的竞争者，不能从OEM的购买力中受益。

（出处见书后主要参考文献20）

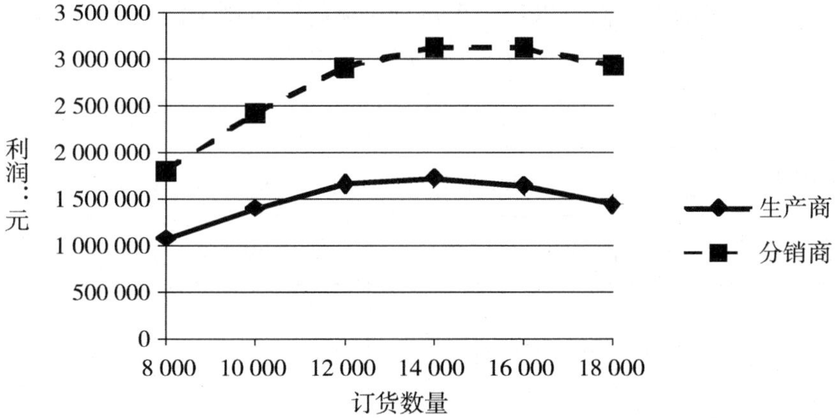

图3-11 成本分担下的利润与订货数量

下面我们用例子说明在全局优化供应链下的情形。

【例3.9】在滑雪服的例子中，采用全局优化供应链时，相关数据有售价1000元、残值160元、可变生产成本是440元和固定生产成本800 000元。在本例中，分销商向制造商的支付已经没有意义了，因为我们只关注外部的成本和收入。很明显，在这里，供应链的边际利润为560元（1 000-440），明显高于边际损失280元（440-160），因此供应链产量将高于平均需求。实际上，图3-12给出了全局优化策略，最优产量为14 000件，这意味着整个供应链的期望利润为4 845 600元，与补偿合同和成本分担合同下的利润相同。

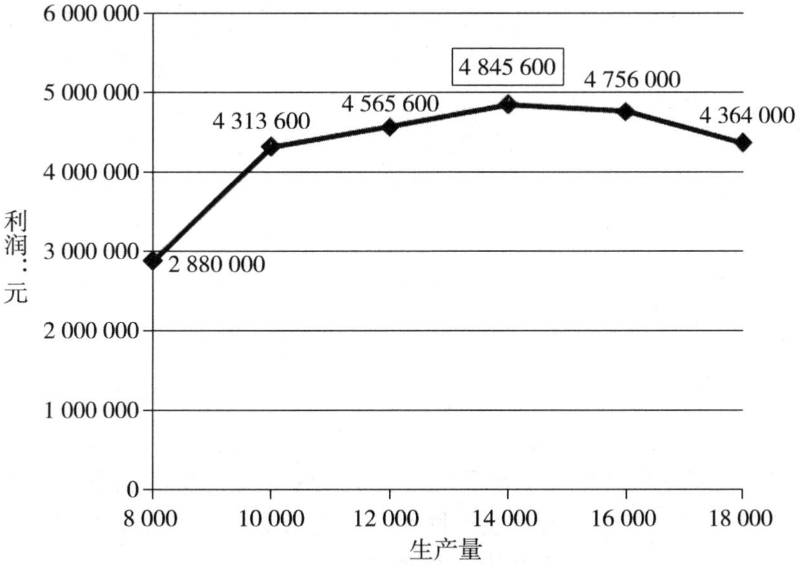

图3-12 全局优化策略

在本节介绍的案例中我们可以比较出每种供应合同所产生的利润，如表3-2所示。

表3-2 **不同的供应合同下产生的利润**

战略	生产商	分销商	合计
顺序优化	1 283 200	3 520 000	4 803 200
补偿合同	1 442 240	3 403 360	4 845 600
成本分担合同	1 459 040	3 122 560	4 845 600
全局优化			4 845 600

在滑雪服的例子中，补偿合同和成本分担合同都实现了供应链利润的最大化。也就是说，这些合同被选中的指标是使每种情况下供应链的利润都和全局优化时的利润相同。

3.6 电子采购

电子采购也就是网上采购，是在电子商务环境下的采购模式。其基本特点是在网上寻找供应商、寻找品种，网上洽谈贸易、网上订货甚至网上支付货款，但是在网下送货进货。该模式的好处是扩大了采购市场的范围、缩短了供需距离，简化了采购手续、减少了采购时间、减少了采购成本，提高了工作效率，是一种很有前途的采购模式。但是它依赖于电子商务的发展和物流配送水平的提高，而这两者几乎都取决于整个国民经济水平和科技进步的水平。美国近年来已逐步转向电子化采购（E-Sourcing），以最大化降低总成本，提高效率。以HP公司为例，它通过实施电子化采购解决方案来加强供应链管理和流动资金的核心竞争力，使采购成本下降了17%，库存周转率提高了60%，客户定单周期缩短了一半。目前最重要的电子商务采购系统还处于开发阶段，并将不断完善。下面重点对其优缺点进行介绍：

1. 优点

电子采购比一般的电子商务和一般性的采购在本质上有了更多的概念延伸，它不仅仅完成采购行为，而且利用信息和网络技术对采购全程的各个环节进行管理，有效地整合了企业的资源，帮助供求双方降低了成本，提高了企业的核心竞争力。在这一全新的商业模式下，随着买主和卖主通过电子网络相互连接，商业交易开始变得具有无缝性，其自身的优势（如图3-13所示）是十分显著的。

降低运营费用 ◇ 减少书面工作 ◇ 减少采购时间 ◇ 加强对存货和经费的控制 提高了采购效率 ◇ 发现新的供应商 ◇ 增进信息沟通 ◇ 提高人员效率 ◇ 减少订货周期时间 降低采购价格 ◇ 采购条件比较调查 ◇ 降低总体支付价格

图3-13 电子商务采购的优点

电子采购很显然的一个优点就是降低了采购运营成本。书面工作的减少以及文件处理、整理、保管相关成本的降低，都是电子商务成本节约的主要方面。电子商务实现电子资金转账，用电子方式支付供应商货款，减少了支票的制作、邮寄、整理和保存的成本，开设一张支票的费用从10美元到85美元不等，其中大部分属于应付账款的人事成本。

电子商务带来的另外一个好处就是提高了采购效率，缩短了采购周期。采购方企业通过电子采购交易平台进行竞价采购，实现信息共享。不同企业，包括各个供应商都可以共享信息，不但可以了解当时采购、竞标的详细信息，还可以查询以往交易活动的记录，这些记录包括中标、交货、履约等情况，帮助买方全面了解供应商，帮助卖方更清楚地把握市场需求及企业本身在交易活动中的成败得失，积累经验。这使供求双方之间的信息更加透明，并可以根据采购方企业的要求自由设定交易时间和交易方式，大大地缩短采购周期。自采购方企业竞价采购项目正式开始至竞价结束，一般只需要1~2周，较传统招标采购节省30%~60%的采购时间。

电子采购还节约了大量的采购成本。据美国全国采购管理协会（the Institute for Supply Management，ISM）证实，使用电子采购系统可以为采购企业节省大量成本。采用传统方式生成一份订单所需要的平均费用为150美元，使用基于Web的电子采购解决方案则可以将这一费用减少到30美元。企业通过竞价采购商品的价格平均降幅为10%左右，最高时可达到40%多。通用电气公司估计通过电子采购将每年节约100亿美元。

国内外无数企业实施电子采购的成功经验证明，电子采购在降低成本、提高商业效率方面，比在线零售、企业资源计划（Enterprise Resource Planning，简称ERP）更具潜力。电子采购的投资收益远远高于过去10年内已经在企业中占主导地位的任何商业革命，包括企业流程再造、策略性采购等等。

2. 缺点

同生活中的很多问题一样，电子商务也有一些不足之处。最令人关注的就是通过互联网进行采购的安全问题。在采购关乎企业供应链的正常运转的、关键原材料的时候，其采购安全性必须考虑，要及时、按质按量地到货，这能否通过电子商务的方式达到，企业需要特别关注，当不能达到这个要求的时候，不能轻易地把其付诸实施。

其次是买卖双方之间缺乏面对面的沟通。通过电子商务系统进行的买卖行为减少了建立起紧密的供应商关系的可能性。这一点可以通过一直努力发展和加强与供应商之间的个人沟通加以弥补。

再就是技术问题。具体说就是在标准协议、系统的可靠性以及技术方面存在着不足。

最后就是在某种程度上人们不愿意把时间和资金用于学习新技术上。一般来说，随着新型或改进技术的发展，以及工商业界对电子商务应用的需求，这些问题在日益减少。

小结

本章在介绍了采购的含义和采购目标的基础上，分析了采购的策略和采购流程，讨论了采购总成本及其计算方法，阐述了面向订单的回购合同和收益共享等供应合同，阐述了面向库存生产的补偿合同和成本分担等供应合同，分析了电子采购的优缺点。

问题讨论

1. 为什么说采购在企业中具有重要的地位和作用？
2. 采购的基本作业流程有哪些？
3. 举例说明采购中面向订单的供应合同。
4. 举例说明采购中面向库存生产的供应合同。
5. 电子采购的优缺点有哪些？
6. 在例3.4中，若制造商同意将批发价由640元降低至560元，其他条件不变，那么制造商和零售商的最优收益各是多少？
7. 在例3.8中，若制造商同意将批发价由640元降低至500元，其他条件不变，那么生产商和分销商的最优收益各是多少？

案例探讨　面向全球资源采购的“武钢模式”

铁矿石是钢铁企业的主要原材料，我国铁矿石资源总体比较贫乏，一多半的需求量依赖进口，由于铁矿石资源缺乏，武钢的发展在中国钢铁行业产能大扩张中稍显滞后。随着我国钢铁消费和钢铁产能的不断扩大，对铁矿石的需求逐年递增，“十一五”之初，武钢提出“建设具有综合竞争力和区域市场控制力的钢铁企业集团”的目标，联合重组了鄂钢、柳钢、昆钢，成为一家跨区域、生产规模逾4000万吨的大型钢铁联合企业，与宝钢大致相当。但国际铁矿石巨头多次改变定价机制，提高交易价格，对国内钢铁产业的健康发展带来严重影响。由于世界铁矿石资源高度集中在淡水河谷、必和必拓和力拓三大矿山企业手中，中国钢企没有议价余地，只能被动地承受铁矿石价格的上涨。随着新钢铁项目的推进和联合重组钢铁企业的深化，武钢面临着越来越大的铁矿石采购的压力。

武钢作为中国的大型钢企，无论是对于自身还是行业发展，乃至国家经济战略需求，都必须解决铁矿石供应受制于人这一瓶颈问题。穷则思变。武钢开始了走出国门，利用全球资源破解自身铁矿石等战略资源瓶颈、降低钢铁原燃料成本的探索之路。

首先，整合物资采购职能，成立资源开发部。2005年以前，武钢本部的物资采购职能分散在多个部门。为解决采购的规模化和协调配合等问题，2005年12月，通过整合归并，将分散在物资供应公司、武钢国贸总公司和各二级单位等20多个部门的采购职能集中到武钢国贸总公司，统一负责武钢本部的生产物资采购、海外投资项目资源产品的营销和相关国际贸易的运作管理，厘清采购管理关系。2008年6月，武钢将原挂靠矿业公司的矿石资源开发部分离出来，升级为集团直接管辖的资源开发部，专门从事钢铁相关原燃料资源项目的开发。

其次，坚定地实施“国际化战略”。就国内资源谈铁矿石采购，就采购谈采购，解决不了武钢面临的困境，必须掌控一定规模的海外权益矿，才能逐渐减少对国际市场铁矿石的过度依赖，才能掌握企业生存发展的主动权。2010年5月，武钢撤销资源开发部，在香港注册成立了国际资源开发投资公司，定位于从事全球铁矿石、煤炭、有色金属等战略资源项目的开发、建设和运营管理，并作为武钢的海外投融资平台，专职开展海外项目的投融资工作。武钢坚持认为，只有掌握一定的铁矿石资源，企业长远发展才有保障，随着权益矿的逐步开发，这种保障作用会进一步提升。

第三，随着武钢矿山投资项目的增多和陆续投产，为有效解决资源投资项目开发及运营效率问题，武钢借鉴国外知名企业对海外资源类投资项目的管理经验，2011年4月，武钢又以国际资源公司为基础，成立海外矿产资源事业部，将集团所有海外资源项目及股权集中归口，统筹开发拓展矿石供应渠道、与中小矿石供应商谈判、适度降低铁矿采购价格外，还积极探索以参股、控股等形式获得海外权益矿并加速开发。

第四，形成铁矿石采购系统解决方案的“武钢模式”。自此，武钢形成了海外资源投资开发、建设运营、风险管控的一套完整体系。理顺了海外铁矿石供应渠道，建立长期稳定的原燃料供应战略伙伴关系，在积极提高国内矿山产能前提下，大力实施“走出去”的国际化战略，加速开发海外矿业资源，提高铁矿石资源的保障能力。据统计，武钢已成为目前全球拥有权益铁矿资源最多的钢铁制造商，权益矿使用量正逐年提高，铁矿石涨价带来的高成本之痛逐步得到缓解。

武钢的国际采购与供应链管理，是利用全球的资源，在全世界范围内去寻找供应商，寻找质量最好、价格合理的产品，使企业成为创造利润的“摇篮”。出于对这种符合现代采购管理的发展方向的关注与认可，采购业界将其称为“武钢模式”。

首先，谋定而后动，向相关上游产业链延伸。海外矿业巨头已经先期进入，控制了大多数性价比最优的矿产资源。作为后来者，武钢坚持向与自己的钢铁主业相关而且熟悉的行业和领域发展，有所为有所不为，在并非最好的项目中，依据市场和自身能力做好项目前期论证和后期管理，强调自己的团队要做到“进得去，管得住，退得出”，通过辛勤扎实的工作，向精细化管理要效益。国际金融危机爆发后，全球经济遭受重挫，武钢人从危险中洞察机遇，抓住国际资源和资产价格大幅下跌、特别是一些资源类公司市值急剧缩水的有利时机，果敢做出了进击海外矿产资源市场的重大决策，先后在巴西、澳大利亚和加拿大等多个国家和地区开展了37个海外铁矿石资源开发合资合作的项目。

其次，以保障采购为主导，多种方式建立海外矿产资源体系，在全球范围内进行资源优化配置。武钢全面分析了海外国家和地区的资源禀赋、投资环境及其与我国的政治和地缘优势等，2004年8月，武钢成功尝试合作开发澳大利亚的铁矿石项目。2009年6月，武钢出资2.4亿美元，购买加拿大CLM上市公司19.93%股份和Bloom Lake铁矿项目25%的权益，合作开发下属矿区。经过一系列联合办矿、购买上市矿业公司股票、控股并管理矿山等不同的投资合作管理模式，在全球范围建立了若干个具有竞争力的矿石生产基地，集团公司权益矿的比例已达到60%以上，基本形成了武钢海外铁矿石资源的战略布局。

第三，以降低采购成本为目标，建立高效低成本的资源供应链。武钢通过与国外矿山签订长期资源协议，有效锁定了大批铁矿石资源和价格，到2015年武钢长协矿资源将达到3000万吨。目前，武钢90%的铁矿石均由战略渠道来保障。武钢不断优化物流运输，逐步降低传统的矿石三程运输模式的运量比例，研究摸索出了江海直达、减载进江、江海联运等降低物流费用的运输模式。新的运输模式承运比例目前已经达到80%以上，降低内河运输成本10～20元/吨。与国内外一流大船东签订长期协议，航线覆盖世界主要产矿国，运力达到武钢铁矿石采购总量的80%。

第四，有效管控采购风险，创新采购绩效评价考核体系。武钢按照采购业务工作不相容原则，在构筑了决策、执行、监督三权分立的采购制度体系基础上，进一步确定了采购业务和管理流程109个，通过信息化手段，将所有采购业务流程固化，基本实现了采购业务的操作、管理和监督线上运行。针对钢铁行业面临巨大的成本压力的形势，武钢创新采购绩效考核模式，提出了“两个不高于”的采购管理要求，即采购价格不高于市场价、不高于行业价。实行两年来，铁矿石采购成本得到了有效控制，最大限度地消化了武钢地处内陆、物流成本较高的劣势。

第五，携手国内相关企业，组建战略联盟，形成“走出去”的合力。从武钢投资开发海外资源来看，往往涉及金融、物流、港口、铁路、海运等多个环节，非一家企业可独立胜任。武钢联合宝钢、鞍钢等国内知名钢铁企业，中国远洋、长航集团等运输企业，上海港、宁波港等港口企业，以及银行等国内企业形成战略联盟，不仅降低了海外投资成本，还形成了“走出去”的合力，实现优势互补、合作双赢。同时组建联合体同海外企业合作开发铁矿项目。2007年5月，武钢、宝钢、鞍钢、首钢联合出资创立北京钢企联矿产资源投资有限责任公司（简称钢企联），与柬埔寨企业合作开发柏威夏省罗文县铁矿项目。

2012年A股上市公司财报显示，钢铁行业成重灾区，在鞍钢、马钢、安阳钢铁、山东钢铁和华菱钢铁等大面积亏损的严峻情况下，武钢核心子公司武钢股份实现净利润2.10亿元；另外，根据武汉钢铁股份有限公司2014年第三季度报告，1月至9月实现归属于上市公司股东的扣除非经常性损益的净利润为6.09亿元。这同武钢多年来通过国际化战略的实施，逐步实现了全球资源优化配置，努力成为行业全球价值链整合者，面向全球资源采购的“武钢模式”是分不开的。

“武钢模式”打破了国际三大矿石巨头的制约，捍卫了企业利益。武钢在国内自有矿山供矿数量、质量逐年提高的同时，海外矿石采购成本低于市场平均价位，使武钢全年矿石采购成本降低近9亿元，“武钢模式”的成功运作受到同行和媒体的广泛关注，吸引了国内众多钢企纷纷抛弃了传统的采购模式向武钢学习。

追求无止境，采购的每一分节约都可以直接转化为利润。武钢在中央企业管理提升活动中，搭建信息化平台，实施在线审批，缩短采购周期，实现采购“透明化”、“阳光化”，修订铁矿石采购结算流程，持续查找降本增效切入点，不断深化和完善“武钢模式”。2015年，武钢将彻底摆脱对国际市场铁矿石等原燃料资源的依赖，拥有超过6 000万吨/年的铁矿石供矿能力，铁矿石产能可实现自给自足，并有一定余力，实现成为具有国际竞争力的世界一流钢铁企业的宏伟目标。

（根据公开的网络资料整理）

问题：

1．“武钢模式”是怎样形成的？

2．“武钢模式”的主要做法和经验有哪些？

3．结合本案例，谈谈采购的重要性。

第4章 供应链库存管理

学习目标

1. 掌握供应链库存管理的基本内涵、库存管理的目标、经济订货批量、定量订货法、定期订货法、ABC库存分类法、级库存管理。

2. 理解供应链下库存管理的特点、库存总成本、库存集中化需要考虑的因素、准时制库存管理、供应商管理库存、联合库存管理。

3. 了解需求和库存的关系、供应链环境下库存管理面临的挑战、风险分担和库存集中化思想。

基本概念

库存　安全库存　级库存　VMI　JMI

引导案例　　1号店SLC供应商库存管理

物流是电商竞争的决胜因素之一，1号店作为电子商务网站通过改进库存和物流正在发展壮大。其SLC（Supplier Logistic Center）供应商物流中心自投入使用以来，供应链效率得到大幅提升，订单到货时效从原来的平均7天降至6小时，库存周转天数从目前的18天降至10天以内，领先于国内其他综合电商。

供应商物流中心是由1号店协助管理，由第三方提供操作，将供应商库存管理纳入1号店库存管理体系的供应链创新服务，在国内尚属首创。

1号店供应商物流中心的合作对象包括其战略品牌合作供应商和重点细分市场合作供应商。加入这一创新体系后，即可享受便捷的运转流程，并获得与1号店仓储中心统一的标准化管理，提升物流效率。

自2014年3月起，1号店供应商物流中心已在上海地区投入运营。维达、清风、资生堂、中粮、金龙鱼等众多优质品牌供应商均已加入SLC服务体系并取得良好业绩。其中，维达纸业在1号店7月店庆月大促期间，实现零缺货率运转，不但保证了整个销售计划的顺利完成，更实现了销售业绩的翻倍增长。此外，奔腾电器也摆脱了长期以来的缺货率和充货率困扰。

供应商物流中心的SLC金融模式为供应商提供了良好的数据支持和系统支持，不仅能够降低1号店自有库存压力，而且对帮助供应商缩短账期，及库存周转率、仓库收货效率、库位利用率和库存保障能力的提升均具有重要意义。“库存周转天数缩短至10天以内”意味着，相关商家将可能在更有限的时间和空间内，为消费者提供更多服务，在竞争激烈的环境中“快人一步”。

众所周知，供应链管理是电子商务的核心竞争力。1号店供应商物流中心作为电商行业独有的供应链创新模式，实现了优势互补、资源共享，解决了物流配送效率问题，助力供应商抓住每一个销售机会，增强了企业竞争力，实现了供应商与平台的共赢。可以说，在电商供应链规划和管理方面，1号店走在了所有电商前列。

（根据公开的网络资料整理）

一般来说，一个企业会持有各种不同类型的库存，包括了原材料、零部件、半成品、在制品和产成品等。持有库存可以作为对抗供求不确定性的缓冲，能够使得大批量订货成为可能，从而给企业带来更为低廉的采购成本和运输成本，使得大规模的生产成为现实，从而实现规模效益，并提供季节性需求和促销活动所需要的货品，还为从一地至另一地的货品流动提供存储，还带来了投机性的商品买卖机会等。库存管理的最优化决策中一些经典的库存管理策略，如订货点策略等都是基于上述几种目标而提出的。近些年来，由于供应链的理念被引入库存管理，库存管理的内涵和目标都发生了巨大的改变。从而，出现了以JIT库存策略等为代表的一些旨在实现“零库存”的库存管理方法。此后，又出现了以VMI（供应商管理库存）和JMI（联合库存管理）等策略为代表的新方法，它们通过加强对供应链总体库存的控制来提高供应链的系统性和集成性，提高各节点企业的敏捷性和响应性。这些库存策略到底是什么呢?选用何种策略能使经济利益实现最大化呢?这一章将解决这些问题。

4.1 库存概述

1.库存的含义

“库存”，来源于英语中的“Inventory”，就其概念而言，有狭义和广义两种解释。狭义上的库存是静态的，是指仓库中暂时处于储存状态的物品，它是存储的一种表现形式。而广义库存是一种动态的概念，它表示用于将来目的而暂时处于闲置状态的资源，不仅包括了在仓库中存储的原材料、零部件、半成品、产成品等，还包括在生产线上处于生产状态的在制品，甚至包括在码头、车站和机场等物流节点上等待运输的货品以及处于运输途中的货品。显然，广义上的库存其涵盖面更加宽泛和全面。所以，我们一般意义上都将库存定义为广义库存。实际上，不论是狭义的库存还是广义的库存，它们都是处于暂时不使用状态或者说是闲置状态的物品，即具有未使用性。这是库存的显著特性。

库存以各种不同的形式出现在企业的各个运作阶段中。在企业的采购阶段，为了保证生产过程的连续性，需要有一定的原材料、零部件的库存。在生产阶段，原材料投入生产之后，变成各种在制品，不论在制品是处于运动状态还是停顿状态，它们都构成在制品库存。在销售阶段，为了能及时满足顾客的要求，避免发生缺货或延期交货现象，需要有一定的成品库存。库存的表现形式虽然多样，但归根结底都是一些未使用的企业资源。

众所周知，库存货品是对资源的占用，维护库存又需要大量的费用，那么企业为什么又都持有库存呢?因为这对于企业来说既是客观上必需的也是主观上必要的。供应和需求的不确定性使得库存成为必需，尤其在供应链环境下需求的不确定性被放大，合理地持有库存可以防止由于缺货和供应不及时带来的市场机会的损失、可以防止供应链的断裂、还可以防止由于产品的季节性造成的生产不连续。合理地持有库存使得库存得以带来经济利益，所以有效的库存是必要的。这表现在库存可以为企业带来生产和运输的规模效益，还表现在可以成为企业投机性投资的手段。库存对于企业的重要性就如同水对于鱼。即便是宣称“零库存”的“看板”模式创始者——丰田汽车公司也不能完全抛弃库存。

【小资料】

2003年9月3日，日本新日铁公司总部的名古屋钢铁厂炼焦煤气储气罐发生爆炸。爆炸事故共造成该工厂15名员工受伤，工厂生产一度处于停产状态。完全恢复生产耗时两三个月。此次爆炸事故除给新日铁公司造成重大损失外，也给日本国内的其他相关行业带来了巨大影响，首当其冲的就是丰田汽车公司，因为丰田公司的薄钢板大都由该厂供货。突发事件袭来，凸现出了“零库存”的严重弊端。丰田公司名为“看板”模式的生产模式曾得到了全球企业界的赞赏，即在需要时购进相应的原材料，尽量降低库存的生产模式。这种模式固然有其可取之处，但当突发事件发生时，这种低库存导致的原材料供应不及时，就影响到了企业的正常经营。此次爆炸事件使得丰田公司不得不重新认识其“零库存”策略，不得不持有一定量的库存以备不时之需。

（根据公开的网络资料整理）

2.库存合理化的标志

显然，合理持有库存对于企业来说意义重大，但是过量或过时的库存会给企业带来极大的成本浪费。我们知道，库存的持有需要消耗人力、财力和物力。根据马士华教授所著的《供应链管理》所述，这些库存费用一般占到了库存物品价值的20%~40%。企业的资产是一定的，库存占用大量资金一定会影响到生产。既然不合理的库存是很不明智的，那么如何实现库存合理化自然就成为企业降低成本和提高服务水平的重点。所谓库存合理化就是指使用最经济的方法实现存储的功能。库存的不合理往往表现为对存储功能实现的过分强调，从而过分投入存储力量和其他劳动。因此，库存合理化的实质就是在保证存储功能的前提下尽量减少投入。

库存合理化的主要标志：

（1）质量标志。保证被储存物的质量，是完成存储功能的基本要求。其不发生损坏和变质才可以进行继续生产或销售。

（2）数量标志。库存的数量要在一个合理的范围内。这个数量既要满足一定客户服务水平，又要尽可能地节省库存成本。

（3）时间标志。即有一个合理的存储时间，往往是以库存的周转天数和周转速度等指标来表示。

（4）费用标志。即达到保管费、维护费、人工费等所有库存费用尽可能地最小。

（5）结构标志。各种库存货品的品种、规格等的数量比例关系大致可以满足需求。

（6）地区分布标志。各个地区的库存量都需要能够保障本地区的需求，因为一旦出现缺货则需要从其他地区调运，会造成成本的上升。

（7）供应链标志。所持有的库存不仅需要维系整个供应链的运行，还需要保证供应链的成本最小。例如，仅仅实现了本企业范围内的库存最优，而造成其上游和下游企业的成本上升的库存，不是合理化的库存管理。

3. 库存的分类

从不同的角度出发，我们可对库存做以下分类：

（1）就其所处的领域分

库存可以分为国家库存和企业库存：

国家库存是指国家为了提高区域物资的供应水平、稳定物价水平和保障特殊条件下的物资供给，在各地的国家级大型仓库内存储的各种资源的总称。它包括当年库存和长期储备。

企业库存是指企业为了保证生产的连续进行和为了应对不可预料情况的发生等所持有的资源的总称。我们下面讨论的库存都是企业库存。

（2）按照其作用分

库存可以分为周转库存、安全库存、在途库存、加工库存、季节性库存、投机性库存、促销性库存和沉淀库存。

周转库存（Cycle Stock）又被称为经常库存，是指在正常的经营环境下，企业为了满足日常的需要而建立起来的库存。它的目的是为了补充在生产和销售过程中已消耗完或待消耗完的物资，以便满足一定条件下的物资需求，保证生产和销售的连续性。通常是按照一定的量或时间进行重复性补充的库存。

安全库存（Safety Stock）又称保险库存、缓冲库存（Buffer Stock），是指在未来物资供应的不确定、意外中断或延迟等情况下起到缓冲作用而保有的库存。它的存在就是为了应对一些不可预料情况的发生，比如大量突发性订货、交货期突然提前等等。通常安全库存量是一个常量，它的多少与供应保障水平息息相关。

在途库存（In-transit Stock）也称中转库存，是指处于运输状态或者等待运输状态的还未到达目的地的库存。它的存在是为了满足采购需要。在途库存量的大小取决于运输的时间以及在这段时期内的平均需求。

加工库存（In-process Stock），是指处于或等待流通加工或生产加工的处于暂时储存状态的库存。

季节性库存（Seasonal Stock）也称调节库存，是指某些物资的生产或产品的销售受到季节性因素的影响，为了保证生产和销售的正常进行，需要一定数量的季节性库存。例如，羽绒服的市场需求只有在冬季才会出现，可是羽绒服的生产不能只安排在冬季有需求时才进行，羽绒服制造企业一般都是提前预测冬季的需求量，平均安排到全年的每个月，进行连续、不间断地生产，然后将产品储存起来，待到冬季一起进行销售。这种库存就是季节性库存，它保证了生产的连续性。

投机性库存（Speculative Stock）较为特殊。对于有一些物资，它的价格容易受到市场因素影响而产生波动，可以通过低价时或者预计即将涨价时相对低价地大量购进，以实现成本的节约。为此而建立的库存称之为投机性库存。

促销性库存（Promotional Stock），是为了配合企业的各种促销行为而建立的库存。它的目的是为了满足促销所需要的库存的大量增加。

沉淀库存（Dead Stock）又称积压库存，是指由于商品的损坏和变质，没有销售出去的滞销产品以及过量存储而产生的库存。

（3）按照需求的重复性分

库存可以分为单周期库存和多周期库存：

单周期库存，库存货品仅在一段特定时间内有需求，过了这段时间，它就没有原有的使用价值了。即库存货品具有偶发性和生命周期短的特点。报纸、新年贺卡、圣诞树、易腐食品（如海鲜、活鱼、新鲜水果）、机器设备备件的库存等都属于这种类型。单周期库存很少重复订货。

多周期库存，库存货品在足够长的时间里具有重复的、连续的需求，其库存需要不断地补充。在实际的生活中，这种类型的库存较为常见。

（4）按照需求的相关性分

库存可分为独立需求库存和相关需求库存：

独立需求库存，库存货品是独立需求的。所谓独立需求是指对一种产品的需求，在数量上和时间上与对其他产品的需求无关，只取决于市场和顾客的需求，如个人电脑是独立需求。事实上消费者购买的大多数消费产品都是独立需求的产品。

相关需求库存，库存货品是相关需求的。所谓相关需求是指对一种产品的需求，在数量上和时间上直接依赖于对其他产品的需求。例如，个人电脑数据线的需求与个人电脑销售的数量直接相关，所以对它的需求就应该是相关需求。

（5）按照处于生产过程中的表现形式分

库存还可以分为原材料库存、在制品库存、产成品库存、配件库存等。

4.库存的积极作用

库存是企业的一项规模庞大的投资，它在企业中发挥着积极的作用。它可以带来规模经济效益，可以作为供需不确定性的缓冲，可以突破生产量的限制和保证采购提前期的需求。

在一个企业里持有的库存，主要起着以下五个方面的积极作用：

（1）带来规模经济效益。一个组织想要在采购、运输和制造等环节中实现规模经济，建立适当的库存是必要的。大批量的订货能够使得企业在众多方面获得优势，最重要的是可以带来大量购买的价格折扣；大批量的运输可以降低运输成本和费用，大规模生产还可以节约单位产品的制造成本。

（2）调节供需差异。供应和需求在时间和数量上往往不是同步的。有的产品的生产时间相对集中，而消费则是均衡的；有的产品生产是均衡的，而消费却又是相对集中的。这时，库存的出现就可以维持正常的生产，极大地消除了供需之间、生产和消费之间在时间、数量上的不协调。

（3）缓冲不确定性因素。由于市场需求情况的瞬息万变和订货周期的不确定性，常常使得供应不足，从而导致缺货损失，持有一定量的安全库存就显得特别重要。企业生产过程中还难免出现一些作业失误，如预测和计划的不准确、生产事故等等，这时，库存就起到了缓冲不确定因素的作用。

（4）提高客户服务水平。企业通过维持一定的库存，在客户需要的时候提供及时准确的货品供应服务，增强了企业的快速反应能力，提高了客户的满意程度。

（5）降低供应链成本。假设供应链中没有库存，下游的销售企业当遇到销售情况变动时，会向上游的生产企业进行紧急订货，这会造成销售企业的订货成本上升；上游的生产企业接到紧急的订单后紧急安排生产，由于是额外的和小批量的生产，生产成本也会比平时增加。显然，供应链的总成本在没有库存的情况下会增加很多。

5.库存的消极作用

任何一件事物都具有两面性，库存同样也会带来很多负面的效应。主要表现在如下四个方面（参见图4-1）：

（1）占用资金。会计学中将库存作为流动资金的一种。但是库存并不像现金、存款和汇票那样，在需要的时候立刻可以使用。它的变现不仅需要一个过程而且还往往需要折价甚至有失去价值的风险。在企业总资产一定的情况下，库存增加会造成其他可以立即变现的流动资金的减少，而它们的数量多少可能对企业的经营活动至关重要。因此，我们将库存看成是对其他可以立即变现的资金的占用。

（2）带来库存成本。这些成本包括了库存占用资金的利息、储存保管费用、保险费用和价值损失费用等等。

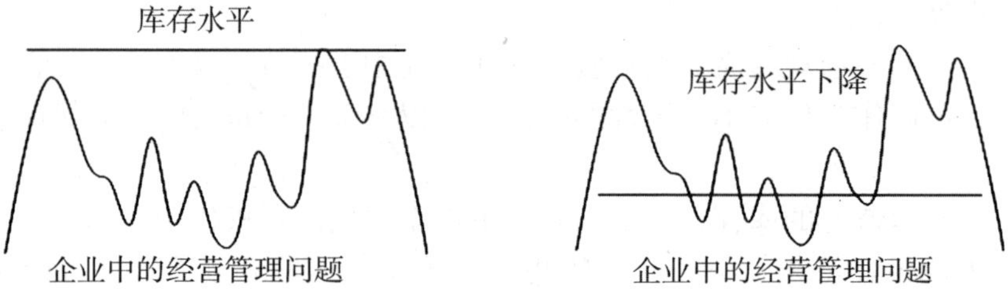

图4-1 库存的消极作用

（3）掩盖生产经营中的问题。一个企业的生产管理过程中可能会有很多致命问题，比如人员绩效差、库存结构不合理、机器故障率高、盲目采购、送货延迟和计划错误等等。这些问题很可能被高的库存水平所掩盖。一旦库存水平下降，这些暗礁便会“水落石出”，可能会给企业造成重大打击。

（4）使得需求虚增。大量的库存还可能导致市场上某些物资的供给不足，造成一种需求大于供给的假象，扰乱市场环境，甚至会造成严重的社会问题。这一现象被称为需求虚增。

4.2 库存管理

1.库存管理的目标

在供应链的概念提出之前，库存管理一般是由单个机构如仓库和零售店或者单个企业，基于自身利益和准则单独实施的。它仅仅是满足用户需求和降低成本，对库存实施数量控制，并保证质量和时效性的一系列工作。但是，这种库存管理仅仅局限于本企业内部的库存水平的最低和库存持有量的最少，而往往会将库存向上游企业或者下游企业转移。这样做实际上是很不明智的，因为在本企业转移库存的同时，上游和下游的企业亦如此，几方博弈的结果会使得所有企业的利益都受损，这显然和库存管理的初衷是相悖的。

供应链概念提出后，库存管理的内涵发生了巨大变化，它要求企业把视野从自身企业扩大到供应商、制造商、批发商和零售商组成的供应链网络上。企业之间充分交换库存信息，相互协调共同管理库存，实现整体库存水平的下降，这样的库存管理可以在供应链上创造一种和谐的库存管理新环境，实现多方的“共赢”。它要求在动态中达到最优化的目标，在满足客户服务要求的前提条件下，力求尽可能多地降低库存，提高供应链的响应程度，最终增加供应链的整体效益。它不再以物流控制为目的而转向以过程控制为目的。

为了更好地达到库存管理的合理化，需要建立一定的目标。一般来说，库存管理的目标可以有以下几种：

（1）库存成本最低化目标。选择这种目标旨在压低库存以减少库存的资金占用和降低库存成本。降低成本一方面可以增加企业的盈利，另一方面又可以提升企业的产品竞争力。但需要注意的是不能为了降低库存成本，片面地追求“零库存”。“零库存”战略固然是库存成本最低化目标的极限，但是它需要一定的主客观条件。片面地追求“零库存”会给企业带来极大的经营风险。

（2）保障程度最高化目标。处于扩张期的企业易选用这种库存管理目标。这个时期的企业具有很多的销售机会。相比之下，压低库存所带来的收益并不明显，所以意义并不是很大。这时需要强调的是库存对于生产和销售活动的保障作用，而不是库存本身所带来的效益。

（3）投机利润最大化目标。企业强调库存带来的投机收益。在保障生产连续性的前提条件下，实现尽可能多的投机收益。在特殊的市场条件下，特别是市场价格急剧动荡时，选择此目标可以为企业避免损失，带来利益。

（4）敏捷化目标。这种目标并不考虑库存所带来的直接利益，而是将企业放在一个大的竞争环境中来考虑。所谓“敏捷化的库存”是指库存的出货和进货的速度最快。对市场反应的灵敏可以为企业综合竞争力带来极大的收益。

（5）资金限定目标。在资金有限制的企业内，可以选择这种目标。它要求在资金量一定的情况下，持有最合理的库存量，以满足企业经营的需要。这对于刚刚处于起步阶段的企业来说往往非常实用。

2.库存管理指标体系

尽管存在很多库存管理的目标，但是这些目标的实施并不是一件很容易的事。为了衡量是否达到这些指标，我们可以采用相应的库存管理指标体系。这套体系主要包括以下几个方面：

（1）客户满意度。客户满意度就是指客户对于销售者现在的服务水平的满意程度。这个指标涉及许多内容：客户忠诚度、取消订货的频率、不能按时供货的次数、与销售渠道中经销商的密切关系等。

（2）延期交货。如果一个企业经常延期交货，不得不使用加班生产、加急运输的方法来弥补库存的不足，那么我们可以说，这个企业的库存管理系统运行效率很低。它的库存水平和再订货点不能保证供应，紧急生产和运输的成本很高，远远超过正常的成本。但这并不是要求企业一定不能有延期交货的情形，如果降低库存水平引起的延期交货成本低于节约的库存成本，那么这种方案是可取的，它可以实现企业总成本最低的目标。

（3）库存周转次数。计算整个生产线、单个产品、某系列产品的周转次数可以反映企业的库存管理水平。可以通过对各个时期、销售渠道中各个环节的库存周转次数进行比较，看看周转次数的发展趋势是上升还是下降，周转的“瓶颈”是在销售渠道的哪个环节。库存周转次数在不同行业的企业里变化幅度很大，即使同一行业的不同规模的企业也有很大差异。总体来说，库存周转次数越大表明企业的库存控制越有效，但有时客户订货时却不能马上得到货品，这就降低了客户服务水平。企业要想增大库存周转次数并维持原有的客户服务水平，就必须使用快速、可靠的运输方式，优化订单处理程序，来降低安全库存，达到使库存周转次数最大的目的。对企业各环节、各种产品的库存周转次数进行分析评价，可以发现企业库存管理的问题所在。

供应链是从市场需求出发，由产品生产和流通过程中涉及的原材料供应商、制造商、分销商或零售商以及最终消费者组成的供需网络。供应链管理是一种集成化、系统化的管理方式，它从全局的角度通过合作伙伴间的密切合作对供应链上的物流、信息流以及资金流进行控制和调度，以最小的成本和费用产出最大的价值和最佳的服务。

3.库存管理的重要性

库存管理是供应链管理的重要内容，这是因为：

（1）库存在供应链中的首要作用是满足客户的随机需求，保持供应链的高度衔接性和敏捷性。

（2）库存费用是供应链成本的主要来源。在不增加成本或不降低响应的同时，减少必要的供应链库存，将对供应链响应与物流时间都有巨大影响。

（3）库存是供应链驱动中的重要因素之一，它对支持企业竞争策略（如用户满意程度）的供应链能力设计起着重要的作用。因此，库存管理技术是供应链管理技术的重要研究领域，国内外也相继出现了一些先进的库存管理技术。

最简单的供应链只有一个节点企业，自己负责制造和销售。但是，现实中的供应链没有这么简单，绝大多数包括了供应网络、制造网络和销售网络，由无数个互相联结的上游和下游的节点企业构成。由于供应链本身的复杂性和不确定性，实现库存合理化并不是一件易事，它不是简单的需求预测和供给，而是通过供应链系统管理实现客户服务的最优和整体利润最大。

4.库存管理面临的挑战

正是因为供应链环境下管理库存面临诸多挑战，所以在具体的实践中会出现这样那样的问题，这些问题归结起来有下面几类：

（1）缺乏供应链系统观念。尽管供应链是一个整体，但是每个节点企业毕竟都是独立的单元，都有各自独立的目标。有些子目标和供应链的整体目标是不相关的，有些时候甚至有可能是冲突的，这是不可避免的。由于缺乏供应链系统观念，很多企业的库存管理往往不是从供应链系统角度出发，而是从自身利益的角度出发，这就影响了供应链的整体运作，使得整条供应链效率低下。

（2）缺少绩效评价指标。现在的库存绩效评价指标一般都局限于节点企业内部，并没有针对全局供应链。库存周转率是企业常用于考核库存管理绩效的指标，但是它并未考虑客户的服务水平。采用供应链的订货满足率作为绩效指标可以准确地表示出客户服务水平，但是却不能充分反映出运作中存在的问题。

（3）低效率的信息传递系统。根据供应链管理信息理论，如果供应链各节点企业都只根据来自相邻的下游企业的需求信息进行生产或供应决策，各企业之间缺少有效的信息沟通和集成，就会造成需求信息的失真，而且，需求信息的不真实性沿着供应链逆流而上，产生逐级放大的现象，达到供应链的源头——制造商时，其预测的需求信息和实际消费市场中的顾客需求信息就发生了很大的偏差，这被称为需求放大效应或称“牛鞭效应”。它是由于低效率的信息传递系统使得制造商与分销商、分销商与客户的信息不对称而产生的。这种牛鞭效应会给供应链带来巨大的损失。牛鞭效应的具体内容会在后面的章节加以介绍。

（4）忽视不确定性对库存的影响。供应链中有很多不确定性因素，如订货提前期、货品运输情况、生产过程的时间、运输时间、需求的变化等。可以分为企业与供应商之间的不确定性即供应不确定性、企业与客户之间的不确定性即需求不确定性（需求不确定性在下一节中我们将重点讨论）和企业内部系统运行时产生的不确定性即运作不确定性。这些不确定性的来源主要有三个方面：供应者、生产者和顾客。供应链的库存与供应链的不确定性有着很大的关系，这一点是众所周知的。但是，很多公司并没有认真研究和跟踪其不确定性的来源和对库存的影响程度。

（5）未能建立有效的合作和联盟。供应链作为一个整体，各节点企业需要就库存管理建立有效的合作和联盟，才能发挥出供应链的效用来。但是，由于信用机制的缺失，企业之间存在很大的信用风险，供应链库存管理难以实现。除此之外，缺乏有效的监督机制和激励机制是合作和联盟不稳固的重要原因。

（6）库存管理策略简单化。库存管理的策略应该是多元化的。根据产品的种类和生命周期的差异，其所需采取的库存策略也是不同的；另一方面，企业在不同的时期往往也需要采用不同的库存策略。但是，一部分企业对其生产的所有产品在所有时期都使用相同的管理策略，这显然是很不明智的。

（7）忽视供应链业务流程重构中的库存。由于供应链业务流程重构思想的提出，许多流程设计的方法随之出现。有些方法忽视了供应链库存的应用，结果由于业务流程重新设计所节省下来的成本都被供应链上的库存成本或分销成本所抵消。供应链流程重构如果不考虑库存因素，就会产生一系列问题，最终导致失败。

（8）供应链多环节的重复库存。从整个供应链来看，供应链的各环节很有可能形成重复库存。供应商为了保证及时供给，需要准备充足的原料供应和成品供应；制造商为了保证及时供给，也需要准备充足的原料库存和产品库存；分销商为了保证及时供给，也需要准备充足的成品库存。而供应商的产品库存和制造商的原料库存重复了，制造商与分销商的产品库存也重复了。

为了解决库存在上述问题，很多新型的供应链库存管理策略应运而生。它们在供应链环境下可以十分有效地控制库存水平，节约供应链成本，并被世界各地的大型企业广泛使用，取得了良好的效果。这些策略有：级库存管理策略、供应商管理库存策略、联合库存管理策略、合作计划预测和补给策略等等，我们在后面将逐一介绍。

4.3 需求不确定性与安全库存

1. 需求不确定性

供应链里所描述的需求不同于经济学中的需求，它除了包括消费者对产品的需求量和价格的对应关系外，还需要明确用户所需产品的类别、规格、数量和对其优劣程度的要求，以及需要的时间和地点。

在库存分类一节中，我们介绍了需求按照重复性可以划分成为单周期需求和多周期需求。单周期需求的产品其生命周期短，多为一次订货，库存不需要进行不断补充。所以，它操作起来非常简单，对于库存管理理论并没有什么实际意义。我们在库存管理理论中所研究的大多是指多周期需求。在库存的分类中，我们还提到：需求按照独立性还可以划分成为独立需求和相关需求。实际上，独立需求和相关需求都属于多周期需求，但独立需求的库存管理和相关需求的库存管理的原理并不相同。独立需求对于库存管理来说是一种外生变量（Exogenous Variable），它的变量值由外部因素决定；而相关需求是一种内生变量（Endogenous Variable），它的变量值可由内部其他变量的值推出。相关需求在采购和制造计划确定后，便可以直接计算得出。因此，相关需求没有做预测的必要性。但是，独立需求由于与其他物资的数量不存在直接的连带关系，就需要对它的需求进行预测。

供应链的不确定性包括了供应的不确定性、需求的不确定性和运作的不确定性。在这些不确定性中，最终产品市场上需求的不确定性是供应链不确定性的主要表现。需求的不确定性主要是指客户对于产品需求量上的不确定性，当然还包括了需求分布在时间、空间上的差异性，需求结构的变动等。牛鞭效应是供应链中需求不确定性的典型表现。

需求不确定性的作用表现在两个方面：

一是大多数企业都将现实世界看成是可以预测的，这使得需求的不确定性影响到了企业的决策。现在企业的生产和库存计划都是基于先在销售季节之前进行需求预测，即使预测的方法再好，其结果相对于现实来说也都是不准确的，或者说需求的不确定性总是存在的。尽管企业知道需求是不确定的，但是当他们做预测和根据预测结果制订进程计划的时候总是假定预测的结果就代表着现实世界，这就使得这些计划受到了需求不确定性的严重影响。

二是科学技术水平的提高加大了需求的不确定性。现代科学技术的进步加快了新产品研发过程，一方面使产品的生命周期缩短，另一方面又增加了产品的多样性。这使得需求的变化增大。

2. 安全库存

为了应对供应链的不确定性，主要是需求的不确定性，企业需要设置一定量的安全库存（Safety Stock）。安全库存实际上是一种企业额外持有的库存，它是作为一种缓冲器用来补偿在订货提前期内实际需求量超过期望需求量或实际提前期超过期望提前期所产生的需求。由于供应数量严重不足，下游厂商的生产可能因缺货而停滞，对最终用户市场的供应不足则会导致销售利润萎缩，以及客户忠诚度和产品市场占有率的下降。因此，供应链库存管理的关键是将出现高需求水平的概率保持在较低范围内。理想的情况是使供应链处于低需求水平，库存量能同时满足下游厂商和最终用户的需求，供应链能实现平稳的运作，当需求发生波动时供应链能适当地在中低度需求水平之间移动。要达到这一目标，需要找到一个合适的安全库存量。根据需求是否确定和订货提前期（Lead Time）是否变化可以采用三种不同的方法计算安全库存量，其中订货提前期是指从客户提出订货到客户收到该批货品为止的这段时间。

（1）需求随机变化，订货提前期为常数的情形

先假设需求的变化情况符合正态分布。由于订货提前期是固定的数值，因而我们可以直接求出在订货提前期的需求分布的均值和标准差；或者可以通过直接的期望预测，以过去订货提前期内的需求情况为依据，从而确定需求的期望均值和标准差。这种方法的优点是让人容易理解。

订货提前期内的需求状况的均值和标准差一旦被确定，利用下面的公式可获得安全库存量SS。

$$SS = z_\alpha \sigma_D \sqrt{L} \tag{4.1}$$

式中：σ_D——在订货提前期内，需求的标准差；

L——订货提前期；

z_α——安全系数（见表4-1）。

表4-1 **安全系数表**

缺货概率α(%)	10	9	8	7	6	5	4	3	2	1
服务水平(%)	90	91	92	93	94	95	96	97	98	99
安全系数z_α	1.29	1.34	1.41	1.48	1.56	1.65	1.75	1.88	2.05	2.33

当统计资料样本数较少时，σ_D 可以通过简单的计算得出：

$$\sigma_D = \sqrt{\frac{\sum(x_i - \bar{x})^2}{n}} \tag{4.2}$$

式中：x_i——各期需求量实际值；

$\bar{x}$——各期需求量的实际均值。

当统计资料样本数较多时，σ_D可以按照经验公式近似推出：

$$\sigma_D = \frac{R}{d_2} \tag{4.3}$$

式中：R——全距,即期内需求量实际最大值与最小值之差；

d_2——随样本数大小变化的常数（见表4－2）。

表4-2 **d_2 随样本数 n 变动表**

n	2	3	4	5	6	7	8	9	10	11	12	13
d_2	1.128	1.693	2.059	2.326	2.534	2.704	2.847	2.970	3.078	3.173	3.258	3.336
n	14	15	16	17	18	19	20	21	22	23	24	
d_2	3.407	3.472	3.532	3.588	3.640	3.689	3.735	3.778	3.820	3.858	3.896	

（2）需求确定，订货提前期随机变化的情形

如果提前期内的顾客需求情况是确定的常数，而提前期的长短是随机变化的，在这种情况下：

$$SS=z_\alpha \cdot D \cdot \sigma_L \tag{4.4}$$

式中：σ_L——提前期的标准差；

D——提前期内的单位时间需求量。

（3）需求和订货提前期都随机变化的情形

在多数情况下，订货提前期和需求都是随机变化的，此时，我们假设客户的需求和订货提前期是相互独立的，则：

$$SS=z_\alpha\sqrt{\bar{L}\sigma_D{}^2+\bar{D}^2\sigma_L^2} \tag{4.5}$$

式中：$\bar{D}$——订货提前期内的单位时间平均需求量；

$\bar{L}$——平均提前期。

显然，安全库存量和需求的不确定性有着直接的关系。需求不确定性的程度越大，企业需要的安全库存量就越大；反之，需求不确性的程度越小，安全库存量就越小。

3.预测的三条原则

针对需求的不确定性，我们需要做需求预测。但我们需要明确预测的三条原则：

（1）了解任何预测都是不真实的。

（2）明白预测的时间周期越长，预测的误差就越大，其可信程度就越低。

（3）汇集预测（Aggregate Forecast）的结果要更准确。所谓汇集预测是一种根据产品或客户资料的同类特性把他们归类而达成的综合预测方案。

虽然需求预测的结果一定是不真实的，有的时候甚至会误导我们制订进程计划，但我们仍然有必要做需求预测。因为如果不做预测，市场的需求信息我们就一无所知，计划就无从制订，生产也无法进行，所以需求预测对于企业来说又是极其重要的。既然企业只能靠预测来了解未来的市场，那么我们能做的就只能是将其误差降低到可以接受的范围内。缩短预测的时间周期和采用汇集预测可以有效地降低预测的误差水平。

4.需求预测的步骤

需求预测的实施过程可以分成五个步骤：

（1）确定预测目标需要清楚的问题：预测的目的是什么?预测结果被如何使用?是否用于企业计划进入的市场?预测是否需要体现对现金的控制?预测是否能满足指导生产、库存及物流工作的要求?

（2）统计资料的搜集整理和分析。

（3）初步预测将来的需求量。

（4）调整需求预测的结果。

（5）执行和评估。

需求预测的方法多种多样，概括起来有四类：判断法（Judgment Methods）、市场调查法（Market Research Methods）、时间序列法（Time Series Methods）、因果法（Causal Methods）。

库存管理，总体而论是指利用科学的管理方法和现代化的技术手段管理库存，实现库存合理化的过程。通常，库存管理包括三方面的决策：一是订货量决策，即每次订多少货；二是订货时机决策，即何时订货；三是订货方式决策，即采用哪种订货方式。下面分别加以介绍。

4.4 经济订货批量（EOQ）

企业每一次订货的数量关系到库存的水平和库存成本的大小。所以，企业总是希望找到一个合适的订货数量来将它的库存成本降到最小。我们在这里介绍一种方法，即经济订货批量，可以满足企业的这一要求。经济订货批量（Economic Order Quantity，简称EOQ）是对订货和库存进行管理和控制的经典方法，由福特·哈里斯（Ford W. Harris）在1915年提出。它对可能发生的费用进行综合分析，以总成本最低的订货批量为经济订货批量，按照此批量决定每次订货的数量和订货间隔。经济订货批量根据需求和订货、到货间隔等条件是否处于确定状态可分为确定型和概率型，由于概率型的情况过于复杂，这里只就确定型的情况进行讨论。

假设：需求量是连续均匀的，单位时间内的需求量为D；当库存降至零时，立即补充；每次订购成本K不变，单位时间单位物品的库存持有成本h也不变；每次订购量Q不变。则库存状态图可以表示为图4–2。

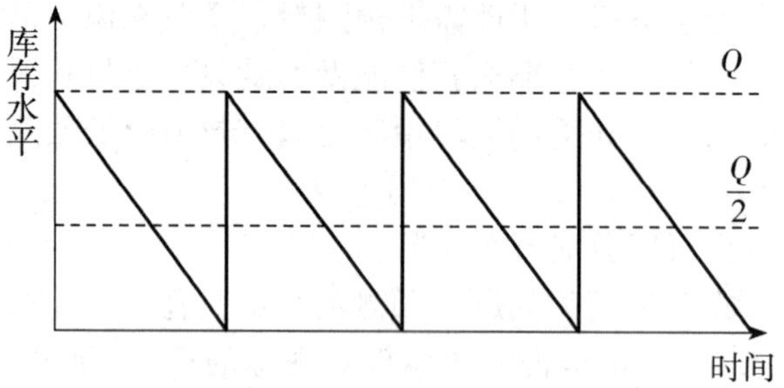

图4–2 库存状态图

对于这个库存模型，我们进行成本分析。对于单位时间库存总成本（TC）我们可以分解成单位时间订购成本和单位时间库存持有成本两项。

订购成本指的是由于订购货物而产生的间接和直接成本，它包括了订货、采购、催交等过程中的差旅费、行政管理费等。其公式为：

$$\text{单位时间订购成本} = N \cdot K = \frac{D}{Q} \cdot K$$

式中：N——年订购次数。

库存持有成本是对货物进行保管和维护等而生成的各种费用。它包括库存物资占用资金的机会成本，库房建筑物和仓库机械设备折旧费、修理费，仓库管理费包括仓库职工的工资、办公费，库存物资在保管过程中的短缺损失、积压损失，以及库存物资的保险费和税等。它也可以用公式来表示：

$$\text{单位时间库存持有成本} = \bar{Q} \cdot h = \frac{Q}{2} \cdot h$$

式中：$\bar{Q}$——平均库存量；

h——单位时间单位物品的库存持有成本。

在实际工作中，h可由下式计算：

$$h = \frac{P \cdot W}{k}$$

式中：P——库存物品单价；

W——年库存持有总成本与年库存货品总价的比率；

k——时间系数，若时间单位为天，则k为365，若时间单位为周，则k为52，若时间单位为月，则k为12。

所以，单位时间库存总成本（TC）就可以用以下的等式来表示：

$$TC = \frac{Q}{2} \cdot h + \frac{D}{Q} \cdot K \tag{4.6}$$

经济订购批量（*EOQ*）就是使得库存总成本最小的订购量，如图4-3所示。

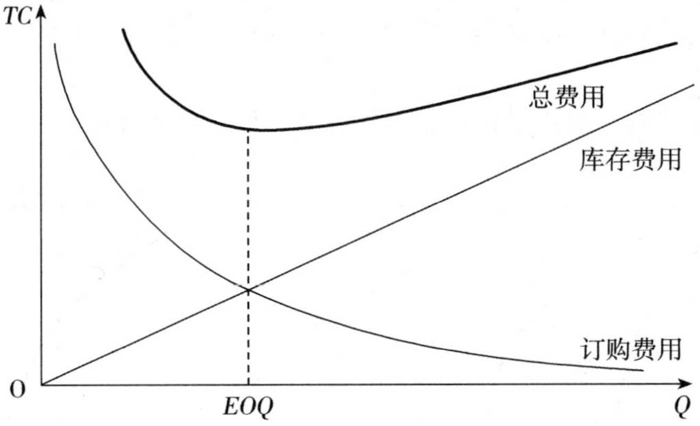

图4-3 费用图

根据微分学原理，欲求库存总成本*TC*（因变量）关于订购量*Q*（自变量）的最小值，只需对*TC*求*Q*的导数，并令其等于零，解出的*Q*即为所取的最小值点，也就是*EOQ*。

$$\text{Min}\ TC = \frac{Q}{2} \cdot h + \frac{D}{Q} \cdot K$$

$$\frac{dTC}{dQ} = \frac{h}{2} - \frac{D \cdot K}{Q^2} = 0$$

$$EOQ = \sqrt{\frac{2D \cdot K}{H}} \tag{4.7}$$

欲求库存总成本*TC*的最小值，只需将*EOQ*带入式4.7中便可得出。

由图4-3可以看出，库存总成本*TC*对于订购量*Q*并不敏感。表4-3给出了订购量的变化率对库存总成本变化率的影响。

表4-3 敏感度分析

订购量	50%	80%	90%	100%	110%	120%	150%	200%
成本增加	125%	103%	101%	100%	101%	102%	108%	125%

4.5 定量订货法和定期订货法

1.定量订货法

定量订货法（又被称为订货点法）和定期订货法都是经典的库存管理策略。定量订货法是指预先设定一个订货点，当实际库存量降到订货点时，就按照固定的订购数量（可以用经济订货批量的方法来确定）提出订购计划的一种方法。在定量订货法中，每次的订购量是不变的，关键问题是订货点的确定。如果订购点偏高，将会增加货品的库存成本；如果订货点偏低，则又会造成缺货和供应链的断裂。所以，如何确定订货点需要一套系统的方法。

首先，我们先来看一看定量订货法的库存状态图（图4-4）。

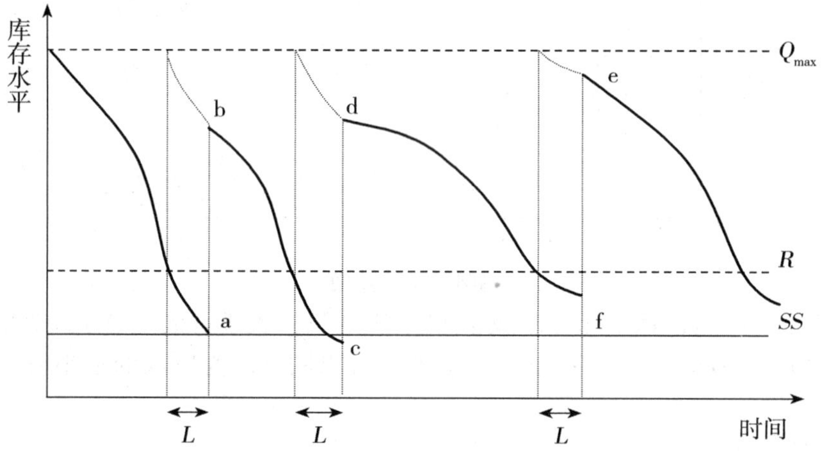

图4-4 定量订货法库存状态图

库存在每个阶段的下降速率是不一样的，也就是说订货点的时间间隔是随机的。在第一阶段，库存第一次下降到订货点R，这时发出第一个订货批量（EOQ），名义上的库存升高至Q_{max}点，名义库存量为R加上经济订货批量。但是，由于有订货提前期（Lead Time）的存在，实际的库存并没有马上提高，而是在提前期内继续下降。等到库存下降至a点，订购的货品送达，库存才上升到b点。显然，b点的库存量应该是a点的库存量加上一个经济订货批量。库存继续下降到订货点，发出第二个订货批量，名义库存再次达到Q_{max}点。实际库存在提前期内继续下降至c点。货品到达，库存再升至d点。如此反复下去。

从图4-4中可以看出，c点的库存水平在安全库存（SS）以下，也就是说，在c点的时候，动用了安全库存。这也充分说明设置合理安全库存是十分必要的，因为如果没有安全库存或者安全库存设置偏小，就会有缺货的危险。如何设置安全库存我们已经在前面介绍了，这里不再赘述。

下面，我们来介绍如何确定订货点（R）。订货点可以分解成为两个部分，一个是安全库存（SS），还有一个就是安全库存和订货点之间的部分，也就是各订货提前期内的需求量的平均值，它等于平均需求量和订货提前期的乘积。

若需求不确定，订货提前期确定，即：$D \sim N(\bar{D}, \sigma_D)$，$L$为常数，则有公式：

$$R=L \cdot \bar{D}+SS=L \cdot \bar{D}+z_\alpha \cdot \sqrt{L} \cdot \sigma_D \tag{4.8}$$

若需求确定，订货提前期不确定，即：D为常数，$L \sim N(\bar{L}, \sigma_L)$，则有公式：

$$R=\bar{L} \cdot D+SS=\bar{L} \cdot D+z_\alpha \cdot D \cdot \sigma_L \tag{4.9}$$

若需求不确定，订货提前期也不确定，即：$D \sim N(\bar{D}, \sigma_D)$，$L \sim N(\bar{L}, \sigma_L)$，则有公式：

$$R=\bar{L} \cdot \bar{D}+SS=\bar{L} \cdot \bar{D}+z_\alpha \cdot \sqrt{\bar{L} \cdot \sigma_D^2+\bar{D}^2 \cdot \sigma_L^2} \tag{4.10}$$

我们已经知道，每次的订货量就是一个经济订货批量。这样，我们就解决了定量订货法的全部问题。

【例4.1】某轮胎生产商通过其配送中心向零售商供应某种型号的轮胎。假定零售商每次发出的订单都需支付一笔1 000元的订货费用，购买每个轮胎的成本是1 300元，零售商的年平均库存持有成本是产品成本的20%。又假定零售商向配送中心订货的提前期是1周，零售商轮胎的销售量服从均值为100个/周、标准差为20个/周的正态分布。若零售商希望保证90%的服务水平（安全系数为1.29）。试确定零售商库存的订货点、安全库存、订货批量和最大库存水平。

解：根据已知条件，K=1 000元，库存持有成本 $h=\dfrac{P \cdot W}{k}=\dfrac{1\,300 \times 0.2}{52}$=5（元/周），$D \sim N(\bar{D}, \sigma_D)=N(100, 20)$，$z_\alpha$=1.29。则：

订货点 $R=L \cdot \bar{D}+z \cdot \sigma_D \cdot \sqrt{L}=1 \times 100+1.29 \times 20 \times \sqrt{1}=125.8 \approx 126$(个)

安全库存 $SS=z_\alpha \cdot \sqrt{L} \cdot \sigma_D=1.29 \times \sqrt{1} \times 20=25.8 \approx 26$(个)

订货批量 $EOQ=\sqrt{\dfrac{2\bar{D} \cdot K}{P \cdot W/52}}=\sqrt{\dfrac{2 \times 100 \times 1\,000}{1\,300 \times 0.2 \div 52}}=200$(个)

最大库存水平 $Q_{max}=R+EOQ=126+200=326$（个）

总之，定量订货法是一种订货量、订货点确定，订货时间不确定的库存策略。这种策略有很多优点：

（1）能经常掌握库存动态。

（2）及时提出订货，不易出现缺货。

（3）安全库存较少。

（4）订购量固定，可采用EOQ，降低库存总成本TC。

（5）盘点和订购手续简单。

但是它也存在一些问题：

（1）时间不定，编制计划困难。

（2）不能突出重点物资管理。

（3）不适应需求量变化大的物资。

（4）不能多种物资合并订购。

基于它的这些特点，定量订货法一般适用于单价较低、需求量较稳定的一般物资库存管理。在实际操作的时候，可以使用一些简化形式：双堆法和多堆法。所谓双堆法就是指将某种货品的库存分成两堆，一堆为经常库存，一堆为订货点库存。当订货点库存消耗完就开始订货，并使用经常库存，按照这种方法不断重复。这样可以减少盘点库存的次数。

2.定期订货法

定期订货法是预先规定一个订购时间，按固定的时间间隔检查货品的库存量，并根据库存量提出订购，补充到一定的库存量。这种策略的特点是订购时间、进货时间固定，但是订购量不固定。

定期订货法的库存状态图如图4-5所示。这里，我们已经预先确定了订货周期T，也就是规定了订货时间，第一个周期中，库存下降至a点，第一个周期结束，这时不论库存还有多少，都要发出订货。订货量取决于这时的库存量和在途的货品量。名义上的库存升至Q_{max}，进入第二个周期。实际库存继续下降至b，货品到达，库存上升至c。第二个周期结束，库存继续下降至d，发出订货。照此反复循环下去。

定期订货法主要是要解决三个问题：订货周期（T）、最高库存量（Q_{max}）和每次订购量（Q'）。

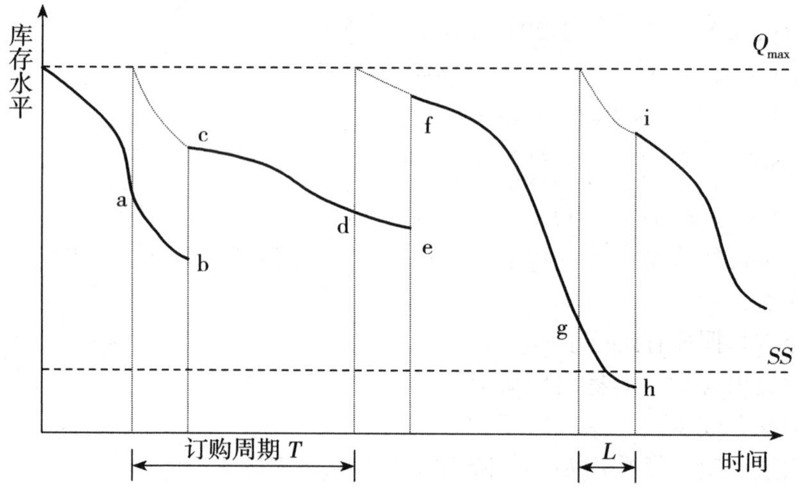

图4-5 定期订货法库存状态图

订购周期也就是定量订货法的订货点。它的长短直接关系着Q_{max}的大小，也就是库存水平的高低。所以，它是决定库存成本的关键。如果周期偏长，库存成本就会上升；周期偏短，订货费用就会增加。所以，我们寻求一个订购周期，使得库存总成本TC达到最小，这个订购周期称为经济订货周期。根据经济订货批量公式，可以得到以下公式

(式中符号的意义同前):

$$T=\sqrt{\frac{2K}{H\cdot D}} \tag{4.11}$$

在实际的操作中，常常结合供应商的生产周期或运输、采购周期等来调整经济订货周期。最高库存量的确定与订货周期和安全库存量有关。

若需求不确定，订货提前期确定，即：$D\sim N(\bar{D},\sigma_D)$，$L$为常数，则有公式:

$$Q_{\max}=(L+T)\cdot\bar{D}+SS=(L+T)\cdot\bar{D}+z_\alpha\cdot\sqrt{L+T}\cdot\sigma_D \tag{4.12}$$

若需求确定，订货提前期不确定，即：D为常数，$L\sim N(\bar{L},\sigma_L)$，则有公式：

$$Q_{\max}=(\bar{L}+T)\cdot D+SS=(\bar{L}+T)\cdot D+z_\alpha\cdot D\cdot\sigma_L \tag{4.13}$$

若需求不确定，订货提前期也不确定，即：$D\sim N(\bar{D},\sigma_D)$，$L\sim N(\bar{L},\sigma_L)$，则有公式:

$$Q_{\max}=(\bar{L}+T)\cdot\bar{D}+SS=(\bar{L}+T)\cdot\bar{D}+z_\alpha\cdot\sqrt{(\bar{L}+T)\cdot\sigma_D^2+\bar{D}^2\cdot\sigma_L^2} \tag{4.14}$$

如每次订购量的值在每次订购时是变化的，它的计算公式为:

$$Q'=Q_{\max}+Q'_T+Q'_R+Q'_W \tag{4.15}$$

式中：$Q_{\max}$——最高库存量;

Q'_T——每次订货点的在途到货量;

Q'_R——每次订货点的实际库存量;

Q'_W——每次订货点的待出库货量。

定期订货法与定量订货法相互补充。定期订货法优缺点和定量订货法正好相反。它适合管理单价较高、需求变动较大的重点物资的库存管理。

下面我们将这两种方法进行比较，见表4-4。

表4-4 **定量订货法和定期订货法比较表**

	定量订货法	定期订货法
产品单价金额	小	大
需求变动	小	大
需求预测	较难	较易
订购时间	固定也可以	必须固定
品种数	多也可以	少为好
订货量	固定	必须可变
标准化	有标准	有标准也可以

4.6 ABC库存分类法和CVA法

1.ABC库存分类法

ABC库存分类法是基于“80/20原则”的思想产生的一种分类方法。ABC库存分类法是一种应用非常广泛的基本库存管理策略，通常是将手头的库存产品按年度货币占用量分为三类：

A类是年度货币量最高的库存，这些品种可能只占库存总数的15%~20%，但用于它们的库存成本却占到总数的70%~80%。

B类是年度货币量中等的库存，这些品种约占全部库存的30%，占总价值的15%~25%。

那些年度货币量较低的为C类库存货品种，它们只占全部年度货币量的5%左右，但却占库存总数的50%~55%。

除货币量指标外，企业还可以按照销售量、销售额、订货提前期、缺货成本等指标将库存进行分类。通过分类，管理者就能为每一类的库存货品种制定不同的管理策略，实施不同的控制。

通过这种策略，我们可以“事半功倍”地管理库存，同时还可以取得很多成效：可以实现库存结构上的合理化；可以节约管理力量；能够解放被占用的资金；可以有效地压缩库存量。

ABC库存管理策略的实现有一个标准步骤：

（1）搜集和整理数据

按照分析的对象以及分析的相关内容，开展数据搜集工作。如需分析产品的库存水平，则应该搜集库存的结构和各种库存的产生因素等相关资料。在这里我们举一个实例来说明，在这个ABC库存管理实例中，想要通过对库存货品的平均资金占用额的分析了解哪些库存占用的资金多，运用相应的库存管理方法对其进行重点管理。既然这样，那么在实例中就应该搜集这样一些数据：每种库存货品的平均库存量和销售单价等。

搜集到数据以后，需要对其进行整理，按照要求进行相应的汇总和计算。在实例中，我们用各种库存货品的平均库存量乘以其单价，得出的值就是这种库存货品的平均资金占用额。然后，根据它的平均资金占用额从大到小对其进行编号。编号的规则是按1、2、3、4……的顺序编号，然后再编制ABC库存分析表。

（2）编制ABC库存分析表

根据实例，可以编制出表4-5，表中的栏目构成为：第一栏为序列数，即每种货品的编号数；第二栏为序列比率，是每个编号对于总编号20的百分数；第三栏为平均库存量；第四栏为平均库存量比率，即库存量对于总库存量3 350的比率；第五栏为平均库存量累计比率，即库存量累计的比率，如序列2库存量的累计比率就是序列1的加上序列2的库存量比率，序列3的就是序列1加序列2再加上序列3的，以此类推，直至结束；第六栏是单价；第七栏为平均资金占用额，即平均库存量和单价的乘积，表中的编号就是按照它从大到小的顺序排列的；第八栏为平均资金占用额比率；第九栏是平均资金占用额累计比率；第十栏为分类结果。

表4-5 **ABC库存分析表**

序列	序列比率（%）	平均库存量（吨）	库存量比率（%）	库存量累计比率（%）	单价（元/吨）	平均资金占用额（元）	资金占用额比率（%）	资金占用额累计比率（%）	分类结果
1	5	136	4.0597	4.0597	21 200	2 883 200	43.61	43.61	A
2	10	125	3.7313	7.79104	10 000	1 250 000	18.91	62.5182	A
3	15	120	3.5821	11.3731	9 000	1 080 000	16.34	78.8548	A
4	20	50	1.4925	12.8657	9 100	455 000	6.883	85.7374	B
5	25	15	0.4478	13.3134	8 500	127 500	1.929	87.666	B
6	30	10	0.2985	13.6119	10 000	100 000	1.513	89.1787	B
7	35	180	5.3731	18.9851	550	99 000	1.498	90.6762	B
8	40	45	1.3433	20.3284	2 000	90 000	1.361	92.0376	C
9	45	60	1.791	22.1194	1 500	90 000	1.361	93.399	C
10	50	150	4.4776	26.597	600	90 000	1.361	94.7604	C
11	55	9	0.2687	26.8657	8 000	72 000	1.089	95.8495	C
12	60	100	2.9851	29.8507	700	70 000	1.059	96.9083	C
13	65	70	2.0896	31.9403	800	56 000	0.847	97.7554	C
14	70	200	5.9701	37.9104	200	40 000	0.605	98.3605	C
15	75	210	6.2687	44.1791	180	37 800	0.572	98.9323	C
16	80	190	5.6716	49.8507	160	30 400	0.46	99.3921	C
17	85	230	6.8657	56.7164	50	11 500	0.174	99.5661	C
18	90	300	8.9552	65.6716	40	12 000	0.182	99.7476	C
19	95	500	14.925	80.597	20	10 000	0.151	99.8989	C
20	100	650	19.403	100	10	6 500	0.098	100	C
合计		3 350	100			6 610 900	100		

（3）根据分析表确定A类、B类和C类

分析表编制出来以后，根据第二列的序列比率和第九列的资金占用额累计比率来确定出库存货品的A类、B类和C类。确定的原则如下：

A类：序列比率为5%~15%，平均资金占用额累计比率为60%~80%，序列号在前面的几种库存货品。

B类：序列比率为20%~30%，平均资金占用额累计比率为20%~30%，序列号在中间的所有库存货品。

C类：序列比率为60%~80%，平均资金占用额累计比率为5%~15%，序列号在后面的所有库存货品。

在该例中，我们认为第1、2、3种库存货品是A类品，第4、5、6、7种库存货品是B类品，余下的都是C类品。根据前面已述的80/20原则，在以后遇到的实际库存案例中，资金占用累计比率为60%~80%的产品数量一定是只有5%~15%，而平均资金占用额累计比率为20%~30%的产品数量也一定是占到20%~30%。而且，越是结构复杂的库存问题这种现象表现得越明显。

（4）绘制ABC库存分析图

根据我们编制的分析表我们还需要绘制ABC库存分析图（如图4-6所示），以便更直观地分析。

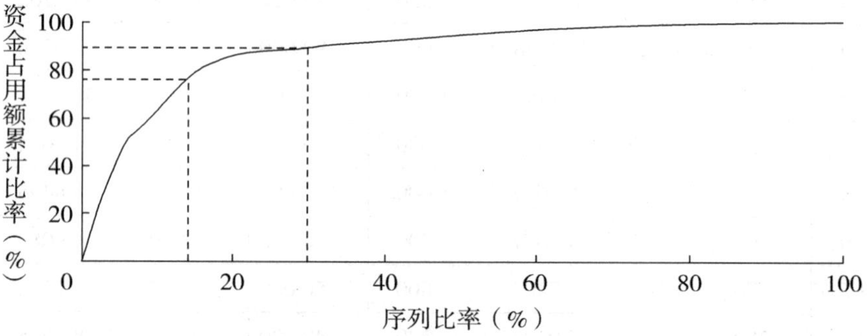

图4-6　ABC库存分析图

以第二列序列比率为横坐标，第九列平均资金占用额累计比率为纵坐标绘制曲线，这条曲线就叫做库存ABC曲线。按照刚刚说过的原则，划分曲线A、B、C，可以直观地表示出各类的库存。

（5）确定A类、B类和C类的管理标准

编制了分析表，也绘制了分析图，并不意味着工作的结束。确定了A类、B类和C类商品只是说明明确了库存货品其重要程度的主次，真正的工作才刚刚开始。我们在这之后，需要根据不同类别库存的特点，制定相应的库存管理策略和确定相应的管理标准，这才是库存ABC分类的关键所在。它们的管理标准和策略如下：

A类库存物资数量虽少但对企业最为重要，是需要严格管理和控制的库存。企业必须对这类库存定时进行盘点，详细记录及经常检查物资使用、存量增减、品质维持等信息，加强进货、发货、运送管理，在满足企业内部需要和顾客需要的前提下维持尽可能低的经常库存量和安全库存量，加强与供应链上下游企业的合作以降低库存水平，加快库存周转率。一般来说，对于A类库存采用定期订货的管理策略，因为其数量少、价值高。

B类库存的状况处于A类库存和C类库存之间，因此对这类库存的管理强度介于A类库存和C类库存之间。对B类库存进行正常的例行管理和控制即可。对B类库存采用定期或定量订货的管理策略。

C类库存物资数量最大但对企业的重要性最低，因而被视为不重要的库存。对于这类库存一般进行简单的管理和控制。比如，大量采购大量库存、减少这类库存的工作人员和设施、库存检查时间间隔长等。对于C类库存利用定量订货的策略，最好使用双堆法或多堆法，因为其数量大，价值低。将上述策略总结在表4-6中。

表4-6 不同类型库存的管理策略

库存类型	特点（按货币量占用）	管理方法
A	品种数占库存总数的5%~15%，平均资金占用额累计比率占60%~80%	进行重点管理。现场管理要更加严格，应放在更安全的地方；为了保持库存记录的准确性要经常进行检查和盘点；预测时要更加仔细
B	品种数占库存总数的20%~30%，平均资金占用额累计比率占20%~30%	进行次重点管理。现场管理不必投入比A类更多的精力；库存检查和盘点的周期可以比A类要长一些
C	平均资金占用额累计比率也许只占5%~15%，但品种数量或许是库存总数的60%~80%	只进行一般管理。现场管理可以更粗放一些；但是由于品种多，差错出现的可能性也比较大，因此也必须定期进行库存检查和盘点，周期可以比B类长一些

利用ABC分析法可以使企业更好地进行预测和现场控制，以及减少安全库存和库存投资。ABC分类法并不局限于分成三类，可以增加。但经验表明，最多不要超过五类，过多反而会增加控制成本。

2.CVA管理法

ABC分类法也有不足之处，通常表现为C类货品得不到应有的重视，而C类货品往往也会导致整个装配线的停工。因此，有些企业在库存管理中引入了关键因素分析法（Critical Value Analysis，简称CVA）。

CVA的基本思想是把存货按照关键性分成3~5类，即：

最高优先级。这是经营的关键性物资，不允许缺货。

较高优先级。这是指经营活动中的基础性物资，但允许偶尔缺货。

中等优先级。这多属于比较重要的物资，允许合理范围内的缺货。

较低优先级。经营中需用这些物资，但可替代性高，允许缺货。

表4-7列示了按CVA库存管理法所划分的库存种类及其管理策略。

表4-7 **CVA法库存种类及其管理策略**

库存类型	特点	管理措施
最高优先级	经营管理中的关键物品，或A类重点客户的存货	不许缺货
较高优先级	生产经营中的基础性物品，或B类客户的存货	允许偶尔缺货
中等优先级	生产经营中比较重要的物品，或C类客户的存货	允许合理范围内缺货
较低优先级	生产经营中需要，但可替代的物品	允许缺货

CVA管理法比起ABC分类法有着更强的目的性。在使用中要注意，人们往往倾向于制定高的优先级，结果高优先级的物资种类很多，最终哪种物资也得不到应有的重视。CVA管理法和ABC分析法结合使用，可以达到分清主次、抓住关键环节的目的。

4.7 供应链风险分担与集中化库存

1.风险分担

如果一个供应商面对两个需求市场，它的库存管理可以采用两种方法予以实施。下面，我们考虑一下这两种系统：第一种是供应商在靠近两个市场的地点分别设立两个分散化的仓库，库存根据每个市场的需求量从供应商分别运至每个仓库，进行配送。第二种是供应商选择某一有效位置设立集中化仓库，供应商按照两个市场的需求量将库存货品集中运至中心仓库，组织配送至两个市场（如图4-7所示）。

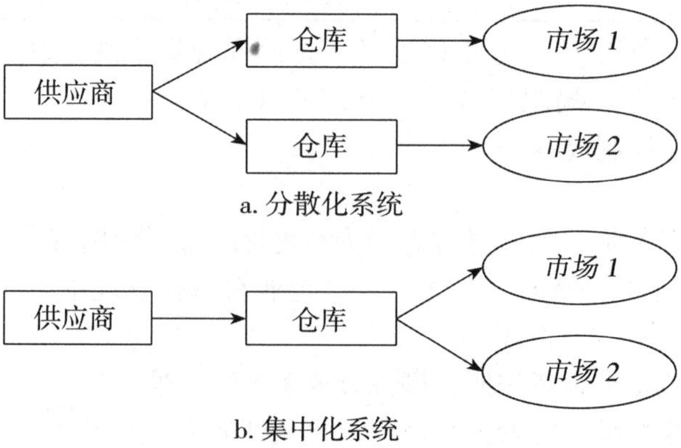

图4-7 分散化和集中化模型

● 小思考

1. 相对于同样的服务水平，哪一个系统的库存水平低？

2. 相对于同样的库存水平，哪一个系统的服务水平高？

3. 有哪些因素会影响到两种模式的选择？

分析这两个系统后，我们不难发现，第二种系统采用的库存模式可以带来显著的优势。我们可以将这两个市场的需求汇集起来，这样一来，某种产品在某个市场的高需求可以被另一个市场的低需求所补偿。所以，这种需求的汇集可以有效地抵消需求的变动性，从而减少为了缓冲需求变动所设立的安全库存，降低平均库存量。如此我们可以很轻松地回答第一个和第二个问题，在同样的服务水平下，集中化库存比分散化库存所需要的库存水平更低；在同样的库存水平下，可以获得更高的服务水平。由此，我们可以引出供应链中一个非常重要的概念即风险分担。风险分担是指汇集各种产品或各种不同时间或各种不同市场的总需求，以减少需求的变动，降低供应的风险，最终达到降低库存的目的。

那么有哪些因素会影响到风险分担的效果呢?这也是我们所提出的第三个问题。一般说来，有两个因素会影响到风险分担的效果：

一是需求的变动幅度。需求的变动幅度可以用需求的标准差来衡量。标准差越大，说明需求相对于平均需求的变化就越大。这种情况下，风险分担就可以带来更多的好处，也就是说采用集中化库存模式可以获利更多。原因很简单，风险分担就是高低需求相互抵消产生的效果，需求变动幅度越大，高低抵消部分越多，风险分担效果也就越显著。

二是需求的变动关系。市场需求之间的变动关系可以用相关系数来衡量。两个市场之间需求的相关关系有两种：一个市场需求的降低带来另一个市场需求的降低，我们说这两个市场需求是正相关关系；一个市场需求的降低带来另一个市场需求的增加，这两个市场需求之间的关系就是负相关关系。相关系数是衡量相关关系的变量，它的值域在-1到1之间。相关系数值从0到-1表示负相关，越靠近-1表示负相关程度越大；从0到1表示正相关，越靠近1表示正相关程度越大。风险分担的效果依赖于一个市场相对于另一个市场的需求方式，所以，两个市场负相关程度越大即相关系数越靠近-1，补偿效果越好，风险分担也就可以获得更多的利益。

风险分担按照汇集需求的对象不同，可以分成跨市场的风险分担、跨产品的风险分担和跨时间的风险分担。这里仅分析跨市场的风险分担，而实际上其他两种与它类似，这里就不再赘述了。

2. 集中化库存

集中化库存策略，就是当一个市场的需求低于平均需求而另一个市场的需求高于平均需求时，将原本计划分配给一个市场的库存分配给另一个市场。这种平均分配的功能是集中化库存较之分散化库存的最大优势所在。那么是不是所有的企业仓库都实行集中化库存管理呢?答案显然是否定的。集中化库存有其自身的优势，自然也有其自身的不足之处。分散化库存在实际案例中也可以发挥其优势。到底一个企业是选用集中化库存还是分散化库存，需要权衡利弊，有下面几个因素需要考虑：

（1）安全库存水平。安全库存水平是选择库存模式时需要考虑的因素，集中化库存可以非常有效地降低安全库存水平，而这一优势是分散化库存无法拥有的。

（2）服务水平和缺货成本。欲以一定的库存水平获得较高的服务水平可以考虑采用集中化库存，如果缺货带来的成本过大，也可以采用集中化的库存。

（3）一般管理费用。显然，分散化的库存使得仓库数量增加，单位库存量减少，不能获得很好的规模效益。分散化模式会增加一般管理费用，采用集中化库存可以使其有效降低。

（4）响应程度。分散化库存离市场距离近，对市场需求的响应程度和灵敏度就高。这样就可以缩短客户的订购提前期，会给企业带来竞争优势。

（5）运输成本。集中化库存由于离市场较远，从供应商工厂运输至仓库的成本较低，而从仓库运输到最终客户的成本较高；分散化库存的情况正好相反。到底哪一种模式的运输成本低，需要具体问题具体分析。

企业可以根据以上因素权衡分析，选择适合自己需要的库存策略。

3.级库存管理策略

我们将这种集中化的思想应用到供应链库存管理后，就出现了所谓集中化决策——级库存（Echelon Inventory）管理策略。级库存管理策略是指供应链上的各节点企业根据自身企业级库存的情况，集中考虑，进行库存决策，最终达到优化供应链库存的目的。

这里我们举一个零售配送系统的例子。有一个分销商向一组零售商配送货品，假设各个成员之间信息交流畅通，每位成员的决策者都了解其他成员的库存信息，而库存管理的目标是使供应链的总成本最低。下面我们来具体分析级库存管理策略（参考图4-8）。

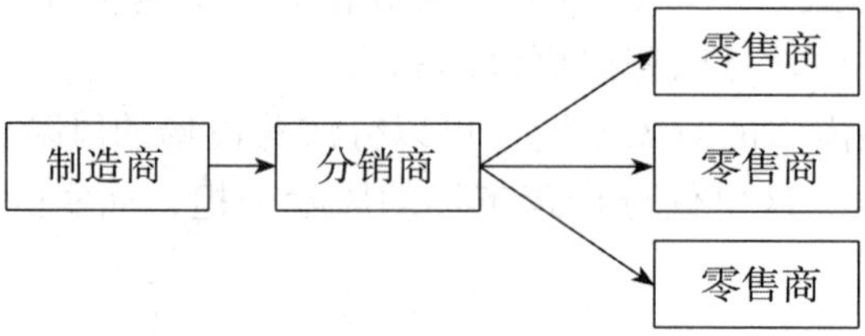

图4-8 零售配送系统

首先介绍几个基本概念：

（1）级（Echelon）。供应链上每个节点企业，即供应链的每个阶段或每一层次，通常被称为一级，如制造商级、分销商级和零售商级。

（2）级库存（Echelon Inventory）。是指该级的现有库存量加上所有下游库存（Downstream Inventory），如分销商级库存是分销商的库存加上所有零售商的现有库存和在途库存。

（3）级库存状况（Echelon Inventory Position）。是指级库存加上本级的在途库存减去缺货量。

（4）级提前期（Echelon Lead Time）。本级的订购提前期加上所有下级的订购提前期。

再以分销商为例（参考图4-9）说明：

分销商以分销商级库存和级提前期为条件，采用定量订货法管理本级库存。分销商级库存状况的订货点计算公式为：

$$R=L^e\cdot \bar{D}+z_\alpha\sigma_D\sqrt{L^e} \tag{4.16}$$

式中：L^e——级订货提前期；

$\bar{D}$——所有零售商的平均需求；

σ_D——汇集所有零售商需求的标准差。

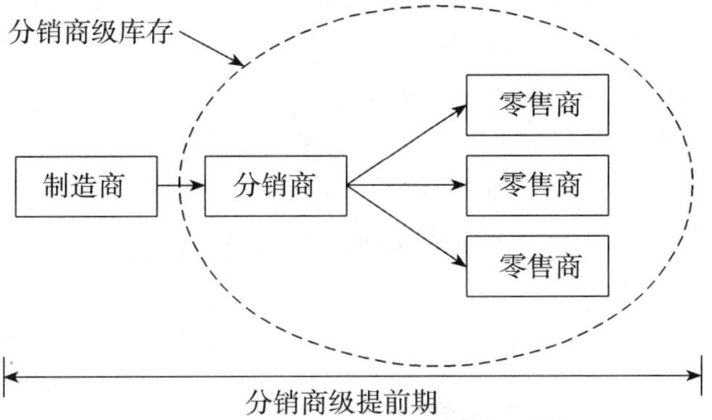

图4-9 分销商级库存

供应商、分销商和零售商的库存管理策略与之类似，这里不再赘述。

这种级库存管理策略在更复杂和更多层次的供应链中也是适用的，可以取得非常理想的效果。

【例4.2】电脑音箱分销商向一组零售商供货。分销商试图针对某型号的音箱制定库存策略。表4-8汇集了前12个月的零售商需求的历史数据。零售商和分销商之间的订货提前期为1周，分销商和制造商之间的订货提前期为1周，即级库存提前期为2周。

分销商希望保证97%的服务水平，那么分销商级库存状况的订货点应该是多少？

表4-8 历史数据

月份	9月	10月	11月	12月	1月	2月	3月	4月	5月	6月	7月	8月
销售量	200	152	100	22	287	176	151	198	246	309	98	156

解：根据表4-8中的数据，可以计算平均月需求为191.17，月需求的标准差是66.53。

由于提前期为两个星期，我们将月平均需求和标准差转化为周平均需求和周标准差，计算如下：

$$\text{周平均需求}=\frac{\text{月平均需求}}{4.3}$$

$$\text{周平均需求的标准差}=\frac{\text{平均月需求的标准差}}{\sqrt{4.3}}$$

计算结果见表4-9。

表4-9 需求分析

参数	周平均需求	周需求标准差	提前期内的平均需求
值	44.58	32.08	89.16

这时，我们可以计算提前期内的平均需求和安全库存，该安全库存使用表4-1中按照97%的服务水平找到的安全系数1.9来计算，则有：

$$\text{安全库存}\ SS=z_\alpha \cdot \sigma_D \cdot \sqrt{L^e}=1.9\times 32.08\times \sqrt{2}=86.20$$

订货点的计算是安全库存加上提前期内的平均需求：

$$R=L^e \cdot \bar{D}+z_\alpha \cdot \sigma_D \cdot \sqrt{L^e}=89.16+86.20=175.36\approx 176$$

即通过计算，求得分销商级库存状况的订货点为176。

4.8 供应链库存管理新策略

1. 准时制库存管理

准时制（Just in Time，简称JIT）库存管理是JIT生产管理体系的重要组成部分。JIT生产管理体系，是由日本丰田汽车公司在20世纪60年代首创的一种生产方式，由于在丰田公司里是通过“看板”的方式实现的，所以也被称为“看板模式”。1973年，这种方式对丰田公司渡过第一次能源危机起到了突出作用，之后引起了其他国家企业的重视，逐渐在欧洲和美国推广。近年来，JIT不仅作为一种生产方式，也作为一种物流模式在欧美流行。JIT指的是，将恰当的零件以恰当的数量在恰当的时间送到生产线，并且只将所需要的零件、只以所需要的数量、只在正需要的时间送到生产线。这是为适应消费的多样化、个性化而建立的一种生产体系。

JIT库存管理的核心就是要削减库存，直至实现零库存，同时又能使生产流程顺利进行。这种观念当然是一种理想化的状况，在多品种、小批量、多批次、短周期的消费需求的压力下，生产者、供应商及零售商、物流中心都要调整自己的生产、供应、流通流程，按下游的需求时间、数量、结构及其他要求组织好均衡生产、供应和流通，在这些作业内部采用看板管理中的一系列手段来减少库存，合理规划作业流程。在此过程中，无论是生产者、供应商还是零售商或物流中心，均应对各自供应链下游的客户的需求做精确的预测，否则就不能圆满实现JIT。因为JIT的作业基础是假定下游需求是固定的，即使实际上是变化的，但通过准确的统计预测，也可以掌握下游需求的变化。

JIT库存管理的主要方法有以下几种：

（1）削减库存量至最低

传统上，我们认为必须要在充足库存的前提条件下才能组织生产。JIT库存管理的理念是只要具有足够好的管理方法和技术水平以及足够灵敏的反应速度，完全可以在极低的库存水平甚至是零库存的情况下，安排好生产。

在实践中是这样运行的：与供应链上游的几个固定的供应商建立长期的紧密联系，他们可以在规定的时间内按照规定的数量将所需要的货品送达，这样，企业就不需要持有大量的原材料库存；保证先进的软硬件设施包括高性能的生产设备、先进的计算机和优秀的管理软件等等，可以提升企业的反应速度，尽可能减少在制品库存；在接到供应链下游客户订单后，以拉动式的看板方式组织生产，这样一来企业就没有产成品库存。可见，JIT模式允许企业在没有库存的情况下安排生产工作。

（2）保证与供应商的合作为最佳

JIT库存管理认为，从较少的供应商比从许多供应商处采购更有优势。因为，这样做可以促进企业和供应商建立合作关系、有利于双方达成共识、形成双赢局面；可以为企业赢得更多的价格优势；还可以保证供货的可靠性包括配送水平和货品质量；更可以有效地缩短订货提前期，降低企业持有的库存。

（3）缩短交货期至最小

客户服务水平的评价指标之一就是交货的保障程度。JIT希望将交货期缩至最短。可以这样来实现：提高原材料的质量，减少验货时间；降低生产时间；以产品为中心重新规划生产布局；库存方式从集中式管理变为分散式管理。

（4）减少事故发生率

减少事故发生率，强调全员参与设备的日常维护。除此之外，还要建立严格的质量控制标准对企业里的所有部门进行考核。

JIT库存管理是十分优秀的库存管理策略，它在供应链条件下得到了完善，具有以下几种优势：

（1）零库存：用户需要多少就供应多少，不需要库存。

（2）零设备故障：通过严格的质量控制实现。

（3）零机器调整时间：企业反应速度快。

（4）零缺陷：通过严格管理控制实现。

（5）零废弃：能够最大限度地限制废品流动所造成的损失。

（6）零浪费：有效地避免货品的积压、变质等造成的费用，也避免了装卸搬运的费用。

但是，JIT有一个致命的硬伤，那就是在突发事件发生时，低库存导致的原材料供应不及时，会严重影响到企业的正常经营，给企业造成重大打击。此外，在很多情况下，企业采取JIT的库存模式，也不过是将自己的成本转移给了同一供应链上的供应商或客户而已。汽车行业是JIT思想的发源地和实践地，已经显现出了种种弊端。近年来有关汽车行业的分析显示，也许汽车组装企业的库存很小，但是它的上游零部件供应商和它的下游客户未必会有相同的局面。图4-10展示了从第一级供应商到汽车零售商整条供应链上的库存资料。

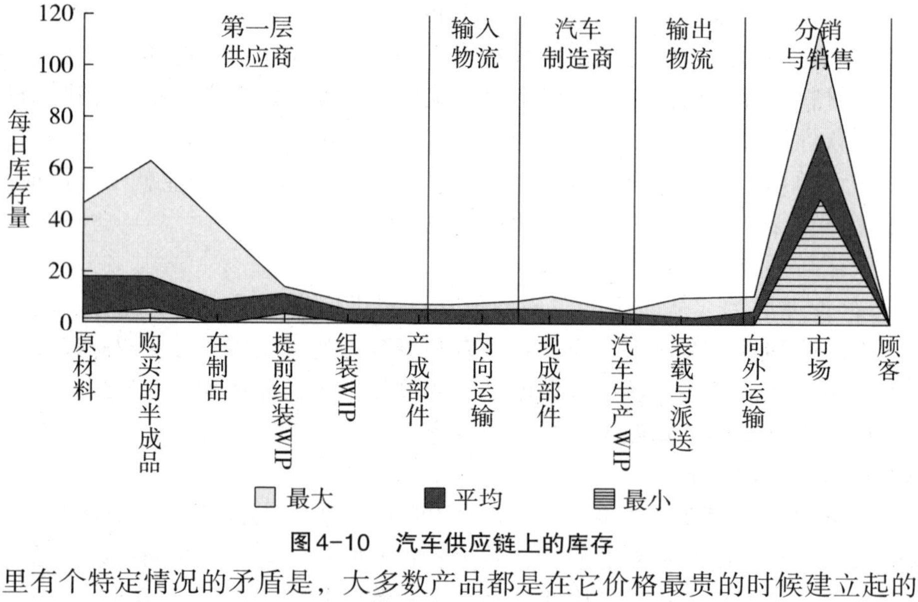

图4-10 汽车供应链上的库存

这里有个特定情况的矛盾是，大多数产品都是在它价格最贵的时候建立起的库存。生产中库存的真实成本是非常高的。采取原材料供应多元化，分散采购的进货方式仅仅可以缓解这一问题，但是无法根除。

2.供应商管理库存

供应商管理库存（Vender Managed Inventory，简称VMI）是在供应链环境中出现的库存管理新策略。对于VMI，国外学者的定义是："VMI是一种在用户和供应商之间进行的合作性策略，以对双方来说都是最低的成本优化产品的可获得性，在一个相互同意的目标框架下由供应商管理库存，这样的目标框架被经常性地监督和修正以产生一种连续改进的环境。"我国的国标定义是："供应商等上游企业基于其下游客户的生产经营和库存信息，对下游客户的库存进行管理与控制。"VMI实际上是将销售商（包括分销商和零售商）销售点的库存管理权限转移给了供应商。这就需要供应商通过电子数据交换（Electronic Data Interchange，简称EDI）及时了解下游销售企业的库存动态和实时的销售状况。这样，供应商对需求的预测能力提高了，需求的不确定性也减少了，那么，供应商就可以及时地调整生产计划，保证销售企业的库存水平，防止缺货。供应链的"牛鞭效应"自然可以降低到最低的程度，供方的生产和需方的销售都可以得到保障。

供应商管理库存从全新的角度，诠释库存管理的概念。它与传统的库存管理策略有很多的不同点，见表4-10。

表4-10 **供应商管理库存与传统库存管理的区别**

	供应商管理库存策略	传统的库存管理策略
库存关系	供应商掌握库存，用户可以不设置仓库，可实现零库存	用户掌握库存，供需双方都要设置仓库，库存水平高
双方的关系	友好，双赢的合作关系	敌对，互斥的竞争关系
信息关系	信息共享	信息保密
进货方式	多批次、小批量	少批次、大批量
货检工作	免检	严检
协议程度	强	弱
供应链库存成本	低	高

VMI的核心思想体现在以下四个原则中：

（1）合作性原则。VMI需要供需方之间有紧密的合作，如果仍然使用各自为政的管理模式，VMI是无法实施的。合作需要深层次、多层面，包括战略层面的合作、战术层面的合作和操作层面的合作。

（2）互惠性原则。VMI的目标是实现供需双方的总库存成本最低。但是这时至少是将库存的管理权限完全转移给供应商，这显然会增加供应商的成本。互惠性就是要双方进行利益分割，以求达到双赢。

（3）目标一致原则。双方的目标要一致，在这个前提条件下，责任也要明确。这些都是在预先签订的协议中需要明确的。

（4）连续改进原则。在VMI实施以后，在操作实践中，对其中不完善的地方进行完善，对其中不合理的地方进行改正。

VMI库存管理方式并不是在任何的两个供需企业之间都可以使用的。也就是说，实现VMI需要有一定的前提条件。总的来说需要满足三条：

（1）明智的高层决策。在两个企业中，高层的许可或认同对实施VMI起到了决定性的作用，这是实施VMI的人的前提。企业中的战术层和操作层的管理人员可能都对于实施VMI表示乐观，但是，由于企业的发展方向是由战略层的决策者们制定的，如果他们由于不了解VMI或者出于风险、保密等其他原因考虑不愿意使用VMI进行管理，那么VMI是不可能实现的。另外，在VMI实施的过程中，这一套管理方法包括硬件和软件需要不断完善，并不是一劳永逸的。这时，高层的经常性对话是十分必要的，大家需要就实施过程中出现的各种问题进行磋商和解决。

（2）通畅的信息交互系统。信息交互系统是实现VMI的关键，它包括各种信息传输的软件和硬件，这是实现VMI的物的前提。在VMI中，供应商需要时刻掌握用户的库存和销售信息，这些信息如不能及时地送到供应商手中，货品的配送就无法保证，这是十分危险的。如果没有先进的信息交换系统，通畅、迅速的信息传输不可能实现。

（3）双方的信任机制。相互的信任是实施VMI的基础。库存对企业起到的作用不容忽视。一旦库存出现问题，企业可能出现严重的危机。VMI方式的库存所有权掌握在别人的手中，如果没有相互之间的信任，没有一个企业能够实现真正意义上的VMI。正如公司为了增进企业员工间的信任而时常召开沟通会议一样，供应链的上下游伙伴之间也需要一些方法来增强信任。

【小资料】

音像复制服务公司（ADS）是一家从事高密度光盘和盒带复制与配送工作的公司。它主要的客户——大型唱片公司，要求ADS为其复制和配送光盘和盒式磁带。ADS存储母带，当有客户需要时，它便制作一定量的拷贝，并配送至客户的客户，诸如音乐商店，沃尔玛、凯玛特等类似的商场，以及像环城和佳买这样的电子商店。ADS是音像复制市场的六大公司之一，在50亿美元的市场中，ADS占20%，而另外两个最大的竞争对手占有另外40%的市场份额。

ADS的管理层最近尝试理解和供应链相关的一些难题，并努力做出响应。国内的一些大型零售商给ADS的客户——唱片公司施加了压力，它们要求按照所谓的“供应商管理库存”，即VMI协议来管理库存。唱片公司负责确定何时需要向每个门店配送多少纪念册、CD和磁带。为了进行这样的决策，唱片公司将从每个门店中获取连续的最新的销售点数据。而且，唱片公司拥有库存的所有权，直到库存售出，这时零售商才付款给唱片公司。自从ADS给唱片公司提供复制和分销服务后，唱片公司要求ADS辅助其供应商管理库存的物流协议。

（出处见书后主要参考文献11）

实施VMI需要一些基本的技术支持，这些技术支持包括ID代码和条码技术、EDI、决策支持系统（Decision Supported System，简称DSS）。条码技术是库存信息化管理的基础，EDI技术为供应链上下游企业之间的信息传递排除了障碍，决策支持系统帮助企业科学、快速地制定连续补货决策。

条码技术。条码（Bar Code）是国际供应链管理中普遍采用的信息采集技术，它在VMI的应用主要表现在以下几个方面：应用条码技术，入库时扫描条码并将货品信息自动输入计算机，由计算机处理后形成库存信息，并输出入库区位、货架、货位的指令，出库时通过扫描条码读取货品信息，相应修改数据库数据。在配送时，特别是为大型零售型企业补货的供应商，分货和拣选时需要快速处理大量的货品。使用条码技术可以自动进行各项分拣作业，同时实现相关的管理作业，节省大量时间，提高敏捷度。由于条码技术可以带来很多好处，所以在VMI时应该广泛地使用这项技术。如果将它的应用延伸到客户企业的销售终端，建立一套销售时点系统（Point of Sales，简称POS），会取得更好的效果。

EDI。实现VMI的基础之一是信息共享。传统企业间的信息传递方式满足不了VMI，EDI的出现实现了VMI对信息传输的要求。EDI就是“将贸易或行政事务处理按照一个国际标准变成结构化的事务处理或信息数据个数，从计算机到计算机的电子传输”。它包含了三个方面内容：计算机应用、通信网络和数据标准化。EDI技术能够保证高效的信息传输。

DSS。供应商管理库存的关键就是确定补货参数，即补货批量、库存水平、订货点等等，DSS可以进行定量辅助决策。DSS包括模型库系统、数据库系统和规则库系统。VMI应用DSS时，将需要解决的参数问题交给DSS，DSS根据系统中已有的知识判断，如出现问题会与用户对话，最后通过计算推理得出结果。

在满足前提条件并且拥有技术支持之后，实现VMI是很轻松的。VMI的具体实施步骤如下：

第一步，签订合同和契约。在实现VMI之前，为了避免可能出现的纠纷和更好地相互合作，供应商和用户之间要通过协商签订合约，达成一些契约性的条款，这些条款包括了信息传输方式、信用条件、库存归属、库存水平、补货时间、订货责任、服务水平和绩效评价指标等。

第二步，架构一体化的信息系统。双方要在企业内部整合信息系统，使其一体化。这是为了下一步的信息传输。销售商要建立销售时点系统（POS），并与销售商企业内部的EDI系统有接口相连，销售商的EDI要和供应商的EDI系统保持连接，供应商内部的生产和库存部门的信息系统的连接也要保证。在销售信息实时地从POS进入零售EDI数据库后，马上就通过网络以EDI文件的形式传输到供应商企业内部包括其生产部门和库存部门。

第三步，供应商的生产和配送。供应商根据获得的销售情报组织安排生产，购进原材料，安排产成品库存。供应商利用DSS实时地确定补货参数，及时地给销售商进行配送。整个过程是连续、敏捷的。

第四步，资金流的实现。供应商配送的货品按销售商的需要送达后，就会涉及一个资金回笼的问题。资金流应该是迅速的，以保证物流可以持续地进行和合作关系的延续。实际操作中，供应商的货款完全可以通过现代化的电子银行业务快速地回收。

第五步，完善和改进。VMI实施以后，双方要继续保证联系和合作，以改进整个系统，修订目标框架，使VMI得以逐步完善。

VMI并不完美，它还需要解决一些问题：

（1）库存所有权问题。VMI的实施有四种形式：供应商提供给用户所有产品的软件，用户使用软件执行库存决策，用户拥有库存所有权；供应商在用户所在地，代表用户执行库存决策，管理库存，但库存的所有权归用户所有；供应商在用户所在地，代表用户执行库存决策管理，拥有库存；供应商不在用户所在地，但定期派人代表用户执行库存决策，管理库存，供应商拥有库存的所有权。这四种形式的界限往往不是明确的，这就产生了库存所有权的归属问题。还有一种情况，库存货品在从供应商至零售商的运输途中以及在待销期间内，库存到底归谁所有都是库存所有权归属问题。这些问题在前期的协议中需要明确。

（2）风险性问题。用户的库存由供应商持有，那么一旦出现供应商突发情况，用户就会面临很大的缺货风险。另一方面，库存由供应商管理，这对供应商的要求势必会提高，这也会提高供应商的风险。从供应链的角度来看，传统上由于各方都保有库存，在一方出现问题的时候，供应链仍可以保持运转。但是，在VMI的情况下，只有一方持有库存，如果在供应链的任何一个节点企业出现问题，供应链就会断裂，整个供应链就会面临很大的风险。

（3）保密性问题。由于供应商掌握着所有用户方的情报，这使用户面临一个保密问题。如果供应商与这个用户合作期满，又和其竞争对手合作，并将这些商业机密透露给竞争对手，必定会给原企业造成重大损失。

（4）绩效评估标准问题。VMI缺少有效的绩效评估标准，很难衡量实施得好与坏。尽管VMI是一种有效的供应链库存管理模式，并在许多大公司，如日用品业的强生和宝洁、雀巢公司、零售业的沃尔玛和家乐福超市的实践中证明可以有效地降低整个供应链的成本，能够给企业带来很大的经济效益，但是，根据SCM/ECR China对我国VMI的抽查调查结果，在国内的企业当中，应用VMI模式的企业少之又少。这主要可能是由于我们企业的信息系统等支持技术落后，管理水平跟不上等。还有一个重要原因就是我国还没有建立一套信用机制，企业之间无法在互相信任的基础上进行合作。所以，我国的VMI实践还有很长的路要走。

3.联合库存管理

为了克服VMI系统的局限性和规避传统库存控制中的牛鞭效应，联合库存管理（Jointly Managed Inventory，简称JMI）随之出现。简单地说，JMI是一种在VMI的基础上发展起来的供应商与用户权利责任平衡和风险共担的库存管理模式。与VMI的供应商单方面地管理库存不同，联合库存管理（JMI）是供应商与客户同时参与，共同制订库存计划，利益共享、风险分担的供应链库存管理策略。

它的基本思想是：为了保证供应链上相邻的两个节点对需求的预测保持一致性和消除供应链的牛鞭效应（与VMI类似），供需双方同时共同参与制订库存计划，使供应链上的每个库存控制者（供应商、制造商、分销商和零售商）都可以参与协调他们之间的相互利益，从而带来供应链库存成本的降低。图4-11和图4-12反映了传统库存管理与联合库存管理之间的区别。

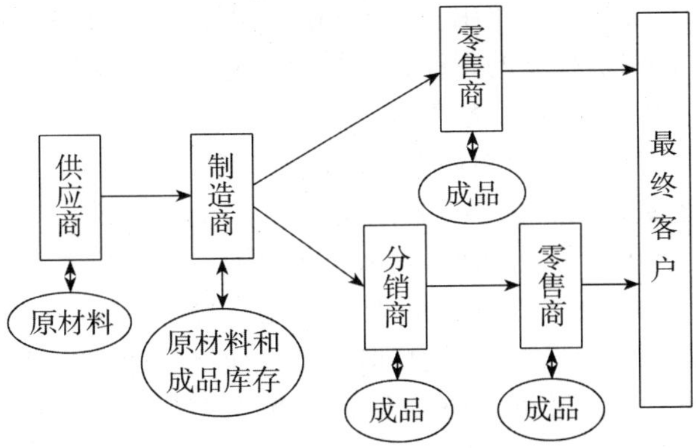

图4-11 传统的供应链分销网络及库存管理模式

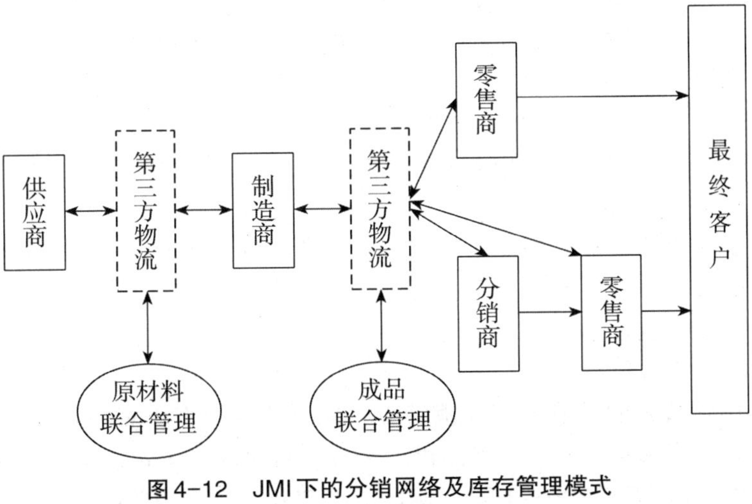

图4-12 JMI下的分销网络及库存管理模式

JMI的具体实施步骤如下：

第一步，建立一套有效的协调管理机制。在这套机制中，需要明确双方的共同合作目标；建立联合库存的协调控制机制。建立联合库存管理中心来协调双方利益，对需求、订货等做出决策。建立公平的利益分配和激励机制。

第二步，建立纵向的信息支持系统，做到信息共享。信息系统通过EDI技术来建立，将条码技术、POS系统、订单自动处理系统集成，做到信息传送的通畅性和及时性。

第三步，利用制造资源计划系统（Material Resource Planning，简称MRP）和配送需求计划（Distribution Requirement Planning，简称DRP）系统。在原材料的联合库存中心应该采用MRP，在产成品联合库存中心应该采用DRP。供应链系统要把这两个系统集成起来。

第四步，利用第三方物流的作用。供方和需方都直接与第三方物流系统和联合库存管理中心相连，双方都取消独立的库存，发挥出供应链的整体优势。

总的看来，实施JMI具有四大优势：

（1）成本优势。JMI实现了供应商、制造商、销售商之间在库存管理方面的一体化，可以让三方都能够实现准时（JIT）采购。准时采购不仅可以减少库存，还可以加快库存周转，缩短订货和交货提前期，从而降低企业的采购成本。

（2）信息优势。JMI通过在上下游企业之间建立起一种战略性的合作伙伴关系，实现了企业间库存管理上的信息共享。这样既保证供应链上游企业可以通过下游企业及时准确地获得市场需求信息，又可以使各个企业的一切活动都围绕着顾客需求的变化而开展。

（3）供应链优势。JMI打破了传统的库存管理局面，体现了供应链的一体化管理思想。JMI强调各方同时参与，共同制订库存计划，共同分担风险，能够有效地消除库存过高以及牛鞭效应。

（4）战略联盟的优势。JMI的有效实施加强了企业间的联系与合作，这种独特的由库存管理而带来的企业间的合作模式不会轻易地被竞争者模仿，会为企业带来竞争优势。

但是，建立和协调这种库存管理模式需要较高的成本，而且企业之间的合作要求很高，联合库存的协调中心不容易建立，其运作也有很高的要求。除此之外，联合库存的管理还要求有高度的监督。

4.合作计划、预测和补给

1995年，国际著名的商业零售连锁店Wal-Mart及其供应商Warner-Lambert、世界最大的企业管理软件商SAP、国际著名的供应链软件商Manugistics、美国著名的咨询公司Benchmarking Partners等五家公司联合成立了零售供应和需求链工作组，进行合作计划、预测和补给（Collaborative Planning，Forecasting & Replenishment，简称CPFR）的研究与探索，其目的是开发一组业务过程，使供应链中的成员利用它能够实现从零售商到制造企业之间的功能合作，显著改善预测准确度，降低成本、库存总量和现货百分比，发挥出供应链的整体效率。在实施CPFR后，Warner-Lambert公司零售商品满足率从87%增加到98%，新增销售收入800万美元。在CPFR取得初步成功后，组成了由30多个单位参加的CPFR理事会，与自愿行业间商业标准（Voluntary Interindustry Commerce Standards，简称VICS）理事会一起致力于CPFR的研究、标准制定、软件开发和推广应用工作。美国商业部资料表明，1997年美国零售商品供应链中的库存约为1万亿美元，CPFR理事会估计，通过全面成功实施CPFR可以减少这些库存中的15%~25%，即1 500亿~2 500亿美元。由于CPFR巨大的潜在效益和市场前景，一些著名的企业软件商如SAP、Maugistics、Logility、PeoplSoft、I2 Technologies和Synara Software等公司正在开发CPFR软件系统和从事相关的服务。

国外虽有CPFR的实践，但CPFR至今尚无统一的定义。综合CPFR有关文献后可认为：合作计划、预测和补给（CPFR）是一种面向供应链的新型合作伙伴的策略和管理模式，它应用一系列技术模型和处理手段，协同过程跨越了企业和整个供应链，提供了覆盖整个供应链的合作过程。它通过共同管理业务过程和共享信息来改善供需双方的伙伴关系、提高预测的准确度，改进计划和补货的过程和质量，最终达到提高供应链效率、减少库存和提高消费者满意程度的目的。

在CPFR提出之前，关于供应链伙伴的合作模式主要有供应商管理库存（VMI）、联合库存管理（JMI）等。VMI的一个关键技术是应用供应链的能力管理库存，这样需求和供应就能结合在一起，使制造者能够得到分销商、零售点的返回数据和POS数据，利用这些信息规划整个供应链的库存配置。VMI方法虽然有诸多优点，但却缺乏系统集成。JMI预测与补给方法相对较新，这种方法以消费者为中心，着眼于计划和执行更详细的业务，供应链经常应用工作组技术进行关键问题处理，使其在了解对方的运作等方面得到改善，其结果有助于发展贸易伙伴的信任关系。JMI在每个公司内增加了计划执行的集成，并在消费者服务水平、库存和成本管理方面取得了显著的效果，但JMI的建立和维护成本高，上述方法均未实现供应链的集成。

CPFR是一种通过制造商、销售商（分销商和零售商）和运输商或第三方物流经营商从生产运营计划到执行的相互合作，降低各方库存量的协同式的供应链库存管理技术。它的优势在于能够及时准确地预测由各项促销或突然变化带来的销售高峰和波动。CPFR可以从根本上减缓牛鞭效应，实现供应链的真正整合。

它的核心思想是：合作伙伴的构成框架及其运行是基于整个价值链的增值和消费者需求；供应链上的所有企业基于一份预测报告；将销售商的订单周期延长，使之与制造商的生产周期一致。

CPFR的标准步骤有九步，具体请见图4-13。

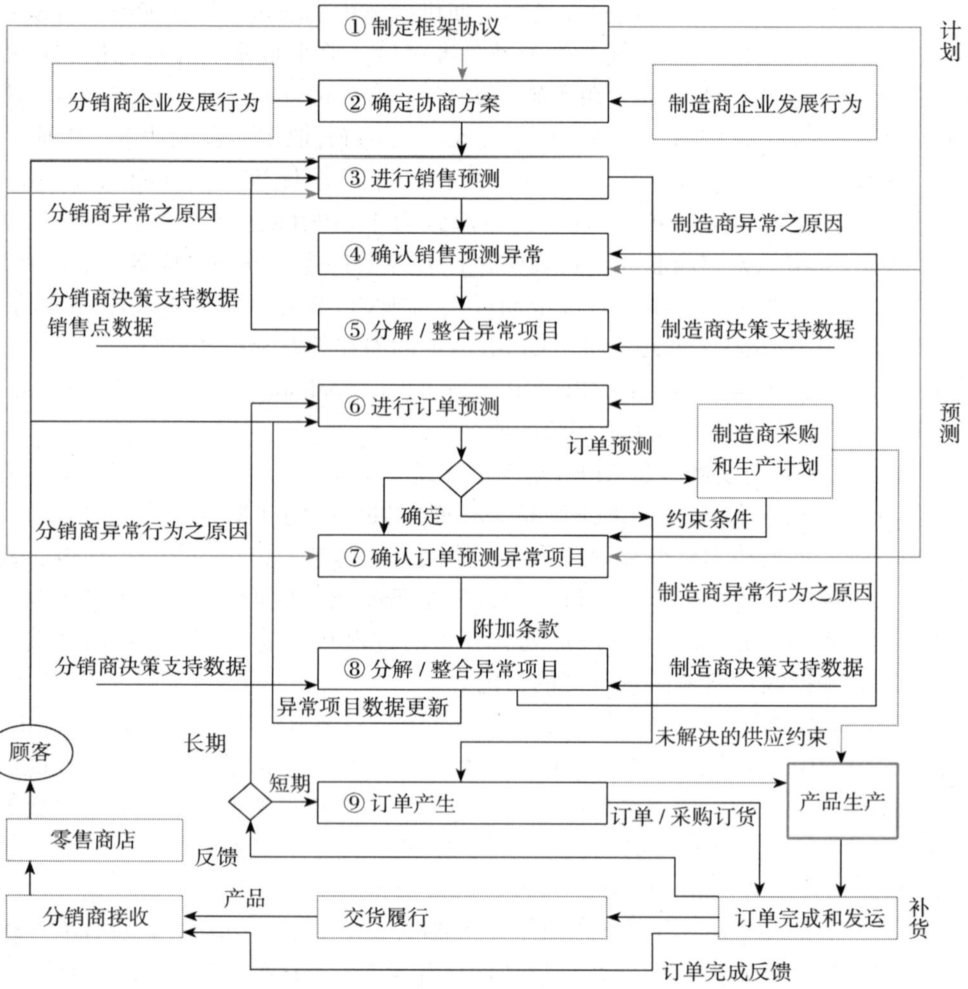

图4-13 CPFR流程

第一步，制定框架协议。供应链合作伙伴共同达成一个通用业务协议，包括对合作的全面认识，合作目标、机密协定和资源授权等等。

第二步，确定协商方案。各合作方建立战略合作关系，明确各部门责任。销售商和制造商要就各自的项目发展计划进行协商和交流，确定一个协商后的方案，这个方案是以后进行预测的基础。

第三步，进行销售预测。利用零售商的POS数据、因果关系信息和已经计划事件的信息，创建一个支持共同义务计划的销售预测。

第四步，确认销售预测异常。鉴别销售预测异常的项目，每个项目的例外准则需在步骤一中认同。

第五步，分解/整合异常项目。通过查询共享数据、E-mail、电话等解决销售预测的例外，并提交预测改变结果。

第六步，进行订单预测。合并POS数据、因果关系信息和库存策略，产生一个支持共享销售预测和共同组织计划的订单预测。判断：如果无例外情况，直接到第九步，如果有例外，按序进行下一步。

第七步，确认订单预测异常项目。鉴别分布在订单预测约束之外的项目。

第八步，分解/整合异常项目。和第五步一样。

第九步，订单产生。将订单预测转换为现实的订单，订单的产生可以由制造商或销售商根据能力、系统和资源来完成。

CPFR可以实现企业之间的功能合作，明显改善预测准确度，降低成本、库存量和现货比率，改善客户服务，发掘商业机会，发挥供应链的全部效率。但是，这种以客户为中心的思想在实际工作中还不能够完全实现，而且它开始于需求预测，结束于订单生产，应该说它所涉及的范围是十分有限的。

小结

本节主要介绍了供应链库存管理的相关理论和技术。首先介绍了库存和库存管理的基本概念。然后阐述了需求不确定性和安全库存的关系，并简要介绍了需求预测的方法。在此基础上详细说明了三种传统库存管理模型：经济订货批量模型、定量订货模型和定期订货模型。本章还讲解了常用的库存ABC分类法和CAV 法。然后分析了风险分担的含义和集中化库存策略，引出供应链条件下的级库存管理策略。最后介绍了四种库存管理新策略：JIT、VMI、JMI和CPFR。

问题讨论

1. 简述库存的积极作用和消极作用。
2. 什么是经济订货批量?它的计算公式是什么?
3. 定量订货法和定期订货法分别有主要哪几个变量?它们如何确定?
4. 什么叫级、级库存、级库存状况和级提前期?
5. 简述JIT、VMI、JMI、CPFR库存管理的核心思想及其优缺点。
6. 某生产商通过其分销商配送仓库向若干个零售店供货。假定分销商每次发出的订单都需支付一笔20 000元的订货费用，购买每件产品的成本是5 200元，平均库存持有成本是产品成本的10%。又假定零售商向分销商仓库订货的提前期是两个星期、分销商向生产商订货的提前期是两个星期，所有零售商汇集的冰箱销售量服从均值为360件/周、标准差为40件/周的正态分布。若分销商希望保证95%的服务水平（安全系数为1.65)，试确定分销商仓库级库存的订货点、订货量、安全库存、最大库存和平均库存水平。

案例探讨　京东商城的供应链库存策略

京东商城作为中国最大的自营式电商企业，2014年完成订单量达到6.89亿，年销售额2602亿元。如此庞大的订单量对应着复杂的供应链和庞大的库存。为此，京东有一系列的策略。

1.销售预测

在供应链和库存管理里面最核心的就是需求管理。需求管理在大数据需求下，需求预测成为其核心。通过大数据来做需求预测，能做到自动补货、自动调拨、整体库存分析、SKU备货等，做到在用户下单之前就将商品送到最近的仓库。京东的预测模型是由京东十几年的销售数据，再结合季节的变化、人均销售、促销因素等来建立，同时用算法来预测未来的趋势，确定SKU的量及未来销售的量。目前京东能做到：通过28天预测值，预测每一个SKU的未来量并驱动RDC和FDC的调拨和补货，保证商品量和限购率。

2.自动补货

补货模型包括阶段性的补货与时间的匹配，保证库存不是一个最大的值而是一个最合理的值。

京东通过补货点与安全库存点的逻辑关系来驱动整个补货效率的提升。在补货的过程中纳入成本模型，只有在成本模型的驱动下，整个销售预测和模型才会更有效。

3.健康库存

库存健康系统。库存健康模拟产品未来的一个时间点，提前做出滞销、降价、退货等处理。补货模型包括阶段性的补货与时间的匹配，保证库存不是一个最大的值而是一个最合理的值。

（根据公开的网络资料整理）

问题：

1．分析京东商城销售预测的优点。

2．分析京东商城在库存控制策略的特征及适用性。

3．提前期和提前期的变动对库存有什么影响？京东商城该怎么处理？

4．对京东商城来讲，什么是有效的库存管理策略？

第5章　物流网络设计

学习目标

1. 掌握单设施选址的方法、物流规划所需要的数据。
2. 理解物流网络规划的必要性、物流网络规划过程、多设施选址。
3. 了解物流设施选址应该考虑的因素、物流规划使用的技术、服务设施选址。

基本概念

物流网络　设施选址

引导案例　　中国移动物流网络优化

为了及时响应公司基础设施建设对物资的需求，降低整体物流成本，中国移动开始实施“物流改造”工程，进行物流优化。中国移动将工程（物资）物流分为两级进行优化管理，构建二级物流体系。该二级物流体系是指，公司在全国构建大区和省区。大区是第一级，省区是二级，省区与大区的物流可以进行对接。供应商的设备首先送到大区，然后再分拨到各省区。目前中国移动在国内共有五个大区，包括华北大区、西北大区、西南大区、广东大区和华东大区。在全国选择五个省市——天津、陕西、重庆、广东、江苏建立大区物流基地，分别覆盖华北大区、西北大区、西南大区、广东大区和华东大区的物资仓储与配送。

中国移动实行自建各大区和省区物流中心、仓储和配送全部外包给第三方物流公司的模式。另外，省区内部仓库也会随着企业发展建设的需要进行裁撤、增减。各省的物资由省区统一管理，实行一体化配送。根据各地的不同情况，有的地市会建设仓库。

中国移动公司通过这样的方式对物流管理采取网络的建设和优化措施，这对中国的物流管理事业带来了极大的帮助，这样不仅让公司在物流方面降低成本，并且还可以让该行业的供应链体系做出重大贡献。

（根据公开的网络资料整理）

供应链运作的全球化使得现代物流在当今世界范围内成为成长最为迅速的产业之一。而物流系统的绩效在很大程度上取决于其物流网络规划的好坏。物流网络是物流系统设计中的关键问题之一。为了能够构建一个运行最有效的物流网络，往往要做出一些相关决策。一般认为，物流网络的设计需要确定承担物流工作所需的各类设施的数量和地点。它还必须确定每一种设施怎样进行存货作业和储备多少存货，以及安排在哪里对顾客订货进行交付。物流网络由供应商、仓库、配送中心和零售网点组成，原材料、在制品和成品库存在各节点之间流动。物流网络设计的不合理或过时将会导致设施选址、需求分配、存货水平设定、运送方式和路线选择等的不当，从而使客户服务水平达不到要求，结果造成物流对企业利润的贡献低于应有的水平。本章首先分析供应链环境下物流网络规划的必要性，提出了设施选址的主要因素，探讨网络规划的步骤；然后提出网络规划中主要应用的技术手段；最后对设施选址的理论和方法进行研究、分析。

5.1 物流网络规划问题及其重要性

1.物流网络规划问题

物流网络规划问题就是确定产品从供货点到需求点流动的结构，包括决定使用什么样的设施（如果需要使用）、设施的数量、设施的位置、分派给各设施的货品和客户、设施之间应使用什么样的运输服务、如何进行服务等。网络结构可以有多种形式，根据流经网络的产品不同，网络层次或简单或复杂。

这种网络规划的问题包括空间设计问题和时间设计问题。空间或地理设计问题是指确定各种设施（如工厂、仓库和零售点）的平面地理位置。确定各种设施的数量、规模和位置时则要在以地理特征表示的客户服务要求和成本之间寻求平衡。这些成本包括：生产/采购成本；库存持有成本；设施成本（存储、搬运和固定成本）和运输成本。

网络规划的时间性或时期问题是一个为满足客户服务目标而保持产品可得性的问题。通过缩短生产/采购订单的反应时间或者通过在接近客户的地方保有库存，可以保证一定水平的产品可获得率。这里首要的考虑因素是客户得到产品的时间，以时间为基础的决策也会影响设施的选址。

2.物流网络规划的必要性

为什么要对物流网络进行规划设计呢?原因在于所有企业都在一个动态的环境中经营，在这种环境中，什么都是变化的，所以企业必须重新配置他们的资源，来适应和满足不断变化的环境。虽然这些变化不一定在同一个时间对某一企业产生影响，但它们确实是物流和供应链管理因素中变化比较频繁的。它们还可能预示着对企业物流网络进行重新评估和重新设计的要求。本书主要考虑如下几种变化：

（1）顾客服务需求的变化。顾客的物流需求以多种方式发生变化，这就要求对物流网络进行重新评价和再设计。比如说一些顾客对物流服务提出了更高的要求，他们要求更有效率和更有成效的服务。而另外的一些顾客，正在试图与新的供应商建立关系，这些供应商可以把物流能力和绩效带到新的和更高的水平上。在顾客服务需求变化的同时，所服务的顾客类型也在发生变化。以食品制造商为例，他们一直以来都是将其产品配送到独立的商店或者零售连锁店，而最近他们将大宗批发商加到他们的顾客名单上。从这个例子可以看出，顾客层面正在发生变化，从而也将对提前期、订单规模和订货频率等相关活动产生影响。

（2）顾客和供应市场的位置变化。因为工厂和物流设施位于顾客和供应市场之间的供应链上，所以这些市场上的任何变化都会引起企业重新评价其物流网络。例如，当美国人口从东南向西南迁移时，新的仓库和物流设施都紧随这种变化而进行地理位置的调整。所以，对于那些向这些逐渐增加的人口中心提供服务的企业而言，亚特兰大、休斯敦等地就成了非常流行的配送中心所在地。

（3）企业所有权的变化。现在许多企业都经历着合并、兼并和剥离相关所有权方面的变革，在这种情况下，企业应该在变化前对新的和旧的物流网络进行正式的评价，这样可以确保新合成的或者独立的企业可以全面地预计企业所有权的变化对物流的影响。对于企业而言，即使物流影响不是计划过程的一部分，那么在所有权发生变化后也应该对物流网络进行重新评价，这一点也是非常重要的。因为这些变化可能会提高新企业重复工作、引发不必要物流费用的可能性。

（4）成本压力。对于企业来说，找到一种新的、创造性的方法来减少关键业务的成本是非常重要的。在这种情况下，对物流网络及其整个供应链的功能进行重新评价，有助于发现新的节约途径。例如，劳动力成本经常会对物流设施的位置产生影响，企业将生产和物流设施从劳动力成本高的地方迁往低的地方，这样可以平衡较高的运输、存货和通信成本。

（5）组织变革。在考虑任何大型企业变革的时候，通常都会考虑物流网络设计这一问题。在这种情况下，企业物流网络的战略职能被视为是在组织变革的过程中必须包含甚至加强的方面。目前，企业再造非常流行，最值得关注的就是物流流程。例如，许多企业今天都在进行订单履行流程的再造，这对于企业的物流职能有着重大意义。

以上所述的各个情况都有可能是企业进行物流网络再设计的一项原因或几项原因。

5.2 物流设施选址的主要因素

物流网络的设计对企业能否高效地进行物流与供应链管理，具有举足轻重的作用。网络设计的最主要问题是物流设施选址。一个组织在进行物流设施的选址时，应主要考虑以下因素：

1. 自然环境因素

气象条件。物流设施选址过程中，主要考虑的气象条件有温度、风力、降水量、无霜期、冻土深度、年平均蒸发量等指标。如选址时要避开风口，因为风口会加速露天堆放商品的老化。

地质条件。物流设施是大量商品的集结地。某些容重很大的建筑材料堆起来会对地面造成很大压力。如果地面以下存在着淤泥层、流沙层、松土层等不良地质条件，会在受压地段造成沉陷、翻浆等严重后果，为此，物流设施建设所选地址的土壤承载力要高。

水文条件。物流设施选址要远离容易泛滥的河川流域与上溢地下水的区域。要认真考察近年的水文资料，地下水位不能过高，洪泛区、内涝区、故河道、干河滩等区域绝对禁止使用。

地形条件。物流设施应该选在地势高亢、地形平坦的地方，且应具有适当的面积与外形。在外形上可选长方形，不宜选择狭长或不规则形状。

2.经营环境因素

经营环境。物流设施所在地的优惠物流产业政策对物流企业的经济效益将产生重要影响，数量充足和素质较高的劳动力条件也是物流设施选址考虑的因素之一。

商品特性。经营不同类型商品的物流设施最好能分别布局在不同地域。

物流费用。物流费用是物流设施选址的重要考虑因素之一。大多数物流设施选择接近物流服务需求地，如接近大型工业、商业区，以便缩短运距，降低运费等物流费用。

服务水平。由于现代物流过程中能否实现准时运送是服务水平高低的重要指标，因此，在物流设施选址时，应保证客户可在任何时候向物流设施提出物流需求，都能获得快速满意的服务。

3.基础设施状况

交通条件。物流设施必须具备方便的交通运输条件。最好靠近交通枢纽进行布局，如紧临港口、交通主干道枢纽、铁路编组站或机场，并且需要有两种以上运输方式相连接。

公共设施状况。物流设施的所在地，要求城市的道路、通信等公共设施齐备，有充足的供电、水、热、燃气的能力，且场区周围要有污水、固体废物处理能力。

4.其他因素

国土资源利用。物流设施的选址应贯彻节约用地、充分利用国土资源的原则。物流设施一般占地面积较大，周围还需留有足够的发展空间，为此地价的高低对布局规划有重要影响。

环境保护要求。物流设施的选址需要考虑保护自然环境与人文环境等因素，尽可能降低对城市生活的干扰。

周边状况。由于物流中心是火灾重点防护单位，不宜设在易散发火种的工业设施（如木材加工、冶金企业）附近，也不宜选择居民住宅区附近。

竞争因素。物流设施选址时应该考虑所在区域的竞争企业已有的和将要建设的物流设施。在新增物流设施进入前，常常有一个或多个竞争企业物流设施已经存在。

5.3　物流网络规划过程

当确定企业物流网络的最佳设计的任务时，需要考虑很多因素。这些因素我们在上一节的时候已经讨论过了。图5-1是本书推荐的六个步骤，它应用于综合的物流网络设计过程。现在我们详细介绍这些步骤：

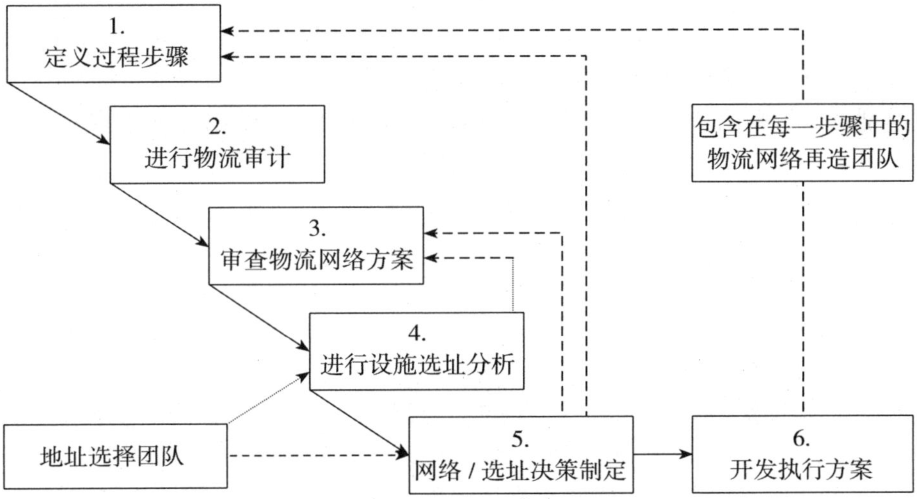

图5-1　物流网络设计过程的关键步骤

1.定义物流网络设计过程

首先应该成立一个既要了解企业战略、企业的根本业务需要，又要了解企业所在的供应链的团队。这个团队要对物流网络设计过程的各个方面都负责。与此同时，需要设置物流网络设计过程自身的参数和目标，这个步骤与成立物流网络设计团队同样重要。另外，还应该注意到提供物流服务的第三方供应商实现企业物流目标的潜在可能性，这将拓宽网络设计团队的视野，考虑来自外部的物流网络解决方案或适当的物流资源。

2.进行物流审计

物流审计可以让设计团队的成员对企业的物流过程有一个更全面深刻的了解。通过物流审计可以收集各种类型的重要信息，并且对于其他的步骤非常有用，5.4对物流网络规划所需的相关数据进行介绍。图5-2就是包含在物流审计中的一些关键的步骤。

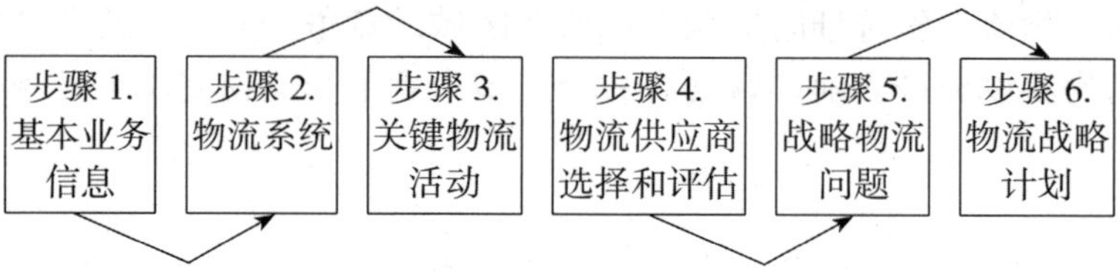

图5-2　物流审计的关键步骤

3.审查建模方案

审查物流网络的可能方案，这些方案包括目前的物流网络和在考虑的各种备选方案，需要对这些可能方案应用恰当的定量模型进行选择。这些模型包括优化模型、仿真模型、启发式模型、专家系统模型等等。这些模型和方法将在5.5中进行讨论。如上所提到的模型提供了各种可能的网络功能和成本/服务效果的大量信息，一旦选择了恰当的建模程序，就可以应用这个模型来确定与物流审计中所识别出来的目标相一致的物流网络。模型可以帮助团队提供更好的洞察力，而不是模型所给出的问题答案。一旦设计方案确定下来，就需要对其进行分析，以测试该设计在改变关键的物流变量方面的敏感性。这一步骤有利于提供物流设施的数量和一般位置的推荐，它将有助于满足期望的目标。

4.进行设施选址分析

接下来就需要从定性和定量两个方面来详细分析特定区域和城市的特征。定量的元素主要包括劳动环境、运输问题、与市场和顾客的距离、生活质量、税收、供应商网络、土地成本和用途，以及企业特惠等事项。设施选址分析需要地址选择团队收集各个具体特征信息，并且能够在地形、地质和设施设计方面对潜在的场所进行审查。他们所进行的第一次筛选通常会将那些看起来不经济的方面去掉，这就减少了备选方案的数目。例如，考虑美国南部配送中心潜在地址的数目，团队根据物流选址决定因素可能会发现在物流上最优的地址是田纳西/佐治亚区域，这就明显减少了潜在地址的数量，使得团队可以进行某一具体区域的选址分析。

5.网络和设施选址的决策制定

该步是对第三步和第四步中推荐的网络和物流设施具体位置和第一步中确定的设计标准进行比较，评价它们的一致性。需要在供应链总体定位的基础上确定需要对企业的物流网络进行何种改变。

6.开发执行方案

开发执行方案应该包括从目前的物流网络向期望的物流网络移动的有用的路径图。因为一开始就知道再造过程很重要，可能会产生大的变革，因此提供必需的资源对保证方案顺利、准时地执行是非常重要的。

5.4 物流网络规划所需的数据

1.物流网络规划需要的数据

物流网络规划需要大量的数据和信息，下面主要介绍与建立模型相关的13个方面的数据，这些数据通常包括以下内容：

（1）顾客、零售商、现有仓库、制造厂和供应商的位置

（2）所有产品的数量和特殊的运输方式

（3）每个区域的顾客对每种产品的需求量

（4）每种运输模式的运输费率和成本

（5）仓库成本（包括劳动力、仓库保管费用和运营维护费）和费率

（6）产品线上的所有产品清单

（7）运输时间、订货周期、订单满足率

（8）采购、制造成本

（9）向顾客发货的频率和运量

（10）网络中各个节点的存货水平及控制方法

（11）订单处理成本与发生这些成本的物流环节

（12）产品配送模式

（13）顾客服务需求和目标

2.物流网络规划数据汇集的原则

因为绝大多的企业没有正式的物流信息系统，所以物流管理人员需要从企业内外部各环节收集数据。主要的数据来源包括经营运作文件、会计报告、物流研究、公开出版物等。管理人员可以通过这些渠道获得有价值的数据。

从数据清单中我们可以看出，物流网络规划所需要的数据量是巨大的，所以数据的汇集很重要。数据汇集的原则主要有如下两个方面：

（1）企业的顾客通常散布在各地，但又相对地集中在中心地带。在物流网络规划中，没有必要对每个顾客进行单独的分析，可以采用网格或其他聚类技术将距离较近的顾客集合起来。所有一个单元格内的顾客均被看成位于单元格中心的单一顾客，这些单元格称为顾客区。将整个市场销售用这些聚集点来代表而进行网络规划分析，在估算的准确性上不会有太大的偏差。

（2）应根据以下原则将产品汇集为合理数量的产品组：

① 配送模式。所有在一个源头分拣并送往一个顾客的产品集合成一类。有时需要不仅按照配送模式，还要按照重量和体积等物流特征进行汇集，也就是在具有同种配送

模式的产品中，将单位库存的单位体积和重量相似的产品汇集为一个产品组。

② 产品类型。不同的产品可能仅仅在产品型号、款式或包装形式上有所不同，这些产品可以汇集成一类。

③ 将需求点汇集为150~200个区域。

④ 确保每个区有大致相同的总需求，这意味着每个区的面积可能不等。

⑤ 将产品汇集成20~50个产品组。

3.运输费率的估算

物流网络规划中，运输费率是一个重要的问题。由于物流成本是网络规划的主要决策依据，因此必须对各种方式的运输费率做出准确估算。

企业自有卡车运输成本的估计较为简单，只要掌握每辆卡车的年费用、每辆卡车的年行驶里程、每辆卡车的年运量，以及卡车的有效运力就可以计算出每单位库存的运输成本。

从企业资源优化配置的目标出发，企业通常会将一部分产品的运输工作交给企业外部运输力量来完成，在这里我们区分两种运输模式：整车运输（Truck-Load，简称TL）和零担运输（Less-Than-Truck-Load，简称LTL）。整车运输为托运量正好能够满足货车容量要求的托运人提供服务。整车运输在托运处装货，并将整车的货物发送到目的地。零担运输为那些不能达到整车货运所需运送量的托运人服务。零担运输运送人在城市间合并小宗的货运，并在目的地将货物分解。一般情况下，零担运输的运费比整车运输的运费高。

在零担运输业中，一般包括三种运输费率：等级（Class）费率、特价（Exception）费率和商品（Commodity）费率。等级费率是标准费率，几乎所有的商品都有相应的标准费率。在所有情况下，等级越高，相应的商品费率越高。确定一个产品具体的类别涉及很多因素，包括产品密度、搬运和运输的难易程度等。特价费率是指提供更便宜的费率。而商品费率是指针对特殊商品的费率。

一旦费率确定后就要确定费率基准数。这些基准数一般等于出发地和目的地之间的近似距离。有了商品的运输等级和基准数，就可以从承运人的价目表中得到具体的运输费率。

4.与仓储设施相联系的成本

与仓储设施相联系的成本可以分为三大类：

（1）固定成本。包括那些在仓库中与周转的库存数量不成比例的成本因素。包括税收、租金、管理费用、资产折旧等项目。固定成本通常与仓库规模成比例，但不是线性比例。在特定范围的仓库规模下，成本不变。

（2）操作成本。包括与每年流经仓库的货物量成比例的劳动力和设备成本。它随着货物周转量的变动而变动。

（3）存储成本。代表库存持有成本，是平均库存水平的函数。

为了计算存储成本，我们引入库存周转率的概念，库存周转率是指每年从仓库流出的总量与平均库存水平的比例。其具体定义为：

$$库存周转率=\frac{年销售量}{平均库存水平} \tag{5.1}$$

如果该比率为K，平均库存水平等于年总流量除以K。将平均库存水平乘以单位库存持有成本就可以得到每年的存储成本。

为了计算固定成本，我们需要估计仓库的规模即仓库容量。我们需要根据给定的每年流经仓库的货物量，估计必需的实际空间。假定有一个稳定的运输和交货计划，如图5-3所示，必需的存储空间大致为平均库存水平的2倍。因为实践中存放在仓库的托盘需要额外的空间用于搬运和进出。因此，要考虑走廊、分拣和处理设备，以及自动导引小车，我们一般要将需要的存储空间乘以一个系数（>1）。这个系数依赖于具体的应用，它可以使我们更精确地评估仓库的可用空间。实践中常用的系数是3。考虑以下情况，仓库的年流量是1 000单位，库存周转率为10，根据库存周转率的公式（5.1）可知，平均库存水平为100单位。但是，如果每单位需要10平方米空间，则产品需要的空间为10×100×2=2 000（平方米）。因此，整个仓库需要的空间为2 000×3=6 000（平方米）。

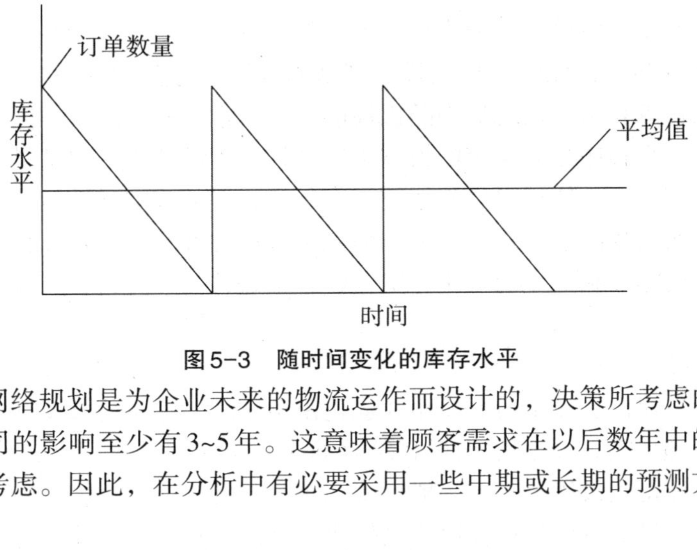

图5-3　随时间变化的库存水平

因为物流网络规划是为企业未来的物流运作而设计的，决策所考虑的仓库数量、位置和规模对公司的影响至少有3~5年。这意味着顾客需求在以后数年中的变化需要在网络设计时给予考虑。因此，在分析中有必要采用一些中期或长期的预测方法。

5.5　物流网络规划使用的技术

在获取足够的数据和信息后，就要开始网络规划设计分析，以确定最优的设计方案。这个过程相当复杂，通常需要借助数学模型和计算机仿真模型。这些技术包括如下几类：

1. 数学分析技术

数学分析技术泛指各种借助简单数学分析技术的方法，包括统计图表、制图技术和表格对比几种方法。虽然这些方法不需要深奥的数学分析，但能够综合反映各种现实的约束条件。其分析结果并不是低质量的，它需要分析人员的洞察力、经验和对网络规划的良好理解。这类方法能够考虑主观因素、利润因素、成本和限制条件等许多最复杂的数学模型所不能包括的因素。这使得其分析内容更丰富，并且有可能得出能直接用于实施的设计方案。

2. 优化模型

优化模型是建立在精确的数学方法的基础之上的，它依据精确的数学过程评价各种方案，并且在给定的假设前提和足够的数据基础上，可以保证得到针对该问题的数学最优解，即从数学上证明所得到的解是最优的。优化模型主要包括线性规划、非线性规划、整数规划、动态规划模型、计算机模型、枚举和排序模型。其中的许多复杂的模型可以借助计算机程序求解。它的缺点是一个数学模型往往无法包含现实问题所有的约束条件与影响因素，使用者必须在运算能力限制与假设条件个数之间做权衡。

3. 计算机仿真模型

仿真模型考虑了具体设计和网络性能方面的动态情况。物流网络的仿真包括模拟成本结构、约束条件和其他能够合理地代表网络的因素。它在物流网络规划中十分重要，有广泛应用。其优点在于方便地处理随机性的变量要素，并能对现实问题进行比较全面的描述。因此，仿真程序是对系统的模型进行抽样试验的技术。也就是说，将一定的网络结构表示为仿真模型，然后提供与系统方案运营相关的成本和其他的数据。由于模型关系非常复杂，所处理的信息量非常大，因此仿真通常都是通过计算机进行的。当设计的物流网络不需要翔实和优化的解决方案，或者不是特别关键时，仿真方法是最合理的选择。

4. 启发式模型

启发式模型在建模上介于仿真模型和优化模型之间，它将仿真模型定义的真实性和优化模型所能实现的寻求最优解的过程结合起来。它能对现实问题进行较为全面的描述，但是不能保证得到最优解。它一般用来解决一些较为困难的物流网络问题，这些问题往往需要做出大量的折中决策，以满足优化模型的要求，得到比较合理的网络规划解决方案。启发式方法的定义如下：启发式方法是一个简化了的推理过程，寻求得到满意答案，而不是最优解。启发式方法包含一种规则或计算机程序，可以限制问题的可行解个数，它模拟人的一些行为准则，对无法求得最优解的问题给出一个可以接受的解，从而缩短问题的求解时间。启发式模型对于物流中的一些难以解决的问题来说是一种很实用的方法。如果人们建立模型的目的是要找到满意答案，且利用优化法对问题求解要求的条件过多时，启发式模型就非常有用。

我们常常在规划时使用启发式方法，在使用时注意以下的一些规则：仓库的最佳选址往往在需求最密集的中心点附近；应该由供货点直接供货给那些按整车批量购买的客户，不应再经过仓储系统；对需求量及需求提前期波动很小的产品，应当实行准时化管理，尽量减少库存；在当前配送体系中增加新的物流设施的前提条件是：新增加的设施能最大化地节约物流成本；从配送角度看，那些订货量少而且位于产品配送网络末梢的顾客其代价最高；从分销网络的最远端开始，沿途搭载小批量货物直到装满整车，再回到运输起点的运输方法是最经济的。

5.专家系统模型

专家系统，又称人工智能系统，是将人们以往解决问题的经验、方法与专长转化为计算机程序，因为如果曾对某一个规划问题进行过多次求解，规划人员就会对解决该类问题积累一定的经验，这些经验往往胜过最复杂的数学公式。这些专家还可以处理那些不完整的数据、模糊和局部的信息以及非结构化问题。如果能够把这些经验或知识以程序的方法传给计算机，融入到现在的模型或专家系统中，就能够得到比单独使用仿真技术、启发式方法或优化方法更好的解决方案。专家系统有以下几个明显的优点：

（1）专家系统既能处理定性的信息，也能够处理定量的信息，可以使得某些关键的主观因素很容易地成为决策过程的组成部分。

（2）专家系统能够处理不确定的信息，而且利用部分信息也能够对问题求解，这样能够解决一些更复杂的、未能很好组织起来的问题。

（3）专家系统解决问题的速度更快、成本更低，并且可以很快地提高物流管理人才的决策能力。

（4）专家系统提供的知识可以转移、复制，并且具有文档化特征。开发专家系统模型最大的困难就是如何识别、获取专家的智慧与知识并将其转化成计算机程序。

6.决策支持系统

以计算机为基础的决策支持系统为规划过程提供了广泛的空间，它可以使用户直接与数据库交互作用，将数据直接导入决策模型，以简洁的描述分析来辅助决策过程。对于网络规划的决策支持系统，其中的一个关键要求是灵活性。在此，我们将灵活性定义为系统体现大量现有网络特征的能力。优化模型中应该考虑以下的特征：

（1）顾客的具体服务水平要求。

（2）现有仓库。

（3）现有仓库的扩大。

（4）专门的流动模式。

（5）仓库到仓库之间的流动。有些情况下，货物可能会从一个仓库流向另一个仓库。

（6）物料清单。用户需要提供用于装配最终产品的零部件信息。

除了考虑以上因素外，还需要考虑系统的鲁棒性（Robustness）和系统运行时间的合理性。

一个工厂或服务设施应该设在何处对于企业来说是涉及经营战略的重大决策，同时它也会影响到一个地区的生产能力布局、城市建设规划、基建投资、环境保护等问题，并且受多方面因素的影响，是一个政治、经济、文化、科技相互交叉的复杂问题。可以说，设施的选址问题是一个关键而又复杂的优化问题。下面我们将介绍单设施选址、多设施选址和服务设施选址的具体情况。

5.6 单设施选址

单设施选址是为单个物流设施选址，常用的方法有简单栅栏法和重心法。

1. 简单栅栏法

简单栅栏法是一种启发式方法，在欧氏几何平面内，通过简单地衡量x和y方向的平均值，选择合适的坐标（x_i，y_i），以达到最小化吨公里的目标。

简单栅栏法的设施选址坐标通过下式计算而得：

$$\bar{x}=\frac{\sum_{i=1}^{n}\omega_i x_i}{\sum_{i=1}^{n}\omega_i} \tag{5.2}$$

$$\bar{y}=\frac{\sum_{i=1}^{n}\omega_i y_i}{\sum_{i=1}^{n}\omega_i} \tag{5.3}$$

式中：x_i、y_i——工厂和客户区域坐标;

$\bar{x}$ 、$\bar{y}$ ——估算的仓库坐标;

ω_i——待选址设施到节点i的运输费率。

距离计算公式为:

$$d_i=\sqrt{(x_i-\bar{x})^2+(y_i-\bar{y})^2} \tag{5.4}$$

式中：d_i——从设施点到市场i的距离。

全部运输成本计算公式为:

$$TC=\sum_{i=1}^{n}\omega_i d_i \tag{5.5}$$

式中：TC——从设施点到所有市场的全部运输成本。

【例5.1】某公司为三个市场生产某种产品，并储存在一间仓库里。最近，公司想为建立一个新的仓库选址，以降低总的运输成本。坐标点、需求量和运输费率如表5-1所示。

表5-1 **工厂和客户的位置及客户的需求量和运输费率的情况**

	坐标			
位置	x_i	y_i	货运量	运输费率
工厂	8	10	1 000	0.25
市场A	12	9.5	250	0.5
市场B	11	7.5	350	0.5
市场C	6	5	400	0.5

解：根据表5-1中的有关数据计算各参数，计算结果如表5-2所示。

表5-2 **利用简单栅栏法计算的结果**

1	2	3	4	5	6	7	8
位置	x_i	y_i	ω_i	d_i	$x_i\omega_i$	$y_i\omega_i$	$\omega_i d_i$
工厂	8	10	250	12.81	2 000	2 500	3 202.50
市场A	12	9.5	125	15.31	1 500	1 187.50	1 913.75
市场B	11	7.5	175	13.31	1 925	1 312.50	2 329.25
市场C	6	5	200	7.81	1 200	1 000	1 262.00
合计			750		6 625	6 000	9 007.50

根据表5-2的数据计算可得：

$\bar{x}=\dfrac{6\,625}{750}=8.83$　　$\bar{y}=\dfrac{6\,000}{750}=8.00$　　总运输成本=9 007.50

简单栅栏法得到的是一个近似的结果，因为计算 $\bar{x}$、$\bar{y}$ 时，认为这两个坐标值是相互独立的，而事实上它们是相互依存的。为此，以下我们引入重心法。

2. 重心法

重心法是一种静态的选址方法，即将运输成本作为唯一的选址决策因素。给定供给点与需求点的坐标，以及节点之间的运输量，则单设施选址应当使得运输总成本最小，即：

$$\min TC=\sum_i V_iR_id_i=\sum_i V_iR_ik\sqrt{(x_i-\bar{x})^2+(y_i-\bar{y})^2} \tag{5.6}$$

式中：TC——运输总成本；

V_i——节点i的运输总量；

R_i——待选址设施到节点i的运输费率；

k——模型中坐标单位与实际空间距离的比例。

对式（5.6）两边求导并令导数为零，则设施选址的最优坐标可通过下面一组方程来确定：

$$\begin{cases} \bar{x} = \dfrac{\sum_i V_i R_i x_i / d_i}{\sum_i V_i R_i / d_i} \\ \bar{y} = \dfrac{\sum_i V_i R_i y_i / d_i}{\sum_i V_i R_i / d_i} \end{cases} \tag{5.7}$$

方程的求解步骤如下：

（1）确定已知的供给点与需求点的坐标、运输量及线性运输费率。

（2）忽略距离d_i，根据重心公式求得待选址设施的初始化坐标($\bar{x}_0$，$\bar{y}_0$)：

$$\begin{cases} \bar{x}_0 = \dfrac{\sum_i V_i R_i x_i}{\sum_i V_i R_i} \\ \bar{y}_0 = \dfrac{\sum_i V_i R_i y_i}{\sum_i V_i R_i} \end{cases} \tag{5.8}$$

（3）根据第二步求得的（$\bar{x}_0$，$\bar{y}_0$）计算出d_i，其中的比例系数k暂时不考虑。

（4）将d_i带入式（5.3）和式（5.4），求出修正的（$\bar{x}$，$\bar{y}$）。

（5）根据修正的（$\bar{x}$，$\bar{y}$）重新计算d_i。

（6）重复第四步和第五步，直到（$\bar{x}$，$\bar{y}$）的变动小于理想的精度。

（7）最后，根据求得的最佳选址计算运输总成本。

【例5.2】某企业的两个工厂分别生产A、B两种产品，供应三个市场（M_1、M_2、M_3），已知的条件如表5-3所示。现需设置一个中转仓库，A、B两种产品通过该仓库间接向三个市场供货。请使用重心法求出仓库的最优选址。

表5-3 **相关数据**

节点(i)	产品	运输总量	运输费率	x_i	y_i
1 P_1	A	2 000	0.05	3	8
2 P_2	B	3 000	0.05	8	2
3 M_1	A&B	2 500	0.075	2	5
4 M_2	A&B	1 000	0.075	6	4
5 M_3	A&B	1 500	0.075	8	8

解：利用式（5.8），可以求出仓库的初始化选址，见表5-4。

表5-4 仓库的初始化选址计算结果

	x_i	y_i	V_i	R_i	V_iR_i	$V_iR_ix_i$	$V_iR_iy_i$
1	3	8	2 000	0.05	100.00	300.00	800.00
2	8	2	3 000	0.05	150.00	1 200.00	300.00
3	2	5	2 500	0.075	187.50	375.00	937.50
4	6	4	1 000	0.075	75.00	450.00	300.00
5	8	8	1 500	0.075	112.50	900.00	900.00
合计					625.00	3 225.00	3 237.50

根据表5-4的数据求得：

$\bar{x}$ =3 225.00÷625.00=5.16

$\bar{y}$ =3 237.50÷625.00=5.18

相应的运输成本计算见表5-5。

表5-5 运输成本计算结果

			(4)	(5)	(6)	(7)=(4)×(5)×(6)
	x_i	y_i	V_i	R_i	d_i(公里)	成本(元)
1	3	8	2 000	0.05	35.52	3 552
2	8	2	3 000	0.05	42.63	6 395
3	2	5	2 500	0.075	31.65	5 935
4	6	4	1 000	0.075	14.48	1 086
5	8	8	1 500	0.075	40.02	4 503
运输总成本						21 471

在上例中，并没有对（$\bar{x}$，$\bar{y}$）进行迭代修正。事实上，当各节点的坐标与运输总量分布均匀、运输费率为线性时，初始值（$\bar{x}_0$，$\bar{y}_0$）就已经是一个满意解了。迭代结果如表5-6所示。当节点数量较少、运输量差异较大，且运输费率为非线性时，应当进行适当次数的迭代修正。

表5-6 迭代结果

迭代次数	$\bar{x}$	$\bar{y}$	总成本(元)
0	5.160	5.180	21 471
1	5.038	5.056	21 431.22
2	4.990	5.031	21 427.11
3	4.966	5.032	21 426.14
4	4.951	5.037	21 425.69
5	4.940	5.042	21 425.44
6	4.932	5.046	21 425.3
⋮	⋮	⋮	⋮
100	4.910	5.058	21 425.14

单设施选址还可以通过其他一些方法求解。应当看到，任何模型都是对现实问题的一种抽象表述，模型求解往往需要一些假设前提简化实际问题，如果假设前提并没有使模型的运算结果脱离实际情况，则无论从数学角度还是从实用的角度，这种简化假设都是可取的。单设施选址的常用假设如下：

（1）需求量往往是被聚集在一定数量的点上，每个点代表分散在一定区域内的众多顾客的需求总量。

（2）单设施选址模型忽略了不同地点选址可能产生的固定资产构建、劳动力成本、库存成本等成本差异。

（3）运输费率的线性假设。事实上，绝大多数情况下的运输费用与运输距离并不是绝对的线性关系。

（4）直线运输假设。现实条件下，节点之间的直线距离与实际发生的行走路线之间存在差异，修正这种差异的方法是将两点之间的直线距离乘以一个修正系数，修正系数的选取根据经验和实际情况。

（5）静态选址假设。往往不考虑未来的收益与成本变化。

5.7 多设施选址

多设施选址是由于配送的货物范围分布广，用一个设施无法满足需求就需要建立多个设施。与单设施选址相比，多设施选址更具有现实意义，也更为复杂。多设施选址的问题，一般可以归纳为以下几个基本规划问题：数量配置问题，确定合适的设施数量；区位配置问题，确定每一个设施的地理位置；容量配置问题，确定每个设施的规模；市场和供给配置问题，确定每个设施应服务于哪些市场，每个设施有哪些供给源供货等等。

以经常遇到的仓库选址问题为例，需要考虑的问题有：需设置的仓库的数量、容量及位置，每个仓库服务的顾客群，各仓库的产品供给源，每种产品的库存配置与运输。

1. 多重心法

以仓库选址为例，需确定要建立多少个仓库和每个仓库服务的市场范围，利用重心法为各个仓库确定最优选址，通过对仓库数量各种可能的选择进行考察，选出其中成本最小的方案。

【例5.3】已知四个区域市场，它们的坐标分别为M_1（3，3）、M_2（6，8）、M_3（11，9）、M_4（9，5）。四个市场所需要的产品分别为20 000件、50 000件、60 000件、30 000件。现需要设置一些中转仓库。已知仓库到各个市场的运输费率为0.08元/件公里，每修建一个仓库每年需承担的固定成本为100 000元，仓库的平均维持成本为500 000 $\sqrt{N}$ 元，其中N为仓库的个数。假设该种产品由国外进口，无论中转仓库建在目标市场中的什么位置，产品从生产厂到仓库之间的运输费用都大致相等，因此这部分费用在求解时不考虑。请做出仓库选择决策。

解：仓库的个数最少为一个，最多为四个，分别建在每个市场中心。对于每一种可能的仓库个数决策，分别用重心法求出最优选择，并计算物流总成本，然后从中选出总成本最小的方案。不妨首先来考察修建3个仓库的情况。由于每个市场只能由某一个仓库供货，因此将4个市场的供货任务分配给3个仓库，共有6种可能的搭配方式，针对每一种搭配方式，利用重心法求出仓库的选址，其中运输总成本最低的方案就是3个仓库的最优选址决策方案。结果如表5-7所示。

表5-7 **选址决策**

方案	供货任务分配			最小运输总成本
	仓库1	仓库2	仓库3	
1	$\{M_1, M_2\}$	M_3	M_4	932 953
2	$\{M_1, M_3\}$	M_2	M_4	1 600 001
3	$\{M_1, M_4\}$	M_2	M_3	1 011 931
4	$\{M_2, M_3\}$	M_1	M_4	2 039 615
5	$\{M_2, M_4\}$	M_1	M_3	1 018 235
6	$\{M_3, M_4\}$	M_1	M_2	1 073 314

从表5-7中可以看出，方案1运输总成本最低。因此，若选3个仓库，则最优选址方案为仓库1选在市场M_1、M_2中心，仓库2选在市场M_3，仓库3选在市场M_4。

对仓库个数N=1，2，3，4的情况，分别求出最优选址方案，如表5-8所示。

表5-8 **最优选址方案**

仓库数	最优配置	仓库坐标	运输总成本	库存持有成本	仓库固定成本	物流总成本
1	$\{M_1,M_2,M_3,M_4\}$	(8.09,7.44)	4 156 042	500 000	1 000 000	5 656 042
2	$\{M_1,M_2,M_4\},\{M_3\}$	(6,8),(11,9)	1 951 193	707 107	2 000 000	4 658 300
3	$\{M_1,M_2\},\{M_3\},\{M_4\}$	(6,8),(11,9),(9,5)	932 953	866 025	3 000 000	4 798 978
4	$\{M_1\},\{M_2\},\{M_3\},\{M_4\}$	(3,3),(6,8),(11,9),(9,5)	0	1 000 000	4 000 000	5 000 000

结论：修建两个仓库，仓库1（6，8）服务市场M_1、M_2、M_4，仓库2（11，9），服务市场M_3。

2.混合整数线性规划

混合整数规划是一个成功地应用到了物流设施选址问题上的优化求解方法。这种规划提供了很大的灵活性，它能够体现出在物流应用中发现的许多复杂的特性。混合整数规划的主要优势在于固定成本及不同水平的可变成本均能包括在分析之中。现在，以仓库选址为例，决策目标是在物流网络中确定仓库的数量、容量与位置，使得物流总成本最小。决策问题的约束条件是：

（1）各生产厂的产量约束。

（2）所有的市场需求必须被满足。

（3）仓库的周转总量与库存约束。

（4）同一市场所需的各种产品必须由同一个仓库供应，不允许交叉运输。

混合整数线性规划的模型如下所示：

$$\min TC=\sum_{ijkl}C_{ijkl}X_{ijkl}+\sum_{k}[f_k z_k+v_k\sum_{l}(\sum_{i}D_{il})y_{kl}] \tag{5.9}$$

约束条件:

· 生产能力限制 $\sum_{kl}X_{ijkl}\leq S_{ij}$

· 必须满足所有的需求 $\sum_{j}X_{ijkl}=D_{il}y_{kl}$

· 顾客由单一仓库供货 $\sum_{k}y_{kl}=1$

· 仓库周转总量限制 $\underline{V}_k z_k \leq \sum_l (\sum_i D_{il}) y_{kl} \leq \overline{V}_k z_k$

式中：i——产品代号；

j——工厂代号；

k——仓库代号；

l——顾客代号；

S_{ij}——产品i在工厂j的产量；

D_{il}——顾客l对产品i的需求量；

$\underline{V}_k$、$\overline{V}_k$——仓库k的周转总量的上、下限；

f_k——仓库k的年固定成本；

v_k——产品经仓库k周转的操作费用（元/件）；

C_{ijkl}——产品的平均生产与运输费用（元/件）；

X_{ijkl}——由工厂j生产，经仓库k中转；提供给顾客l的产品I的数量；

y_{kl}——0~1变量，当仓库k向顾客l供货时取值为1，否则为0；

z_k——当确定使用仓库k时取值为1，否则为0。

3.模拟模型

模拟设施选址模型指以代数和逻辑语言做出的对物流系统的数学表述，在计算机的帮助下人们可以对模型进行处理。经济或统计关系的现实表述已定，就可以使用模拟模型来评估不同布局方法的效果。算术模型寻找的是最佳的优化结果，而模拟模型则试图在给定的条件下反复使用模型找出最优的网络设计方法。数学模型只要求分析人员对决策的优化模型及求解方法精通就可以寻找到最优方案。但模拟模型不同，它要求分析人员必须精通物流设施的各种实际情况，对问题进行准确的描述，然后使用模拟方法进行规划。这种模型宁愿冒险接受改良的次优解，也不要对问题笼统描述的最优解。这种方法在求解的精确性上要低于数学优化模型，但是因为它能满足企业人员在全面反映实际问题的基础上求出满意解的要求，且简单易懂，因而受到广泛重视。

图5-4表示一个仓库选址的模拟流程图，对输入数据的处理分两个部分：

（1）预处理程序根据顾客订货量的大小，将货物分为两类。订货批量大的订单，因为达到经济送货批量而可以直接由工厂供货，另一类订单则由中转仓库供货。

（2）主程序对需要从仓库供货的订单计算出顾客到仓库及仓库到工厂的运输距离。首先找到5个距顾客最近的仓库，然后分别计算物流总成本，从中选出总成本最小的仓库向该顾客供货。主程序根据产品的流动路线及顾客、仓库与工厂的地理坐标，计算出仓库选址方案的物流总成本。其中，工厂的生产能力限制通过标准的线性规划方法来求解。通过对各种选址方案进行模拟运行，企业管理人员可以从中找出满意的方案。

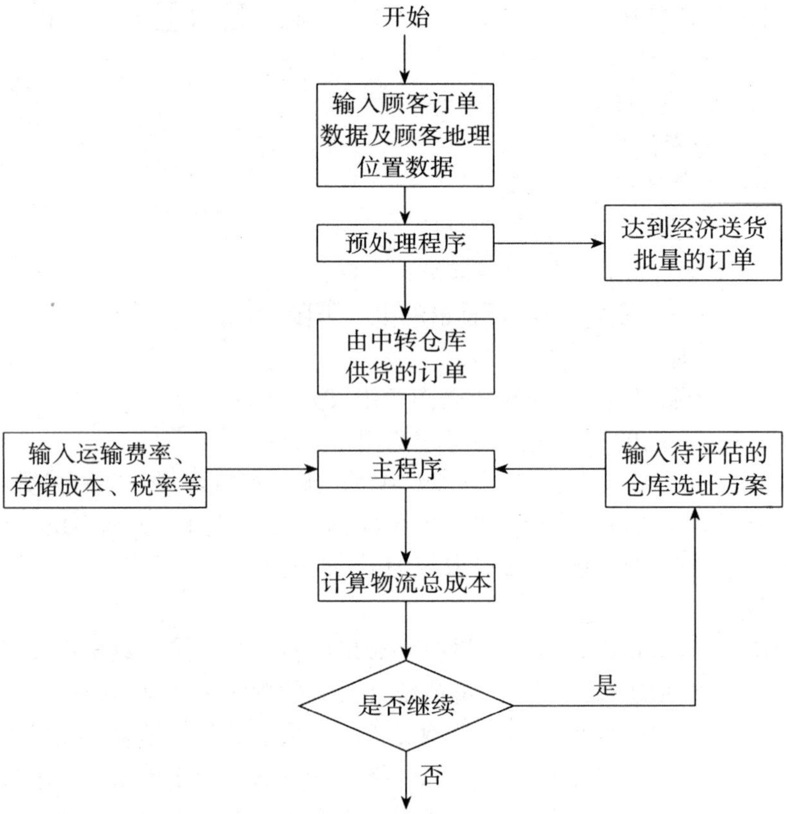

图5-4　仓库选址模拟流程

【小资料】

BuyPC.com 公司是一家虚拟公司，通过互联网销售计算机，产品由亚洲的工厂生产，通过洛杉矶港海运到达美国，再送达各区域仓库。BuyPC.com公司的客户服务目标是：在接到客户订单后，从各区域仓库在两天内将计算机送达其客户。为此，BuyPC.com公司在美国境内租用了13个区域仓库来实现这一服务目标，离仓库区域较近的客户通过UPS地面卡车递送，较远的客户（在1天之内收到货物区域之外的客户）则利用航空公司递送。

在现有的物流网络条件下，BuyPC.com 公司支付的从洛杉矶港到各区域仓库的总运入成本为851 000美元，从区域仓库向客户配送的总成本为2 930 000美元，总库存持有成本为13 291 000美元，总区域仓库固定成本为1 875 000美元。物流总成本合计为18 947 000美元。

BuyPC.com 公司正面临高度可变的客户需求压力，每个区域仓库都要有充足的库存，而区域仓库间的转运又受到抑制，因为运输计算机要承担额外的责任。BuyPC.com公司研究认为，现有物流网络中区域仓库数量过多，这导致了其库存投资很大。因此，BuyPC.com 公司决定减少区域仓库数量，通过库存的风险分担效应以降低库存持有成本和仓库固定成本。

通过模拟分析，BuyPC.com 公司最终决定在美国境内设立哈里斯堡、亚特兰大、芝加哥、达拉斯和洛杉矶5个区域仓库。模拟分析的结果是：总运入成本为783 000美元，从区域仓库向客户配送的总成本为5 900 000美元，总库存持有成本为7 679 000美元，总区域仓库固定成本为625 000美元。物流总成本合计为14 987 000美元，比现有物流网络下的总成本节省了近400万美元。

（出处见书后主要参考文献19）

5.8 服务设施选址

设施选址时经常要考虑诸多成本因素，还有许多非成本因素，这些非成本因素难于用成本来衡量，比如服务中心。服务中心通常是物流网络最末端的存储点，它的选址不像工厂和仓库选址那么重视成本因素，而是更加关注对销售额影响较大的一些因素，如靠近竞争者、人口构成、客流模式、公正的态度等。因此，不能用前面的数学方法来选址，而应采用综合因素的评价方法，常用的有如下两种：

1. 加权评分法

此方法适合比较各种非经济因素。由于各种因素的重要程度不同，需要采取加权方法，步骤如下：

（1）针对厂址选择的基本要求和特点列出要考虑的各种因素。

（2）按照各因素的相对重要程度，分别规定各因素相应的权重。通过征询专家意见或其他方法来决定各因素的权重。

（3）给各因素定分。

（4）将每个因素的权重乘以选址方案在该因素上的得分，得到该方案在该因素上的加权得分，各因素加权得分加总得到该选址方案的最后评分，决策者根据加权评分判断方案的优劣。

2. 空间-引力模型

该模型的基本思想如下：散布在城市中各个区域的顾客与各个零售店有一定的距离，假设各零售店的商品种类大致相同，则顾客选择某一家零售店购物是因为这家零售店对他的引力较大。空间-引力模型用公式表述如下：

$$E_{ij}=P_{ij}C_i=\frac{S_j/T_{ij}^a}{\sum_j S_j/T_{ij}^a}C_i \tag{5.10}$$

式中：E_{ij}——区域i的顾客对零售店j的购买量期望值；

P_{ij}——区域i的顾客到零售店j去购买商品的概率；

C_i——区域i的顾客的需求总量；

S_j——零售店j的规模；

T_{ij}^a——区域i到零售店j的交通时间；

n——零售店的个数（j=1，2，…，n）；

a——经验参数。

模型中零售店的规模S涵盖了所有的吸引顾客前来购物的变量（如商店的知名度、商品库存的可得性、价格、足够的停车空间等）。交通时间T涵盖了所有的阻碍顾客前来购物的因素（如顾客到商店的距离、交通便利程度等）。模型的目的是计算各零售店的市场份额，而新设施的选址决策就是要获得最大的市场份额。

3.灰色关联分析法

灰色关联分析法的目的是寻求一种能够衡量各因素间关联程度的量化方法，以便找出影响系统发展态势的主要因素。它的基本思想是一种相对性的排序分析，它根据比较数列构成的曲线与参考数列构成的曲线之间的几何相似程度来确定比较数列与参考数列间的关联度，几何形状越接近，关联程度越大。

灰色系统理论是用来解决信息不确定系统的数学方法，该理论认为在客观世界中，许多系统既不是“白色系统”（即系统中的信息确定、数据完整），也不是“黑色系统”（信息很不确定、数据很少），而是“灰色系统”（系统的信息部分确定、部分不确定）。

在设施选址决策活动中，可将各选址方案作为比较数列，最优数列作为参考数列，设x_i表示第i（i=1，2，…，m）个选址方案，x_0表示最优选址方案，且：

$x_i=\{x_i(k) \mid k=1, 2, \cdots, n\}\ (i=1, 2, \cdots, m)$

$x_0=\{x_0(k) \mid k=1, 2, \cdots, n\}$

式中：i——选址方案的个数；

k——影响选址的指标个数；

$x_i(k)$——第i个选址方案中第k个因素的原始值。

由于设施选址的评价指标存在量纲上的差异，数据之间也不存在运算关系，所以要对这些原始数据进行生成处理，将其化为[0，1]区间内的数。对数据进行处理可采用下面的公式进行：

$$x_i(k)=[x_i(k)-\min x_i(k)]/[\max x_i(k)-\min x_i(k)] \quad (5.11)$$

$$x_i(k)=[\max x_i(k)-x_i(k)]/[\max x_i(k)-\min x_i(k)] \quad (5.12)$$

式中：$\min x_i(k)$——第k项指标在m个方案中的最小值；

$\max x_i(k)$——第k项指标在m个方案中的最大值。

式（5.11）适用于成本指标集，取指标在方案中的最小值；式（5.12）适用于收益指标集，取指标在方案中的最大值。

关联系数的计算如下：

$$\xi_i(k)=[\min_i \min_k \Delta_i(k)+\rho \max_i \max_k \Delta_i(k)]/[\Delta_i(k)+\rho \max_i \max_k \Delta_i(k)] \quad (5.13)$$

式中：$\Delta_i(k)=|x_0(k)-x_i(k)|$；

$\Delta_i(k)$——x_0与x_i在第k项指标处的绝对差；

$\xi_i(k)$——x_0与x_i在第k项指标处的关联系数；

ρ——分辨系数；

$\min\limits_i \min\limits_k \Delta_i(k)$和$\max\limits_i \max\limits_k \Delta_i(k)$——两级最小差和两级最大差。

关联系数的数值较多，信息过于分散，不便比较。为使信息相对集中，对关联系数求平均值如下：

$$r_i=\sum \xi_i/n \tag{5.14}$$

式中的r_i表示x_0与x_i的关联度。r_i处在（0，1）区间时，表明系统中任何因子都不是严格无关的。r_i越大，则说明第i个选址方案越接近最优选址方案，由此可以得出各方案的优劣次序。

由以上分析可以看出，在灰色关联分析应用过程中，首先要解决不同量纲数据的处理问题，然后再进行灰色关联系数和灰色关联度的计算，最后得出评价结果。灰色关联分析法用于评价成本因素与非成本因素综合存在的设施选址问题，可使定量因素与定性因素有机结合，且计算简便，有助于科学决策。

小结

在本章中，我们重点讨论了物流网络规划的影响因素、设计过程、数据的采集、应用的技术和设施选址所用到的方法。网络规划的影响因素主要有自然环境因素、经营环境因素、基础设施状况和诸如政策、环保等一些方面的因素；本章中推荐了用于综合的物流网络设计过程的六个步骤，这个过程比较复杂；在单设施选址中主要采用重心法、简单栅栏法来确定设施的最优位置，而多设施选址比较复杂，但是也更具现实意义；在服务设施选址中，主要介绍两种综合因素评价方法和灰色关联分析法，后一种方法用于评价成本因素与非成本因素综合存在的设施选址问题。

问题讨论

1．物流网络设计过程的步骤有哪些？在这些步骤中，哪些是与为物流设施选定具体位置的任务最为相关？

2．为什么由管理者团队而不是某一个人对大多数选址决定进行分析？何种类型的团队对物流网络再设计的工作有帮助？

3．主要的选址因素有哪些？它们是如何影响选址决策的？

4．给出组成仓库搬运成本、固定成本和储存成本的具体内容。

5．采用优化模型和启发式模型在解决一个问题上会有什么不同？

6．什么是仿真模型？它如何解决复杂的物流问题？

7．比较重心法和简单栅栏法在单设施选址中的不同。

8. 用混合整数线性规划方法解决例4.3中的问题。

案例探讨　　苏宁物流网络优化再优化

一直以来，家电行业都面临着延时送货、安装困难、重复维修等问题。为了解决这些问题，苏宁电器把密集布点物流基地作为一项重要的发展战略，在自营物流体系建设方面进行了一系列富有开创性的尝试。

2005年3月，苏宁电器提出“5315”服务平台建设工程，计划3～5年内在全国建设500个服务网点、30个客服中心、15个物流基地。服务网点建设的投入主要包括网点开办、维修检测设备、作业工具、安装维修配件材料以及服务人员培训等方面。在全国省会级城市建立30个客服中心，重点以CRM管理系统为核心，建设呼叫中心、VIP会员管理、短信、监控系统、网上销售等信息平台。在物流基地建设方面，计划在全国15个大区级城市建立物流配送平台，升级仓储管理（WMS）和运输管理（TMS）两大系统。

随着家电连锁行业的快速发展，苏宁电器开始对物流模式的成本和效率提出了更高的要求。公司提出了建设第二代家电物流模式的想法，其特点包括：信息化购物、科技化管理、数字化配送等。该模式下的物流基地兼具城市配送和区域调拨功能，采用了立体机械货架、电动托盘车、液压手推车、进货液压平台、夹抱车等先进的机械工具，并采用集成在SAP信息管理系统平台上的库存管理系统（WMS）进行管理，而配送也统一采用安装GPRS全球定位系统的车辆。苏宁已经建成启用的第二代物流基地有杭州、北京等的物流基地。与第一代物流配送中心相比，第二代物流基地的库存周转率提高了30%，资金占用率降低了20%～30%，总体运营成本节约了一半。

为了降低物流运输费用，2007年，苏宁电器提出建设第三代物流基地的计划，引入运输管理系统（TMS），针对订单的零售配送和长途配送，优化路线排程计划，有效减少配送里程和工作时间，彻底转变人工排程的传统作业方式。该模式将每车货物的实际运输距离缩短了20%～30%。2007年7月，作为苏宁电器第三代物流基地的代表，南京雨花物流基地投入使用。2009年，苏宁电器投资10多亿元，用于扩建南京物流配送中心，并新建北京、成都等8个配送中心。2010年底北京物流基地建成，该物流仓库大件商品存储能力35万台套，日配送能力近5万台套。

到2013年，苏宁电器在全国已经拥有3大物流基地、52个区域配送中心、29个城市配送中心、162个城市配送点、243个物流配送终端，在城市间最大配送距离达到1 100公里，零售最大配送距离达到180公里，实现了商品销售后快速配送到区域内任何地点，最终实现了高效率、低成本的物流运作。

（根据公开的网络资料整理）

问题：

1. 苏宁的网络设计需要考虑到哪些因素？
2. 苏宁物流配送网络有哪些特点？
3. 随着家电行业的发展，苏宁物流网络可在哪些方向进一步优化？

第6章 供应链信息管理

学习目标

1. 了解什么是牛鞭效应，掌握减缓牛鞭效应的方法，明确电子商务的特点。
2. 理解信息技术在供应链中的作用、牛鞭效应产生的原因、电子商务对供应链的影响。
3. 了解供应链沟通技术、物联网在供应链管理中的应用、供应链决策支持系统的组成。

基本概念

牛鞭效应　RFID技术　电子商务　物联网　决策支持系统

引导案例　天津港RFID系统使集装箱进港效率大幅提升

为了提高集装箱进港运输的效率，天津港建成了港口RFID管理系统，从此原本主要依靠人工操作的货运数据写入，到港数据采集、核对都由该系统自动完成，极大地提高了港口的工作效率。

在集装箱堆场，待装船的集装箱在被拖车运进港口以前，工作人员会将“装箱单”信息录入计算机，然后通过专用设备写入射频电子标签，并将同样的电子信息通过网络传送到码头。射频电子标签将被安装在运输集装箱的拖车上，其信息内容包括车辆信息和“装箱单”的基本信息两部分。

与此同时，港口的码头公司根据收到的电子“装箱单”信息，提前进行场地策划，预先安排码头箱位。当司机开着安装了电子标签的拖车进入港口闸口时，闸口工作人员通过电子标签读写器进行信息采集，并与预先收到的“装箱单”信息进行核对，由计算机给出码头场位后放行。这样，只需很短暂的停留，拖车就可以直接开赴码头目的地，方便而快捷。

车辆通过电子标签读写器控制的车道时，读写器会自动以非接触、远距离的方式，瞬间取得该车电子标签内的信息。通过获取的信息，计算机系统就可以做出车辆是否放行的指令并进行信息自动登记。由于全部由计算机自动处理，整个过程非常迅速，避免了人工验放、登记容易造成的车辆积压和信息录入错误。在同一过程中，每辆车的货运和进出港记录都在系统中实时记录，可供相关人员随时通过互联网等方式查阅。

为确保RFID系统万无一失，天津港还在监控闸口设置了RFID监控系统，进行室内、室外双重监控，保证了港口业务畅通进行。由于该港包含多个货场，每个货场的所属单位又不相同，因此他们采用了两种手段将数据提供给不同的单位所开发的货场管理系统，一个是将详细信息保存在RFID标签中，另一个是将与RFID读写器控制以及标签读写相关的软件编写成标准控件，由不同的系统调用。

据工作人员介绍，与传统的纸质单据容易涂改、伪造相比，射频电子标签设有密码，其中储存的电子信息在传送途中是不可见的，数据的更改也需要专用设备。这就使得货运数据在运输途中无法被更改、伪造，保证了数据的安全和准确。

（根据公开的网络资料整理）

我们生活在“信息时代”，信息技术是有效进行供应链管理的重要工具。随着电子商务的应用，各种创新的机会也随之涌现，尤其是基于互联网的电子商务，极大地提高了人们对信息技术的兴趣。供应链管理的核心理念就是，在满足顾客需求的情况下，追求从原料采购、产品设计制造、分销、到顾客手上的各个环节的总成本最小化。这种整体成本优化既涉及各个企业内部各部门的协调，也要求平衡供应链上各企业的经营行为。但是，各个部门和企业的利益和目标通常是互相冲突的，要平衡与协调这些供应链的环节，大量分散在企业各部门和各企业之间的商业信息就必须能被收集、分析和利用。

近十年内盛行的供应链管理的思想，反映了以网络为基础的信息技术使得我们能有效地控制供应链中的信息流。获取丰富信息的意义是巨大的。供应链权威人士和咨询师都喜欢用这样一句话：“在现代供应链中，信息代替了库存。”虽然在某种意义上说，顾客需要的是产品而不仅仅是信息，但是，不管怎么说，信息改变了供应链有效管理的方式，并且这些改变可能会实现更低的库存。通过有效地利用目前能够获得的信息，我们能够比以往任何时候更有效和更高效地设计和管理供应链。

我国加入WTO以后，各个企业都面临着必须大幅度提升企业竞争力的压力。具体来说，我国企业的两大任务，一是要降低成本，二是要缩短反应周期。在这个多变的年代里，市场在变，顾客在变，顾客的需求与注意力在变，产品的周期在变。生存下来的不一定是最强的，但肯定是随变而变，最能适应变化的。因此，缩短反应周期，增加企业的快速反应能力，是企业的头等大事。信息技术对供应链管理所产生的价值就表现在如何帮助企业实现降低总成本和增强企业的反应速度上。此外，越来越多的企业在向它们的顾客提供以信息技术为基础的增值服务，并以此作为在市场上实施差异化战略的一种方式，同顾客建立长期稳定的关系。

本章中，我们将详细介绍供应链中的牛鞭效应，供应链中应用的信息技术，电子商务及其供应链决策支持系统。

6.1 信息技术在供应链中的重要作用

信息技术的应用在很大程度上影响了供应链管理概念的产生和发展。可以说没有当今高速发展的信息技术，供应链管理就根本不可能实施。信息技术在供应链管理中的作用具体有以下几个方面：

其一，信息技术促进建立新的供应链管理组织。传统的组织已不适应供应链管理的要求，只有建立以流程为基础的新的供应链组织，才能实现有效的供应链管理，而以流程为基础的组织的建立，不论是虚拟企业、动态协作，还是知识联网，都需要信息技术的支持。

其二，信息技术加强企业内外的竞争力与资源的集成，而这种集成恰恰是供应链组织所需要的。集成强调对人和资源进行调整和再调整，集成过程使我们在不断变化的关系模式中，彼此之间，与顾客，与顾客的顾客，与供应商的供应商进行协同。集成的过程是人力资源网络化的过程：把我们的想象和知识连接成网络，以便对具体的机会采取决定性的行动。可见，集成离不开现代信息技术的应用。

其三，信息技术支撑着供应链管理运作的所有方面，包括地理上分散的流程团体的网络化，渠道策略和运作的集成，供应链中的存货管理、运输计划、自动补库等。供应链管理为企业获得竞争优势提供了非常重要的管理思想和方法，而这一思想和方法自诞生之日起，就与计算机技术和通信系统紧密地联系在一起。

其四，供应链管理强调信息共享，而信息的共享又依赖于当前飞速发展的信息技术。信息技术没有发展起来以前，业务环境中信息受到信息处理速度的限制，数据的采集、处理、存储和传递速度十分缓慢，也不可能建立一个共享数据库实现信息的共享。供应链成员之间失真的信息经常产生固有的不经济性，如过分的库存投资、顾客服务差、经济效益低下、物流计划不合理、误导运输供给和生产计划等。这就是所谓的供应链中的“牛鞭效应”。随着信息技术的进步，我们可以处理大量的信息并传递大量的数据，以分布开放系统为基础的共享数据库系统的应用，不仅在企业内部，并且在企业之间，甚至整个供应链中都可实现共享，业务数据不仅对顾客和供应商透明，对顾客的顾客、供应商的供应商也是透明的。只要供应商与贸易伙伴进行密切合作，借助信息技术，完全可以解决由信息失真引起的牛鞭效应。

其五，供应链管理是一个全面管理的概念，以寻求将内部的业务职能与联盟业务伙伴的职能结合在一起，形成统一的供应链系统。供应链管理成功程度的衡量主要是看构成供应链的企业的资源和能力的结合程度及关注顾客满意的程度。将供应链成员联系在一起的是信息技术，而他们应用的工具是他们所开发的信息技术。在供应链中的信息节点可以连接在一起，形成网络。联网的信息节点越多，信息共享程度越高，供应链中的决策越有效。

总之，利用各种信息技术，通过对供应链的各种信息进行采集与跟踪，可以满足企业针对物料准备、生产制造、仓储运输、市场销售、零售管理等全方位的信息管理需求。可以说，信息技术革命正越来越深地影响着供应链的发展，信息网络技术已经成为供应链生存和发展的基础。

6.2 牛鞭效应

在传统的管理思想指导下，各组织和部门通常只追求本部门的利益，而且各部门、组织之间缺少有效的信息沟通与集成，其后果是通常会出现Forrester教授在20世纪五六十年代首先发现的一种现象：市场上微小的需求波动会导致需求在需求链上的传递过程中被逐级放大，最终造成制造商在进行生产计划时遇到巨大的不确定性，即所谓的牛鞭效应。

关于牛鞭效应，有一个经典的案例：某著名日用消费生产企业在考察其某种产品的订购分布规律时发现，虽然最终消费者对于该产品的消费比较稳定，零售商的销售波动也不大，但厂家从经销商那里得到的订购量却出现大幅波动。受到此类信息扭曲的影响，厂家向供应商的订货量波动幅度就更大了。同样，许多企业也经历了这种供应链上最终端用户的需求在沿供应链上溯过程中波动程度被逐级放大的现象。于是，人们就将这种现象称为牛鞭效应（Bullwhip Effect）。处于其他行业的HP、IBM等企业也做过类似的调查，同样印证了这一现象的存在。许多实证研究与企业调查发现，这种现象存在于包括汽车制造、计算机制造、日用品制造等行业的供应链中。

还有例如SARS期间，我国国民大量的购买口罩、消毒水等抗病毒物品，而这种需求在零售商那里得到反映。很长一段时间，零售商大量地购入口罩、消毒水这些抗病毒物品。但当SARS接近尾声时，这些物品大量的囤积，以至于零售商不得不花精力来处理这些物品以免库存大量增加。而对于供应商而言，因为受到零售商利好消息的影响，也大量的购入生产原料，加大生产，最终由于SARS很早结束，口罩、消毒水等抗病毒物品库存大大增加，为了降低此类物品的库存，许多零售商又不得不进行折价甩卖活动。

1.关于牛鞭效应的解释

牛鞭效应由英文Bullwhip Effect而来，因为这种现象与我们在挥动鞭子时手轻微用力，鞭梢就会出现大幅摆动的现象类似，故此形象地被描述为“牛鞭效应”，即需求放大效应，也叫信息曲解（Information Distortion）现象。最下游的客户端相当于鞭子的根部，而最上游的供应商端相当于鞭子的末梢部，在根部的一端只要有一个轻微的抖动，传递到末梢端就会出现很大的波动。简单地讲，牛鞭效应就是指供应链下游消费需求轻微变动而导致的上游企业生产、经营安排的剧烈波动现象。当市场上一种商品的消费需求发生细微变动时，这种波动会沿着零售商、批发商、分销商直至制造商逆流而上，并逐级扩大，在达到最终源头供应商时，其获得的需求信息和实际消费市场中的顾客需求信息发生了很大的偏差，需求信息严重扭曲或失真，这就是牛鞭效应。

牛鞭效应的基本思想是：当供应链上各节点企业只能根据来自其相邻的下级企业的需求信息进行生产或者供应决策时，需求信息的不真实性会沿着供应链逆流而上，产生逐级放大的现象。当信息达到最源头的供应商时，其所获得的需求信息和实际消费市场中的顾客需求信息发生了很大的偏差。这种效应在供应链运营中会出现诸如预测不准确、需求不明确、供给不稳定、企业间合作性与协调性差等问题。

麻省理工学院的斯特曼（Sterman）教授做了一个著名的试验——啤酒试验。在这个试验中，有四组学生分别代表消费者（客户）、零售商、批发商和制造商，由此形成一个简单的供应链。试验要求：任何上、下游企业之间不能交换任何商业信息，只允许下游企业向上游企业传递订单，消费者只能将订单下给零售商。结果表明：由于链中各节点企业之间信息的不对称以及为了追求自身利益的最大化，造成需求信息在供应链内部传递时失真了。图6-1形象地显示了“牛鞭效应”产生的过程。

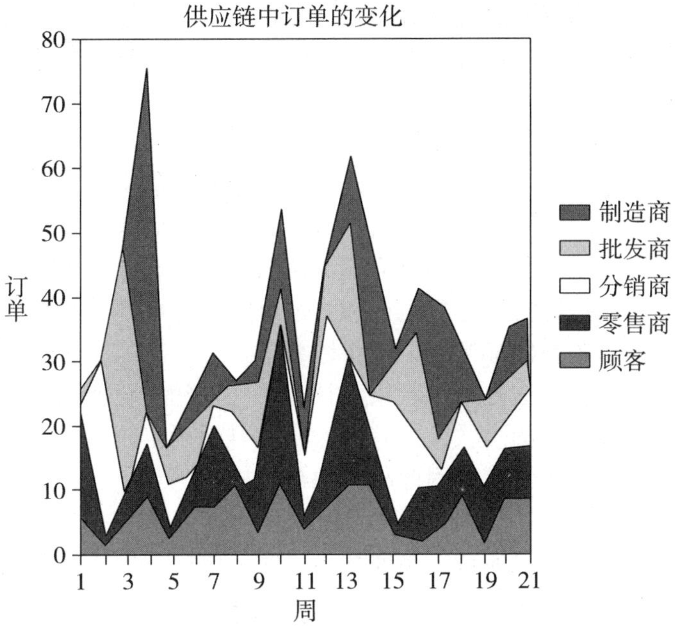

图6-1 供应链牛鞭效应示意图

牛鞭效应产生的主要原因是需求信息在沿着供应链向上传递的过程中被不断曲解。牛鞭效应产生的具体原因主要有以下几个方面：

（1）对于需求的预测。在供应链中，每个企业都会向其上游订货，当零售商在某个时期发现顾客需求增加时，往往会认为这是未来需求增长的预兆，从而大幅度地增加订货量，造成信息的失真。当供应链的成员采用其最邻近的下游的订货数据作为需求信息时，就会产生需求放大，零售商按顾客需求预测订货，确定订货点和安全库存，通常采用指数平滑法来预测平均需求及其方差，观察的数据越多，对预测值的修正也就越多，增大了需求的变动性。同样，分销商按照零售商的订货数量来预测需求，连续对未来需求进行修正，最后到达上游供应商手中的订货数量已经是经过多次修正的库存补给量，需求差异的变动扩大了，于是就产生了牛鞭效应。

（2）批量订购的影响。供应链中的每个企业为了使订货成本和库存成本最小化，通常都会进行批量订购，所以对于供应链上的分销商、制造商和供应商来说，订货量一般都要比实际销售量大得多。如果安全库存的数量大，就更容易产生牛鞭效应。供应链中各环节的交货期越长，波动会越剧烈。此外，订单通常都是随机分布，甚至是重叠的。当顾客的订货周期重叠时，很多顾客会在同一时间订货，需求高度集中，从而导致牛鞭效应高峰的出现。

（3）价格波动的影响。由于批量的价格折扣、数量折扣和其他的一些促销手段造成的价格波动，往往会促使零售商在低价时购买大量商品，在高价时减少购买商品的数量。这些特殊促销方式的运用会导致客户的预先购买行为，结果造成客户的购买模式无法反映实际的需求情况，并且购买数量的变化大于消费数量的变化，从而加剧了牛鞭效应。

（4）短缺博弈的影响。当产品供不应求时，制造商可能会进行配额的限量供应。此时，销售商为了获得更大份额的配给量，可能会故意夸大其订货需求，而当需求降温后，订货又突然下降甚至取消。由于供应商无法获取准确、真实的需求信息，常常为这些抽象需求信息付出超量存货、增加生产能力或赶工引起成本增加的代价。这种由于短缺博弈导致的需求信息的扭曲最终会引发牛鞭效应。

（5）环境变异的影响。这是由于政策和社会等环境的变化所产生的不确定性，造成了订货需求放大。一般采用的手段是持有高库存，且不确定越大，库存就越高，但这种高库存所代表的并不是真实需求，因此导致牛鞭效应。

（6）缺少信息交流和协作。因为缺少信息交流和信息共享，企业无法掌握下游的真正需求和上游的供货能力，只能持有高库存。同时，供应链上无法实现存货互通有无和转运调拨，只能各自持有高库存，这也必然导致牛鞭效应。

（7）提前期的影响。需求的变动随着提前期的增长而增大，并且提前期越长，需求变动的变化引起的订货量就越大。因此，提前期拉长也是产生牛鞭效应的原因之一。

牛鞭效应这种现象将会使得企业产品的库存水平提高，服务水平下降，供应链的总成本过高，这必然降低供应链企业的整体竞争力，最终使每一个供应链成员蒙受损失。因而，弱化牛鞭效应的负面影响，进而提高供应链敏捷性，降低供应链的成本，缩短产品的供货时间等，是提高供应链管理效果和赢得市场竞争优势的一种最新手段。

2. 牛鞭效应的定量分析

为了更好地理解和控制牛鞭效应，有必要对牛鞭效应进行定量分析，即对供应链上各阶段变动性的增大进行定量计算。这不仅有助于分析需求变动性增加的数量，而且也有助于说明预测方法、提前期与需求变动性增大之间的关系。

考虑一个简单的两阶段供应链，如图6-2所示。

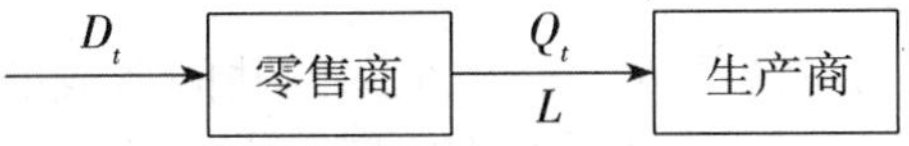

图6-2 两阶段供应链

零售商在第t期末观察到顾客的需求为D_t，采用定量订货法订货，即零售商随时检查库存，到订货点便向制造商订货，订货的数量恰好使库存达到最大库存水平。则第t期零售商的订货点为：

$$R_t = L\cdot\mu_t + z_\alpha\cdot\sqrt{L}\cdot S_t \tag{6.1}$$

式中：R_t——第t期零售商的订货点；

μ_t——第t期零售商测算的前期顾客需求的平均值；

S_t——第t期零售商测算的前期顾客需求的标准差；

L——第t期零售商的订货点；

z_α——安全系数。

假设零售商采用利用步长为p的移动平均法进行预测，则：

$$\mu_t=\frac{\sum_{i=t-p}^{t-1} D_t}{p} \tag{6.2}$$

$$S_t=\sqrt{\frac{\sum_{i=t-p}^{t-1}(D_i-\mu_i)^2}{p-1}} \tag{6.3}$$

注意，式（6.2）和式（6.3）表明，零售商每次都要根据最近p个需求观察值，来计算一个新的需求平均值和标准差。这样，每次订货点都是变化的。

零售商在第t期末向制造商订货的数量为：

$$\begin{aligned}Q_t&=R_t-R_{t-1}+D_{t-1}\\&=L（\mu_t-\mu_{t-1}）+D_{t-1}+z_\alpha\sqrt{L}\ （S_t-S_{t-1}）\\&=L（\frac{D_{t-1}-D_{t-p-1}}{p}）+D_{t-1}+z_\alpha\sqrt{L}\ （S_t-S_{t-1}）\\&=（1+\frac{L}{p}）D_{t-1}\frac{L}{p}D_{t-p-1}+z_\alpha\sqrt{L}\ （S_t-S_{t-1}）\end{aligned} \tag{6.4}$$

零售商观察到的顾客需求方差与零售商向制造商发出的订单需求的方差之比为：

$$\frac{\mathrm{Var}(Q)}{\mathrm{Var}(D)}\geqslant 1+\frac{2L}{p}+\frac{2L^2}{p^2} \tag{6.5}$$

由式（6.5）可以看出，牛鞭效应随着提前期L的增大和p值的减小而放大。例如，假设零售商根据前五个需求观察值估计平均需求，提前期为1，这样，零售商对制造商订单需求的方差，将至少比零售商观察到的顾客需求的方差大40%，即：

$$\frac{\mathrm{Var}(Q)}{\mathrm{Var}(D)} \geqslant 1.4$$

3.减缓牛鞭效应的方法

牛鞭效应是由供应链的系统原因和非系统原因共同造成的，鉴于供应链本身必然存在的层级结构和时间延迟等问题，我们无法从根本上消除牛鞭效应。然而，前人大量的研究表明，在了解牛鞭效应产生的各种原因的基础上，有针对性地实施一些策略能够对牛鞭效应起到很大的抑制和减轻作用，从而提高整个供应链的运作效率。针对牛鞭效应产生的系统原因和非系统原因，可以从减少不确定性、减小变动性、缩短提前期和实行有效的战略联盟等方面考虑，从而弱化牛鞭效应。下面分别做具体阐述。

（1）减少不确定性。减少或消除牛鞭效应最常用的方法是通过集中需求信息，即为供应链的各阶段提供实际的顾客需求的全部信息，来减少整个供应链的不确定性。为了理解集中需求信息为什么能够减少牛鞭效应，我们注意到，如果需求信息集中起来了，供应链的每个阶段都可以使用顾客的实际需求数据，来进行更加准确的预测，而不是依赖于邻近的下游企业发出的订单进行预测。根据邻近的下游企业发出的订单来预测的需求的变动性，要比实际顾客需求的变动性大得多。考虑一个简单的四阶段供应链即由一个零售商、一个批发商、一个分销商和一个制造商组成的供应链，为了确定集中需求信息对牛鞭效应的影响，我们将供应链分成两种类型：集中需求信息的供应链和分散需求信息的供应链。

在集中型的供应链中，处于第一阶段的零售商观察顾客需求，利用p个需求观察值预测平均需求，根据预测的平均需求找出目标库存水平，然后向批发商发出订单；第二阶段的批发商收到订单和零售商预测的平均需求数据，并利用这个预测值确定其目标库存水平，然后向分销商发出订单；同样，处于第三阶段的分销商收到订单和零售商预测的平均需求信息，利用这个预测值来确定其目标库存水平，然后向供应链的第四阶段即制造商发出订单。在这个集中型的供应链中，供应链的每一阶段都接到零售商预测的平均需求信息，并根据这个平均需求来确定库存策略。根据牛鞭效应的定量分析模型，可得供应链上第k阶段发出订单的方差Var（Q^k）相对于顾客需求的方差Var（D）关系为：

$$\frac{\mathrm{Var}(Q^k)}{\mathrm{Var}(D)} \geqslant 1+\frac{2\sum_{i=1}^{k}L_i}{p}+\frac{2(\sum_{i=1}^{k}L_i)^2}{p^2} \tag{6.6}$$

式中：L_i——第i阶段与第$i+1$阶段之间的提前期。

而在分散型的供应链中，零售商不让供应链其他部分得到其预测的平均需求信息，相反，批发商必须根据零售商发出的订单来估计平均需求。供应链上第k阶段发出订单的方差Var（Q^k）相对于顾客需求的方差Var（D）关系为：

$$\frac{\mathrm{Var}(Q^k)}{\mathrm{Var}(D)} \geqslant \prod_{i=1}^{k}\left[1+\frac{2L_i}{p}+\frac{2L_i^2}{p^2}\right] \tag{6.7}$$

从式（6.6）和式（6.7）中可以看出，分散型的供应链每一个阶段的方差是以成倍的速度增加。在集中型供应链中，订单方差的增长表现在总提前期上，以简单的叠加方式增长，而在分散型供应链中则成倍地增长。也就是说，在分散型供应链中，只有零售商知道顾客的需求，这就导致了比集中型供应链更高的变动性。特别是在提前期很长时，这种差别更明显。因为在集中型供应链中，供应链的每个阶段都能获得顾客的需求信息，因此，集中需求信息可以显著地减小牛鞭效应。图6-3很好地说明了牛鞭效应减小的情况。

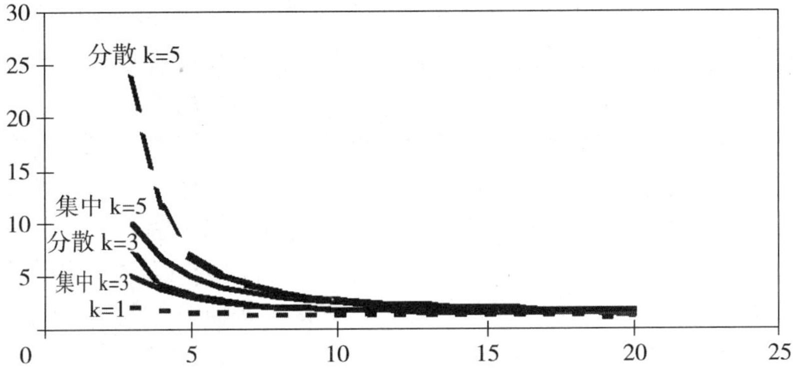

图6-3 集中型与分散型供应链变动程度的增大

图6-3表示当每一阶段的提前期L_i=1时，分别在集中型和分散型系统中阶段k（k=3和k=5）发出订单的变动性与顾客需求的变动性的比率。同时，该图也表示了零售商发出订单的变动性与顾客需求的变动性的比率（k=1）。

（2）减小变动性。我们可以通过减小顾客需求过程中内在的变动性来减少牛鞭效应的影响。例如，如果我们能够减小零售商所观察到的顾客需求的变动性，那么即使出现了牛鞭效应，批发商所观察到的需求变动性也会相对减小。例如，沃尔玛公司采用“天天低价”的策略，通过给顾客提供一个固定的价格，而不是周期性的促销价，减少了需求的变化，产生了相对稳定的顾客需求模式。

（3）缩短提前期。在啤酒博弈模型中，我们发现订货提前期越长，牛鞭效应越显著。所谓订货提前期是指从下游企业发出订单到其收到货物所需要耗费的时间。提前期越长，预测的准确性越差，因此，要采取改善供应链结构的各种其他手段减少订货的提前期。首先，减少供应链环节。供应链环节越冗长，订货提前期越长，而需求信息经过越多的环节到达生产者，越可能产生信息的扭曲，越接近顾客越能够了解顾客的真实需求。因此，对于环节过多、链条过长、联系错综复杂的供应链应该进行详细分析，对其中的一些赘余环节应该进行简化处理，同一节点企业间应该进行业务的优化整合，以减少顾客信息的传播途径和订货的提前期，提高各环节的响应速度。其次，利用其他手段缩短订货的提前期。例如，通过应用先进的信息技术和高效、快速的物流技术来缩短提前期，而且可以针对不同的订货周期采取不同的措施。另外，在需求变动很大的情况下，缩短交货期更是一种很好的解决办法。

（4）加强供应链协调，建立有效的战略联盟。通过建立战略联盟改变信息独享的状态，实现供应链内部的库存管理，从而降低牛鞭效应。例如，供应商监视零售商分销网络中的库存状况，确定库存补充时间和数量，而不是被动地响应零售商的订货。这样的协议对供应商和零售商双方都是有益的。零售商减轻了监视库存、采购订货的负担，享受有保障的服务；供应商由于需求预测误差大大减少，降低了安全库存水平，减少了交货时间，节约了物流成本。再如，调整库存补充策略。零售商可以利用电子数据交换，减少每次订货的成本，从而可以减少每次订货的批量，提高订货频率。小批量、经常性的订货，可以更有效地控制库存，并且更加有效地响应客户的需求。

（5）提高预测精度。为了提高预测精度，可以考虑历史资料、定价、季节、促销和新产品等多种因素。这些数据有些掌握在零售商和分销商手里，供应链上各个节点的企业必须相互合作，使得供应链上游企业及时获得这些数据和了解客户对未来的需求。

（6）订货分级管理。供应商根据一定的标准将销售商进行分类，划分不同的等级，并对他们的订货进行分级，实施差异化管理。对关键销售商、一般销售商分别采用不同的管理方式。这样就可以降低变异概率。

（7）合理分担库存。供应商可以与分销商、零售商采用联合库存管理来合理分担库存。一旦某个销售商出现库存短缺，可以从其他分销商那里调拨转运，以保证供货。这样，大家都降低了库存储备，减少了成本，从而降低了牛鞭效应。

（8）采用外包服务。第三方物流系统可以缩短提前期和实现小批量订货与规模经营，这样销售商就不需要从同一个供应商进行一次性大批订货；同时还可以降低运输风险，降低牛鞭效应。

另外，加强契约管理，建立更加完善的契约制度与激励机制，也是促使供应链成员强化战略联盟伙伴关系，降低牛鞭效应对供应链的负面影响，并获得整体利益最大化的重要手段之一。

6.3 供应链沟通技术

当今社会是一个信息社会，信息技术奠定了信息时代发展的基础。信息技术是关于信息的产生、发送、传输、接受、变换、识别和控制等应用技术的总称，是在信息科学的基本原理和方法的指导下扩展人类信息处理功能的技术。信息技术包括信息基础技术、信息处理技术、信息应用技术和信息安全技术等。信息基础技术包括微电子技术、光子技术和光电技术、分子电子技术。信息处理技术包括信息获取技术、信息传输技术、信息加工技术和信息控制技术。信息应用技术包括管理信息系统（Management Information System，简称MIS）和计算机集成制造系统（Computer Integrated Manufacturing Systems，简称CIMS）技术；信息安全技术包括密码技术和防火墙技术。

信息技术在供应链管理中的应用大体上有EDI、Barcode、EOS、POS、GPS、GIS等。而信息技术特别是最新信息技术，如多媒体、图像处理和专家系统在供应链中的应用，可以大大减少供应链运行中的不增值行为。

1.电子数据交换

电子数据交换（Electronic Data Interchange，简称EDI）是供应链管理的主要信息手段之一，EDI技术是指不同企业之间为了提高经营活动的效率在标准化的基础上通过计算机联网进行数据传输和交换的方法。特别是在国际贸易中有大量文件传输的条件下，它是计算机与计算机之间的相关业务数据的交换工具，它有一致的标准，以使交换成为可能。EDI的目的是通过建立企业间的数据交换网来实现票据处理、数据加工等事务作业的自动化、省力化、及时化和正确化，同时通过有关销售信息和库存信息的共享来实现经营活动的效率化。EDI系统是一种数据交换、数据资源共享的信息系统。利用EDI能消除职能部门之间的障碍，使信息在不同的职能部门之间通畅、可靠地流通，能有效减少低效工作和非增值流程（Non-Value Added Process）。同时，可以通过EDI快速地获得信息，更好地进行通信联系、交流和更好地为用户提供服务。

2.条形码

条形码（Barcode）技术也是非常常见的一种信息手段。它是实现快速、准确而可靠地采集数据的有效手段。条形码是由一组有规则的条空及对应的字符组成的标记，用以表示一定的信息。条码技术为人们提供了一种对物流中的物品进行标识和描述的方法，借助自动识别技术、POS系统、EDI等现代技术手段，企业可以随时了解有关产品在供应链上的位置，并即时做出反应。条码是实现POS系统、EDI、电子商务、供应链管理的技术基础，是物流管理现代化、提高企业管理水平和竞争能力的重要技术手段。由于条码技术具有输入速度快、信息量大、准确度高、成本低、可靠性强等优点，因而发展十分迅速。

3.电子自动订货系统

电子自动订货系统（Electronic Ordering System，简称EOS）是指企业间利用通信网络（VAN或互联网）和终端设备以在线联结方式进行订货作业和订货信息交换的系统。EOS按应用范围可分为：企业内的EOS；零售商与批发商之间的EOS系统；零售商、批发商和生产商之间的EOS系统。其运行方式如下：销售商通过在线联结向总部或生产商发出订单，总部或生产商在汇总、核查订单的基础上，向物流配送中心发出送货订单或向生产单位发出生产订单，物配中心则及时向需求点发送货物。EOS系统能及时准确地交换订货信息，在供应链管理中起到极大作用。首先，EOS系统可以缩短从接到订单到发出订单的时间，缩短订货商品的交货期，减少商品订单的出错率并节省人力。其次，有利于减少企业的库存水平，提高企业的库存管理效率。最重要的是对于生产厂家来说，通过分析零售商或销售点的商品订货信息，能准确判断畅销商品和滞销商品，有利于根据市场需求调整生产计划或销售计划。

4. 销售时点信息系统

销售时点信息系统（Point of Sale，简称POS）是指通过自动读取设备（如收银机）在销售商品时直接读取商品销售信息（如品名、单价、销售数量、销售时间、销售地点、购买顾客等），并通过通信网络和计算机系统送到有关部门进行加工分析以提高经营效率的系统。POS系统最早用于零售业，以后逐渐扩展至其他行业，利用POS信息的范围也从企业内部扩展到整个供应链。其运行方式大概如下：各销售点的收银员在为顾客购买商品结账时，用扫描仪自动读取商品条形码标签上的信息，通过销售点处的微型计算机确认商品的单价，计算顾客购买总金额等，同时返回给收银机，打印出顾客购买清单和付款总金额。同时，各销售点的销售时点信息通过VAN以在线联结方式即时传送给总部或物流中心，在总部或物流中心及销售点处利用销售时点信息来进行库存调整、配送管理、商品订货等业务，并通过对销售时点信息的加工分析来掌握消费者购买动向。在此基础上进行商品品种配置、商品陈列、价格设置等方面的作业。生产厂家还可以利用销售时点的信息进行销售预测，将销售时点信息和订货信息进行分析比较来把握零售商库存水平，以此为基础制订生产计划和零售商库存连续补充计划。

5. 全球卫星定位系统

全球卫星定位系统（Global Positioning System，简称GPS）指的是利用分布在约2万公里高空的多颗卫星对地面目标的状况进行精确测定以进行定位、导航，它主要用于船舶飞机导航、对地面目标的精确定时和精确定位、对地面及空中实行交通管制，进行空间与地面灾害监测等。20世纪90年代以来，全球卫星定位系统在物流领域得到越来越广泛的应用。GPS由空间部分和地面部分组成。空间部分由分布在6个等间隔轨道上的24颗卫星组成，卫星距地球2万公里，这种分布可以保证在任何时刻全球的任何地区都被4颗卫星覆盖。GPS的地面部分则有主控站和监控站，GPS的用户用GPS接收设备接收卫星发射的信号，并以此进行导航和定位。在供应链管理中GPS的作用有：运输车辆的定位和跟踪调度，运输船只最佳航程和安全航线的测定，航向的实时调度、监测，铁路运输管理，话务指挥，紧急援助等。

6. 地理信息系统

地理信息系统（Geographic Information System，简称GIS）是20世纪60年代开始迅速发展起来的地理学研究新成果，是多种学科交叉的产物。它以地理空间数据为基础，采用地理模型分析方法，适时地提供多种空间的和动态的地理信息，是一种为地理研究和地理决策服务的计算机系统。GIS的基本功能是将表格型数据转换成地理图形显示，然后对显示结果进行游览、操纵和分析。其显示范围可以从洲际地图到非常详细的街区地图，显示对象包括人口、销售情况、运输路线以及其他内容。GIS可以应用于选择运输路线，解决一个起点多个终点的货物运输中如何选择最短路线、降低物流作业成本，并保证服务质量的问题。在物流网点配置中GIS用于解决寻求最有效的分配货物路径问题，即物流网点布局问题。如将货物从N个仓库运往M个商店，需要确定由哪个仓库提货给哪个商店运输成本最小；在设施定位模型中用于确定一个或多个设施的位置；在组成供应链系统的各个企业或组织的仓库位置与运输路线所共同组成的物流网络中，解决如何根据供求的实际需要并结合经济效益等原则，在既定的区域内设立多少个仓库，每个仓库的位置、规模以及仓库间的物流关系等问题。

7.可扩展的置标语言

可扩展的置标语言（eXtensible Markup Language，简称XML）是W3C组织于1998年发布的标准，被称为“第二代Web语言”、“下一代网络应用的基石”。XML实际上是Web上表示结构化信息的一种标准文本格式，它没有复杂的语法和数据定义。它和HTML一样都是来自L标准通用置标语言（Standard Generalized Markup Language，简称SGM）。XML语言可以让信息提供者根据需要，自行定义标记及所属名称，也可以包含描述法，从而使XML文件的结构可以复杂到任意程度。XML主要有三个因素：模式、可扩展样式语言和可扩展链接语言。

模式规定了XML文件的逻辑结构，定义了XML文件中的元素。元素的属性以及元素和元素的属性之间的关系校验XML文件的标记合法性；可扩展样式语言是用于规定XML文档样式的语言，它能在客户端使得Web浏览器改变文档的表示法，从而不需要再与服务器进行交互通信；XML将进一步扩展目前Web上已有的链接。可扩展链接语言是一种用XML元素向XML文档中加入链接的机制，它提供了比HTML更加灵活的链接机制，不仅支持HTML的单向链接，还支持多目的、多方向链接，它甚至还允许链接单独提出来存放在数据库中，或者是放在单独文档中。它有可扩展性、灵活性、互操作性和简明性等特点。XML拥有一套统一的数据格式，这种统一的数据格式可以使数据管理和交换的成本更低，也更易于管理。

8.无线射频识别技术

无线射频识别技术（Radio Frequency Identification，简称RFID）实际上是自动识别技术（Automatic Equipment Identification）在无线电技术方面的具体应用与发展。该技术是通过采用一些先进的技术手段，实现人们对各类物体或设备（人员、物品）在不同状态（移动、静止或恶劣环境）下的自动识别和管理。RFID技术以其独有的灵活性、可扩展性和实施的简单性满足了当今制造业和物流业面临的市场快速变化的巨大挑战，采用无线扫描终端不但可以消除布线带来的施工复杂、可靠性差、不利于调整工位等缺陷，而且可以把质量监控、生产计划、物流配送等统一到一个无线扫描平台上。在供应链运作中，RFID技术和条码技术一起使用，可以帮助企业跟踪供应链中特定的库存单元，甚至能够精确地跟踪到在供应链中传递的某一特定托盘上的某种商品。

RFID技术应用于供应链上的以下环节：

（1）销售环节。将RFID标签置于商品中，由计算机系统来实时监控商店中各种商品的标签，可以解决商品被盗的问题。RFID系统还可以改进销售商的库存管理，实现适时补货，有效跟踪运输与库存，提高效率，减少出错。同时，智能标签可以对某些具有时效性商品的有效期限进行监控。

（2）存储环节。RFID应用于存取货物和库存盘点，可以实现自动化的存货和取货等操作。另外，将供应链计划系统制订的收货计划、取货计划、装运计划等与RFID技术结合，能够增强作业的准确性和快捷性，提高服务质量，降低成本，节省劳动力和库存空间。

（3）运输环节。RFID技术主要应用于高速公路的自动收费及交通管理，火车和货运集装箱的识别、防伪等。

（4）配送/分销环节。配送环节中应用RFID技术可以大大加快配送速度和提高拣选与分发过程的效率与准确率，并减少人工、降低配送成本。

（5）生产环节。生产环节中应用RFID技术可以完成自动化生产线运作，实现在整个生产线上对原材料、零部件、半成品和产成品的识别和跟踪，减少人工识别成本和出错率，提高效率。同时，RFID技术还可以帮助管理人员及时根据生产进度发出补货信息，实现流水线均衡，稳步生产，同时也加强了对质量的控制和追踪。

最新信息技术中的专家系统是一个智能计算机程序系统，能模拟人类专家解决很多问题，包括在供应链管理中涉及到的大量决策问题、智能化问题。专家系统可以有效地消除物流和信息流之间的障碍，促进数据共享，改善企业内部和企业之间计算机支持的合作工作，提高整个供应链系统的效率。

可以说，信息技术是供应链管理不可缺少的支撑，同时它也促进了供应链管理的发展。但对我国而言，供应链管理发展仍处于萌芽阶段，如何运用信息技术提高供应链的效益，真正做到企业运行与市场同步，还需要做许多工作。

6.4 电子商务与供应链管理

1. 电子商务及其特点

对电子商务这个概念，目前还没有一个完整而精确的定义。从广义上讲，电子商务是电子工具在商务活动中的运用。从狭义上讲，是掌握信息技术和商务规则的人系统地运用电子工具高效率、低成本地从事商品交换为中心的各种活动的总称。IBM公司作为电子商务的积极推动者对电子商务作了这样的描述：电子商务是在互联网的广阔联系与传统信息技术的丰富资源相互结合的背景下应运而生的一种相互关联的动态商务活动。

为了便于理解，我们先从技术角度给电子商务做一个简要的定义：所谓电子商务，具体而言就是通过电子信息技术、网络互联技术和现代通信技术，使得交易涉及的各方当事人借助电子方式联系，而无须依靠纸面文件进行单据的传输，实现整个交易过程的电子化。我们可以这样来理解电子商务：电子商务是指两方或多方通过计算机和某种形式的计算机网络进行商务活动的过程。对一个企业来说，电子商务应该包含三方面的内容：一是客户关系管理（CRM），二是企业资源计划管理（ERP），三是供应链管理（SCM）。一个企业实施电子商务就是要完善和整合这三个方面。健全的供应链体系是电子商务不可缺少的重要环节，尤其是远距离商品在互联网上的销售和售后服务。

电子商务具有以下几个特点：

（1）在降低运营成本和提高效率方面，电子商务具有传统商务模式不可比拟的优势。首先，通过网络收集信息可以大大减少公司购买原材料的步骤。其次，电子商务可以大大降低企业的营销费用。国际互联网把世界连在一起，企业登录网络，就可以在全球范围内进行销售活动。电子商务将传统的商务流程电子化、数字化，以电子流替代了实物流，可以大量地减少人力、物力，减少人工操作可能导致的错误、损失，降低时间损耗，降低成本，提高资金使用效率；突破时间和空间的限制，使得交易活动可以在任何时间、任何地点进行，从而大大地提高效率。

（2）电子商务面向全球市场，具有开放性，为企业创造更多的贸易机会。电子商务所依托的基础是互联网络，网络把整个世界联系了起来，从而为商务活动开辟了一个崭新的市场空间，突破了传统市场必须以一定的地域存在为前提条件的限制，使从事商务活动的企业与企业、企业与消费者不再局限于一个个狭小相对封闭的地区市场，不再受地域或国界的限制，只要接入互联网络，就可以共享互联网上庞大的信息资源。在计算机网络覆盖到的地方，只需要浏览和点击即可进入全球市场。电子商务真正实现了全球化。

（3）电子商务使交易虚拟化。因为电子商务所进行的交易是通过计算机网络系统进行的贸易，是一种以数字化方式进行的交易活动，贸易双方从贸易磋商、签订合同到支付等，无须当面进行，均通过计算机互联网络完成，整个交易完全虚拟化。虚拟化是当今世界经济的发展趋势，虚拟化的交易能够达成，其基础在于飞速发展的高新科技的推广。运用中间环节如电子银行的建立、电子货币的使用、安全支付认证中心的成立和完善、交易密钥的采用和保存、整个系统的安全和维护等，使得虚拟化的电子商务可以顺利进行。

(4) 电子商务可以使得买卖双方的交易成本大大降低。首先，对于企业来说，不必建立固定地域的销售场所和不必雇用大量的人员，这无疑会大大减少了房屋租赁、工资支出、办公用品等各种相关费用的开支；可以通过网络进行产品介绍、宣传，避免了在传统方式下做广告、发印刷品等大量费用。而对于客户来说，由于电子商务的运用，省去了大量用于交通往返的时间和费用，信息的搜集和整理归纳也更加方便和快捷，因而也大大提高了购买的积极性和可能性。其次，通过网络进行商务活动，无须中介者参与，减少了交易的有关环节。并且网络使得买卖双方即时沟通供需信息，使无库存生产和无库存销售成为可能，从而使库存成本降为零。

(5) 电子商务所依赖的现代信息技术体系可以使应用电子商务的企业提供更好的服务。首先，企业通过电子商务可以自动收集访问顾客的资料，建立起顾客的数据库，有针对性地进行销售，强大的客户数据库以及各种形式的延伸服务会吸引越来越多的消费者接受网上购物的方式，企业也会从这种销售中获得相应的利润。其次，可根据顾客的消费偏好，有针对性地进行促销，激起潜在客户的购买欲望。电子商务的渗透范围比任何传统商务活动更深、更广，采购就是较早使用电子商务的经营过程，它是电子商务中最容易被传统企业接受的一个领域。

2.电子商务对供应链管理的影响

供应链管理的最主要思想是系统理论。供应链注重围绕核心企业的网络关系，如核心企业与供应商、供应商的供应商乃至于一切前向的关系，与用户、用户的用户及一切后向的关系。它不仅是一条连接供应商到用户的物料链、信息链、资金链，而且是一条增值链。物料在供应链上因加工、运输等过程增加价值。供应链作为一种产品生产模式，它的提出是为了方便对多重供需关系的管理，即供应链管理。供应链管理是为了使物料在供应链上合理流动、优化配置，从而缩短产品生产周期、降低产品生产成本，促进供应商、分销商、制造商间的合作以及对市场的把握。

电子商务的发展非常迅速，它改变了传统经济活动的生存基础、运作方式和管理机制，因而对供应链发展产生了深远的影响。

(1) 电子商务消除了供应链上不必要的中间环节，并且使组织边界趋于模糊化。电子商务是在由计算机、软件和通信系统构成的网络中实现的。通过Internet，生产商可以不经由分销商或零售商直接将产品卖给消费者，消除了一些不必要中间环节组织，从而节约了运输和销售等费用。利用Internet进行零部件和产品的订货发货能够合理安排库存，提高信息的及时性和准确性，从而降低库存和营业费用，在企业内部，电子商务的应用也可以省略许多不必要的环节，提高工作效率。另外，电子商务的应用使得组织之间的相互联系也由单一渠道转变为多渠道进行，如供应商的销售部门不仅要与生产商的采购部门进行交流，而且还需要与生产商的设计部门甚至销售部门进行合作，共同设计客户满意的产品和服务。这改变了传统价值链中组织之间的交流通过单一渠道进行的方式，使得组织间的合作程度日益加深，组织之间不断融合，组织边界越来越模糊。最终，整个价值链重新整合，形成一个虚拟的大企业。

(2) 电子商务影响供应链的结构。首先，电子商务的应用加强了各个供应链角色的一体化倾向，特别是加强了生产商的前向一体化倾向。这种一体化行为能够提高供应链的效率。其次，供应链内部企业之间的广泛信息交流不仅完善了供应链的信息结构，也使得供应链内决策结构的完善易于实现，因为通过实时的信息交流能够使得供应链内部的决策过程更透明，也更有参与性，因而使得决策更趋合理，从而提高企业的效率。最后，电子商务的广泛应用在加大企业对于网络设备和人员技术培训等相关投入的同时，将会削弱企业特定的资产专用性，减小供应链内部企业之间的人力资本专用性，使供应链结构和效率受到影响。所以，电子商务的应用可以改进供应链的信息结构，增加内部企业权威，从而提高供应链效率，但也会由于产品生产周期的缩短和资产专用性的降低而影响供应链的稳定性和效率。因此，在实际应用中必须在电子商务基础上，通过改进供应链信息结构、组织结构和决策结构对上述问题加以解决。

(3) 销售模式由生产者推动型变为消费者拉动型。在传统模式中，生产者根据掌握的市场信息设计、生产和销售产品。在电子商务时代，生产者与消费者的关系发生了彻底改变。消费者可以根据自己的兴趣爱好对所需要的商品提出个性化、差异化的设计要求，生产商和相应的供应商组成的虚拟联合体会依据消费者的要求，共同完成产品的设计，然后组织生产，以最大限度地满足消费者的要求。此时，销售模式由生产者推动型转变为消费者拉动型。在电子商务时代，企业可以利用Internet有效地降低吸引顾客的费用。通常网上广告费用比用其他媒体更便宜，而且目标群体更加明确。企业可以通过在Internet上发布简要信息或在网页上将不同的产品信息传递给目标客户。由此而产生的交易费用如产品信息的获得及产品的选择等费用也由生产者转移给了潜在消费者。从消费者的角度看，消费者知道他们想要什么和不想要什么，他们可能买什么，Internet给予他们很大的选择余地，这很大程度上提高了销售效率。

(4) 促进供应链向全球网络化的方向发展。传统的供应链管理仅仅是一个横向的集成，通过通信介质将预先指定的供应商、制造商、分销商、零售商和客户依次联系起来，这种供应链只注重内部联系，因而灵活性差、效率低，而且只要供应链的一个环节中断，则整个供应链都不能运行。B 2 B的电子商务模式弥补了传统供应链的不足，它不再局限于企业内部，而是延伸到供应商和客户，甚至供应商的供应商和客户的客户，建立的是一种跨企业的协作，覆盖了从产品设计、需求预测、外协和外购、制造、分销、储运和客户服务等全过程。在同一供应链的厂商之间不再是零和博弈，而是利益双赢。

(5) 电子商务促进了供应链中信息流的改善。通过Internet，供应链伙伴之间的信息传递由原来的线行结构变为网络结构。分销商可以方便地通过POS系统查看零售商的库存信息，从而有效避免由于多重预测所带来的信息失真。同时，通过互联网，供应链下游成员也可以了解上游成员的生产能力和库存信息，有效缓解客户的焦虑，避免夸大订单所带来的波动。借助信息技术，企业之间交易的各种票证单据按统一格式在网上传输，能够快速地将需求信息向上游企业传递，实现“无纸化”计算机辅助订货，从而提高交易效率，降低成本。同时，信息使企业与伙伴之间建立更密切的合作关系，商业运转的各个环节更加协调一致，从而使资金流动、库存、成本、服务获得改善。通过网上与消费者直接的信息交流，制造商可以有效地了解市场需求，对市场做出快速反应。近年兴起的大规模定制就是增强对顾客反应能力的一种有意义的方式，它可以充分了解顾客需求，另外也减少了库存。

（6）传统的供应链管理难以应对当代全球竞争的新形势，利用电子商务构建新型的企业管理模式——供应链管理，可以极大地提高企业管理水平。电子商务以一种最大化网络方式将顾客、销售商、生产商、供应商和雇员联系在一起，使供需双方在最适当的时机得到最适用的市场信息，因而极大地促进了供需双方的经济活动，降低了交易费用和经营成本。

总之，借助电子商务重新设计企业间的供应链，加强供应链管理，可以减少库存量，避免生产商零售商重复库存，大大降低生产商和零售商的总体成本；通过建立合作伙伴关系，资源、信息共享，可使商品采购周期大大缩短，降低采购费用，通过无纸办公节省传统成本支出，提高工作效率，减少差错。毋庸置疑，电子商务网络时代的全新贸易方式，已成为推动未来经济增长的关键动力。它的有效应用将大大减少商品流通的中间环节，加速整个社会的商品流通，有效地降低企业的生产成本，提高企业的工作效率和经济效益，从而增强企业的竞争力。

【小资料】

现代图书分销公司（MBD）成立于80多年前，多年来一直是美国国内最大的书籍分销商之一。MBD从遍布全国的七个地区仓库，向全国各地的大型连锁书店和小型的独立书商提供服务。公司不断提高服务水平和经营效率，被认为是国内最有效率的图书分销企业。通过利用先进的预测技术控制库存和采用技术先进的仓库来控制经营费用，现代图书分销公司具备对所有订单实现两天内送货的能力。现代图书分销公司目前拥有近50万本的库存，居行业之首。

然而，近年来图书销售行业已经发生了巨大的变化，特别是在两种新型的零售商——大型超级书店和在线书商在行业中的地位越来越高的情况下。这两种零售商对分销商提出了前所未有的新挑战。

在过去，MBD主要通过超级书店的地区配送中心与他们开展业务。一般来说，MBD会向配送中心运送包含着多品种书籍的混合订单，这些书最终会被送往不同的书店。这些超级书店吸取了其他行业中大零售商的经验，开始向分销商提出新的服务要求。例如，一些零售商已经开始要求MBD不经过配送中心，而直接向他们的书店送货了。此外，随着行业的联合，这些大型的超级书店对分销商的影响越来越大，他们用这种影响力迫使分销商接受越来越低的边际利润。

在线书商则对盖伊和MBD提出了一系列完全不同的挑战。这些零售商的手头基本上没什么库存，接受订单后就直接传递给MBD这样的分销商，然后由分销商把书运给零售商进行再包装和运输。近来，这些在线书商已经开始发展一种新的商业模式：他们要建立自己的配送中心用以存储、包装，并直接将书送到最终客户手中。

MBD如果能够充分利用这些行业内出现的变化的话，将会找到新的机遇，但它面临的挑战也一目了然，特别是由一些在线书商建立起来的自有仓库的新的商业模式，会切断MBD的利润来源。很明显，如果MBD想要保持它在图书分销行业中的全国领导性分销商的地位的话，就必须要做一些与众不同的事情了。

（出处见书后主要参考文献11）

3. 电子商务环境下供应链管理的实现

在电子商务环境下供应链管理的实现过程中，公司的工作重点将由企业的内部转向外部。公司要认真选择供应商、经销商和主要顾客等合作伙伴，一起建立供应链网络。在此过程中合作是至关重要的，公司必须组建新的电子商务模式以进一步建立价值链集合。

（1）建立初期模式

以顾客为本的商业模式使得各商业部门都受到了不同程度的影响。交易方式逐渐从传统的物理存货交易转变为电子交易，通过网络顾客与电子响应系统之间的互动来实现。实现电子交易的决定因素是支持它的公司对公司的通信系统和交付系统是否完善。公司必须马上建立新模式平衡物理渠道与电子渠道的关系。但是，在此之前公司必须形成高级公司—公司—顾客的响应网络。建立网络响应系统需要模式指导。其步骤如下：

第一步，确定核心公司，建立满足特定顾客的需要的网络系统。这一步的作用是选择行动发起人——核心公司。该公司将组织外部成员协作开发模式、制定策略和检验模式。该公司将负责初期的联络工作：安排初期讨论、制定思想纲要、确定可能的目标市场和消费群体，并主持初期会议。

第二步，确定供应链核心小组，创建新模式。核心公司需要在小组集中之前准备一个商业单位、一条生产线或一项服务的进度图。进度图可以在其他小组的协助下完成，目的是提供小组讨论方向，避免讨论过于宽泛。进度图将来可能需要经过多次修改甚至完全废弃，但是它能够为初期讨论提供方向，加快讨论进程。小组成员可以集思广益，考虑如何在整个领域内合作，实现优化。初期交流的目的是将各公司的供应链优化方面的知识集中起来以便创建优化程度较高的网络。选择的商业单位、生产线或服务并不重要，重要的是人们能够集中起来进行交流，每次小组集中都会发现许多先进方法没有被网络其他成员采纳。而确定范围、集中先进方法有助于建立完整的响应系统。由于初期核心小组的讨论结果会对未来的网络建设产生重大影响，所以公司必须慎重选择。公司首先要列出可能入选的供应商、经销商和主要顾客，然后逐步缩小范围。最后邀请一两家公司参加核心小组会议。开发电子商务模式和策略要求合作各方利用共同的资源寻求共同利益。这一步最大的困难是克服传统的公司关系，改变单方面降低成本的愿望。

第三步，分析当前形势，确定网络相对行业领先水平的位置。核心小组成员要在研究电子供应链策略时毫无保留地提出建设性意见，提供各自的先进方法，公开公司的发展方向和公司掌握的其他领先公司的信息。各公司派出的代表必须了解供应链、物流和销售。小组成员还应是了解目标消费群体和善于处理公司关系的人。最重要的是每个公司应选派一名IT专家（即帮助建立通信网络的人）。讨论之前，小组必须达到基本共识。讨论内容必须包括如何通过这两种渠道联络目标客户。另外，供应链关系已经从订单—发票的传统模式转变为以顾客为中心的网络合作关系。为了提高供应链网络的响应效率，新的策略和模式必须以终端消费为中心。此外，新模式必须考虑全球范围，必须用网络通信取代传统的等级通信，实现整个供应链网络数据的实时进入。

（2）制订中期计划

核心小组成员在互相信任的前提下要开始着手制订计划，建立电子商务模式。这一步行动要求小组成员花费较多的精力和时间。随着中期行为的不断发展，小组成员必须投入全部精力。步骤如下：

第一步，联合设计合作构想和价值方案，争取高级领导的支持。网络成员开始郑重考虑如何摆脱商业模式的束缚，建立以价值链集合体为导向的新的电子商务模式。这个阶段要求网络成员摆脱传统思想束缚，根据未来市场的要求思考对策。传统模式中的先进方法只有适用新的策略的部分才能予以保留。耐心在这个阶段的讨论中至关重要，必须听取小组每个成员的意见。可以采用普通小组会议形式，但是讨论重点要集中到如何建立经得起电子经济考验的商业模式。需要有多种构思，全体小组成员根据未来的商业条件开发新思路。要允许相互冲突的构想存在。最后，根据目标要求修改可能的实现方案，选出最佳构想，提交领导审查。入选的构想很可能不是最终方案，但是它必须能够反映网络成员的集体智慧，而且不同于前思考模式。这个阶段要求：价值链的成员必须能够舍弃先进的供应链和电子商务方案，服从公司的共同目标、基础建设需求、技术要求和资源利用的要求，努力开发能够使公司全体成员受益的可行的商业策略和经营模式。

价值链的成员必须清楚，未来顾客的需求是“可见度”，他们要求看到产品的位置，网络必须能够显示库存在交付通道中的位置。

第二步，确定当前位置与目标位置之间的差距，制定目标缩小差距、实现目标优势。每个核心小组的成员都要将经本公司或其他领先公司或网络证明行之有效的先进方法提出讨论。目的是使网络成员了解全方位网络连接实现后可能出现的后果。小组希望供应链的每个环节都很优秀，最终实现整体响应网络的优化。

这一步的工作重点是统计网络设计可能出现的最佳效果，将之与其他先进网络比较（如果存在可比数据），将差距记录下来，按照严重程度分成等级。

第三步，选择几项内容作为短期发展目标，积累资金为后期发展做准备。小组开始集中精力设计短期发展目标，为即将启动的网络建设积累资金。选择的项目应该能利用成员的共有资源，成功率高、见效快而且回报率高。成员公司将通过合作完成这些计划。组织行动小组分别设计各个项目需要的资源、范围和章程、行动步骤、时间表、衡量机制、监督机制和目标状态，但是选择的项目不可过多，小组一定要选择最好的项目，确保成功是关键。

（3）制订后期计划

模式设计的后期需要选择一个商业单位实施小组建议。步骤如下：

① 建立包含双渠道分配系统的电子商务模式，完成计划设计

小组将结合目标商业单位，按照小组归纳的先进方法重新绘制一份进度图。制作进度图的指导思想是利用网络共同资源实现从原始供应到消费到售后服务整个供应链的最优化。进度图的绘制，从原材料的采购到最终的消费者，每一步都要通过合作实现。共享资源，尤其是IT功能，贯穿整个生产过程（加工、制造、生产），确保待测技术得到必要的信息支持。随着供应链不断向顾客方向推进，设计方案逐步实现。现在，小组将基于双渠道的过程步骤体现到进度图中。“直接影响区 ”是新模式的特点所在，是成败的关键，每个过程步骤都要经过小组讨论。小组已经积累足够多的成本数据，可以比较准确地估计过程步骤的成本，所以可以在进度图中体现出整个供应链的成本。通过进度图，人们可以了解（集体）采购成本、（共享先进方法后的）生产成本和（定义市场、销售和服务角色后的）为目标顾客和顾客服务的成本——当前状态和目标状态。

进度图绘制完毕以后，小组就完成了它的中心使命：设计一个新型电子商务模式，指导试点网络建设。模式由一个以顾客为中心的双渠道响应系统组成，内容包括如何通过物理/电子两个渠道更好地为顾客服务。考虑的主要因素是供应链优化、高级供应链技术和电子商务在双渠道响应系统中的应用。考虑的内容还应包括定义新的市场角色。

② 选择一个商业单位作试点，尝试核心小组的建议

小组要开始联系管理层，选择核心商业单位作试点。这个阶段不要求计划的完整性和行动的细节，而是开始行动，在过程中调整。因为具体的行动受商业单位的需求和市场条件约束。该阶段，应选择一位有远见的领导，让他带领试点单位进入电子商务世界，他将积累必要的资源使试点更有意义。试点单位必须具备一定的规模，能够胜任核心单位角色。建立的电子商务模式必须有明显的价值，能够产生直接收益。单位领导必须能够投入足够的时间对试点工程负责到底，并且能够注意到其他成员的状况，善于协调成员单位的高层关系。供应商、经销商和顾客将按照计划围绕核心试点单位提供人员、技术和系统充实模式，形成真实的商业条件。

③ 确定试点项目的时限、工作内容、需要的资源、计划产出和评定方案

试点项目需要一定的时间才能产生预期结果，但是没有统一的时间限制。结构简单

的中型商业单位可能需要6至8个月，复杂的大型商业网络可能需要12至18个月。模式需要跨越一定的地理范围，如一条生产线、一条服务线或商业单位的整个产品供应线。但是，注意目标一定不能定得太高，这只是一个尝试阶段，目的是检验指导模式的有效性和争取行业优势的手段的有效性。这个阶段需要制订一份工作计划，确定工作的内容、时间和计划产出。随着试点项目的不断展开，小组可能需要修改模式和过程步骤，但是初期阶段的工作仍然需要工作计划的指导。

④ 审查结果，修改进度、计划和模式，开始推广，奖励设计人员

试点结果调整出来以后，应提交参加试点项目的成员公司的高级领导审核。这个阶段，原始概念已经证明成立或者已根据试验条件作了修改。小组将根据各成员的个体结果修改模式，进一步完善过程步骤。既然实践已经证明新模式能够产生新的收入来源和较高的利润，那么公司的下一步任务必须是利用该模式建立价值链集合体。模式建设圆满成功之后，公司应该奖励设计人员。上述描述的工作步骤可以根据小组进度进行修改。但是，它是一个比较直接、有效的办法，能够把供应链成员组织起来联合设计电子商务模式，建立网络和价值链集合体。

6.5 物联网与供应链管理

1.物联网

物联网（IOT，Internet of Things）又叫“传感网”，指的是利用射频识别（RFID）等各种信息传感设备，把所有物品的信息与互联网实时连接起来，实现智能化管理与识别。物联网为每一个物品分配标识，通过射频识别（RFID）装置、红外感应器、全球定位系统、激光扫描器等获取物品标识中的信息，从而达到对物品进行识别和供应链实时跟踪的目的。这要求物联网具有感知能力、协调能力和自治能力，成为一个智能化的系统。

物联网由三个要素组成，一是传感设备，即以二维码、射频标签和传感器来识别“物”，国内以低频RFID为主；二是传输网络，即通过现有的互联网、广电网络、通信网络或未来的NGN网络，实现数据的传输与计算，如中国移动积极推进的M2M业务；三是处理终端，指输入输出的控制终端，手机、电脑、通信基站以及其他移动终端。

“识别”是物联网实施的首要步骤。物品识别的功能主要通过EPC（Electronic Product Code）编码标准、RFID电子标签、阅读器、Savant网络等实现。

（1）EPC编码标准。产品电子代码是指为了识别物品而分配的唯一编码，通过编码能读取物品在相应数据库中的动态数据。产品电子代码一般包含四个部分，前缀码（Header）表明该编码是64位方案还是96位方案；持有者码（EPC Manager）表示产品

的制造商或所有者；产品类别码（Object Class）是产品的细分类别。96位方案的EPC码可以为2.68亿公司赋码，每个公司可以对1 600万种产品编码；产品序列码（Serial Number）是每类产品中单品的唯一编号。通过统一的编制标准，世界上任何产品都拥有唯一的编码。

（2）RFID电子标签即射频卡，包含小型芯片、内置天线和其他连接部件。电子标签中储存着EPC码，当进行数据交换时，由阅读器读取EPC中的信息，内置天线传递无线信号。电子标签有主动式和被动式之分，主动式标签有内置电源，所以主动式标签识别距离大，但是价格昂贵不易普及。

（3）阅读器是负责读取或写入数据的设备。阅读器发射无线信号，读取进入识读范围内的电子标签信息，以识别不同的物品。阅读器可以同时读取几个标签，读取距离由电源和频率决定。

（4）Savant网络。为了处理大量从电子标签上接收的数据流，Auto-ID Center推出了Savant软件系统，它是一种在企业应用系统和阅读器中间起衔接作用的软件。在数据流送到企业应用系统之前，Savant会对数据进行过滤、计算、集成，压缩数据容量，以减少网络数据流量。

要建立一个有效的物联网，有两大难点必须解决：一是规模性，只有具备了规模，才能使物品的智能发挥作用；二是流动性，物品通常都不是静止的，而是处于运动的状态，必须保持对物品在运动状态，甚至高速运动状态下的随时监控和追踪。那么，依托GPS是最好的解决方案。目前，GPS已经越来越普遍地被应用，如汽车导航、水上救援、铁路运输等，只要有GPS接收装置，导航卫星就能确定地球上任何物品的位置。而且GPS具有精度高、全天候、效率高的特点，适合作为物品进行实时跟踪的支持技术。

应用系统是将物联网技术与商业连接的关键，为了使物联网技术进入现实生活，企业需要先进的ERP系统、WMS系统、CRM系统等。企业现有应用系统尚不适合物联网技术的应用，如果要形成生产、运输、销售等各环节的自动化、智能化管理，开发功能强大的应用系统是企业亟待解决的问题之一。

2.构建基于物联网的供应链管理系统

基于物联网的供应链管理系统包括EPC网络系统和电子商务平台两大部分。EPC网络系统由RFID（射频识别）系统、Savant（神经网络软件）系统、ONS（对象名解析服务）系统、PML（物理标记语言）系统和企业信息系统组成。基于EPC的网络系统是利用Savant系统通过应用程序接口（API）与企业的应用系统相连接，这样Savant系统就可以将从PML服务器上读取的产品信息自动地传递到企业应用系统，或存储到相应的数据库中，通过互联网实现信息共享。制造企业内部系统通过与电子商务平台集成，以及和物流配送系统和结算系统协调运作，可以实现对供应链的物流、资金流、信息流、服务流进行高效的控制和管理，如图6-4所示。

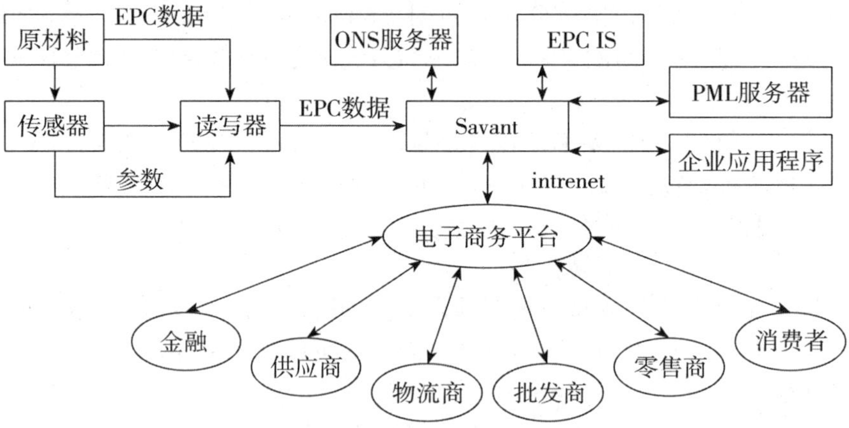

图6-4 基于物联网的供应链管理系统

EPC网络系统中部分子系统的功能如下：

（1）射频识别系统由RFID读写器和EPC标签构成。EPC编码是产品的全球唯一标识，产品外部贴有传感器，读写器获得传感信息和产品EPC标签上的编码信息后，传送给Savant系统，Savant主要负责管理、传送产品电子代码的相关数据，Savant系统也可用于供应商、物流服务商、批发商和零售商的各个物流环节。Savant进行信息过滤后，提交至供应链各成员企业应用程序来处理，企业应用程序根据实际情况，将Savant的信息传递给本地ONS系统，由它来负责查询此EPC代码对应的产品存放在互联网上的其余相关信息的URI地址，企业应用软件在得到URI地址后，自动链接至互联网上相应的EPCIS（EPC信息服务）服务器，于是便可以查询到产品的相关信息。

（2）ONS服务器存储制造商的识别代码，及产品生产商所维护的PML服务器的IP地址，当RFID读写器读取EPC标签时，EPC代码就传递给了Savant系统，Savant系统从局域网或互联网上的ONS服务器上找到存储产品文件的PML服务器的IP地址，再根据IP地址找到PML服务器，从服务器中读取产品有关信息，并传到Savant系统，实现整个供应链成员对产品信息的共享。

（3）PML（物理标记语言）系统是一个存储、查询产品信息的网络数据库管理系统，服务器由产品生产商维护，它储存产品信息。供应链上的各个企业都可以通过自己的Savant系统获得产品的PML文件，根据各自所需加以利用。

集成的产品供应链管理需要一个协同的平台，能将金融部门、物流服务商、供应商、批发商、零售商等有关各方到消费者的业务活动所发生的商流、物流、资金流和信息流在电子商务平台上协同完成，该平台上集成了生产、价格等信息。产品需求者可与制造企业直接沟通，省去了代理商等若干中间环节，可以大大降低产品的流通成本。该电子商务平台与EPC网络系统集成，它提供产品的电子采购、查询、结算、交易等服务。生产商及用户可以进行原材料及产品的电子采购，原材料供应商可以及时掌握生产商的需求，物流服务商负责整个产品供应链上的原材料、产品运输物流服务。零售商及消费者可以及时获取产品的生产、运输信息。

3.物联网在供应链管理中的应用

从供应链管理有效实施所依靠的两大载体（计算机信息系统和物流配送中心）上不难发现，每一次信息化产业浪潮的出现都能给供应链管理的发展带来契机。因此，物联网的出现也将为供应链管理过程中出现的一系列问题提供部分解决方案，并且为其在企业中的进一步有效应用带来机遇。

（1）供应链生产环节应用。在生产制造环节应用EPC技术可以完成自动化生产线运作，实现在整个生产线上对原材料、零部件、半成品和产成品的识别与跟踪，减少人工识别成本和出错率，提高效率和效益。采用了EPC技术之后，就能通过识别电子标签快速从品类繁多的库存中准确地找出工位所需的原材料和零部件。EPC技术还能帮助管理人员及时根据生产进度发出补货信息实现流水线均衡、稳步生产，同时也加强了对产品质量的控制与追踪。

（2）供应链运输环节应用。为在运输管理中在途运输的货物和车辆贴上EPC标签，为运输线的一些检查点上安装上RFID接收转发装置。因此，当货物在运输途中时，无论是供应商还是经销商，都能很好地了解货物目前所处的位置及预计到达时间。

（3）供应链存储环节应用。在仓库里，EPC技术最广泛的使用是存取货物与库存盘点，它能用来实现自动化的存货和取货等操作。基于EPC的实时盘点和智能货架技术保证了发货退货的正确性以及补货的及时性；而仓储区内商品可以实现自由放置，提高仓储区的空间利用率，并能够提供有关库存情况的准确信息，从而降低了库存，增强了作业的准确性和快捷性，提高了服务质量，降低了储存成本，节省了劳动力和库存空间，同时减少了整个物流中由于商品误置、送错、偷窃、损害和库存、出货错误等造成的损耗。

（4）供应链零售环节应用。物联网可以改进零售商的库存管理，实现适时补货。有效跟踪运输与库存，提高效率，减少出错。比如，当贴有标签的物件发生移动时，货架自动识别并向系统报告这些货物的移动。智能货架会扫描货架上摆放的商品，若是存货数量降到偏低的水位，或是侦测到有人偷窃，就会通过计算机提醒店员注意。因此，能够实现适时补货，减少库存成本，还能起到货物防盗的作用。在商场出口处，带有射频识别标签的商标由读写器将整车货物一次性扫描，并能从顾客的结算卡上自动扣除相应的金额。这些操作无须人工参与，节约了大量人工成本，提高了效率，加快了结账流程，同时提高了顾客的满意度。另外，EPC标签包含了极其丰富的产品信息，如生产日期、保质期、储存方法以及与其不能共存的商品，这样，可以最大限度地减少商品耗损。

（5）供应链配送环节应用。在配送环节采用EPC技术能大大加快配送的速度和提高拣选与分发过程的效率与准确率，并能减少人工、降低配送成本。如果到达配送中心的所有商品都贴有EPC标签，在进入配送中心时，装在门上的读写器就会读取托盘上所有货箱上的标签内容并存入数据库。系统将这些信息与发货记录进行核对，以检测出可能的错误，然后将EPC标签更新为最新的商品存放地点和状态。这样，管理员只需操作电脑就可以轻松了解库存，通过物联网查询货品信息及通知供应商商品已到或缺货。这样就确保了精确的库存控制甚至可确切了解目前有多少货箱处于转运途中、转运的始发地和目的地，以及预期的到达时间等信息。

总之，物联网对供应链有着很大的影响，可以实现管理自动化（获取数据、自动分类等等），作业高效便捷，改变中国仓储型物流企业“苦力”公司的形象；降低仓储成本；提高服务质量，提高响应时间，客户满意度增加，供应链环节整合更紧密；促使我国物流企业的信息化再上一个新台阶，同时也会促进物流信息行业大共享的局面形成。展望未来，高效精准、实时透明的供应链管理将呈现在我们眼前。

6.6 供应链决策支持系统

跟很多复杂的商业系统一样，供应链管理问题也不是一成不变的，也就是说它们不能很轻易地被计算机语言界定并定义。然而目前，系统还有很多方面只能依赖计算机才能进行有效的分析和理解，这就是这些决策支持系统被设计出来，给我们提供帮助的原因。决策支持系统不能直接做出决策，但是它们能够在管理者做出决策的过程中提供帮助和支持。

决策支持系统是利用信息系统对人给予帮助，缩短人在决策过程中所耗费的时间和精力，由于决策的科学化、规范化和程序化，可以减少决策的失误。决策支持系统结构如图6-5所示。

决策支持系统囊括了从用户进行自身决策的空白电子表格到能综合不同领域专家的知识并提供可供选择方案的专家系统。因此，应根据问题的本质、计划的范围，以及需要决策的类型来选择适合某一特殊要求下的决策支持系统。

决策支持系统的范围很广泛，在本书中我们只对供应链决策支持系统的层次做简单的介绍。根据计划水平，供应链决策支持系统可以分为四个层次，见图6-6。

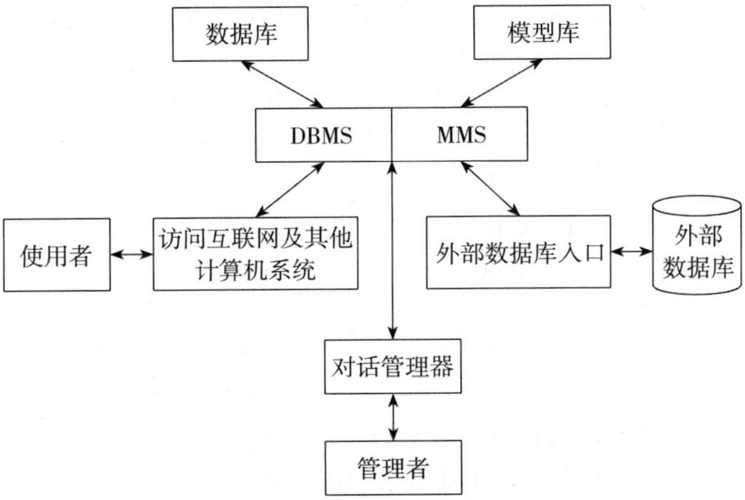

图6-5 决策支持系统结构

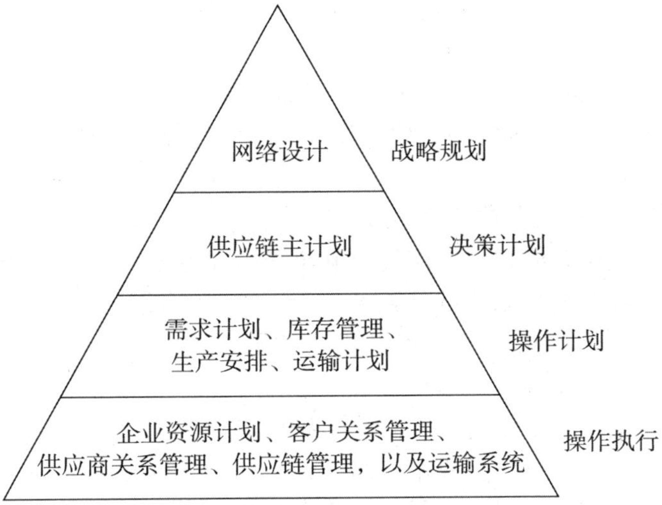

图6-6 供应链决策支持系统的层次结构

第一层面是战略层，是指长期计划，通常长达几个月到几年的时间。例如，选择最佳的仓库或工厂数量、位置；网络设计属于企业的战略计划。网络设计包括仓库和工厂选址的决策，以及仓库周围的零售商或顾客的分配。我们在前面已经有详细的讲解。

第二层是决策层，主要指供应链主计划；供应链主计划是指通过协调生产、配送网络、库存需求，高效地分配供应链资源，以获得最大的利润或者使整个系统的成本最小化。供应链主计划能使企业针对季节性需求、商品促销、生产力紧张提前做好计划。它一般应用在供应链的推动部分，目的是有效地分配生产能力、运输、库存资源。为了满足需求而重新分配生产能力、运输、库存资源往往是行不通的，尤其在公司面临着季节性需求、有限的生产能力、竞争者的促销，或者预期的极度不稳定等情况下。这样的决策会在很大的程度上影响供应链的整体绩效水平。因此，供应链主计划无法通过手动方式或仅仅是使用电子表格来有效地执行。为了优化这些决策，考虑供应链不同层面之间的相互影响，公司需要使用基于优化的决策支持系统。这些将供应链建成大规模混合整数线性规划的模型系统，是唯一有能力考虑供应链的复杂性和动态性的分析工具。

第三层是操作计划层，是短期的生产、分销、存货和运输计划，包括需求计划、库存管理、生产安排、运输计划系统等。策略和操作层面的计划工具有的时候也被称为高级计划编制与时间安排系统APS（Advance Planing and Scheduling）。虽然还有一些不同的意见，但是这个系统被认为是一个能解决ERP系统不足的计划工具。

最后一个层面是操作执行层，例如，企业资源计划、客户关系管理、供应商关系管理、供应链管理，以及运输系统。这个层面通常是最基本的，也是为决策支持系统的其他三个层面的连接提供基础数据的。

这几个层次之间的区别表现在以下几个方面：

（1）战略网络设计的计划时间要比操作计划系统的长。的确，公司通常会在几年内对设备做长期的投资。另一方面，供应链主计划的策略持续几个月或一年。最后，操作执行系统时间很短，只有几天或几个星期。

（2）由于所做出的决定对大规模投资和主要分销具有很大的影响，战略系统的投资回报会很高。一般来说，采用战略网络设计的公司，成本可以降低5%~15%。而对降低成本同样非常重要的操作计划以及操作执行来说，它们所需要的投资大，但回报小。

（3）战略网络设计的实施复杂性不是特别的高，因为其中用到的工具和方法需要融入其他的工具和方法。同样，战略网络设计不需要实时更新，也不需要公司里什么人与其交互。相反，操作计划系统很难操作和集成，并且需要实时数据和大量的人员培训。

对于提出的每一个供应链问题，存在很多不同配置、不同运行平台以及不同价格的决策支持系统。评估某一决策支持系统需要考虑以下问题：

①决策者所要解决的问题的范围。

②决策支持系统所需要的数据。

③分析所需要的条件，包括模型的准确性、量化绩效的能力、需要的分析工具和计算机的运行速度。

④在解决无法量化的问题时，系统生成一系列的解决方案，最后由决策者选择最佳

方案。

⑤表达的需要，包括友好的用户界面、图形界面、地理数据相关的能力、表格等。

⑥已有系统的兼容性和集成能力。

⑦系统所需要的硬件和软件要求，包括接收和产生标准文件格式的数据接口能力。

⑧整体价格，包括基本模型定制化成本、长期的升级价格。

⑨互补系统，供应商是否有一整套容易从一个渠道获取的产品，如在一些情况下，一个线路安排决策支持系统同样包括配载计划。

小结

牛鞭效应意味着随着我们向供应链上游前进，需求的变动程度增大。需求变动程度的增大导致了显著的无效率作业（如供应链中各系统被迫大量增加库存）。所以，找出有效应对牛鞭效应的策略是非常重要的。在本章中我们已经找到了减少牛鞭效应的具体方法，其中信息共享也就是集中需求信息最为有效。然后，我们介绍了一些常用的和最新的用于供应链管理的信息技术，对于许多公司来说，信息技术有利于为企业获得竞争优势。

电子商务改变了我们工作、交流与交易的方式，比如电子采购。本章介绍了电子商务中应用的技术和电子商务、物联网对供应链管理的影响。因为管理思想的发展与信息技术的发展是相互促进的，信息技术的发展为管理思想的发展提供了可行的途径，而管理思想的发展对信息技术的发展提出了新的要求，因此我们在本章的最后部分介绍了供应链决策支持系统。

问题讨论

1. 你如何理解“在现代供应链中，信息代替了库存”的？请举例说明。
2. 牛鞭效应产生的原因有哪些？如何减缓牛鞭效应？
3. 根据本章介绍的射频技术，你是如何理解文章开头的案例的？
4. 举例说明电子商务对供应链的影响。
5. 电子采购的具体操作是怎样的？
6. 物联网在供应链管理中有哪些应用？
7. 评估一个供应链主计划的决策支持系统时，哪些问题是比较重要的？

案例探讨　　大数据驱动联合利华供应链

消费者从超市货架上取走一瓶联合利华生产的洗发水对联合利华（中国）来说，就意味着它的1 500家供应商、25.3万平方米的生产基地、9个区域分仓、300个超商和经销商都因此而受到牵动。

这是构成公司供应链体系的一些基本节点。它的一头连接着来自全球的1 500家供应商，另一头则是包括沃尔玛、乐购、屈臣氏和麦德龙等在内的总共约300个零售商与经销商所提供的超过8万个销售终端。

1. 深度数据挖掘与需求分析

不同于家电、汽车等耐用消费品比较容易预测消费趋势和周期，快速消费品行业由于其消费者的购买频次更高，消费结构更为复杂，以及销售过程中充满许多不确定性，企业较难对它做出需求预测。最头疼的情况是大客户采购，这种情况可能使超市的现有库存顷刻间耗尽。为了避免类似情况造成的手忙脚乱，又不想增加库存加大成本，更不想丢失客户，联合利华需要准确地预测未来的销售情况。每天，分散在全国各地的业务人员巡店后，将销售数据输入到一个手持终端，源源不断地把销售情况汇总到公司的中心数据库。与此同时，直接与公司总部数据库对接的诸如沃尔玛POS机系统和经销商的库存系统等，将店里的销售和库存数据及时反映到公司的中心数据库中，使不论上海中国总部还是伦敦全球总部的管理人员，都能了解到中国超过1万家的零售门店在任何一天内的销售情况和业务数据。其余还有7万多个销售终端，数据更新以周为单位，这些大样本的数据来源，可以保证销售预测的波动能被控制在合理的范围内。

但仅仅通过汇总购买行为这类数据，还不足以准确预测出未来一段时间内的需求，那些代表预测销量和实际销量的分析曲线，只是依赖数学模型和复杂的计算完成了理论上的工作，还需要做进一步的分析，这就需要其他的业务数据。例如，对某产品制定的促销方案是降价还是买赠、在某时段内投入了多少宣传力度、覆盖了多少区域或渠道等，都会影响到该产品最终增加的销量，同时还要与其他业务部门如生产、采购、财务、市场等团队进行协同，共同利用这些数据，预测和分析结果。

联合利华按照16个品牌的产品形态划分出四大业务类别，每个品类都有一个团队来预测产品的销售情况，并分析进一步影响采购、生产环节的实际运作。当洗发水以瓶为单位售出后，采购部门得到的信息则是原材料A和包装材料B又将会有新的需求，在系统里一瓶洗发水会被分解成40多种原材料，这些数据会落实在其物料清单（BOM）上。

2．全球协同采购

按照公司实行的全球化范围的采购与生产体系，消费者购买行为对采购、生产的影响就是全球性的。目前，公司旗下400多个品牌的产品在六大洲270个生产基地生产，所有涉及原料和包装材料的采购问题，包括采购地和供应商的选择，以及采购规模与频次的安排，都是由全球统一进行调配。这种全球化的操作将在成本集约上体现出规模效应，但同时也对公司的供应商管理水平提出挑战。

2002年，公司在上海成立了全球采购中心，从中国向全球出口原料及成品，这里生产的牙膏最远销售到智利，中国的供应商总数规模在1 500家左右。利用大数据与业务分析，一些能够同时提高合作方效率的合作会在这里开展：一些在内部被评定为A级的供应商被视作战略合作伙伴，它们会为生产提供定制化的材料，而自己的设计与研发人员也会对供应商的设备、流程等十分熟悉，双方会针对一款新产品在很早期就开始合作，联合利华会从技术方面对供应商提供指导。

联合利华利用大数据对供应商进行管理，有一套全球共同执行的标准。一个跨部门的管理团队每年会重新审核供应商等级，对A级供应商更是到场审计两次，不仅是技术水平、产品质量、资金规模等常规指标，还包括绿色、环保、用工条件等社会责任方面的情况，如果在其中哪个方面没能达到要求，就将面临从采购名单里消失的风险。

3．高效协同生产

每当商品售出时，生产部门就要和计划部门对接，对售出产品的数据做出响应。根据售出产品的相关数据，生产计划经理进行分析并做出决策。除了通过需求计划经理得到需求预测，他还必须获得其他业务信息，例如，通过采购团队掌握所有供应商的交货能力，通过工厂负责人了解目前生产线上的实际产能，等等。然后，将这些信息汇聚在一起统筹分析，做出下一段时期内的产能供应水平的决策。

根据这些大数据，公司最终制定出生产安排，指挥一个年产值为140亿元的生产系统在每一周、每一天里如何调度它的每一家工厂、每一条生产线、按照速度和专长的不同安排生产（洗发水生产线就有十多条），完成300多个规格（SKU）的洗发水生产，以尽可能达到产能最大化，以满足那些分散在全国各地甚至世界其他地区不断增长的购买需求。关于消费者打算在何时何地购买这瓶洗发水，将给联合利华的分析人员带来一道复杂的统筹学问题。

4．渠道供应链管理，赢在货架

联合利华在全国设有9个销售大区，首先成品从合肥生产基地的总库发往上海、广州、北京、沈阳、成都等9个城市的区域分库。为了保证“这瓶洗发水”能够准时到达最终的货架，分销资源计划员既要规划路线，又要考虑库存成本和各条运输线上波动的运输能力。比如，春节将是联合利华产品的销售旺季，而临近春节时西行方向的铁路线会很拥挤，公路运输也比较忙，还要考虑很多可能发生在路上的临时突发的状况。因此，必须有充足的数据进行详细周密的分析，并与其他业务部门协商，做出例如“规划如何在西区提前建立库存”等的决策。

联合利华用活了数据，从超市货架上每个产品的变化，直到自己的供应商，这是一条能产生出高价值的数据链路，而利用链路上每一节点的数据来优化和改进业务，使得业务运营获得了骄人的好成绩。例如，通过对缺货的分析，找出导致一瓶洗发水在货架上缺货的真正原因：是门店方面没有及时下单，还是系统虚库存，又或者是因为库存堆放问题等，找到了真正的原因改进了缺货率，使其重点门店的货架满足率提高到了98%，上升了8%（货架有货率每提高3%，就会带动产品销售提高1%）；再如，协同超市启动了回程车项目优化，把双方的取货、发货和运输线路放在一起进行分析和优化设计，减少了返程时的空车率，节约了10%左右的物流成本，同时也完成了公司对碳排放降低的要求。

（根据公开的网络资料整理）

问题：

1．结合联合利华大数据的应用，谈谈信息化在供应链管理中的重要性。

2．联合利华是怎样实现“赢在客户”的目标的？

第7章 供应链业务流程重构

学习目标

1. 掌握供应链业务流程重构（再造、重组）的定义和新特征、供应链业务流程重构实施步骤和细节、业务流程图和业务流程表的绘制、全新业务流程设计法和系统化流程改造法、包装和运输的物流设计、产品开发中的并行和平行工艺、物流设计标准化、供应链绩效评价的标杆法、SCOR模型。

2. 理解传统流程的弊端、物流设计标准化的策略选择、供应商集成的层次、标杆法的种类。

3. 了解业务流程重构的产生、物流设计标准化的方法、供应商集成战略流程、基于标杆法绩效评价的基本步骤、SCOR模型的功能。

基本概念

业务流程　业务流程重构　物流设计　供应商集成　标杆法　SCOR模型

引导案例　奇瑞汽车有限公司的供应链业务流程再造

面对顾客导向、变化迅速、竞争激烈的外部市场环境和各种生产要素高度流动的内部环境时，国内外汽车生产企业纷纷通过供应链业务流程再造来寻求竞争力。奇瑞汽车有限公司在这个大背景下，也对其供应链上下游企业流程进行了再造。奇瑞汽车有限公司在对供应链上游企业流程进行的再造，主要表现在质量管理与零件规格包装、原材料运输与组织、零件外包三个方面。在质量管理与零件规格包装上，原先的流程是从供应商到制造商再到转换产品包装和产品质量管理，最后才是生产线，改造后的流程中转换产品包装和产品质量管理被提到了最前面。在原材料运输与组织方面，则是在供应商和制造企业之间增加了地区承运商。在零件外包方面，将零部件外包加工厂进一步进行整合协调，使其完成标准化、通用化的零部件及模块的生产。奇瑞汽车有限公司在对供应链下游企业的流程再造设计中，在不同区域加设了一些仓库，方便对不同区域的供货，缩短了运输时间，减少了运输成本。奇瑞汽车有限公司供应链下游企业流程改造优化配送物流网络体系，对配送网络结构进行重组，做好产品流向分析及薄弱环节分析，同时也优化了某企业的整车配送网络。奇瑞汽车有限公司在对主机厂到经销商的流程进行改造时，考虑到了在特殊情况下可以由主机厂直接发货给经销商，同时也增加了仓库，使物流管理更加规范、方便、简捷。

（根据公开的网络资料整理）

以职能型组织机构为基础，旨在细化分工和提高作业效率的传统业务流程在现代的供应链与供应链的竞争中越来越显露出其弊端。它使得各个职能独立化，以致无法充分提高客户服务水平；它增加了作业的单调性，以致无法充分调动人的积极性；它分离各业务流程，以致无法充分发挥供应链的整体竞争优势。1990年，哈默（Hammer）于《哈佛商业评论》发表的一篇题为《再造：不是自动化而是重新开始》（Reengineering Work： Don’t Automate But Obliterate）一文，告诉全球经济界：用新的方法来重新组建业务流程是必要的也是可行的。这一套新方法就是以流程型组织结构为基础的业务流程重构（Business Process Reengineering，简称BPR）。供应链环境下的BPR有两层含义：一是在供应链各节点企业内部进行流程重构，二是在供应链上游企业和下游企业之间进行流程重构。这里的重构注重企业流程相互的衔接和配合，以提高供应链的整体竞争力。

BPR应用到供应链后，发挥了更大、更强的促进作用。此外，最重要的是基于供应链的业务重构具有更适应供应链竞争要求、更能发挥供应链的整体优势、更具有柔性和敏捷性等优点，所以大大增加了获得成功的机会，降低了重构的风险性。那么到底什么是业务流程再造呢?如何在供应链环境下实现业务流程再造呢?有哪些方法可以实现业务流程再造呢?我们在这一章将进行详细剖析。

7.1 传统业务流程及其弊端

1.传统的业务流程

现行的职能型组织结构的基本思想是专业化的细化分工。专业化分工具有很多工作上的优势：首先，专业化分工能够让每个人可以重复地从事一样工作或者一类工作，这样可以使其工作的熟练度提高，从而大大提高工作效率。其次是有利于管理和任务的分派。由于专业细化后每个部门内部的工作都是一类的，这样便于制定制度和工作标准；在下达工作任务时，可以根据工作的性质很容易地下达到相应的部门。专业化分工还便于交流和解决工作中的问题。部门内都是同专业的，交流起来不会存在太大问题，当在工作之中遇到问题时，也可以得到咨询和协助。除此之外，专业化的分工可以平衡权利，权利随着专业化的分工而分开，使得相互之间具有制约的作用。

由于这种分工具有众多优势，企业在设置其内部组织时，也是根据专业的不同来划分不同的职能部门的，并在此基础上形成了一套“金字塔”式的行政等级制度，以便对各职能部门进行有效的协调、管理和控制。这便形成了经典的职能型组织结构。这种结构具有明显的层次性，如图7-1所示。

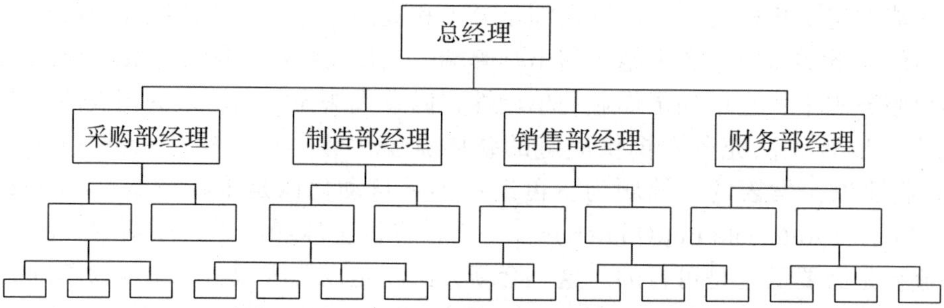

图7-1　职能型组织结构图

基于这种职能型组织结构的各项业务流程是被分割开并分置于各个职能型组织部门的：销售部门同顾客签订订单；制造部门制订生产计划并组织生产；采购部门负责购买所有原材料；物流部门负责将制造出来的产品交运到顾客手中；财务部门向供应商付款，向顾客收款并发放收据；技术支持部门或售后服务部门负责用户培训、技术咨询和支持工作。每个部门的员工都做好自己的一部分工作，然后将它移交给流程链上的下一部门继续处理。同一职能部门的员工之间经历了无数次交接和再交接，而在终端消费者那里，这一切都表现为来自企业不同部门的等待和再等待的产品与服务。以一项采购业务为例，其流程如图7-2所示。

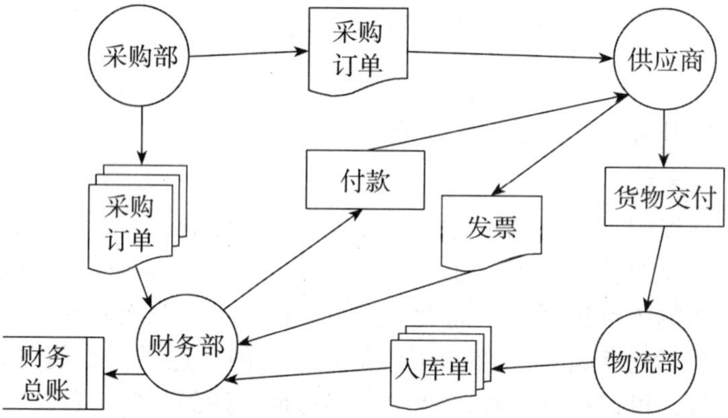

图7-2　某采购业务流程

2. 传统业务流程的弊端

以职能型组织机构为基础，旨在细化分工和提高作业效率的传统业务流程在过去的将近一个世纪中发挥了巨大的作用。但是，进入20世纪80年代以后，世界经济因素发生了巨大的改变，市场环境不稳定、市场竞争日益激烈、市场需要多样化，这使得传统业务流程暴露出了许多弊端：

（1）只见个体，不见整体。每个部门都仅仅以自己专业分工内的工作为重心，而往往忽视了组织的整体目标；而且，由于职能部门都具有自己的局部利益，这些利益之间还会经常发生各种各样的冲突，因此给企业的整体利益带来损失。由于专业化分工的思想就是将员工划分在各部门的小团体中，所以这些问题是不可避免的。也就是说，它缺乏一定的整体观和协调性。

（2）重视效率，忽视效果。专业化分工的确可以极大地提高工作的效率，但却忽视了企业真正需要的不是效率，而是最佳的经济效果这一关键点。提高效率实质上是提高单位时间内的作业量，但是这些提高的作业不一定可以带来经济收益。因为它忽视了其中关键的一点：价值链的增值存在于企业业务流程之中，但是并不是所有的业务流程都可以实现利润的增加。但由于所有的作业都耗费成本，欲实现利润的最大化，应该尽可能地减少业务流程中不增值的部分，而传统的作业流程并未做到，所以说，传统的业务流程只能算是有效率的（Efficient），但不能算是有效果的（Effective）。

（3）注重职能，割裂流程。传统的组织结构的职能化明显而且具有较强的层次性，但是，作为一项业务流程并不局限于一项职能或者一个层次。所有流程被分割成不同的部分，流程所涉及的独立部门各自拥有独立信息，企业的信息也随之被分割成许多个数据碎片。流程的各个环节中的工作人员重复查阅不同的文件，按各自的标准要求作业，发生很多重复和无效的作业。

（4）不能适应市场的多变环境。传统的业务流程十分便于标准化的作业，所以它非常适应于市场稳定的环境。但是，如今的市场瞬息万变，一方面，由于全球化经济和信息化时代的到来，企业所有目标市场随时随地都可能发生变化；另一方面，由于新的消费理念，客户需求呈现多元化和个性化。这些因素使得标准化的生产成为不可能。而多变的市场环境要求企业的业务流程必须敏捷、柔性。割裂的流程和重复的作业是不可能做到这一点的。传统的流程已越来越不适应市场的发展和变化。

（5）不利于调动积极性和创新。在原有的业务流程中，流程被分成很多小段，每小段由不同的人完成，而每个人每天的作业都是相同的，这样很容易造成工作的单调，长此以往，人的积极性就会被严重挫伤。再者，由于每个人的工作范围被严格地框定，按照既定的作业标准来完成，根本没有创新可言。

（6）不利于供应链的构建。现在的市场竞争已不再是单个企业之间的竞争了，而是供应链和供应链之间的竞争。构建和优化供应链，以增强核心竞争力，是供应链中每个节点企业生死存亡的大事。而传统的业务流程并不适应于供应链，它表现在：供应链要求响应灵敏、反应快速，而传统的业务流程敏捷性不够；供应链强调高质量的客户服务，而传统的业务流程只专注于作业；供应链要求上游企业和下游企业的业务流程紧密衔接，而传统的业务流程仅仅是局限于本企业。

既然传统的企业在现代的市场形势下越来越不适应，企业就急需一种全新的业务流程构筑方法，这种迫切的要求促使了BPR的形成和出现。

7.2 业务流程重构（BPR）的产生和概念

1. 业务流程重构（Business Process Reengineering，简称BPR）的产生

业务流程重构的思想由来已久。早在1957年，行为学家麦格雷戈（D.M. MeGegor）就发表了题为《企业的人性面》的文章。其中，他将亚当·斯密的传统管理理论称为X理论，并提出了主张“个人目标和组织目标的融合”的Y理论，这是业务流程重构的思想起源。1965年，麻省理工学院的弗雷斯特教授发表一篇题为《新型企业的设计》的文章，他建议在计算机技术的配合下构建新型的企业，并认为渐进式的改革无法实现目标，唯一的方法只有采用新形式，从头做起，才能建立一个全新的组织结构。1985年，托夫勒在《适应变革的企业》一书中建议美国电报电话公司实现“非标准化生产”，建立一种“众星拱月”式的组织模式，彻底改革管理流程。

1990年，哈默（Michael Hammer）于《哈佛商业评论》发表了一篇题为《再造：不是自动化而是重新开始》，即前方所说的Reengineering Work：Don’t Automate But Obliterate一文，第一次提出了“业务流程重构”的概念。在文章中，哈默告诉人们，基于传统管理理论和观念的业务流程已经越来越不适应现代经济的发展，它包含了过多的冗余流程，这些冗余流程浪费大量资源却体现不出任何价值。因此，企业需要进行以过程型组织结构为基础的根本性变革。此后，哈默和钱皮（James & Champy）于1993年合著了一书，名为《再造企业——工商管理革命宣言》（Reengineering the Corporation：A Manifesto for Business Revolution）。书中对业务流程重构进行了详细和深入的论述，提出了一套系统的业务流程重构理论。1995年，哈默和钱皮又推出了一本《再造革命》，作为企业进行业务流程重构的实践手册。企业管理史上的新一次革命开始了。

流程（Process）在《朗文当代英语词典》中有两个解释：其一是一系列相关的、有内在联系的活动或事件产生持续的、渐变的、人类难以控制的结果。其二是一系列相关的人类活动或操作，有意识地产生一种特定的结果。所以说，流程实际上是指事件从开始到结束发展变化的全过程，它包括事件在时间上的变化，也包括了事件在空间上的变化。流程具有一定的先后逻辑性。

业务流程（Business Process）被哈默定义成为“一个或者多个输入，转化为对顾客有用的输出的活动”。在这其中，业务流程具有四个要素：“活动”、“活动间的逻辑关系”、“活动的实现方式”和“活动的承担者”。

（1）活动。一些输入被接受后，按照一定的处理规则，利用相应的资源，转化成为

输出，就构成了一项活动。所以活动可以用一个集合的形式来表示：

活动={输入，处理规则，资源，输出}

输入还可以用示意图的形式来表示，如图7-3所示。

（2）活动间的逻辑关系。活动的逻辑关系指的是活动与活动之间的联系，它主要有三种关系：串联关系、并联关系和反馈关系。串联关系类似物理中的“串联电路”，是指上一个活动的输出构成了下一个活动的输入。并联关系类似于物理中的“并联电路”，是指一个活动和另一个活动的输入和输出没有直接关系，它们的输入同时来自上一个活动的输出，它们的输出同时作为下一个过程的输入。反馈关系指的是两个活动相互输入相互输出。这三种活动的示意图如图7-4、图7-5、图7-6所示。

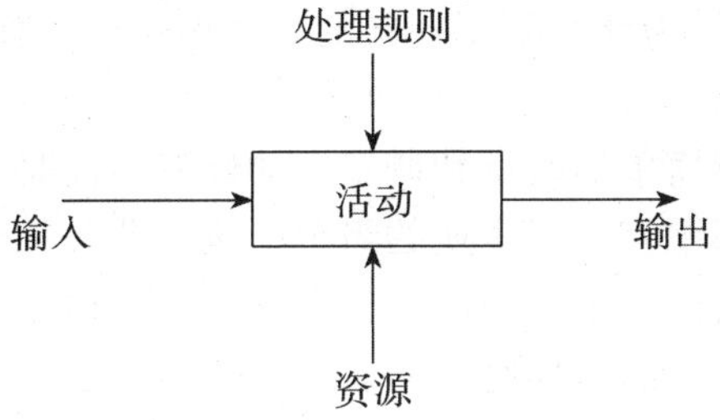

图7-3　活动

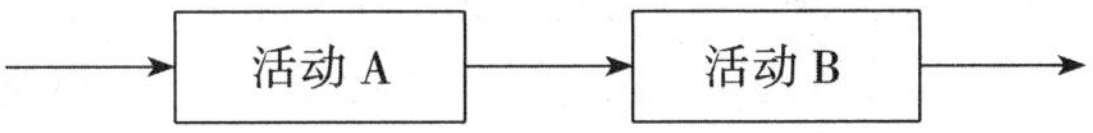

图7-4　串联关系

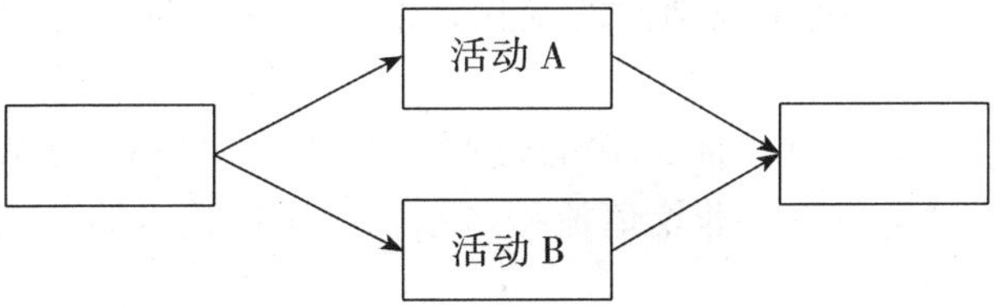

图7-5　并联关系

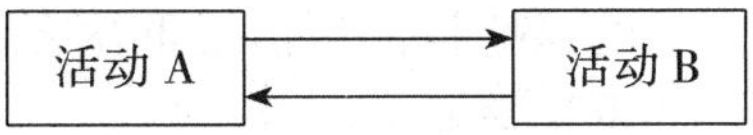

图7-6　反馈关系

（3）活动的实现方式。活动的实现方式指的是活动是通过什么样的媒介实现的，如人工作业方式、计算机作业方式等等。

（4）活动的承担者。活动中进行作业处理的人就是活动的承担者。找出各活动的承担者对于了解活动具有十分重要的作用，因为只有人才是活动中具有主观能动性的因素。

通俗地说，业务流程是一组逻辑相互相关的活动的有序组合，它旨在完成一项或多项任务和达到一定的目标，可以说它具逻辑性、有序性和针对性三种性质。逻辑性是流程的共性，它是指活动和活动之间应该具有必然的逻辑关系；有序性指的是活动之间具有一定的先后顺序；针对性的活动都是针对任务和目标来进行的。

2. 业务流程重构的概念

业务流程重构在《再造企业——工商管理革命宣言》一文中的定义是“对企业现有的业务流程（Process）进行根本性的（Fundamental）再思考和彻底性的（Radical）再

设计，以期获得在成本、质量、服务和时间等方面戏剧性的（Dramatic）改善”。这个定义的核心内容是“流程”、“根本性”、“彻底性”和“戏剧性”。

（1）流程。重构是围绕着流程展开的。哈佛大学商学院的波特（Michael Porter）教授将流程看做是一条价值链（Value Chain）。企业流程重构就是将对价值链的关键环节进行管理，以优化价值链，发挥其最大的增值效用。也只有这样，才能从根本上增强企业的核心竞争力。

（2）根本性。传统的流程往往不会专注于企业的根本性问题，使得很多运营环节往往不会带来真正的利润。所以，企业在做业务流程重组时，应该对现在的每一项工作都要刨根究底地挖掘其根本性目的，并考虑它是否与企业的核心目标相符合。这时需要思考下面这些问题：我们为什么要做现在的工作?我们为什么要用现在的方式做这份工作?为什么必须由我们而不是别人来做这份工作?等等。

（3）彻底性。对传统业务流程的改造不是进行简单的改良和调整性的修补，而是一切从头开始，将以前所有的结构、过程、规则全部抛弃，对企业的组织结构、业务流程和规则标准做彻底性的改变，做全新的设计。虽然保留了部分原有的东西，但是由于其核心已经发生了改变，所以这种改变不是调整性的，而是彻底性的。

（4）戏剧性。业务流程重组追求的目标绝不是业绩的小幅提升、经营的稍许改善、状况的略微好转，而是要整个企业的经营呈现戏剧性的变化，实现飞跃。这才是BPR的标志和特点。

总的看来，哈默提出的BPR具有其鲜明特征，它的这些特征决定了它的与众不同。它的这些特征包括了重视客户、注重整体、非增值流程最小化、信息技术的运用和全新的重构策略。

（1）重视客户

哈默将现时代称为“客户经济时代”。在“客户经济时代”，办公司的目的到底是什么?哈默认为“公司的存在是要为客户创造价值，公司所做的一切必须围绕这一目的”。有人会认为这个回答很可笑，他会觉得办企业不就是为了赚钱吗?企业的存在不就是为了利润最大化吗?其实，这种想法是很短视的。为什么?因为一个企业的利润来源就是其客户，如果它创造的东西客户不需要、社会不需要，它从哪里赚钱?它还可以存在吗?通俗地说，客户就是企业的衣食父母。流程再造就是要使得公司可以更快更好地满足客户不断变化的需求，提高客户服务质量。而这一点正好与供应链的目标不谋而合。

（2）注意整体

BPR将一个流程看成是一个有许多活动构成的整体，而不是像传统的管理那样使得它分裂于各个部门之中。于是，业务流程跨越了职能部门的限制，大大增强了协调性。这绝对是管理理念的一种飞跃。

（3）流程成本最小化

缩短业务流程和尽可能地删除非增值流程是BPR关注的焦点。而唯有这样做才能使得业务流程带来最大的经济收益。这才是有效果（Effective）的业务流程。

（4）计算机和信息技术的运用

在整个BPR过程中，计算机和信息技术无时无刻不发挥着巨大的作用，它极大地增加了业务流程的敏捷性和自动化程度，应让其能够适应多变的市场需求。

（5）全新的重构策略

综观BPR，无处不见一个“新”字。全新的组织结构、全新的流程编制、全新的角度、全新的规则等等。BPR不愧为一次全新的企业管理革命。

值得注意的是，业务流程重构和业务流程自动化、业务流程改进（Business Process Improvement，简称BPI）是不同的。

业务流程自动化只是在原有的组织结构中采用了现代化的计算机技术和信息技术，而整个管理系统并没有发生重大的改变，这样的改变不可能产生太大的效果，因为业务流程被割裂，并不是所有环节的实现方式都是计算机作业的，而总是有一些环节采用了人工作业。这些人工环节成为流程瓶颈，根据“水桶原理”，作业的最终效果没有改变。另一方面，信息技术也只是实现了“无纸化”的办公，而办公的内容还是没有变化。BPR要求的是对原有的管理体系和办公方法进行彻底性的变革，将一个业务流程看成一个整体，突破部门的限制。计算机和信息技术的应用是在此基础上进行建构，它们起到了一个催化剂的作用。所以说，BPR和简单的自动化相比有本质的区别。

业务流程改进（BPI）也是以客户为导向，也是对业务流程进行改进，也强调整个企业的合作。但是，BPI主张从企业的中低层也就是管理层和操作层入手进行自下而上的改进，革新的层次低；再者，它更依靠于原流程，革新的力度小。BPR要求改革从高层也就是决策层开始自上而下地进行，而且主张彻底性、根本性的改变。所以，它的变革层次更高、力度更大、范围更广。

7.3 供应链业务流程重构

所谓供应链业务流程重构，是指在供应链的基础上对企业内部业务流程进行改造，继而对企业间相互关联的流程进行整合，旨在提高供应链整体效率、缩短供应链响应时间、增强供应链竞争力的过程。供应链业务流程重构包括了企业范围业务流程重构的全部内容，并在供应链思想理念下进行了发展和深化。

由于供应链的复杂性、特殊性及不确定性，供应链业务流程重构具有与一般企业范围内的业务流程重构不同的新特征：

（1）整体目标。供应链作为一个整体，在进行业务流程重构时必须有统一的目标。这一目标必须兼顾各个节点企业的分目标，因为这是一个风险性很高的系统工程，没有相互的紧密配合很难达到满意的效果。这个目标应该是以最终客户为导向的。

（2）风险提高。供应链业务流程重构时，企业和企业间一定存在利益上的冲突和配合的不协调。这些问题使得它比一般的业务流程重构风险性更高。所以，之前的项目风险评估是十分有必要的。

（3）交互合作。重构的目标需要上下游企业紧密的合作才能达到。合作包括了在相互企业内部业务流程重构时委派人员参加，进行指导和学习；还包括了在构筑企业间交互的业务流程时，进行有效的分工合作。

（4）信息对称。重构前，企业彼此之间相互了解原有流程，做到心中有数；重构中，项目的信息要相互流动，遇到问题和偏差及时沟通；重构后，新流程的运行信息也要按时反馈。信息对称可以大大增加重构成功的可能性。

（5）协商机制。建立健全协商机制及时有效地解决项目中的各种问题。

供应链业务流程重组在实施的过程中需要遵循一定的原则，这些原则包括：

（1）环境前提原则

企业在供应链业务流程的设计时要明确一个前提：任何企业都是存在于一个特定的环境下的，也必然要受到环境的制约，这里的环境主要指的是供应链环境。所以，所有设计的流程必须要满足供应链下环境的各种要求。也就是说，流程的设计要在供应链的指导思想下进行，要能够与供应链上下游企业的业务流程进行衔接，要有利于提升整条供应链的核心竞争力。这些都是供应链环境下一切业务流程设计的最根本的前提。

（2）客户导向原则

一切流程必须以客户的需求为导向。在重构一个流程之前，要多问问自己：这样的重构会给客户带来好处吗?可以就做，不可以就不做。因为这是所有流程重构的基本原则。除此之外，在实施BPR后进行绩效评价时，也应该以客户作为出发点，作为流程设计是好是坏的标准。只有这样做，才能保证BPR的成功实施。

（3）流程中心原则

BPR的目标是将企业改变成以流程为中心的组织，或者说是过程型组织。这是BPR和传统业务流程的主要区别之所在。如果偏离了这个中心，任何BPR都不可能取得成功。

（4）以人为本原则

流程是死的，人是活的。如果仅仅关注流程而忽视了人的因素，是最大的错误。以人为本要求企业做BPR的时候一要注意宣传，二要注意交流。由于BPR是一个新思想、新观念，而员工大多只习惯于传统的职能型的业务流程，对BPR一无所知。所以，要在全企业内部进行BPR的宣传，让所有员工了解BPR，了解实施的目标和构想。BPR是对原流程作彻底性的改变，很容易造成公司内部的动荡和抵触。这个时候，决策层、管理层和操作层的相互交流就显得十分重要，要积极地听取各方的意见和建议。BPR项目往往要建立项目小组，这个小组里要有各层、各部门的人的参与，以便于相互交流。

【小资料】

当福特（Ford）公司借助办公自动化，将北美财务部门的员工从500多人减少到400多人时，他们发现马自达（Mazda）公司的财务部只有5个人，办公效率却是福特的5倍。于是他们对现有系统进行分析，发现负责结算付款业务的员工把大量的时间都花在采购部门的订货单、验收部门的收货记录和供应商提供的发票的审核上，只有确认三种单据无误才办理付款。而订货单、收货记录和发票之间不一致的现象极为普遍，核对工作集中在财务部，对各种问题的调查和确认花去了业务人员很多时间，使付款业务的办理效率很低。对这一业务流程进行彻底性改造的核心是实现“无票据处理”，防止不一致现象的发生。经过重组后的流程无须供应商提供发票，采购部门在发订单给供应商的同时，将订货单输入联机数据库，验收部门收到货物后，查询数据库中的资料，核对无误后办理签收，系统会自动提示财务人员签发付款支票给供应商。经过业务流程重组，使财务部门在核准付款之前必须审核的项目从14个减少到3个，从而使福特公司财务部门的员工减少了75%，工作质量却大大提高。

（根据公开的网络资料整理）

7.4 供应链业务流程重构的实施

供应链业务流程重构的实施分为两个部分：企业内部的业务流程重构和企业与供应链上下游间的业务流程重组。

1.企业内部的业务流程重组

企业内部的业务流程重组具有一个标准的实施步骤，我们用工作分解图（Work Breakdown Structure，简称WBS）来描述。所谓WBS是将项目按照其内在结构或实施过程的顺序进行逐层分解而形成的结构示意图，如图7-7所示。

（1）项目准备阶段

这个阶段的主要工作是企业内部业务流程重组前的准备工作。在这个阶段，我们要完成的工作依次是分析本企业BPR的必要性和可行性、确定BPR要达到的目标、选择需要重构的业务流程以及确定作为支持的计算机和信息系统、对全企业内的所有员工进行宣传和动员。

并不是所有的企业都适合进行业务流程的改造，所以在项目开始前要分析其必要性

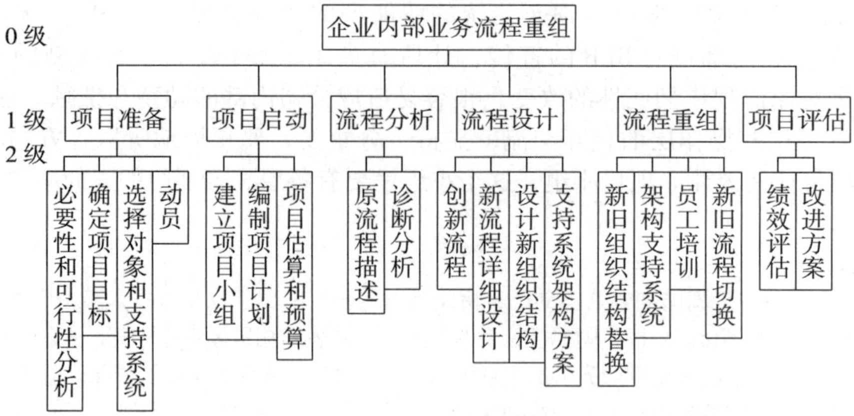

图7-7 工作分解图

和可行性。一般看来，主要有三类企业比较适合进行业务流程的重组：第一类是经营不善、走投无路，欲绝地逢生的企业。这样的企业各方面的竞争力都不如同行业的其他对手，所以，BPR是其唯一的出路。第二类是经营状况尚可，但是决策层预感到市场要发生大的变化，比如要有革命性的新产品推出。这种企业做BPR属于未雨绸缪，可以发挥BPR的作用。第三类企业是巅峰时期的企业，但是领导层想要精益求精、锦上添花，希望将所有的竞争对手都远远地抛在后面。在这个时候，企业也有必要实施BPR。可行性分析是指企业的硬件和软件是否满足BPR的要求。对这些进行分析后可以得出一份详细的必要性和可行性分析报告。

如果分析得出BPR是必要的也可行，那么就可以进入下一步的工作：确定BPR要达到的目标。这个目标包括经营状况的改善程度、流程敏捷度、客户满意度等等。然后，再将这些目标量化，变成绩效评价的指标。在实施BPR项目的最后，通过经济和技术的评价，来判断是否达到这些目标。值得注意的一点是这个目标应该制定得远大，因为BPR追求的是一种“戏剧性”的变化，追求略微的改善显然无法充分发挥BPR的作用。

根据企业的实际要求确定重构的对象，也就是确定需要重构的流程范围。这是需要企业的决策者考虑的问题。因为这涉及到风险性和资金的问题。重构的对象范围越大，风险肯定会随着变大，需要花费的资金也一定会越多。这些都需要控制在可以承受的范围以内。除了重构的对象，还要确定在流程重构当中需要运用哪些计算机和信息技术作为其支持系统。这些可以选择的技术包括了Internet、管理信息系统（MIS）、决策支持系统（DSS）、电子数据交换（EDI）、数据库（DB）和一些工作流程设计的软件和群件（GroupWare，是指帮助群体协同工作而开发的软件）等等。支持系统是BPR的关键，所以需要引起一定的重视。

在这些都确定的基础上，就需要对全企业上下进行动员和宣传。这是很必要的，因为很多BPR的失败主要就是由于多方的抵触。这个动员应该是自上而下的，也就是从决策层到管理层再到操作层。企业决策者的支持是最重要的。BPR是一个“一把手”工程，如果没有一把手的首肯，后续工作往往很难进行。全面而广泛的宣传，得到各方的理解和支持，对于BPR的成功与否十分关键。

（2）项目启动阶段

项目各项准备工作都很充分以后，可以正式启动BPR项目了。

要进行业务重构首先需要一个团队或者一个项目小组。这个小组需要跨越许多专业部门，还需要决策层、管理层和操作层每层的人员都有参与。在供应链环境下的业务流程重组还需要上下游伙伴企业的人员的参与，以便于企业间流程的协调。最好再聘请一家或几家外部的BPR专业咨询公司加入小组，以获得各专业的BPR建议和帮助。参见图7–8。项目小组需要有一套沟通机制：会议、电话、书面情况报告、电子邮件或几种方法结合使用，因为相互的沟通非常有利于BPR的开展。

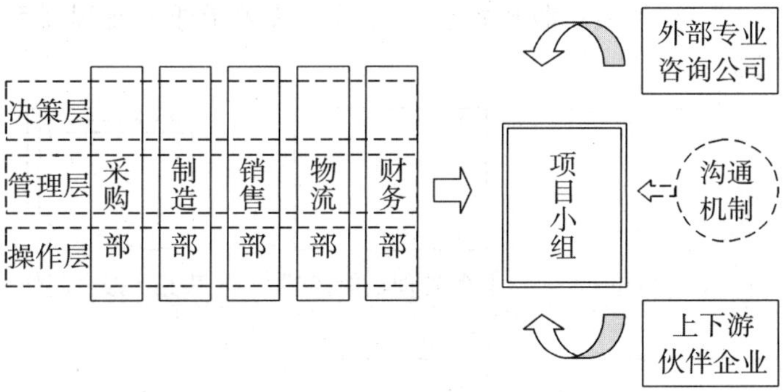

图7–8 项目实施过程

项目小组首先需要进行BPR项目计划的编制工作。项目计划是项目实施的基础。计划就如同航海图或行军图，必须保证有足够的信息，决定下一步该做什么，并指导项目组成员朝着目标努力，最终使项目由理想变成现实。制订的计划内容包括了工作计划、人员组织计划、设备采购供应计划、其他资源供应计划、变更控制计划、进度报告计划、财务计划、文件控制计划、应急计划和支持计划等等。制订计划的工具有WBS、甘特图、线形责任图和项目行动计划表等等。

BPR项目的预算和估算包括了时间估算、预算和成本估算。时间估算是十分必要的，因为在此基础上可以进行工作计划的制订和控制，并分配相应的资源，而项目的成本也是与时间紧密相连的，所以，只有准确地估算时间结构，才能对各方工作比较了解。项目预算是指预测耗费何种资源、各种资源需要的使用量、何时需要以及相应的成本。成本估算需要各方的通力合作。可以使用两种方法：直接成本法和学习曲线法。

（3）流程分析阶段

流程分析主要包括两个步骤：

首先对原来的流程进行描述将其抽象化，并在此基础上对其进行诊断和分析。

对原有流程的描述是要建立在对企业全面调研的基础上。调查时要深入到企业的每个环节当中，更需要各方的配合。根据调查的最终结果，我们可以利用一些方法对流程进行描述。业务流程图（Transaction Flow Diagram，简称TFD）是最常使用的方法，它其实就是一种图表，是利用一些规定的符号及连线来表示某个具体业务处理过程。TFD基本是按业务的实际处理步骤和过程绘制的，可以说是一种用图形形式反映实际业务处理过程的“流水账”。

TFD的基本图形有6个，如图7-9所示。符号的内部解释可直接用文字标于图内。这些符号所代表的内容和业务流程的过程一一对应。圆圈表示业务处理单位，方框表示业务处理内容，报表符号表示输出信息（报表、报告、文件、图形等等），不封口的方框表示存贮文件，卡片符号表示收集资料、矢量连线表示业务流程联系。其他的使用符号可以参照GB 1526—89。

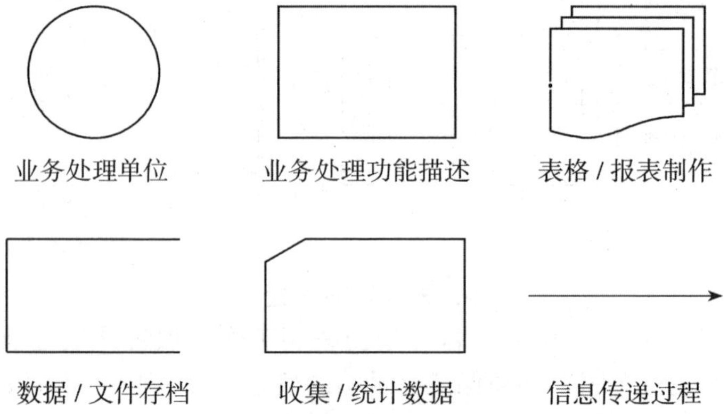

图7-9　业务流程图基本元素

TFD就是根据系统调查的结果，按照实际处理的过程，用给定的符号将它们绘制在一张图表中，以便分析和发现问题。具体的绘制并无严格的规则，只需简明扼要地如实反映实际业务流程就可以了。在实际操作中，建议制作TFD表格，便于整理和分析。表格如7-1所示。

在将各项业务的TFD绘制完成以后，就可以对其进行业务流程的诊断分析了。分析的内容包括计算每项业务流程的单位作业成本、考虑每个业务流程环节所带来的增值效果、确定原有流程中的关键瓶颈环节和确认不必要的流程环节等等。通过这些分析，原有流程的弊病马上可以显现出来。找出其病源所在，并逐一记录下来，以便下一步的新流程设计。在诊断分析时需要注意的是要分清主次，抓住重点。这里经常会用到的一个方法就是作业成本法，下面将对其进行介绍。

表7-1　　**业务流程分析表**

<table>
<tr><td>C1系统分析</td><td>C1—1</td><td colspan="2"></td></tr>
<tr><td colspan="2">表格名称:销售业务流程图</td><td colspan="2">业务流程:销售业务流程　　第　图/共　图</td></tr>
<tr><td colspan="3">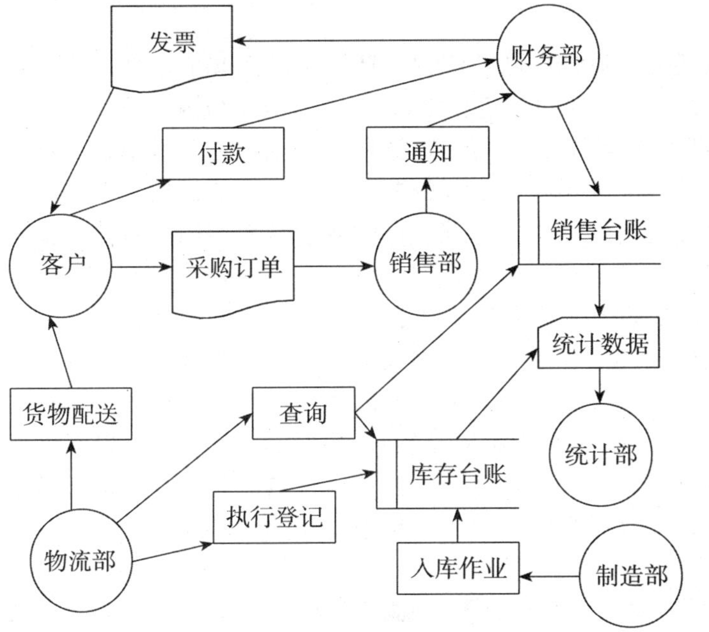
</td><td>图例说明
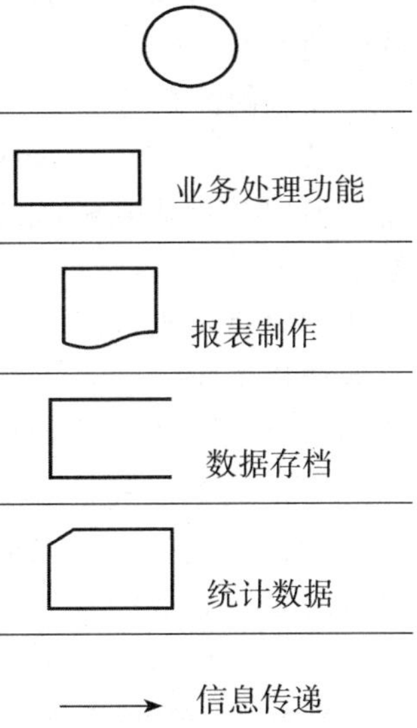
</td></tr>
<tr><td>业务名称:</td><td>制图:</td><td>审核:</td><td rowspan="2">签字(盖章)</td></tr>
<tr><td>单位名称:</td><td>核对:</td><td>年　月　日</td></tr>
</table>

作业成本法又叫做作业成本计算法或作业量基准成本计算法（Activity-Based Costing，ABC），是以作业（Activity）为核心，确认和计量耗用企业资源的所有作业，将耗用的资源成本准确地计入作业，然后选择成本动因，将所有作业成本分配给成本计算对象（产品或服务）的一种成本计算方法。作业成本法的指导思想是："成本对象消耗作业，作业消耗资源。"作业成本法把直接成本和间接成本（包括期间费用）作为产品（服务）消耗作业的成本同等对待，拓宽了成本的计算范围，使计算出来的产品（服务）成本更准确真实。作业是成本计算的核心和基本对象，产品成本或服务成本是全部作业的成本总和，是实际耗用企业资源成本的终结。

根据作业成本法的基本思想，产品成本是生产产品所需的各个作业的成本之和，而作业的成本是作业耗用资源的数量与资源的价格的乘积。如果设某企业生产m种产品，整个企业的生产过程有n种作业、s种资源，并用矩阵C、DM、DL、D、R和P分别表示产品成本、产品消耗的直接材料、产品消耗的直接人工、产品消耗作业的数量、单位作业消耗的资源的数量和资源的单位价格。其数学模型可以表示为：

$$C = D \times R \times P + DM + DL \tag{7.1}$$

通过作业成本的分析，我们一目了然地看到哪些作业流程占用了大量的资源，增加了成本。

（4）流程设计阶段

在这个阶段我们的主要任务是设计出新的流程，还要设计出BPR的实现手段——两个使能器（Enable），一个是IT（计算机信息技术），一个是组织结构。

在创新流程这一步中，我们重点是要提出新流程的思路。注意这只是思路，并不是详尽的流程。甚至于这些思路可能并不符合实际的要求，但是却能够给我们一定的启发。所以，提出新流程的过程是一种创意的过程。这时我们常常使用的方法是头脑风暴法。

在思路出来以后，我们需要将其加以落实，进行新流程的详细设计。这时，我们主要使用两种方法：全新流程设计法和系统化流程改造法。这两个方法我们将在下一节中做详细介绍。不管采用哪一种方法，都要从企业的实际出发，创造性地设计出流程。有的时候，适当地参照同行业其他企业的流程设计，可能会获得意想不到的效果。设计完成后，可以通过一些数学模型和计算机模型来仿真流程，这样既可节省大量的时间、获取宝贵的经验，又可以及时发现新流程中存在的问题，避免损失、降低成本。

根据设计的新流程，我们需要对原有的职能型组织结构进行改革和再设计，使之成为以业务流程为导向的扁平型的组织结构，并在此基础上设计出IT支持系统的架构。对于BPR来说，这一步极为关键，因为虽然我们设计出了新流程，但是它并不是实体，只能通过组织和支持系统这两个载体才能表现出来。

传统的"金字塔"型的组织结构是按照"一对多"式的信息传递方式传递企业的指令等，再由下层的管理者逐级向上传递请示报告。扁平型组织结构就是要在计算机和信息系统支持下，让信息可以在同一个层次上传递和共享，而不必再经历自上而下、再自下而上的过程。实际上，扁平式的组织结构就是要求删除、减少管理程序，缩短上下级之间的距离。这主要又是通过信息支持系统来实现的。建立以流程为导向的组织结构就是建立以团队为基础，并按照各个团队的特长安排相应的流程工作的模式，虽然这时的职能部门还予以保留，但是其作用已大大削弱了，仅仅作为一个松散的专业部门存在。一个典型的扁平型组织结构如图7-10所示，这种组织结构是以流程为导向的。

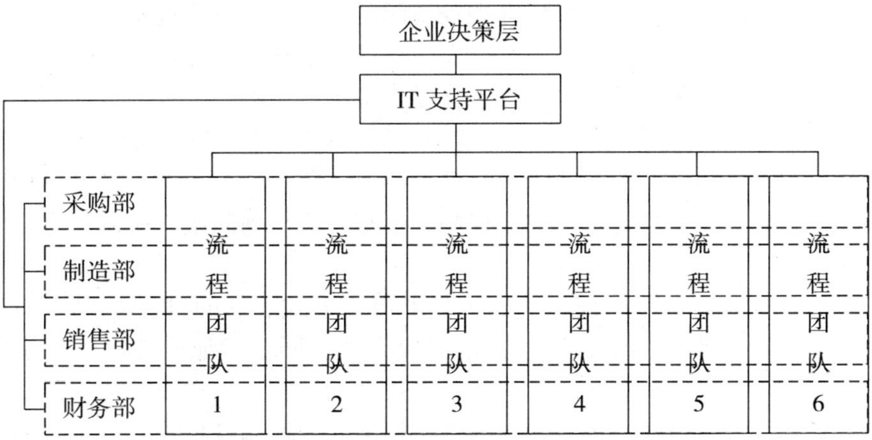

图7-10 扁平型组织结构

IT支持系统在这个组织结构发挥的作用是极其巨大的。设计这个支持系统时需要注意的主要问题有：要能够与供应链上游和下游的企业进行连接，要能够支持流程的运作，要支持分布式的管理，要便于决策层与所有下级的通信等等。这个系统的设计往往专业化程度非常高，企业可以考虑交由外部的专业公司来做。

（5）流程重组阶段

在所有的设计工作完成以后，企业就要进入BPR的实现阶段了，这个阶段的主要目标就是要完成新旧流程的替换。主要工作包括了组织结构的替换、新系统的架构、员工的培训，最后完成新旧流程的替换工作。如果时间容许，我们建议先选择试点流程进行一段时间的运作，积累一定的经验和教训之后，再进行大规模切换，以提高BPR实施的成功率。流程重组如图7-11所示。

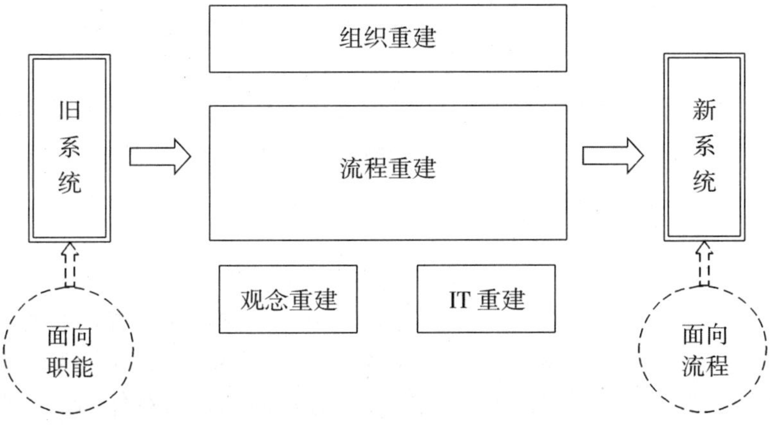

图7-11 BPR实施结构

切换新组织结构主要包括原组织制度和规章制度的废除，建立新的流程团队，分配每个流程团队任务，建立新的工作标准和规章制度和重新安排管理层等等。这一切的实施一定要缓慢和谨慎，因为人事在这时会发生很大的变化，非常容易带来抵触情绪。如果稍不注意就会造成企业的动荡，经营也会受到很大的影响。

在新组织的基础上架构IT系统。在这个过程中需要进行预先的测试，在测试时可能会发现系统的不足和漏洞，要及时对其进行修改和完善。在测试基本可用后，就可以正式上系统了。但是，在运行系统的过程中，还有可能出现问题。所以，进行即时跟踪是很重要的。

员工培训是实现新流程的前提。因为新的组织方式、新的IT系统以及一些新的业务流程对于企业员工都很陌生，与原有的有很大的不同，对他们进行培训是十分必要的。另一方面，很多岗位都有变动，人员也有很大的调整。如果要求他们能够胜任新岗位，就必须要进行组织培训。再者，新的工作标准和规章制度也需要员工了解，这也需要培训。

在以上所有工作都完成以后，我们就可以进行新旧流程的替换工作了。通过组织重建、IT重建和员工培训完成观念重建以后，这一步的替换工作应该是水到渠成的。但是，新旧流程的切换过程中要注意将其对经营业务的影响降低到最小，旧流程转变为新流程的过程要尽可能地平滑。

（6）项目评估阶段

在项目的最后，需要对整个BPR项目进行评价，对新的系统进行绩效评估。这个项目评估首先需要建立一个评估小组，评估的内容包括了经济评估和技术评估。经济评估是指对流程的经济效果进行检测，包括成本降低率、客户满意度、敏捷性等；技术评估主要是指对IT系统的运行状况进行考察，包括订单处理速度、故障发生率、平均响应时间等。

评估结束以后，写出评估报告，以便对新的系统进行后续的改进。

2. 企业与供应链上下游间的业务流程重组

除了企业内部业务流程重构，供应链业务流程重构的另外一个重要环节就是企业与供应链上下游间的业务流程重构。它的WBS示意图如图7-12所示。在企业内部进行BPR的基础上，再进行企业间的BPR就要简单得多了。

（1）相互参与内部BPR项目

供应链上游和下游的企业，在对方企业进行BPR的时候，要分派人员加入项目小组，参与其业务流程重构。这样做有很多好处：第一，供应商和客户商的建议有时会起到很大的作用，俗话说：“旁观者清，当局者迷。”本企业内部的人员在实施BPR时对于一些问题可能会看不到、看不清，而供应商和客户商都是站在外围，着眼于各自不同的角度提出建议。这样就可以集思广益，对企业内部的BPR帮助极大。第二，供应链其他节点企业的参与，有利于供应链流程的架构。由于有了供应链上其他节点的参与和

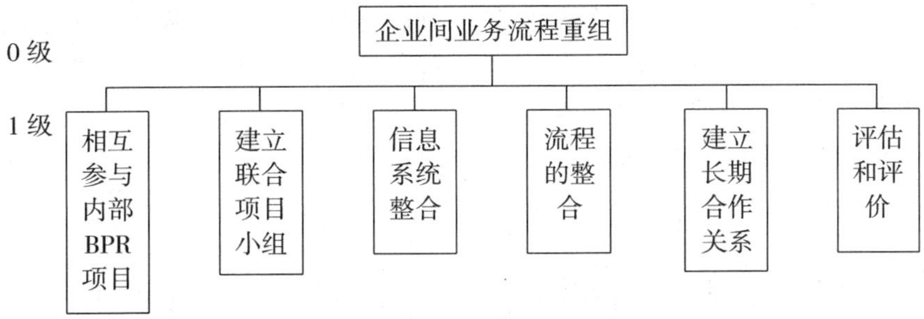

图7-12 工作分解图

指导，企业在做内部BPR的时候，其采购流程、销售流程就具有更好的衔接性。显然，这些与外部相连接的流程，光靠自己关门造车是行不通的，必须要得到对方企业的协助。一旦节点企业的流程都具有很好的衔接性，整合供应链就非常容易了。第三，了解对方流程，有助于相互学习，加强配合和深入合作。相互参与有助于吸取经验，提高BPR成功率，还可以增进相互了解，深化相互合作。

（2）建立联合项目小组

联合项目小组主要的任务是要完成信息系统接口的对接和对整个供应链流程进行整合。建立的联合项目小组应该是长期的，它的成员应该来自于供应链的各个节点企业。与内部的项目小组一样，成员彼此要进行良好的沟通，这是企业间BPR能够成功的前提条件。项目小组就企业间的业务流程重组制定项目目标并编制计划书，整个项目朝着共同的目标，按照计划书按部就班地开展。

（3）信息系统的整合

信息系统的整合就是要对整个供应链上游和下游企业的信息系统的接口进行对接，对传输协议的规则进行指定，使得上下游企业之间可以即时通信、交换数据，最终达到信息的共享。为了实现供应链的整体目标，企业必须要进行信息的传递。一方面要进行纵向的传递，把各个企业的经济行为协调起来；另一方面进行横向的传递，把各企业内部各岗位的行为协调起来，通过信息技术处理人、财、物和产、供、销的复杂关系。整合分为四步：第一步是对接和测试，在构架企业内部IT的时候，都会留有与外部相接的接口，将这些接口对接，并进行测试。第二步是协议制定，制定文件传输的协议和网络协议等，一般使用EDI文件传输协议。第三步是传输实施，开始具体、大规模传输。第四步是日常维护，对平时出现的问题进行及时修复。

（4）流程的整合

流程的衔接和配合是指对企业之间交叉的流程进行重新构造，让其相互能够衔接得起来、配合得起来，使得业务流在供应链上可以快速、畅通地流动。这才是企业间业务流程重构的关键。在整合流程的过程中要注意，每个节点企业的内部流程都有各自不同的目标，有些目标可能与供应链的整体目标相悖。但是，我们要做供应链上的业务流程重构，就必须以供应链整体目标为核心，以客户的服务为导向，对所有的流程进行必要的协调。流程整合的方法与企业内部的流程重构的方法相类似，这里就不再赘述。经过整合的供应链流程如图7-13所示。

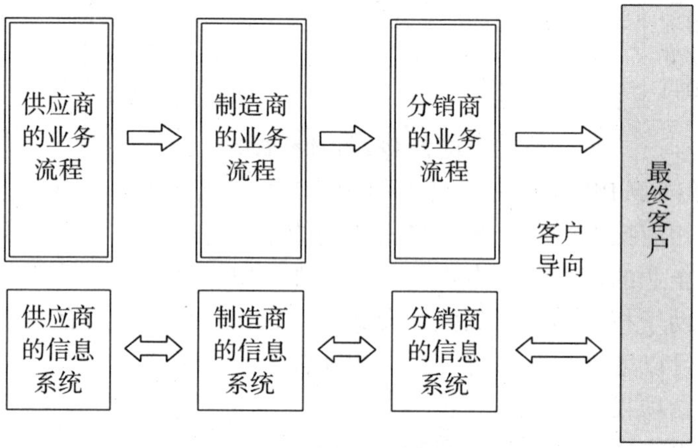

图7-13　整合后的业务流程

（5）建立长期合作关系

在整合了供应链的业务流程和信息系统后，企业间还要就流程问题建立一套合作机制，签订相应的合作协议，以便将企业的流程合作深入下去，以及实现一些流程问题的及时交流。双方的高层也要经常性地进行沟通和交流。

（6）评估和评价

和企业内部的BPR一样，在项目的最后，要对其绩效进行评估，并提出改进方案，进行改进。评估项目同样包括经济评估和技术评估，但是它们的内容有所差异。经济评估主要就供应链整体的经济效果进行评价，指标主要包括：客户满意度、供应链流程敏捷性、供应链流程协调性、供应链成本下降率；技术评估主要就信息系统的兼容性进行检测。

7.5　供应链业务流程重构的方法

供应链进行业务流程重构主要有两种基本的方法，它们分别是全新流程设计法和系统化流程改造法。前者主要强调从“零”出发设计新流程，后者是以原有流程为基础通过改造得到新流程。选择哪一种方法主要取决于企业的外部环境和经营状况。如果外部环境稳定，经营状况良好，宜选用系统化流程改造法；如果外部环境动荡，经营状况不好，则宜选用全新流程设计法。下面，我们就这两种方法展开讨论。

1.全新流程设计法

全新流程设计法（Clean Sheet Approach）是一种对现有的流程做根本思考后的彻底设计，也就是说从根本上重新思考企业开展业务的方式，从零开始设计产品和服务的业务流程。这是一种由目标开始，逐步倒推，以满足要求为目标的流程设计法。这种方法设计的流程旨在实现飞跃式的改进效果。但是，由于它完全采用不同的方式，这种激进式的BPR方式的风险性非常的高。据统计，其失败率高达70%。另一方面，由于新旧流程差异极大，切换起来非常困难，对组织的正常运行干扰大，员工很难适应，企业要经历重大的考验。

采用全新流程设计法时，也要对原有流程进行调查和必要的了解。但是，不能分析得过细，否则容易陷入其中，影响新流程的设计。全新流程设计法的进行同样具有一个标准步骤：

（1）对原流程的了解不必过细

从高层次理解现有流程重新设计法，没有必要了解现有流程的所有细节流程，但是必须找出所有的核心流程。

（2）运用标杆瞄准法和头脑风暴法构思新流程

运用标杆瞄准法对于发现不同的工作方式十分有用，别人的流程设计经验对重新设计流程具有很好的启发作用。头脑风暴法可以闪现出很多好的点子。

（3）5W1H设计新流程

对原业务流程进行根本性的思考，思考内容包括：

Who：谁是我们的客户？

What：什么是我们要满足他们的？

Why：为什么我们要满足这些需求？这个目标同组织的战略一致吗？

Where：哪儿有这些需求？哪儿需要我们提供服务？

When：什么时候需要我们提供这些服务？

How：如何实现下述各项任务——需要什么样的流程？谁来运营这些流程？有哪些增强流程和人员绩效的技术机会？

此外，还需要多进行几次“如果……那么……”的思考。例如，如果创建了一个新组织，那么流程应该是什么样子？如果我们的流程是这样的，那么对手的流程又是什么样的？

所有问题都考虑清楚以后，由BPR领域的专家提出3~5个模型。项目小组对这些模型进行评价，选择一个模型或吸收多个模型的长处形成综合模型。根据确定的模型规划相应的流程场景，最后用流程图描述出来。确定模型时，要注意创造性和创新性，避免回到原流程上去。此外，还需考虑需求特点、工作效率、资源约束等因素。

（4）模拟仿真和检测

所有流程设计出来以后，用计算机仿真或者数学仿真的方法对其进行模拟和检测。如发现不好的地方，用系统化流程改造法进行修改，使之改进和完善。

2. 系统化流程改造法

系统化流程改造法（Systematic Redesign）是以原流程为出发点，通过消除、简化和整合以及自动化设计出新流程的方法。由于新流程源自于原有流程，所以不易对企业产生剧烈的影响，运营干扰小，风险也较低。对于这种方法设计出来的新流程，员工也能很快适应，容易在短时间内取得效益。所以，它比较适合于短期绩效的改进。但是，它对于绩效的改善程度比较有限，所以要求流程改造要持续进行。第一次改造后，绩效上升，至一定程度以后，又平稳甚至是下降了，这时我们进行第二次改造。长此以往，循环进行。使用这种方法“绩效会呈阶梯式的改善”。系统化流程改造法是通过ESIA原则实现的，也即清除非增值活动、简化必要的活动、整合任务和自动化任务。

（1）清除（Eliminate）非增值活动流程中的非增值活动，应该彻底

很多企业都存在大量的非增值活动，而且由于长此以往司空见惯。这些活动包括了过长的等待时间、过量的生产、过度的供应、多余的运输和流通加工、库存的淤积、缺陷故障和返工、重复的工作、文件的转化或者重排、无效的协调检查和监视等等。一些非增值活动在企业的活动中所占的比率是非常大了。据统计，制造业中有85%的工人在做非增值的活动，这个数字的确非常惊人，也更加说明了进行清除的必要性。

（2）简化（Simplify）必要的活动

清除了非增值的活动后，需要对必要的流程中效率不高、价值增值不明显的流程进行简化。简化必要流程的目的是提高效率、响应程度和客户服务水平。除此之外，还需要对一些琐碎的表格、程序、沟通方式、技术手段进行简化。简化是为了使流程简单明了、一目了然，以便流程顺畅自然。

（3）整合（Integrate）任务

简化以后，还要做的下一步工作就是将任务归类和合并。很多简单的任务可以由一个人来完成，不用分开交由多人来完成。这样做的好处是可以减少由于交接而造成的物流、信息流的变缓，还可以大大减少错误发生率。整合包括了与供应商的整合，需要整合的对象有订单、发票等等，这样可以减少库存、降低成本、增加核心竞争力。整合还包括了整合客户，这是为了保证市场占有率，防止对手企业的侵入。

（4）自动化（Automate）任务

如果没有对流程进行修改就使用自动化，容易形成“IT黑洞”。它会使企业的改革适得其反。所以，要在流程进行清除、简化和整合后再执行自动化。自动化首先要针对那些危险的、环境恶劣的、消耗大的流程环节进行。一些乏味的简单重复性的工作和数据采集、统计和分析工作等也可以实施自动化作业。

全新流程设计法与系统化流程改造法的比较如表7-2所示。全新流程设计法强调更深层次的变革，彻底从零开始进行BPR，不需要对现有流程进行过多分析，从而节省了成本。由于是全新的流程，往往可以给绩效带来飞跃式的提高，给企业带来长期的改善效果。但是，其需要的费用大、时间长、风险也较大。以EISA为核心的系统化流程改造法偏向于在原有流程的基础上进行追加式的改善，风险小、易接受、容易取得快速的改善效果。但是，它取得的效果往往是短期的，需要反复循环地进行。所以说这两个方法是各有利弊。符合我国国情的方法应该是将两者结合起来，取长补短。具体可以这样做：识别企业的核心流程，对核心流程采用系统化流程改造法，保证成功率；对其他的非核心流程采用全新流程设计法，保证改善效果。所有流程重构完毕后，再采用系统化流程改造法不断改善，使得绩效成梯状不断提升，直到达到一个满意的程度为止。

表7-2 **两种业务流程重构方法对比**

	全新流程设计法	系统化流程改造法
适合对象	企业经营状况不好	企业经营状况良好
高层的角色	参与	授权或支持
原流程假设	不好	好
目的	增强柔性	消除浪费
范围	整个企业的运行系统	企业的原流程范围内
性质	彻底改变,围绕目标结果	原有流程基础上改进
方法	5W1H	ESIA原则
影响	长期	短期
风险性	大	小
改善程度	50%以上	5%~20%

7.6 供应链物流设计

近年来，供应链管理发生了类似面向制造的设计（DFM）上的转变。管理者认识到，将物流和供应链管理融入到产品和流程设计阶段，可以使供应链更加有效地运营。下面我们将讨论供应链管理中的物流设计问题。

1. 产品和过程的物流设计

运输和库存费用是构成供应链成本的重要因素，尤其在需要保持较高的库存水平以确保服务水平的情况之下。产品和过程的物流设计有利于帮助控制物流成本和提高服务水平，其主要包括三个方面：包装和运输的经济性；并行和平行工艺；标准化。这三方面的因素互为补充，影响供应链库存、运输成本与服务水平间的关系。

（1）包装和运输的物流设计

产品包装设计对有效包装和储存产生重要影响。产品包装得越紧凑，运费越便宜，特别是在运输设施的运输载重能力允许但装不下时，即空间原因而非重量原因限制了运输能力的情况。

产品包装设计使得产品可以在转运点就能直接被合并。对很多产品而言，在直接转运点重新包装是很常见的，一旦包装被打开，便增加了识别或标识作业。产品包装设计应适应直接转运模式的包装和产品，以减少重新分装所耗费的时间，提高其经济性。

产品包装设计可以高效利用零售空间，大型零售商更愿意接受那些包装容易且占地小的产品。有效的储存能降低部分库存成本，因为搬运成本降低了，每单位产品所占空间及每单位所收的租金降低，每平方米的收益就提高了。比如，许多在折扣店销售的大塑料产品，如垃圾桶，就被设计得可以堆叠，这样占用的店铺面积就可以更少。

产品包装设计有利于大批量地运送货物，直到仓库甚至零售商处才进行最终包装。这样可以节约运输费用，提高运送物品的效率。在一些案例中，最终包装甚至可以延迟到产品实际销售时。比如，许多杂货店大宗销售面粉、谷物、蜂蜜、固体肥皂、大米、豆类、麦片和其他物品，允许顾客按他们的需求包装。

（2）产品开发中的并行与平行工艺

供应链运营过程中所产生的问题大多是由于生产提前期过长造成的。生产工艺是由按顺序进行的生产步骤组成的。为最小化提前期，并行和平行工艺需要重新设计产品，对生产工艺进行修改，以确保几个生产步骤可以同时展开。这将有益于缩短生产提前期，通过改善预测降低库存成本，减少安全库存水平等。

模块化分解是使生产工艺平行的关键。若产品的部件在生产过程中可以分解，或实体上可分开，便可以对这些产品的生产制造实施平行工艺。在分解的设计中，各个单位部件的生产制造仍需与原有生产工艺同样的生产时间，但由于生产制造步骤同步进行，那么生产提前期将大大缩短。

并行/平行工艺的优势在于，对于分解了的部件可以设计不同的库存策略。如果某个部件的原材料供应或生产量不确定，那么对于这种部件，而非整件产品，可以保持更高的库存水平。如惠普网络打印机，原有工艺按照顺序生产，PC板在欧洲生产完成后，在亚洲与打印机机架通过工艺合成一体，随后运往欧洲销售。采用并行工艺，则对打印机生产工艺和产品重新设计，使PC板在生产工艺结束时可以和打印机的其他部分进行组装，在欧洲和亚洲并行生产，缩短了提前期。

(3) 物流设计标准化及其策略选择

在第4章中我们已经看到，可以通过缩短提前期来降低库存水平，增加预测的准确性。利用标准化可以缩短提前期。

预测的原则：总体需求信息总是比单个数据更精确，即汇集预测更准确。因此，对一个洲的需求预测总比对一个国家的需求预测更精确，对一个产品系列的需求预测比对单个产品或款式的需求预测更好。如何利用这些汇集数据？在传统的生产环境中，生产经理在开始启动生产工艺前应知道具体需要生产什么，总体预测并没有多大用处。但通过标准化，有效地利用总体预测的信息是有可能的。具体地讲，产品或流程标准化的方法可以设计产品和制造过程，确定哪种特定产品的生产可以延迟到具体的制造或采购决策之后。这样，这些决策就可以在总体需求的层次上进行，以达到更高的准确度。

模块化产品：指由一系列具有一定功能的产品模块组装成的产品。模块化产品可以提供顾客每个模块的选择，最典型的例子是个人计算机，它将显卡、硬盘、内存条等部件组装成一件个性化的产品。

模块化流程：是指每个产品经历一系列离散的具体操作，使其可以以在制品的形式在两个操作之间储存。产品的差异化通过在生产过程中完成不同的操作实现。模块化产品不一定要由模块化流程来生产，因为流程不可能以在制品、半成品的形式储存。

进行标准化有四种方法：部件标准化；流程标准化；产品标准化；生产标准化。

①部件标准化是指在许多产品中使用通用部件。使用通用部件能通过风险分担降低安全库存，并通过规模化优势降低部件成本。然而，过分的部件标准化会降低产品差异程度，从而降低个性化功能所能获得的高额利润。有时候，为了实现标准化还需要对产品线或产品族进行重新设计。

②流程标准化是指尽可能地将不同产品的生产流程进行标准化，从而可以使产品的差异化尽可能地延后。其产品和流程的设计原则是，产品差异化可以在生产过程开始以后再进行。生产流程由制造一个通用部件或族部件开始，随后可以差异化为不同的终端产品，这种方法被称为产品延迟差异或推迟差异。流程标准化的目的在于推迟或延迟产品差异化，可以在总体预测的基础上开始生产，这样，在预测精确性不能再提高的情况下，就能够有效应对最终需求的波动。部件标准化和流程标准化往往是联系在一起的，有时部件标准化是实现流程标准化的重要因素之一。

在有些情况下，重新排序和通用化允许一些最后的生产步骤在配送中心或仓库中完成，而不是在工厂完成。这种方法的优势之一是配送中心比工厂更靠近需求，产品可以一种更靠近需求的方式来进行差异化，从而增加了企业对市场变化做出快速反应能力。

另外，流程中需要进行差异化的步骤甚至可以不用在工厂或配送中心进行，而是延迟到零售商将商品售出之后。这种类型的产品通常必须在设计阶段就要将各种功能模块设计得可以很容易地添加到产品上。例如，对一些激光打印机/复印机而言，打包出售的仅仅是最普通的版本，同时各个零售店分别储存了一些包装好的模块，这些模块可以把其他特性（比如更高级的纸张处理、装订等）添加到打印机或者复印机上。显然，由于添加特征只需要以模块的形式而不是以整机的形式加以储存，所需库存大大降低。

③产品标准化时，可以向客户提供大量产品，却只需维持较低的库存量。当被订购的产品缺货时，可以用现有的多于客户所需要的功能的产品来满足需求，这种方法被称为“向下替代”，在许多行业中都有应用。“向下替代”可以引导顾客购买已有产品，解决了供应链应当提供什么产品、如何实现最优替代的问题。例如，在半导体行业，当低端芯片缺货时，用高端芯片来替代销售的情况很常见。同样，在汽车租赁公司和酒店中，如果客户预订的低端车辆或房间缺货，可以用较高级的车辆或房间来代替。有时，也可以对产品进行重新设计，使其便于调整，以满足不同终端客户的需求。比如许多电器产品是类似的，只是在不同的市场上对电源供应的要求有所不同，这时，制造商不需要生产两种版本的产品，而只要在通用的标准化产品上提供可以切换的电源系统就可以了。

④生产标准化是指当产品本身不是标准化时，将生产设备和方法进行标准化。这种策略一般在生产设备相当昂贵时采用。例如，在生产专用集成电路时，需要用到昂贵的设备，因为生产该集成电路的设备是相同的，需要对生产设备进行独立于最终需求的管理。

企业进行的标准化策略选择与企业对其产品和流程实现模块化的能力密切相关，在不同的条件下可以进行策略选择，如图7-14所示。

		流程：非模块化	流程：模块化
产品	模块化	部件标准化	流程标准化
产品	非模块化	产品标准化	生产标准化

图7-14　标准化的实施策略

如果流程和产品都是模块化的，流程标准化可以使预测的有效性最大化，并最小化库存成本。

如果产品是模块化的而流程不是，部件标准化仍是一个可供选择的方案。

如果流程是模块化的而产品不是，生产标准化策略能够降低设备损耗。

如果产品和流程都没有模块化，企业仍然可以在产品标准化上做文章。

以上提到的几种策略都适用于需求不确定且预测不够精确、产品种类较多的情况。在某些情况下，采取某种策略从理论上讲是可行的，但这些策略涉及的改变可能导致费用太高而不能实施。一种情况是，重新设计相关成本将发生在产品生命周期的初期，代价可能会很高。另一种情况是，也有可能一些在产品生命周期初期看起来可行的物流设计创意，在实施的后期发现不能承担自身费用。

用新设计的流程来生产产品的费用可能更高，因此，有必要估计效率更高的产品或流程设计所带来的节约收益，并与生产增加的成本相比较。实施这些策略的好处是很难量化的，而灵活性的增加、顾客服务效率的提高和市场反应时间的缩短也很难进行价值确定，这些都加大了分析难度。除了这些难题，工程师在进行这些决策时，常常要求他们从比其培训师的视野更宽广的角度去看问题。

另外，在大多数情况下，重新安排工艺顺序虽然会引起库存水平的下降，但单位物品的库存价值会增加。当然，如果生产或定制化步骤延迟了，那么通用产品的价值比定制化产品还低，这样，在供应链中，价值是在后期而不是前期增加的。

最后，在一些情况下，半成品或未配置的产品，其关税及其他税费比产成品低，那么实施在当地配送中心完成生产工艺的策略可以帮助降低关税及其他税费成本。

2.供应商参与新产品开发

供应链中另一个关键性的问题就是为新产品的零部件选择合适的供应商。传统上，该项工作是在产品或零部件设计完成之后再进行供应商的选择。然而，近年来，许多公司都认识到，让供应商参与产品设计将会获得更大的收益，包括采购物料成本减少，采购物料质量上升，开发的时间和成本减少，生产成本下降，以及最终产品的技术水平上升等。

竞争压力除了驱动管理者寻找提高供应链效率的方法，还迫使公司管理者寻找在产品设计流程中与供应商合作的机会，包括继续要求公司集中精力考虑自身核心业务而把其他业务外包的战略，以及继续缩短产品生命周期。竞争压力鼓励公司去开发可以更有效设计工艺的流程。利用供应商的能力也是改善工艺流程的重要方法之一。

目前，没有一个普遍“适合的”供应商集成水平，因而需要了解“供应商集成的层次”。下面具体描述各层次供应商职责的一系列确认步骤：

（1）无：供应商未参与设计，物料和分装根据用户说明书和设计提供。

（2）白箱：集成程度为非正式，采购商在设计产品和说明书时向供应商咨询，但没有正式的合作。

（3）灰箱：正式的供应商集成，由采购商和供应商的工程师组成合作小组，共同开发。

（4）黑箱：采购商提供给供应商一套有关装置对部件的要求的资料，供应商独立设计和开发采购商所需要的部件。

公司必须明确一个战略，为各种情况确定恰当的供应商集成水平。全球采购和供应链标杆小组已开发了一个战略计划流程，帮助公司进行上述决策。流程的前几步包括：

- 确定内部核心能力。
- 确定当前的和未来的新产品开发。
- 识别外部开发和生产需求。

这三个步骤可以帮助管理层确定从供应商处采购的物品，以及供应商需要具备的专业技术水平。如果以后产品的某些部件所要求的专门技术公司不具备，而这些部件的开发可以和产品开发的其他阶段分开，那么就可以采取黑箱方式。如果开发阶段不可分离，那么采取灰箱方式更恰当。如果企业本身具备一定的专业技术能力，只是想确定供应商是否能够制造出这些部件，那么可采取白箱方式。

企业应该选择合适的供应商，并与之建立良好的关系。以下方法有利于企业成功维护与供应商的关系：

一是挑选合适的供应商并与它们建立关系。

二是把目标与选定的供应商分享。

选择供应商一般要考虑多种因素，如生产能力、反应时间等。由于供应商集成合作伙伴，除了配合设计，最主要的任务仍是供应部件，因而所有因素都要考虑进来。此外，供应商集成的特殊性还对供应商提出了额外的能力要求，包括：

- 参与设计流程的能力。
- 愿意参加设计流程的程度，包括在知识产权和保密问题方面达成协议的能力。
- 愿意在流程中投入足够的人力、时间的能力，包括共同安排恰当的人选。
- 投入供应商集成流程的充足资源。

这些要求的相对重要性因项目的不同和集成程度而有所差别。一旦确定了供应商，着手建立与供应商的关系就变得非常重要。例如，许多企业都认识到了让供应商及早参与设计的重要，那些在流程设计之初就让供应商参与其中的公司，比那些在设计概念完成后才让供应商参与的公司的报告收益要高得多。与供应商分享愿景计划和技术既可以帮助建立这种关系，又可以实现共同持续改善的目标。把致力于管理这种关系的组织团体分离出来，也是有用的。在所有的例子中，采购公司的目标是与可信任的供应商建立长期、有效的关系，这将自然而然地把采购商和供应商的目标联合起来，最终使合作更有效率。

【小资料】

技术和供应商“书架”

密歇根州立大学的研究小组在供应商集成概念中，提出了一个叫技术和供应商“书架”的概念，它包括要时刻了解相对较新的开发（情况），并跟踪拥有这些新技术和技能的供应商。然后，当时机成熟时，企业通过把供应商的设计队伍与自己的结合起来，就可以实现快速地在新产品中引进这些新技术的目标。这使公司可以在前沿新技术发展的优势和劣势之间进行平衡。一方面，由于供应商在与其他客户的合作过程中会获得有关新技术的使用经验，公司就不用为获得这些经验而马上采用新技术；另一方面，利用这种方法也可以减少由于引入前沿技术不及时而造成的损失。“书架”观念是有关供应商集成作用的典型例子。

（出处见书后主要参考文献20）

7.7 供应链绩效评价方法——标杆法

标杆法（Benchmarking）是美国施乐公司确立的经营分析手法，以定量分析自己公司现状与其他公司现状，并加以比较。标杆法就是将那些出类拔萃的企业作为企业测定基准，以其为学习的对象，迎头赶上，并进而超越之。一般地说，标杆法除了要求测量相对于最好公司的企业绩效外，还要发现这些优秀公司是如何取得这些成就的，利用这些信息作为制定企业绩效目标、战略和行动计划的基准。值得指出的是，这里的优秀公司也并非局限于同行业中的佼佼者，也可以是其他行业取得出色成绩的企业。而供应链绩效标杆法就是以定量分析自己公司的供应链现状与其他公司现状，并加以比较，找到自己公司和一流公司以及竞争对手之间的差距，辨别和吸收其优秀的管理功能，从而有针对性地制定激励目标，优化公司的供应链管理。

标杆法认为，传统的建立绩效目标的方法是不全面的。利用过去的标准或者与企业内部标准比较的方法，都不能引导企业了解竞争对手，也不能为企业制订提高绩效能力的计划提供充分的信息。当然，标杆法也并不总是一定要与竞争对手比较。有些企业也经常与非竞争对手比较。作为一种信息来源，特别是当建立标杆过程或者对不同企业（如供应商管理）的功能活动具有共用性时，从合作伙伴获得标杆信息往往比从竞争对手那里获取更容易。

行业领先者企业也应该经常性地开展标杆活动。一个企业如果不注意其竞争对手的发展，虽有可能在一时一事占据一定的优势，但不可能在市场上始终处于领先地位。大量曾红火一时的企业走向衰退就是很好的例证。

【小资料】

施乐案例：成功地运用行业内标杆

1976年以后，一直保持着世界复印机市场垄断地位的施乐遇到了全方位挑战，如佳能、NEC等公司以施乐的成本价销售产品且能够获利，产品开发周期、开发人员分别比施乐短和少50%，施乐的市场份额从82%直线下降到35%。面对竞争威胁，施乐公司最先发起向日本企业学习的运动，开展了广泛、深入的标杆管理。通过全方位的集中分析比较，施乐弄清了这些公司的运作机理，找出了与佳能等主要对手的差距，全面调整了经营战略、战术，改进了业务流程，很快收到了成效，把失去的市场份额重新夺了回来。在提高交付订货的工作水平和处理低值货品浪费大的问题上，同样应用标杆管理方法，以交付速度比施乐快3倍的比恩公司为标杆，并选择14个经营同类产品的公司逐一考察，找出了问题的症结所在并采取措施，使仓储成本下降了10%，年节省低值品费用数千万美元。

从那时起，标杆管理的一套严密的、受控的方法就开始成为世界范围内持续改进、质量控制、流程再造和变革推动的首要步骤。它与企业再造、战略联盟一起并称为20世纪90年代三大管理方法。

（根据公开的网络资料整理）

标杆法可分为三种类型：

第一种是战略性标杆（Strategic Benchmarking），包含一个企业的市场战略与其他企业的市场战略的比较。战略性标杆是一个企业得以获得领先地位的市场战略，通常包括如下几个方面的问题：

（1）竞争对手强调什么样的市场面?

（2）什么是竞争对手的市场战略?

（3）支持竞争对手市场战略的资源水平怎样?

（4）竞争对手的竞争优势集中于哪些方面?

第二种是操作性标杆（Operational Benchmarking）。操作性标杆以职能性活动的各个方面为重点，找出有效的方法，以便在各个职能上都能取得最好成绩。为了解决主要矛盾，一般选择对标杆职能有重要影响的有关职能和活动，以便使企业能够获得最大的收益。

第三种是支持活动性标杆（Support-Activity Benchmarking）。企业内的支持功能应该显示出比竞争对手更好的成本效益，通过支持活动性标杆，控制内部间接费用和防止费用的上升。

确定标杆的基准有二：内部标杆基准和外部（竞争）标杆基准（见表7-3）。

表7-3 **标杆基准**

方法	标杆基准	优点	不足
内部标杆基准	以企业内部操作为基准	通过辨别内部绩效标杆的标准即确立内部标杆管理的主要目标，可以做到企业内的信息共享。辨别企业内部最佳职能或流程及其实践，然后推广到组织的其他部门，简单且易操作	单独执行内部标杆管理的企业往往持有内向视野，容易产生封闭思维
外部标杆基准	以竞争对象或非竞争者为基准	与有着相同市场的企业在产品、服务和工作流程等方面的绩效与实践进行比较，具有强烈竞争导向和动态意义	实施较困难，竞争企业的非公开信息不易获得

外部标杆基准就是以其他的企业作为标杆单位。它是为了通过不断学习，不断获得持续的竞争优势，培育自身的核心竞争力，在市场竞争中处于有利的地位。通常，企业采用外部标杆来研究行业竞争者的业务实践，从而作为改进自身绩效的基础和依据。除了外部竞争者，企业还应该研究其他行业的非竞争者，只要它们具有相似的供应链特

性。外部标杆基准不仅需要研究标杆企业的绩效水平，更需要研究它们如何缔造如此卓越的绩效水平的最佳实践。外部标杆基准需要从其他企业收集绩效数据，通常是高度敏感的数据。许多企业都不愿意把此类数据直接提供给竞争者，甚至不愿意提供给非竞争者。为了克服这一障碍，企业可以考虑加入由第三方组织的标杆调查。这些标杆数据服务商提供专业的供应链绩效评价指标数据，并与参与企业共同合作，确保所收集的数据清晰准确。在选择标杆数据服务商时，需要找一个能提供对卓越绩效相关的供应链实践进行全面评估的标杆数据服务商。只有企业了解自身在相似领域的具体表现，外部标杆才有用。

内部标杆基准就是以企业内部绩效标杆为基准，辨识内部绩效标杆的标准，即确立内部标杆基准的主要目标，可以做到企业内信息共享。辨识企业内部最佳职能或流程及其实践，然后推广到其他部门，不失为提高企业绩效最便捷的方法之一。内部标杆不需要依赖从其他企业获取敏感数据，需要设计的是包括评估企业内部使用一致定义的可比较的职能领域、流程及基础设施的绩效水平。在内部标杆基准中，需要确定内部最佳的职能以及标杆绩效指标，一旦企业就标杆绩效评价指标体系及其相关的定义上达成了一致，收集内部标杆数据就很简单了。企业一旦设定了内部绩效评价指标并收集了相关的标杆数据，下一步就是转向外部标杆，把企业的绩效与其他企业进行比较。单独执行内部标杆基准的企业往往持有内向视野，容易产生封闭思维。因此，在实践中，内部标杆基准应该与外部标杆基准结合起来使用。

详细而准确收集数据的能力是标杆实施成功的关键因素之一。标杆过程的一个主要任务就是确定数据来源，一个较为常用的方法是从商业期刊或者图书馆的资料库获得相关数据和信息。商业期刊及其他出版物经常报道一些经营或管理出色的企业，其中就有关于该企业的绩效评价等内容。学术研讨会和工业界的交流会也是很好的信息来源，特别是对具体的操作层。这些会议通常就不同的主题进行讨论，交换思想。一些处于领先地位的企业经常被邀请做报告，通过这些会议可以获得最优秀企业的线索，因此，企业管理人员要经常参加各种学术会议或研讨会之类的活动。然而，我国许多企业出于各种各样的原因，参加这些活动的人员很少，自己把自己封闭起来了。

企业的供应商是另一种重要的信息源。企业的采购人员可以向供应商询问哪些企业是标杆的最好对象。企业也可以依靠专业咨询机构或者其他专家选择标杆目标。互联网络是一个资源庞大的信息库，可以通过它，并经过认真筛选，获得大量有益的信息。不但要获得一定数量的信息，而且对这些数据和信息的质量也要予以充分注意。企业要努力搜集那些有用的信息，而不是看方便与否。

实施基于标杆法绩效评价的基本步骤如图7-15所示。

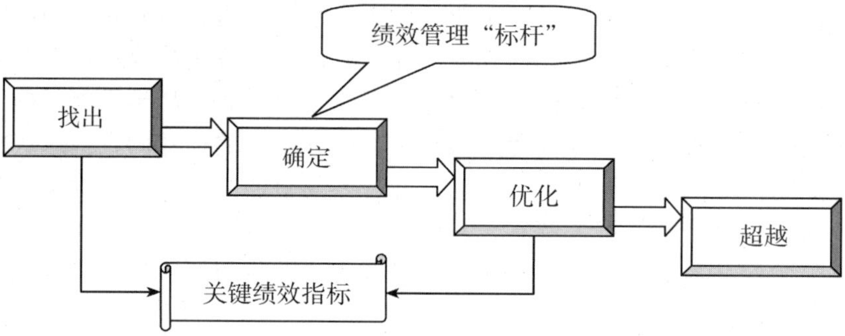

图7-15 绩效管理的基本步骤

（1）找出关键绩效指标。剖析企业主营业务的管理策略与流程，从构成这些流程的关键节点切入，立足企业的发展战略，从改进和提高绩效的角度出发，通过市场调查、行业观察和内部数据的统计分析，找出企业运营的瓶颈，明确本企业迫切需要提高的关键绩效指标是什么，应达到什么水平，然后对这些关键绩效指标进行分解和细分研究，从组织、人员、制度、投入等方面分析薄弱环节，确定绩效改进的方向和着力点。

（2）确定绩效管理“标杆”。在甄选每一个绩效管理标杆时，要慎重考虑本企业所处的行业发展前景、企业发展战略、现实差距等。主要有两个标准，一是标杆企业应有卓越的业绩，二是标杆企业所涉及的领域应与本企业有相似的特点。作为标杆的指标数据可以来自单个的标杆企业或部门，也可以来自行业、全国乃至全球的样本。总之，适合自己的才是最好的。

（3）优化关键绩效指标。与标杆企业的绩效指标进行详细比较与科学分析，找出绩效差距和管理实践上的差异，由表及里，领悟其先进的管理思想和战略思路，学习标杆背后的逻辑、运行机理，借鉴其先进管理模式和成功经验，确定适合本企业的关键业绩标准及最佳实践，从而建立起本企业的绩效指标体系和管理运作体系。在绩效管理实施中，绩效指标制定和绩效考评应严格遵守相关标准和程序，确保评价结果的客观公正，每一个实施阶段都要进行总结、提炼，发现新的情况和问题应及时改进。同时，管理者应高度重视与内部员工的上下沟通，绩效改进的实施计划、措施方法等，在企业内部达成最大程度的共识，以融洽的团队氛围、良好的人文环境，推动绩效改进的有效实施。

（4）实现绩效超越目标。基于标杆的绩效指标体系和管理运作体系建立后，要坚持常态运转、全过程沟通与持续改进。绩效管理实施中，考评结果应与劳动用工、干部任用、薪酬分配、奖励级等人事劳资政策挂钩，推动现代人力资源管理体制的建立，使绩效管理理念和制度完全融入企业经营管理中，推进企业运行机制变革，成为企业管理的基础平台，支撑企业战略目标的实现，最终赶超标杆，使自己成为同行业的“领袖”企业。

7.8 供应链运作参考模型

1996年初，两个位于美国波士顿的咨询公司——Pittiglio Rabin Todd & McGrath（PRTM）和AMR Research （AMR），为了帮助企业更好地实施有效的供应链，实现从基于职能管理到基于流程管理的转变，牵头成立了供应链协会（Supply Chain Council，简称SCC），并于当年底发布了供应链运作参考（Supply Chain Operations Reference，简称SCOR）模型，SCOR模型是一个跨行业的标准供应链参考模型和供应链的诊断工具，提供了全面准确地优化各种规模和复杂程度的供应链所必需的方法。SCOR模型对核心商业流程采用共同的工业术语和方法，因而也适用于那些专门的行业。SCOR模型使企业间能够准确地交流供应链问题，客观地评测其性能，确定性能改进的目标，并影响今后供应链管理软件的开发。SCOR模型通常包含一整套流程定义、测量指标和比较基准，以帮助企业开发流程改进的策略。

运用SCOR模型，企业可建立标准的过程描述，并能有效地评价其供应链过程。SCOR模型不是一个软件指南，只是业务流程指南，但它可作为供应链管理软件开发商的参考。在许多情况下，改变管理流程即可使企业获得最佳业绩而不需要开发软件，因为SCOR模型本身就是一种先进的管理改进的方法论。SCOR模型为供应链改进提供了一个集成的、启发式的方法模型，它的主要功能如下：

（1）提供一组识别和定义供应链业务流程的快速建模工具。

（2）提供一组评价供应链的工具。

（3）发布供应链的最佳实践和指标，作为供应链改造的目标。

（4）提供评价企业外部供应链性能的手段。

（5）实现最佳实践的软件工具。

虽然SCOR模型并不涉及具体算法模型，但它建立了供应链管理（SCM）系统的整体框架和过程的细节。SCOR还能帮助进行业务流程重构（BPR）和建立基准，利用行业中先进企业的管理效能，即最佳实践作为典型和参照标准，并用最佳实践分析方法指导SCM的实施。利用SCOR模型还可以度量SCM软件的性能和应用企业的实施效果，这比较当时缺少评价标准的MRP/ERP是一个重大的进步。

SCOR模型共分成四大层次（见图7-16），其中前三层详细描述了供应链体系中的流程、子流程和活动，第四层是实施层，即流程元素分解层，详细描述了工作流的任务，通常将根据组织的特定战略和要求而制定，因此，第四层并不包括在SCOR模型的公开版本中。

层号	描述	注释	
1	流程定义层	定义了供应链运作参考模型的范围和内容 确定了企业竞争性能目标的基础	供应链运作参考模型
2	流程配置层 （过程类）	按照“订单配置”的方式，用约 19 个基本“过程类”来配置企业的供应链。供应链的不同配置，决定了企业运行改善的策略	
3	流程元素层 （过程分解）	第三层企业可以“微调”其运作策略，定义了企业面向选定市场的竞争成功能力，它同时包括过程单元定义： • 流程元素定义 • 流程元素信息的输入和输出 • 流程性能指标 • 标准、良好实践、使用的地方	
4	实施层	公司在这个层次上实施具体的供应链管理运作	不包括

图7-16　SCOR模型的结构

第一层是流程定义层，也是SCOR模型的最高层。第一层主要从企业战略决策的角度定义供应链的范围和内容，同时通过SCOR模型分析，确定企业需要实现的竞争绩效目标的基础和战略方向。在第一层中，定义了5个供应链基本流程，即计划、采购、生产、配送和退货。利用这5个基本流程，就能建立和组织协调一致的SCOR流程，并在整个企业内，界定哪些关键流程必须标准化。

SCOR模型的第二层是流程配置层，需要描述出供应链的基本布局结构，并确定供应链流程与基础设施（实物资产网点和信息技术）的协调一致程度。该层采用按订单配置方式，利用不同种类的计划、采购、生产、配送和退货流程，来配置企业的供应链流程体系。企业通过其特有的供应链配置，决定企业运营战略，因此第二层的配置必须以供应链战略为基础，选择相关的子流程（或称为流程种类）。流程种类的选择将影响到供应链第三层的设计。

SCOR模型的第三层是流程元素层（Process-Element Level），通过流程元素定义、分解和细化SCOR模型的第二层设计，完成整个供应链体系。在SCOR模型的第三层中，还定义了最简事件及其使用条件、相关的流程绩效指标以及支持流程所需的信息系统准则（包括功能和支持数据两方面）。由此可见，SCOR模型的第三层定义了企业是否能在特定市场中取得成功的竞争能力。企业在SCOR模型的第三层，通过开发“现状图”，了解流程、实体资产网点和组织之间的协调一致程度，先是库存点、流程元素的提前期以及流程元素与供应链信息系统之间的协调一致程度。

从第一层开始到第三层结束，SCOR模型的内容可以将企业的竞争战略转化为可以实现特定的竞争目标的供应链体系。至于使用SCOR模型不同层次的顺序，将取决于企业特定的业务需求和出发点。

SCOR模型把供应链的运作划分为5个流程——计划、采购、生产、配送和退货：

（1）计划是指需求/供应计划，主要包括以下几个方面：评估企业整体生产能力、总体需求计划以及针对产品与分销渠道进行库存计划、分销计划、生产计划、燃料及生产能力计划；制造或采购决策的制定、供应链结构设计、长期生产能力与资源规划、企业计划、产品生命周期的决定、生产正常运营的过渡期管理、产品衰退期的管理与产品线的管理等；基础设施计划管理。

（2）采购流程主要包括4类活动：一是寻找供应商与物料收取，主要包括：获得、接收、验收、拒收与发送物料、供应商评估、采购运输管理、采购品质管理、采购合约管理、进货运费条件管理、采购零部件的规格管理；二是原材料仓库管理；三是原材料运送和安装管理，包括：运输管理、付款条件管理以及安装进度管理；四是采购支持业务，包括：采购业务规则管理、原材料存货管理。

（3）生产流程是指生产运作和生产支持服务。其中生产运作包括：申请及领取物料、产品制造和测试、包装出货等；工程变更、生产状况掌握、产品质量管理、现场生产进度制定、短期生产能力计划与现场设备管理等；在制品运输。生产支持服务包括制造业务规则管理和在制品库存管理。

（4）配送有4个子流程：订单管理、产品库存管理、产品运输安装管理和配送支持业务。这里的订单管理包括：订单输入、报价、客户资料维护、订单分配、产品价格资料维护、应收账款管理、信用管理、收款与开立发票等。产品库存管理包括存储、拣货、按包装明细将产品包装入箱、制作客户特殊要求的包装与标签、整理确认定单、运送货物。产品运输安装管理包括运输方式安排、出货运费条件管理、货品安装进度安排、进行安装与产品试运行等。配送支持业务是指配送渠道的决策制定、配送存货管理、配送品质的掌握和产品的进出口业务。

（5）退货流程包括原料退回和产品退回。原料退回，指退还原料给供应商，包括与商业伙伴的沟通，同时准备好文件资料以及物料实体的返还及运送。产品退回，指接受并处理客户退回的产品，包括与商业伙伴的沟通，同时准备好文件资料以及物料实体的返还和处理。

SCOR模型中所包含的评价指标是分层体系，第一层是流程定义层，第二层是流程配置层，第三层是流程元素层，第四层是实施层（即流程元素分解层）。SCOR模型的评价指标分层体系的第一层也是最高层次，可以跨多个SCOR模型的流程，但不一定非要与SCOR模型第一层中定义的某个供应链基本流程（包括计划、采购、生产、配送和退货）有关。SCOR模型第一层采用供应链绩效特征评价指标，见表7-4。SCOR模型第一层的评价指标通常“用于”评估供应链计划流程，包括采购计划、生产计划、配送计划和退货计划，然后再逐层分解。第二层的评价指标与范围更小、更具体的流程有关。第三层的评价指标也称之为诊断指标，是用于确定绩效与计划之间的差异。第二层和第三层的各个评价指标均与五大绩效特征中某个绩效特征相关。

SCOR模型是第一个标准的供应链流程参考模型，是供应链的诊断工具，涵盖所有行业。SCOR模型使企业间能够准确地交流供应链问题，客观地评测其性能，确定性能改进的目标，并影响今后供应链管理软件的开发。

小结

本章主要介绍了供应链业务流程重构和供应链绩效评价的理论与方法。首先分析了传统业务流程的弊病，然后追述了业务流程重构的历史，介绍了业务流程重构相关的概念和定义，并介绍了供应链业务流程重构的含义，重点谈到了供应链业务流程重构的步骤和具体实施细节，并介绍了两个常用的供应链业务流程重构的方法：全新业务流程设计法和系统化流程改造法，介绍了供应链中产品和过程的物流设计方法以及供应商参与产品开发的方法，最后介绍了供应链绩效评价的方法——标杆法和SCOR模型。

重点需要掌握的内容包括：业务流程重构的几个基本概念、供应链业务流程重构的定义和新特征、供应链业务流程重构实施步骤和细节、业务流程图和业务流程表的绘制、全新业务流程设计法和系统化流程改造法、供应链绩效评价指标体系、标杆法与SCOR模型在供应链绩效评价中的应用。

问题讨论

1. 供应链业务流程重构分哪几个阶段？
2. 什么是全新流程设计法和系统化流程改造法？它们的核心方法是什么？
3. 论述业务流程重构和业务流程自动化及业务流程改进的区别。
4. 产品和过程的物流设计主要包括哪几个方面？
5. 如何确定各层次供应商在参与产品开发设计中的职责？
6. 如何运用标杆法进行供应链绩效评价？
7. 如何运用SCOR模型进行供应链绩效评价？

案例探讨　物美供应链改革之路：实现商品“直流”与“农超对接”

“物美”是北京物美商业集团股份有限公司的简称，是北京及华北地区知名的连锁超市集团，目前在北京的市场占有率为35%。物美集团在全国拥有门店700多家，仅北京地区就有380家门店，其中大卖场100家，标准超市150家，其余为便利店业态。

与沃尔玛、家乐福不同，物美的配送难题在于，前者均为大型门店，配送的时候只需要整箱发货，而物美100多家便利店需要把这些整箱的商品进行拆零，然后根据商品的配置，将不同商品集中在一起，然后打包进行配送。为此，物美在北京东五环建立了华北配送中心，并于2009年底投入使用，它就像供应链的发动机，为物美集团的转型输送动力。

建立物流中心，只是物美强化供应链业务流程的一个环节，其最终目的，是实现商品的直流。所谓“直流”，是指商品从供应商到配送中心，再到门店，配送中心收完货不经过上架和下架的环节，直接开始分拣和发货。商品直流，能够使一些商品基本上实现零库存。

要真正实现商品的“直流”，除了需要配送中心强大的订单处理能力之外，还需要门店准确的订单预测和与供应商的信息共享。其中门店的订单预测是实现商品直流的最关键因素。在订单预测方面，信息系统起到了不可或缺的作用。物美的门店通过系统自动补货和手动补货结合的方式向配送中心下订单。对于一些受季节性因素影响小的商品，如洗化用品、调味品等，信息系统可以根据前16周的销售数据自动生成订单，负责该类商品的人员有权限对订单进行修订，最终完成订单的确认。而对于一些受季节影响较大的商品或促销商品，系统则会每天生成一个补货建议报表，提交给商品部负责人作为参考，制作手工订单。

2006年之前，卖场和后台配送中心使用不同的IT系统，致使物美前端与后台的数据不能相互共享，作业操作程序繁琐，并耗费人力。而在规模扩张中，物美也遇到了技术瓶颈和难题。为此，物美从2006年开始实施“百宝箱”项目（即WINBOX，Wumart In a Box）。这个百宝箱支持了物美多业态下的品类管理、采购、配送、门店销售、主数据管理等多种业务流程，并且包含了风险管理、变革管理等内容，不仅支持了物美的正常运营，更为其区域扩张和进一步并购提供了帮助。

2007年，物美集团成功实施了世界著名企业软件厂商德国SAP公司的ERP系统，以此为基础，通过积极的自主研发和创新，物美集团构建了行业内先进的供应链集成系统，物美自主研发的多项创新技术，如以顾客需求为导向的订单系统、电商协同的供应商关系管理VRM系统和支持农超对接供应链的专项创新技术。其中，支持“农超对接”供应链的专项创新技术的研发具有非常重要的意义，得到了业界的广泛认可。

针对果蔬农产品周转快、保鲜周期短的特性，物美研发了其特有的FPS生鲜工作台系统，在生鲜配送中心采用以发定收作业模式的生鲜配送直流技术，设计了从门店需求、拉式补货，到仓库“以发定收”的操作流程，减少了商品不必要的搬动，降低了损耗，在果蔬农产品卸货的同时，就按照商品的包装特性，分拣或称重到门店集货码头上，最后系统将分拣的数量汇总，返填到供应商收货的订单上作为收货量进行收货过账，从而在物流端实现了果蔬农产品的高效配送、及时上架，此项技术至少为一个供应链周期节省2个小时。

基于ERP系统，物美自主构建的外围系统如VRM系统、FPS系统、R2POS系统实现了果蔬供应链整体的信息协同，通过Internet网络、集成信息技术的运用，消除了地域和距离的差异，将信息系统延伸到农产品基地，实现了与农产品基地的信息共享。信息系统提供了需求预测、电子订单、网上对账、自动结算、销售和库存共享等功能，简化了交易流程，大大降低了信息沟通成本；与农户合作社的信息共享更好地满足了消费者需求，规避了库存风险，降低了农产品流通损耗和成本。

在电商价格战此起彼伏之时，传统零售商们也在奋起反击，立足自身优势加速变革，以阻击电商对线下客户的分流。经过一系列变革之后，自2013年底物美集团又对供应链改革做了进一步深化。2014年4月，物美在京津冀的400多家门店全面降低商品零售价格，民生类商品的售价保持市场最低，并且使之常态化。甚至，部分商品的售价还直接挑战电商商品。物美宣称，此举将直接让消费者分享到“厂超对接”的成果。

物美将自身优势的发力点选在了社区商业。越来越多的零售商也开始关注到社区商业的价值，以及社区商业端口价值的重要性。社区商业的特点是，顾客稳定，互动性非常强，黏性非常高，可以形成流量规模，达到一定程度以后，充分增强它的价值，形成增值服务。

根据老百姓的购物习惯，物美对动线进行了调整，如入口处从以往的家电百货，改成了生鲜，因为早晨开业时，顾客最多购买的就是生鲜商品，将入口改为生鲜，可以缩短购物距离。与此同时，为了给顾客更为清晰、统一的形象，物美也在对社区商业的规模进行标准化控制，卖场面积分为2 000、3 000、4 500、6 000平方米几个不同的规模，根据社区需求进行选择定位，多出来的部分让给其他有需求的业务。

自营生鲜、基地直采对许多零售企业是一个渴望却很有难度的事情，其背后是涉及整个供应链，包括砍掉多个中间环节，建立优质的生产基地等繁琐而复杂的变革，而这也不是短时间就能实现的。而从2009年启动“农超对接”以来，物美通过多年努力做到了这些。

五六年前老百姓习惯到菜市场买菜，现在超市已经成了购买生鲜的重要场所。如今，从新疆的马奶葡萄，到福建的琯溪蜜柚，在物美的超市都能找到新鲜的商品，自2009年以来，物美在北京周边、河北、山东、陕西、内蒙古、福建、海南、新疆等地建立了多个农产品基地，涉及50多种蔬菜和30多种水果，基地面积超过10万亩。

2008年，物美的果蔬销售量平均每天为79吨，而到了2014年已经增长到1100吨，其中2013年“农超对接”自采比例达到了65%，而基地采购价平均高于当地市场价的5%~10%，在降低采购成本的同时，也增加了基地农户的收入。

（根据公开的网络资料整理）

问题：

1．物美集团是如何实现商品“直流”的？

2．谈谈物美集团实施“农超对接”对集团自身、供应商与顾客具有哪些意义。

第8章 供应链金融与风险管理

学习目标

1. 掌握股东价值、净资产收益率、杜邦模型、客户收益分析模型、客户细分市场定价和收益管理模型、供应链金融，融通仓，海陆仓、供应链风险的特点。

2. 理解净资产收益率的驱动因素、供应链管理对资产负债表的影响、收益管理在供应链中的作用、导致供应链脆弱的原因、供应链金融的融资模式、导致供应链脆弱的原因、供应链风险的主要来源。

3. 了解制定收益管理策略时应考虑的因素、几种供应链金融融资模式的流程、供应链风险预警体系、供应链风险规避措施。

基本概念

股东价值　净资产收益率　　供应链金融　供应链风险

引导案例　　深圳怡亚通的供应链金融

深圳市怡亚通供应链股份有限公司成立于1997年，总部设在深圳，是中国第一家上市供应链企业，专业承接企业非核心业务的外包，帮助企业有效管理及优化供应链结构，提高核心竞争力。怡亚通洞察需求，整合优势资源，构建了以物流、商流、资金流、信息流四流合一为载体，以生产型供应链服务、流通消费型供应链服务、全球采购中心及产品整合供应链服务、供应链金融服务为核心的全球整合型供应链服务平台，服务网络遍布中国主要城市及东南亚、欧美等国家。

怡亚通倾力打造的中国首家网上供应链整合服务平台——宇商网，依托怡亚通强大的线下服务功能，以线上商机拓展+交易担保、线下资金扶持+物流仓储服务为核心，为中小企业提供全网一站式电子商务交易平台。同时，凭借良好的商业信誉及经营业绩，怡亚通与众多银行结成了战略合作伙伴关系，并基于丰富的供应链金融服务经验，可为客户提供包括短期资金融通、设备融资租赁、整体资金解决方案和IPO辅导等多样化供应链金融服务。

（根据公开的网络资料整理）

在当今动荡不安的商业环境中，管理者越发清楚地认识到决策过程中财务因素的重要性。盈亏线（the Bottom Line）已经成为企业行为的驱动因素，但很可能它指出的方向是错误的，在某些情况下，这会在短期内产生一定的潜在风险。因此，如果没有得到即时回报的可能，企业也许会大幅度缩减在打造品牌、研究开发及生产能力等方面的投资。

除了企业经营中的财务风险因素，近年来，各类供应链风险接踵而至：有毒的食物和玩具、随时可能出现的恐怖行径以及席卷全球的金融危机等等。尤其是随着供应链变得更加复杂且紧密相连，供应链中风险的形式也千变万化。因此，供应链财务与风险管理也应当全面展开，扩展到企业所能控制的范围之外。

8.1 股东价值

当今，股东价值是衡量企业绩效的关键，换句话说，就是企业能给它的所有者提供多大的价值。供应链管理中越来越多的功能都是由提高股东价值这一目标驱动的。供应链财务管理决策过程中考虑的财务因素是资源的利用率，特别是对于固定资本的和营运资本的利用。大多数的企业都面临着提高资本利用率的压力——要想方设法从每一分资本中榨取每一滴油水。从这点来看，企业看重净资产收益率（Return on Asset，ROA）就无可厚非了。净资产收益率是用来衡量股东价值的指标，是指净利润与产生这一利润的净资产之间的比率。因此：

$$净资产收益率=\frac{净利润}{净资产}$$

上式可进一步扩展为：

$$净资产收益率=\frac{净利润}{销售额}\times\frac{销售额}{净资产}$$

由上式我们可以看出，净资产收益率是由两个比值所得：首先是利润与销售额之比，通常我们称其为边际利润；其次是销售额与所用资本之比，称为资本周转率或资产周转率。因而，为了提高净资产收益率，必须提高这两个比值中的一个或全部。通常情况下，为了提高投资回报率，许多企业将主要精力放在提高边际利润上。但是，利用资本周转率的提高而产生的财务杠杆作用提升净资产收益率不失为更有效的手段。例如，许多成功的零售商已经认识到，若资本效率非常高，则很低的净利润也可以产生理想的净资产收益率。

图8-1解释了在达到更高的边际利润或资产周转率这两种方法中，我们所能发现的提高净资产收益率的机会。每条“ROI”曲线都反映了通过特定边际利润或资产周转率的结合，达到相同净资产收益率的不同方法。供应链管理的挑战就在于，如何找出将ROA曲线向右移动的方法。

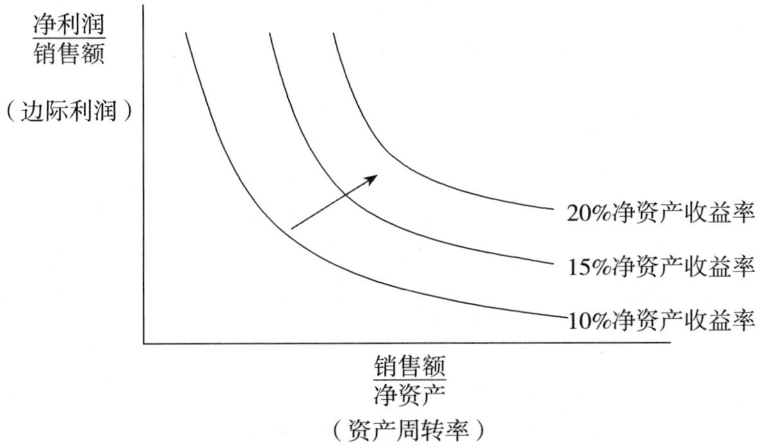

图8-1 边际利润和资产转换对净资产收益率的影响

图8-2说明了提高净资产收益率的五个基本要素。它们是收益增值、营业成本缩减量、固定资本效率、营运资本效率及最低税额。供应链财务管理应充分考虑这五个要素。

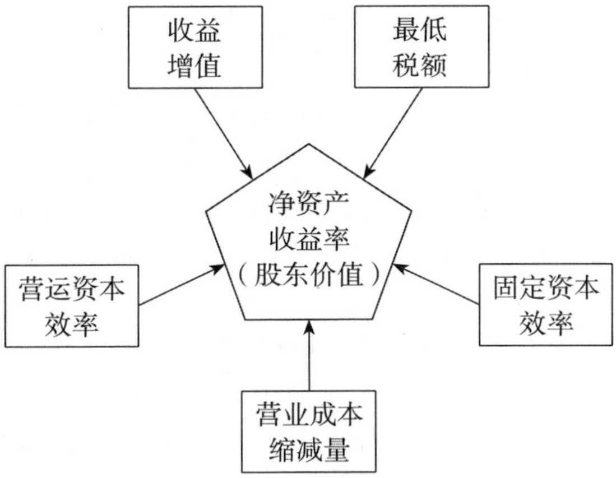

图8-2 净资产收益率驱动因素

（1）收益增值。这里的关键在于供应链管理对销售量和保留客户的影响。尽管计算出供应链管理和销售之间明确的相关性通常来说是不可能的，但许多研究结果仍然表明，二者存在正相关关系。

此外，卓越的供应链管理（在可靠性和反应速度方面）能够增强顾客对供应商的忠诚度。而且客户保留与销售额成正比，这主要是因为提供的服务使客户感到满意后，他们很有可能会从该供应商那里购买更多的产品。

（2）营业成本缩减量。在供应链管理的过程中，营业成本缩减量的潜力是巨大的。

在供应链中，成本的很大比例都是由供应链管理决策及供应链上各企业关系的紧密程度所控制的。因此，在追求利润的过程中，许多企业开始用新的眼光看待供应链管理也就不足为奇了。

在交易中，并不是只需要考虑运输、储存、装卸搬运和订单处理的成本，而应当以供应链“端对端”理念为指导，考虑整条供应链上的总成本。事实上，供应链的总成本都会被计入最终产品中，在通常情况下，供应链上游的成本占据了供应链总成本的绝大部分。越来越多的人开始认识到，在供应链上压缩时间不仅提高了客户服务水平，并且通过减少非增值作业能够有效降低成本。这一观点我们已在第2章中讨论过。

（3）固定资本效率。从本质来看，供应链中的物流作业很像是固定资产的“集中地”。货车、配送中心及自动化装卸搬运系统占据了大量的投资，由此降低了投资回报。在传统供应链的多级配送系统中，工厂仓库、区域配送中心以及本地仓库是很常见的，所有这些都意味着大量的固定资本投资。第三方物流服务兴起的一个主要原因是企业降低固定资产投入的强烈需求，与此同时，选择租借而不是购买设施或设备这一趋势正在加速。由于认识到资本投入有时大于其产生的回报，因此，在制定优化物流配送网络和生产设备的决策时，管理者越来越多地受到这一财务因素的驱使。

（4）营运资本效率。在企业内部，供应链管理战略是与营运资本的需求紧密相连的。供应链越长，库存越多；订单完成程度也直接影响到应收款和采购策略，同时影响到现金流。通过缩减供应链的作业时间，可以明显缩减对营运资本的需求，缩短订单周期。

很少有企业知道它们自己所销售产品的流通过程到底有多长。在许多制造企业中，“现金到现金”的循环周期（也就是从采购原材料/零部件到销售最终产品所用去的时间）可能有6个月之久，甚至更长。通过削减供应链中非增值的作业时间，能够显著地减少营运资本。许多企业长期以来用很低的存货周转率维持经营，以至于它们认为这就是它们企业的特点，并且没有什么可以改变这一状况。由于所用的资本成本很低，因此，企业可能没有强烈的需求把降低营运资本摆在首位。

（5）最低税额。在当今全球经济加速发展的情况下，企业需要选择在何处放置它们的资产设备和开展业务。由于各个国家的税制不同，选址决策能够对税后现金流产生重要影响。不仅企业的营业税影响利润，而且财产税和燃油税也会对利润产生影响。企业应当进一步考虑海关监管、关税及配额。对于大型全球化企业来说，由于其在不同国家均设有厂房，配送中心也是星罗棋布，而且市场分散广泛，因此供应链管理决策会对总税额及股东价值产生重大影响。

供应链管理活动在影响营业收入和成本的同时，也从多方面影响资产负债表的最终结果，如图8-3所示。

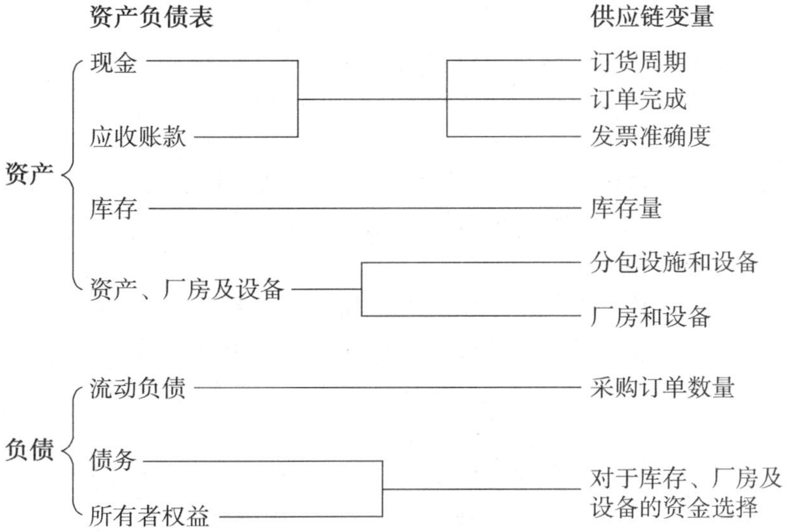

图8-3　供应链管理与资产负债表

（1）现金与应收账款。这一部分流动资产对企业运作的流畅性起着至关重要的作用。近年来，由于现金的短缺，越来越多的企业开始认识到这一部分资产的重要性。尽管供应链变量直接影响着这部分资产在资产负债表上的比例，但影响的程度并不总是被人所熟识。例如，从客户下订单到客户收货的订货周期越短，发票就能越快开出。若知道货物发出后发票仍未发出，则订单完成率将直接影响到企业现金流的状况。发票的精确程度是另一个影响到现金和应收账款的变量，但它常常被忽视，如果客户发现他的发票并不精确，他可能不愿意付款，那么付款时间将会被延长直至问题得到解决。

（2）库存。一家企业将会有50%甚至更多的流动资产被存货套牢。在整个供应链中，库存贯穿始终，从原材料、组件或购入的零件，经过在制品过程，到最终产品。企业的库存策略和库存地点明显会影响到总存货量，同时会影响库存水平的监控与管理，甚至影响制定最少库存量的战略决策。

（3）资产、厂房及设备。通常，任何行业的物流网络系统都是固定资产的主要使用者。如果按实际重置成本来精确估值，组成物流网络的厂房、配送中心和仓库将占供应链总投入资本的很大部分（假设这些资产全部为企业所拥有，而不是租借来的）。在存储和运输中使用的物料装卸搬运设备、运输设备以及其他设备也会在固定资产中占据相当的份额。许多企业将产品的配送业务部分外包出去，以期将这部分流动资产从资产负债表上删去。例如，仓库的建设以及与之相联系的仓储设备、物料装卸搬运设备就占了相当可观的投资。此时，我们应该问这样的一个问题：“这是否成为分配资产的最有效的方法呢?”

（4）流动负债。流动负债是指在一特定时期内必须用现金偿付的欠款。从供应链管理的观点来看，主要是指用于购入原材料及零部件等物品的应付账款。在该区域，只要采购与生产运作能更好地整合就能产生红利。运用传统的经济订货批量法，则订货量可能无法反映真正的生产或配送需求，这常常使企业囤积过多的原材料存货。而运用物料需求计划（MRP）及配送需求计划（DRP）这两个手段，供应计划可以做到与系统中的总物流需求相匹配。若原材料在使用前预先订货能降到最少，那么流动负债将大幅降低。

（5）债务及所有者权益。在整个供应链过程中，债务与所有者权益之间的平衡有许多选择，因此深层考虑所选的供应链管理战略对其产生的影响是非常有必要的。越来越多的企业开始租借厂房和设备与设施，这样就将固定资产转化为一项连续的支出。与此相对应的发展趋势是，越来越多的企业租赁“第三方”供应商进行仓储和运输作业，而不是企业内部自营这些设施设备。这些变化给交易中所需的资金带来显著影响，同时也影响到筹集资金的方法，也就是更多地通过债务而不是所有者集资。债务与所有者权益的比率，即通常所说的“财务杠杆比率”会影响净资产收益率，即股东价值，并潜在地影响在利息支付及债务偿还方面的现金流。

8.2 杜邦模型

供应链管理影响净资产收益率的方法是多种多样的。图8-4指出了决定净资产收益率的主要因素，阐明了通过有效的供应链管理来提高净资产收益率的可能性。

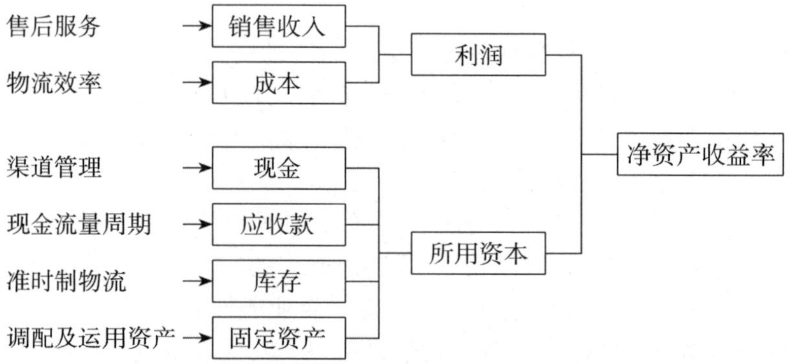

图8-4 供应链管理对净资产收益率的影响

依据图8-4中的因素，并结合利润表和资产负债表，杜邦公司设计出了战略利润模型，亦被称为杜邦模型（DuPont Model）。如图8-5所示。

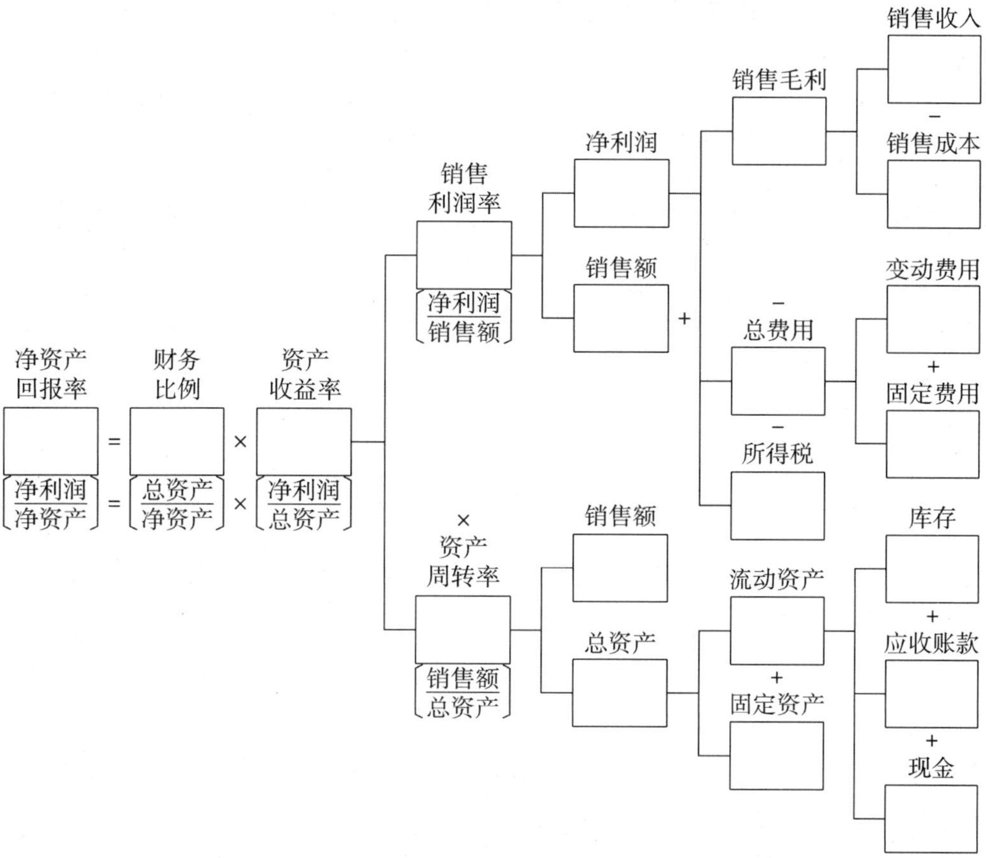

图8-5 杜邦模型

杜邦模型通过层层分解财务指标，直观地反映了影响净资产收益率的因素及其内在的联系，揭示了企业筹资、投资和生产运营等方面的经营活动效率，是一种行之有效的综合财务分析法。若能结合两期以上的资料进行分析，则不仅可以发现指标的变动原因和变动趋势，而且为进一步采取措施指明了方向。

杜邦模型的步骤：

（1）收集企业财务数据（从财务部门获取）。

（2）计算（运用电子数据表格）。

（3）得出结论。

（4）如果结论不切实际，检查数据，重新计算。

【例8.1】某公司的财务数据如下：在利润表部分，公司的销售额为1亿美元，销售成本为0.6亿美元，变动费用为0.18亿美元，固定费用为0.18亿美元，所得税率50%。在资产负债表部分，流动资产为0.22亿美元，包括0.14亿美元的库存，0.06亿美元的应收账款，以及其他流动资产0.02亿美元。固定资产为0.18亿美元的，财务杠杆率为2∶1，即债务为债务与所有者权益的比率为2∶1。

根据杜邦模型计算可得：该公司销售毛利为0.4亿美元，总费用为0.36亿美元，所得税为0.02亿美元，净利润为0.02亿美元，销售利润率为销售收入的2%，流动资产为0.22亿美元，总资产为0.4亿美元，资产的周转率为2.5次，资产收益率为5%，净资产收益率为10%。如图8-6所示。

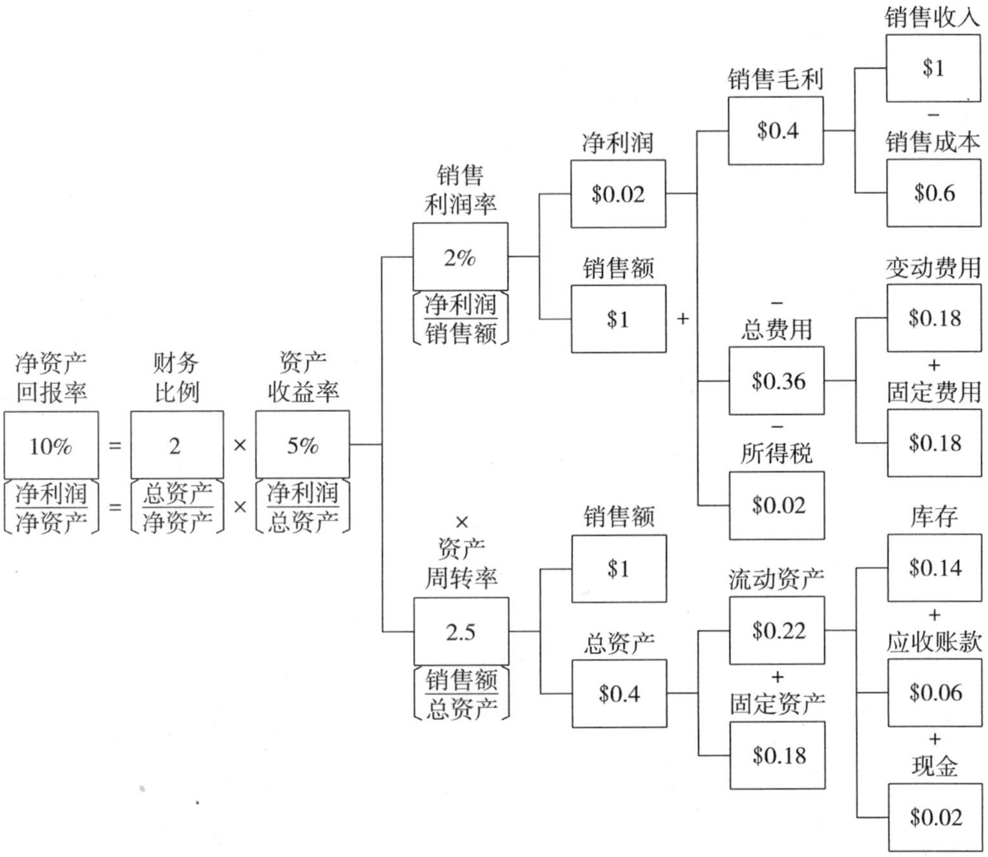

图8-6　某公司净资产收益率

【例8.2】在例8.1中，如果将公司的信息系统加以改进，使其能够接受来自大型零售商的销售点数据和来自关键的原始设备制造商的物料需求数据，管理者就能够利用信息来进行生产计划和补充库存，这将使整个公司降低500万美元的库存，非资金成本占库存的5%。从库存降低中所获得的500万美元的节约将可用来投资于新的工厂设备，新的工厂设备将降低生产成本，产生20%的税后收益率，按10年的直线折旧政策，每年固定资产折旧费率为10%。此外，据预测，提议的系统变革所需的年费用将是750 000美元。利用杜邦模型可计算出净资产收益率为12.5%，如图8-7所示。

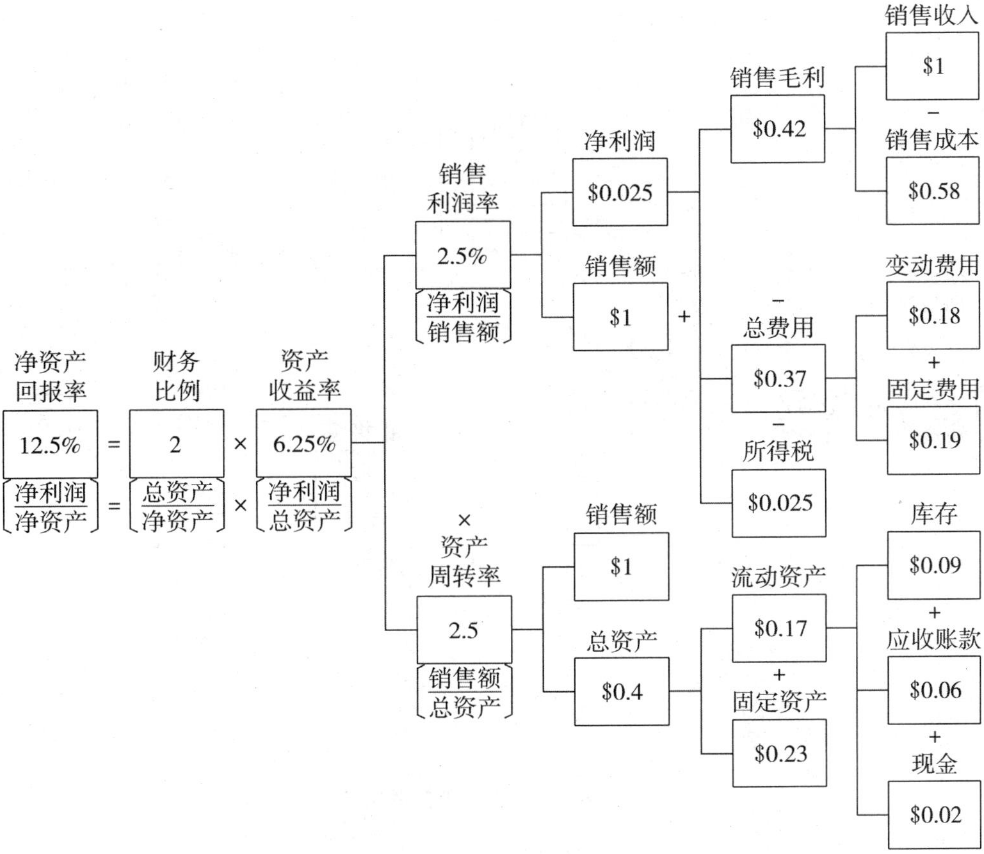

图8-7 信息系统改进后的净资产收益率

【例8.3】在例8.2中，如果公司从库存降低中所获得的500万美元的节约不是用来投资于新的工厂设备，而是用来偿还银行500万美元贷款，那么净资产收益率为10.01%，如图8-8所示（假设贷款的利息率为10%。当然，这是一项税前费用。假设所得税等于税前净利润的50%）。从例8.2与例8.3的结果中，可见本例的资本投资比还贷更有利。

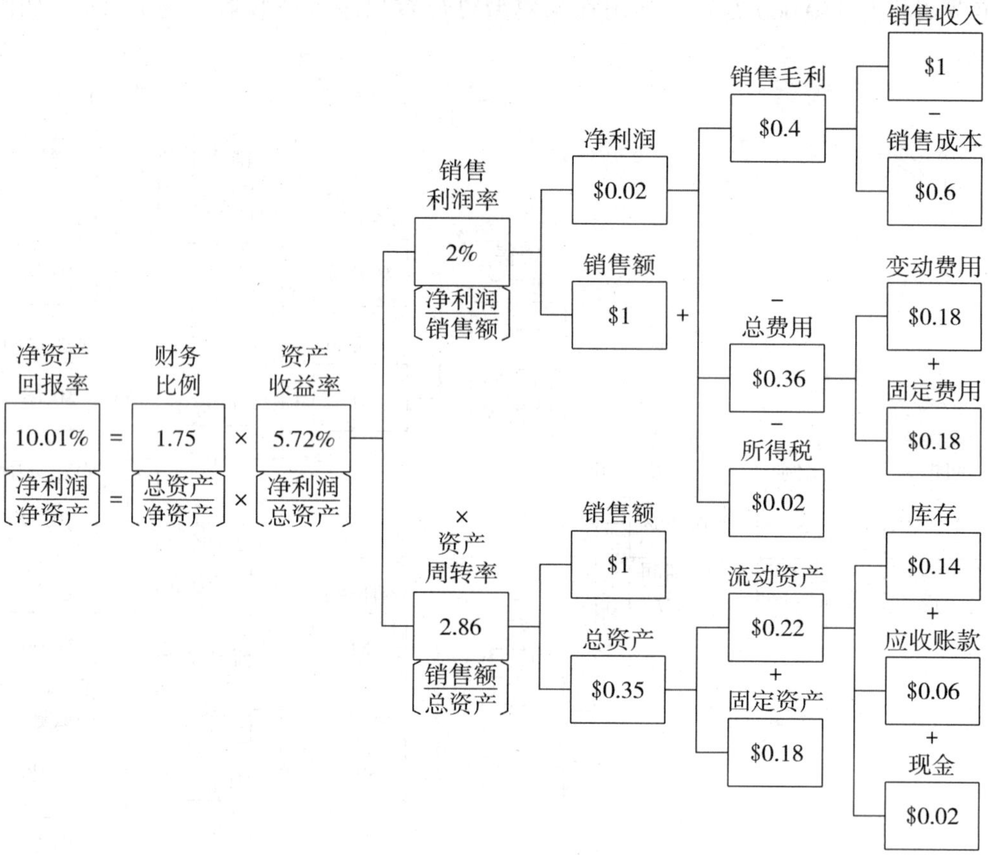

图8-8　还贷后净资产收益率

8.3　客户收益分析

常规财务核算体系常常很难回答这样一个基本的问题：此客户与彼客户相比较，盈利性差别有多大?通常，客户收益都是以毛利润为标准计算的，换句话说，也就是在一个周期内客户所产生的净销售收入，减去购买的商品组合中产品的成本。然而，在可以明确知晓单独客户的真实盈利性前，仍有许多费用需要考虑。同理，在确定不同细分市场的收益率时，也有许多费用需要考虑。

客户收益分析通常能够揭示对企业业绩产生负面效应的客户的比例。客户服务的成本千变万化，即使两个采购量相同的客户，他们的成本也可能是完全不同的，如图8-9所示。

如果我们考虑一家企业从接到客户订单到收到客户付款这一过程中的所有费用，无疑这一数字会十分惊人，客户与客户之间很可能存在十分巨大的成本差异。同时，不同的客户订购的产品的组合也不尽相同，因此他们产生的毛利也会相差甚远。

要精确地计算客户收益，许多相关的成本需要得到确认，如表8-1所示。

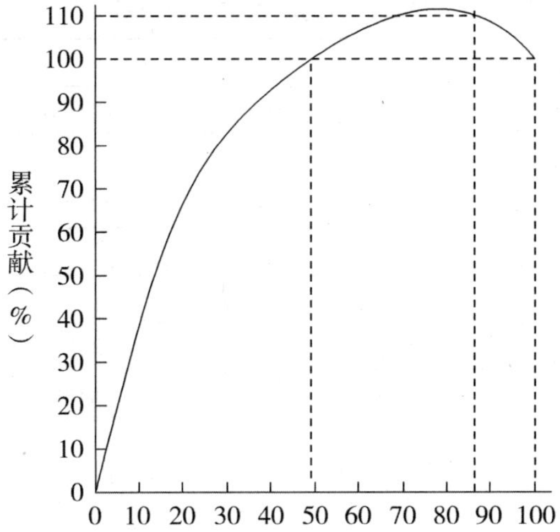

图8-9 客户收益分析

表8-1 **客户利润表**

收益	·销售额
减	
成本	·销售成本(实际产品组合)
(仅指可归属成本)	·佣金
	·销售拜访成本
	·大客户管理时间
	·销售奖励及特殊折扣
	·订单处理成本
	·促销成本(显性成本及隐性成本)
	·非标准化包装或单元化成本
	·专用库存的持有成本
	·专用仓库面积
	·物料装卸搬运成本
	·运输成本
	·单证制作/通信成本
	·退货或拒收货物
	·贸易信用(实际付款周期)

明确客户收益的最好方法是问这样一个问题："如果失去这位客户，能够省掉哪些成本?同时又会失掉哪些收益?"这就是成本与增量收益原理，运用这一原理，可以避开由于固定成本被各个客户分摊而引起的各种问题。

【例8.4】某特定客户的收益分析如表8-2所示。

表8-2 **某特定客户的成本与收益分析** 单位：元

总销售额		100 000
减　折扣	10 000	
净销售额		90 000
减　已售货物直接成本	20 000	
毛利		70 000
减　销售和市场开发成本：		
	3 000	
	1 000	
	3 000	
	7 000	
		63 000
减　配送成本：		
订单处理费用	500	
储存及装卸搬运费用	600	
库存的金融成本	700	
运输费用	2 000	
包装费用	300	
拒收货物成本	500	
	4 600	
客户创造的毛利		58 400
减　其他与客户相关的成本	1 500	
信用融资	500	
退货	2 000	
客户创造的净利润		56 400

在例8.4中，把专属某客户的成本考虑其中后，总额70 000元的毛利一下变成了56 400元的净利润。若试图把这一成本分析扩展到分摊各种管理费用，那么看起来盈利的客户可能会出现相反的结果。然而，只要净利润为正，并且确定服务该客户不会产生机会成本，则企业最好还是选择与该客户继续进行交易。

客户收益分析模型如图8-10所示。

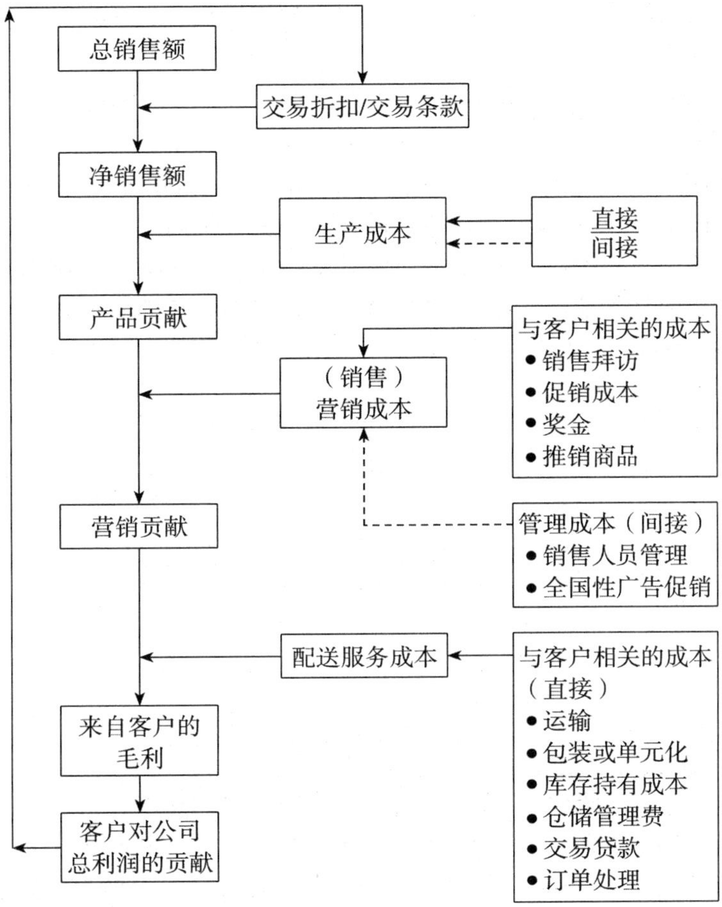

图8-10 客户收益分析模型

在理想状态下，企业信息系统能够收集和分析客户收益数据。但遗憾的是，大多数成本核算体系更多地将重心放在生产方面而不是客户身上。同样，成本报告通常情况下也是以职能部门为基础的，而不是以客户为基础的。因此，企业容易知道总运输成本，或者制造一件特殊产品的成本，但不能得知将某个特定的产品组合送达某位特定客户所花费的成本。

8.4 供应链金融管理

供应链金融（Supply Chain Finance，SCF）是核心企业与银行间达成的一种面向供应链所有成员企业的系统性融资安排，银行将核心企业和上下游企业联系在一起，提供灵活运用的金融产品和服务的融资模式，以促进供应链核心企业及上下游配套企业“产—供—销”链条的顺畅与稳固。

从企业层面来说，供应链金融是企业尤其是中小企业的一种融资渠道；从银行层面来说，它是商业银行信贷业务的一个专业领域，是银行围绕核心企业，管理上下游中小企业的资金流和物流，并把握单个企业的不可控风险为供应链企业整体的可控风险，立体式地获取各类信息，将风险控制在最低的金融服务范围内。

供应链金融的参与主体是整个供应链和外部金融机构、第三方物流企业，有时甚至涉及到投资者，作用范围是整个供应链的贸易，是长期持续的协作过程，金融机构和核心企业在供应链金融业务中起主导作用，第三方物流企业是中间人或代理商，如图8-11所示。

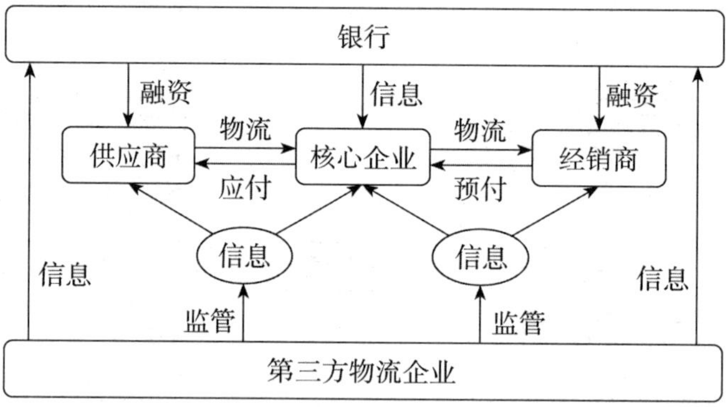

图8-11 供应链金融的一般模式与参与主体

供应链金融不止关注核心企业的融资问题，而且为整个供应链提供一体化的服务，帮助整个供应链打通资金瓶颈，保障整个链条的良性运转。它能够将企业供应、生产、销售环节的融资需求结合起来，创造性地构建核心企业与上下游企业之间的连接，为供应链各个环节上的弱势企业提供新型贷款融资服务。

供应链金融业务中，担保方为核心企业或第三方物流企业，负连带责任，供应链中任何一个环节出现问题，都会影响到整个供应链的贷款的顺利归还，因此风险较大，但金融机构的收益也会因整条供应链企业的加入而增大。供应链金融业务中，核心企业及上下游企业从原材料采购、生产到销售环节的异地化趋势不断加强，所以可能涉及到多个异地金融机构的业务协作、信息共享，所以供应链金融的监管难度会较大。

供应链金融的特点是：

（1）参与主体多元化。供应链金融相较于传统的融资模式，参与主体除了贷款企业和金融机构，还增加了核心企业和第三方物流企业。核心企业为供应链金融提供信用支持，其运营情况决定了整条供应链的运转状况。第三方物流企业扮演着中间商、监管者的角色，除了能为中小企业提供质押物担保以及基本的物流运输和仓储服务，还能为银行提供质押物监管、价格评估、拍卖等服务。

（2）自偿性、封闭性和连续性。自偿性指还款来源为贸易自身产生的现金流；封闭性指银行通过设置贷款流程使贷款企业专款专用；连续性指同类贸易行为在上下游之间持续发生，授信行为可反复进行。

（3）“1+N”的授信方式。供应链金融改变了中小企业的融资方式，降低了其融资门槛。授信方式由针对贷款企业变为针对供应链整体的“1+N”，银行围绕核心企业的供应链寻找客户的资金需求，降低了供应链的客户开发成本，增加了企业对银行的依存度。

供应链金融业务如果管理得当，可以实现贷款企业、银行、物流企业三方共赢：

（1）对于贷款企业来说，以原材料或产成品等动产获得贷款，解决了原来固定资产和信誉不足获贷困难的问题，争取了更多的流动资金周转，实现了生产和经营规模的扩大。

（2）对于银行等金融机构来说，供应链金融业务模式为其提供了新的放贷机会，因整条供应链企业的加入而使收益增大。

（3）对于第三方物流企业来说，开展供应链金融业务可以督促其尽快完善仓储及运输的配套服务功能，提升企业的竞争力，进而吸引更多客户进驻市场开展经营业务，同时其信用担保的角色和代客结算的功能，都令其加强了与客户、银行的同盟关系。

总而言之，供应链金融能够将企业供应、生产、销售的融资需求结合到一起，创造性地连接核心企业与上下游企业，为整条供应链各环节的弱势企业提供新型贷款融资服务，保持产业链运作顺畅。

供应链金融的基本业务模式主要包括以下三类：

（1）基于应收账款的融资模式

基于应收账款融资的主要业务模式包括：应收账款质押贷款、商业承兑汇票贴现、保理。

①应收账款质押贷款。应收账款质押贷款是指贷款企业以销售形成的应收账款作为质押，向银行申请授信贷款。用于质押的应收账款至少应满足以下条件：购买方已经收到产品并验收合格；购买方信用记录良好，资金实力较强；购买方确认应收账款的具体金额并承诺只向销售方在贷款银行开立的指定账户付款；应收账款的到期日早于借款合同规定的还款日。

②商业承兑汇票贴现。商业汇票是指付款人要在指定日期无条件支付确定金额给持票人或收款人的票据，根据承兑人不同又分为银行承兑汇票和商业承兑汇票，由银行承兑的汇票为银行承兑汇票，除银行以外的企事业单位承兑的汇票为商业承兑汇票。商业承兑汇票贴现是指持票人将其合法持有的商业承兑汇票转让给银行，银行按票面金额扣除贴现利息后，将余额支付给持票人的融资行为。

③保理。保理是指卖方（供应商或出口商）与保理商之间的一种契约关系，卖方将其现在或将来的基于其与买方签订的销售合同所产生的应收账款转让给保理商，保理商为其提供贸易融资、催收账款、信用风险控制、坏账担保、协助销售管理等服务。

（2）基于预付账款的融资模式

基于预付账款的融资模式主要是指保兑仓（买方信贷），它是以银行信用为载体，以银行承兑汇票为结算工具，由银行控制货权，卖方（或仓储方）受托保管货物，承兑汇票保证金以外的金额部分由卖方以货物回购方式作为担保措施，由银行向生产商（卖方）及其经销商（买方）提供银行承兑汇票的一种金融服务。

保兑仓融资模式的基本流程为：

①买方向银行缴存一定比例的承兑保证金。

②银行向买方签发以卖方为收款人的银行承兑汇票。

③买方将银行承兑汇票交付卖方，要求提货。

④银行根据买方缴存的保证金的一定比例向卖方签发提货单。

⑤卖方根据提货单向买方发货。

⑥买方实现销售后，再缴存保证金，重复以上流程。

⑦汇票到期后，由买方支付承兑汇票与保证金之间的差额部分。

（3）基于存货的融资模式

①存货质押授信

存货质押授信是指以自有或第三方合法拥有的动产为质押品的授信融资模式，银行会请监管公司或第三方物流企业派专员到贷款方放置存货的仓库进行质押品实地监管。存货质押授信包括静态和动态两种，静态存货质押授信不允许客户以货易货，只能通过偿还贷款来提货，不符合现实交易中货物流动频繁的情况，严重约束企业运作，因此银行往往较少采用，主要采用动态存货质押授信的融资模式。

动态存货质押授信模式下，贷款企业可以以款易货，也可以以货易货，日常生产经营活动受限较小，实现了动态补货的良性循环。在质押贷款过程中，银行会对贷款企业用来质押担保的存货价值设置一个界限，贷款企业在生产经营过程中，用于担保的存货价值不能低于此界限，可以自由使用高于此界限的存货。

②融通仓（仓单质押）

融通仓与存货质押授信最大的区别就在于质押品监管地的不同，存货质押授信的质押品监管地为贷款企业所在地，银行监管难度和风险大，而融通仓监管地则在第三方物流的仓库。

融通仓是一个综合性的第三方物流服务平台，业务运作模式为仓单质押。仓单是仓储方签发给存储人的一种物权凭证，记载了货物仓储信息，仓单持有人可凭仓单直接向仓储方提取货物。仓单质押是指客户（贷款企业）将商品储存在第三方物流企业的仓库

(或银行认可的仓库)中，凭借仓单向银行(金融机构)贷款，银行审核后向其发放一定比例的贷款，同时委托第三方物流企业代为监管商品。在实际操作过程中，贷款企业可以通过补充在库商品等形式，以新仓单置换旧仓单，甚至以此作为还贷的一种实现方式。随着供应链企业异地化分布的不断发展和全球化采购需求的不断增加，异地化仓库监管质押贷款也逐渐被广泛应用。

仓单质押可以细分为两种模式，即质押担保融资和信用担保融资，两者最大的区别就在于银行是否给予第三方物流企业一定的授信额度。质押担保融资的流程如图8-12所示。

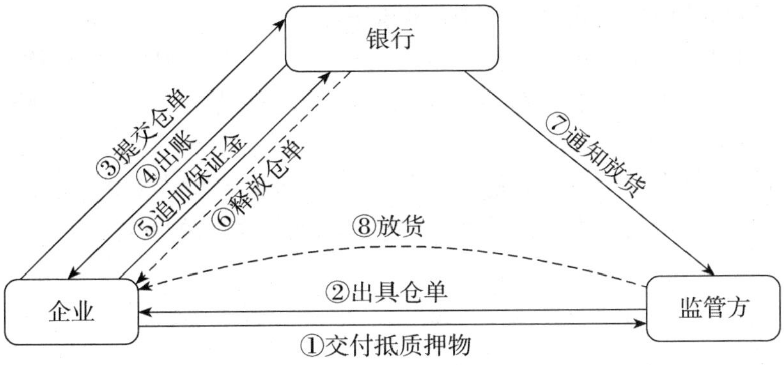

图8-12 质押担保融资模式的一般流程

在信用担保融资模式下，银行会根据第三方物流企业的信誉、规模、业绩、资产负债等情况，授予其一定的信贷配额，令其根据客户情况配置配额和进行信用担保，并由独立审计方进行审核。如图8-13所示。

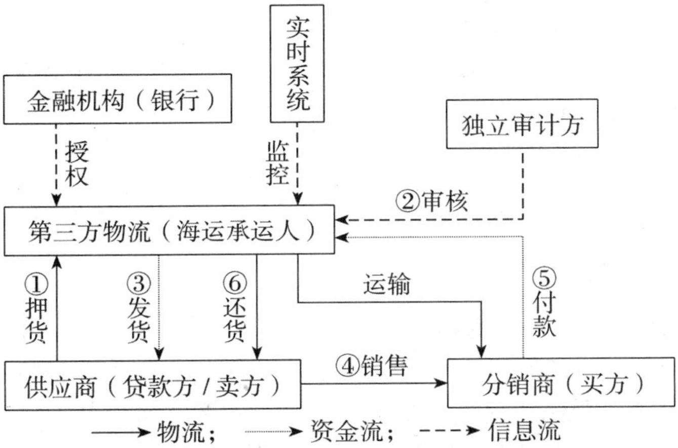

图8-13 有信用担保的仓单质押融资模式

③海陆仓

海陆仓融资模式针对国际进出口贸易方的融资需求，分为进口海陆仓与出口海陆仓。进口海陆仓融资模式针对国内进口商融资，以船公司为担保人并负责海陆运输和全程海陆仓储，银行为进口商向国外出口商垫付货款；出口海陆仓融资模式针对国内出口商融资，银行为出口商提供生产与周转资金。

实际操作过程中，海陆仓融资模式主要针对国内进口商融资，其基本流程如下：

一是进口商与国外出口商签订贸易合同。

二是国外出口商按信用证要求（假设采用FOB计价，即买方自费租船或订舱并预付运费，并将船名、装货泊位及装船日期通知卖方）订舱、发货，船公司签发提单。

三是国内进口商向船公司缴存一定的保证金。

四是船公司向合作银行提供担保，以船公司的信誉保证到期归还贷款。

五是出口商凭提单到银行海外分支或代理机构办理结汇，银行基于船公司的担保，为进口商垫付货款。

六是银行海外分支机构将全套海运提单寄往国内银行。

七是船公司办理报关、报检等手续后将货物存储在自己的仓库。

八是进口商根据经营情况还贷提货。

九是信用证到期，船公司补足银行敞口，变现未提走的货物。

④统一授信

统一授信有两种存在形式：一是银行给予第三方物流企业一定的授信额度，但物流企业并不为贷款企业提供贷款服务，而是在授信额度内提供监管服务；另一种是银行拨给第三方物流企业一定的贷款额度，物流企业根据实际情况与贷款企业开展存货质押融资业务，制定具体的合同，银行仅收取提前协商的收益资本。

⑤物流银行

物流银行模式指物流仓储企业和银行组成专门的物流银行（也成为质押银行），直接与借款企业发生联系的存货质押融资模式。

8.5 供应链风险

受诸多因素的影响，近年来市场混乱的程度有增无减，几乎在每一产业领域，需求波动都比过去有所加大。产品与技术的生命周期明显缩短，竞争性产品的引入使生命周期内的需求难以预测。受销售促进、季节性刺激因素和再订货数量等决策标准的影响，供应链中产生了大量的“不确定”情况，即供应链风险。

供应链风险是指供应链中相互依赖的企业在运营过程当中，由于各种不确定因素的影响而互相牵连，致使供应链企业实际收益与预期收益发生偏差的大小及可能性，也可以理解为供应链的脆弱性。

1.供应链风险的特点

（1）客观性。供应链风险有很大一部分是由于自然界中的地震、洪涝灾害等自然灾害与社会环境中出现的战争、冲突等所造成的，这些都是不以人的意志为转移的客观存在，具有一定的客观性。

（2）不确定性。正是由于风险的客观性决定了它的不确定性，我们不能确切地知道，风险在何时、何地，以何种形式出现，其危害程度、范围如何。但是，在掌握了足够的数据资料后，我们可以根据某些风险可能的潜在规律推断出风险的变化趋势，也就是我们之后会提到的风险预警中的内容。

（3）复杂性。供应链中的企业不是独立的，企业间的合作纷繁复杂，这就导致了供应链中的风险形式也是千变万化的，这也是供应链风险的预测与处理效果不佳的主要原因。

（4）博弈性。供应链中各成员企业是独立的市场主体，存在不同的利益取向，也存在着信息差异，在实现自身利益最大化时，彼此之间激烈的竞争博弈就是必然的。

（5）动态传递性。供应链的链状结构决定了上下游企业间的紧密联系，相互合作的企业及上下游企业间是彼此依赖、相互影响的。当风险出现时，“牛鞭效应”就会把初始的风险向下传递，并不断放大，这是供应链系统的特点，也是它的一个弱点。

2.导致供应链脆弱的原因

（1）更注重效率而非效力。为了满足愈发激烈的商业竞争的需要，企业往往更注重效率，而非效力。但是，现代供应链的弹性却越来越小，只要是出了一点点小的问题，都很可能会导致整个链条受到影响甚至是瘫痪。

（2）业务外包的趋势增加。业务外包常能给一个企业带来很多好处，但业务外包使得供应链上的企业数量以及彼此的连接更加繁多，供应链的关系变得复杂，因而，潜在的干扰也就比以往更可能发生。

（3）全球化的影响。全球化扩大了供应链的范围和规模。为了追求低廉的生产成本，很多企业的采购活动从国内扩展至全球。这个趋势使得物流业的业务量大增，同时也对供应链管理有了更高的要求。值得注意的是，当供应链的长度从国内延展至全球，供货周期便会延长，在供货周期内的不确定性也会随之而增加。

（4）集中生产和销售。为了达到生产的规模经济，企业往往不愿意采取靠近销售地生产的策略，而是把大量的某种产品的生产放在一个工厂生产然后再长途运输到各个销售地。这样就给供应链带来了更多的考验和压力。

（5）减少供应商数量。近年来，很多的企业都尝试减少它们的原材料以及零部件等等的供应商数量，从过去的从一个供应商那里采购一种原材料或者零部件，转变成向一个供应商采购多种零部件。毫无疑问，这样做可以得到许多好处，但是，一旦该供应商发生了问题，生产企业受到的影响将会比原来大许多。所以，这种趋势也会导致供应链风险增大。

（6）需求的反复无常。市场变化很快，科技的发展使得产品周期不断缩短，激烈的竞争使得促销手段层出不穷，这些趋势都使得供应链难以很好地提前做好计划。市场活动的紊乱降低了市场需求的可预测性，从而成为供应链中一个很大的不确定性。

（7）缺乏可视性和缺乏信心。缺乏可视性和缺乏信心会导致供应链的脆弱，无论是对于订货周期、订货状态、需求的预测、供应商的运输能力还是生产能力或产品质量等等问题，信心的缺乏都会对整个供应链的绩效造成影响。当对市场需求的预测缺乏信心时，人们倾向于建立比适当水平更多的存货以应付可能突然增加的需求。于是，供应链的流量便会变得非常“臃肿”。

3. 导致供应链风险的原因分类

了解并识别供应链风险因素对参与供应链的企业来说是非常必要的。从不同的角度、按照不同的标准，供应链风险就会有不同的分类结果。

（1）按照风险来源划分。按照风险来源可以将供应链风险分为外部风险和内部风险。而供应链的内部风险还可以分为：供应链中各企业内部风险和企业间的合作风险。具体的分类如表8-3所示。

表8-3 按风险来源的供应链风险分类

风险类型		风险来源	举例说明
外部风险		自然和社会灾害	如地震、暴风雪、洪水、火灾和传染病的爆发
		政治因素	如社会冲突、恐怖袭击、社会动荡
		政策风险	如由于宏观政策和金融危机而导致的通货膨胀和企业破产等
		市场风险	市场的不稳定，消费者需求的多变等
		社会信用风险	如企业恶意毁约
		技术风险	如基础技术革新对企业现有技术的冲击
内部风险	企业内部风险	企业内部各环节的不确定性	如劳动力、财务、采购、生产、销售、运输、信息系统等各种运营风险
		战略风险	如职能战略与总体战略的不匹配
	企业间的合作风险	信息风险	如信息缺失和信息阻塞的风险
		道德风险	合作者间的欺诈和失信所带来的供应链长远合作利益的风险
		制度风险	由制度的不确定性所导致的风险
		企业文化差异	企业文化的差异可能带来的合作障碍

（2）按照行为主体的不同划分。供应链是一个多参与主体、多环节的复杂系统，参与供应链活动的行为主体包括提供原辅材料和服务的供应商、生产商、批发商、零售商以及物流服务商等。按照行为主体的不同，供应链风险又可划分为供应商风险、生产商风险、批发商风险、零售商风险、物流服务商风险等。

（3）根据供应链管理的目标，供应链风险可以分为时间风险、质量风险和成本风险。

8.6 供应链风险的管理

1.供应链风险管理体系内容

供应链风险管理是通过识别、度量供应链风险，在此基础上有效控制供应链风险，用最经济合理的方法来综合处理供应链风险，并针对供应链风险的处理建立监控与反馈机制的一整套系统而科学的管理方法，其目标包括损失前的管理目标和损失后的管理目标。损失前的管理目标是避免或减少损失的发生，损失后的管理目标则是尽快恢复到损失前的状态，两者结合在一起就构成了供应链风险管理的完整目标。为了能从整体的角度对供应链风险管理有一个更全面的认识，我们先来介绍一下供应链风险管理体系所包括的内容：

（1）风险意识。在供应链的各种活动中，风险并未受到人们的充分认识，难以置信的结果可能令人手忙脚乱。其实，其中有些后果是可以避免或者最大限度地降低的，这就要求企业对各种可能出现的风险进行系统管理，识别风险并能确定其影响范围，也就是说供应链中的员工特别是管理者必须提高对风险的主动意识，对待风险及其影响要做到有目的、有计划、有预案、有措施。

（2）风险辨别。分为风险识别和风险分析两个过程。风险识别是指通过调查与分析来识别供应链所面临的风险；风险分析就是通过归类分析风险产生的原因和条件，以及风险具有的性质，为以后的风险处理提供依据。

（3）风险评估。风险评估是指对可能引起风险的因素进行定量计算，以测量可能发生风险的概率，为风险处理提供依据。其目的是评价供应链中已识别的风险对供应链稳定性的影响程度。

（4）风险管理与监控。其目标是通过适当的措施把风险造成的后果控制在可预料或可承受的范围内，通过系统方法，依据风险的起因与后果对其进行处理。

（5）检查及评价。在风险管理决策的贯彻和执行过程中，必须对其贯彻和执行情况不断进行检查、评价、指挥和协调，理由是：风险管理的过程是动态的，风险是在不断变化的，新的风险会产生，原有的风险会变大、变小或完全消失；通过检查和评估来发现风险管理决策中可能存在的错误，对风险处理过程中的有效步骤进行分析和总结，对无效步骤进行调整，以便为以后同类风险的处理积累经验。

（6）咨询和沟通。咨询和沟通是供应链体系中风险信息和分析结果双向多边的交换和传达，以便供应链成员间相互理解和采取有效的管理措施，所有的风险管理步骤必须包括与供应链内部及外部利益相关方的咨询和沟通。识别供应链风险、评估供应链风险都是为了有效地处理供应链风险，减少供应链风险发生的概率和造成的损失。对于供应链风险的控制应该是多层次、多渠道的。

2.供应链风险识别方法

风险识别是在风险发生前，运用各种方法系统地、连续地对供应链面临的风险加以判断、归类和鉴定风险性的过程。风险识别要求全面、完整地分析各种风险因素，并且分析风险发生的潜在原因。相应的，供应链风险识别就是对供应链运作面临的尚未发生的各种风险进行系统分析，并加以识别的过程，是供应链风险评估的基础。供应链风险识别技术是供应链风险管理组织在搜索供应链风险来源、分析供应链风险性质和特征时，所采取的专门识别手段和识别方法。

风险识别的方法很多，比较常用的有以下几种：

（1）德尔菲法。德尔菲法是一种比较简单的方法，它主要依靠专家的直观能力对风险进行识别，故又称专家意见法。它是比较适用于涉及原因复杂、影响比较重大的风险分析的一种方法。它的操作步骤一般为：

第一步，制订分析调查方案，拟定风险内容调查表。如果是按风险因素进行调查的话需要尽可能全面地考虑所有的影响因素，制定合理的识别标准。而若是把各主体（如供应商、制造商等）作为调查标准的话，在设计调查内容时就应注意到各主体特性，比如制造商制造技术、产品创新等方面的竞争变化情况，而销售商则更多的是关注市场需求信息的变化。

第二步，组成专家小组，征询专家意见。在制订了调查方案之后，供应链风险管理人员就应当根据实际情况聘请不同领域的专家，最好也加入一些各组织内的员工，组成专家小组。在广泛收集资料后，汇总成一份调查表列出各项问题，征询专家小组成员的意见。

第三步，汇总专家组意见，再将分歧较大的意见匿名反馈给各位专家，进行再一次专家组评议。通过反复的收集反馈，最后在意见基本趋于一致时结束。风险管理人员将最终意见加以汇总分析，得出风险识别结果。

（2）流程图分析法。顾名思义，流程图分析法就是通过对供应链流程图的分析找出潜在风险。这种方法首先绘制一幅详尽的描述从供应链的起点到终点整个过程的流程图，这张流程图里面的每一步都代表一个独立的事业流程，并且需要弄明白整个流程图的运作以及风险担当。在供应链分析流程完成后，供应链风险管理人员就可以着手分析并发现控制缺陷、潜在失效环节以及其他薄弱环节，最终得出风险分析结果。

（3）情景分析法。情景分析法常常以头脑风暴的形式，来发现一系列主要的与经济、政治、技术、文化等相关的影响供应链表现的风险因素。这种方式可以识别未来发展的趋势，一旦某种趋势被识别出来，接着就要分析这种趋势对企业、对供应链将会产生怎样的影响，然后发现一系列存在或潜在的风险因素。

当然，风险分析的方法远不止这些，还有事故树法、历史事件分析法、财务报表法等等，在特定的情况下使用合适的方法不但可以大大提高识别精度，还可以省时省力。

3.供应链风险处理

识别风险、评估风险是为了更好地解决风险，降低风险发生的概率和造成的损失。供应链风险处理是供应链风险管理的主要工作，处理结果的好坏直接关系到企业的自身利益。所以，在处理供应链风险时应该：

首先，考虑怎样避免风险的发生。风险处理方法中，规避风险是理想的处理方法。有效地规避风险措施可以完全规避某一特定风险可能造成的损失，而其他方法仅在于通过减少损失概率与损失程度，或减少风险的财务后果等途径，来减少企业所面临的各种风险的潜在影响。但是，风险规避方法的实际应用要受到一定的限制，因为它往往涉及到放弃某项经营活动，从而失去与这种活动相伴随的可能利益。

其次，减少导致风险的因素。风险的减少包括两个方面的内容。一是减少风险因素，减少风险发生的可能性。一般采取两种措施：预防性措施，在风险发生前采取针对性措施减少风险发生的几率，如对管理人员及操作人员进行教育和培训，增强其工作责任心，熟练掌握操作技术，对有危险的机器配备安全保护装置，消除潜在的火灾隐患，加强道路交通管理等等；保护性或半预防性措施，如保护在风险中可能受到伤害的人和物。二是减少风险发生时的损失程度。在采取上述措施的状况下，风险仍难免发生，这是由风险的客观性决定的，当风险发生时应采取一切可能措施减少损失程度，使损失降到最低限度，主要包括：抢救措施，尽可能保存受损财产值，如从洪水中抢运受灾物资，为减少火灾蔓延而拆除连带部分等等；休整措施，损余的物资要及时进行整理，如对水渍物资进行晾晒等。

在尽力减少和避免导致风险产生的因素后，仍有很高的风险发生几率时，企业就应当主动面对风险的挑战。风险的接受有主动与被动之分，不知风险的存在而不加处理，或明知风险存在而疏忽怠慢不进行处理的，都是被动接受风险。知道存在风险但因无适当处理方法，或者因自己承担风险比其他处理方法更经济，或者因为风险较小企业足以接受的，都是主动接受风险。

有时候外力过于强大，比如自然灾害或社会动荡所导致的供应链风险，这已经不是单个企业所能够解决的了，那么就应当及时寻求合作伙伴共担风险。供应链的一个特点就是节点企业间可以合作，在利益共享的同时，也应该共担风险，这也是供应链风险管理的重点：设计合理的风险共担机制。在整个供应链网络中，风险会从一个企业向另一个企业传递，在传递的过程中具有放大效应。因此，供应链成员企业对风险进行协作管理是非常必要的。有些风险只能控制和减少，不能消除，系统内部接受风险是很必要的。处理供应链风险方法的选择是一种科学决策，要求决策者对供应链的企业内部情况、外部环境有充分了解，同时还要注意方法的适用性和效果。

当然保险转移风险也是一种可取的方法。以合同形式将自然灾害、意外事故可能造成的损失、人身伤亡及对他人的经济赔偿责任造成的经济损失转移给保险公司。供应链风险管理是一项长期而艰巨的工作，不是一蹴而就的事情，必须定期重复风险管理过程的各个步骤，以使这一过程融入供应链管理运作中。供应链风险的核心企业在供应链风险管理中应起到主要作用，协调上下游之间的关系，制定各种协议，其他供应链节点企业也应该根据自身业务的特点减少供应链风险。

供应链同时连接着供应商、制造商、分销商和用户，其基本特征具有复杂性、动态性和交互性。每一个运作环节都存在着潜在风险，任何一个环节出了问题都会给整条供应链造成严重的影响。供应链风险管理就是当供应链陷入潜在风险或危机时，为摆脱风险、维持供应链正常运行而采取的一系列行动与对策。供应链风险管理是保障供应链正常运行、提高供应链可靠性的重要措施之一。

8.7 供应链风险预警与规避

预警就是在风险发生之前，根据分析可能发生的征兆，发出警示、警报，以应对可能到来的危险。这一概念被广泛应用于政治、经济、军事、社会、教育、医疗、自然等各个领域。而供应链风险预警是指运用一定的科学方法和手段对于供应链管理过程中有可能出现的风险，采取超前或预先防范的管理方式；一旦在监控过程中发现发生风险的征兆，就要及时采取校正行动并发出预警信号，以最大限度地控制不利后果的发生。通过建立供应链风险预警体系，预报风险，有助于决策者选择适宜的应急对策，并使应急系统处于戒备状态，当风险发生时可以启动应急方案和以最快速度对风险进行控制，从而对供应链风险进行有效控制，及时切断风险源，缩小受害范围，使风险危害最小化。

1.供应链风险预警体系

供应链风险预警的目的性决定了它的基本功能。建立供应链风险预警系统的目的就是利用各种分析方法，对供应链的各种风险进行监测，使供应链管理者或经营决策者了解和掌握风险信息，并为其风险决策提供可靠信息，以便采取风险防范措施，为提高供应链经济效益服务。供应链风险预警体系由供应链风险信息警源、供应链风险预警指标体系、供应链风险预警专家小组、供应链风险预警制度体系和供应链风险预警信息辅助决策系统五个部分构成：

（1）供应链风险信息警源。供应链风险信息警源的主要职能是采集导致或可能导致各种风险的因素，并辨析风险种类，估计不同风险的大小和评价其可能产生的后果。

（2）供应链风险预警指标体系。供应链风险预警指标体系是一系列用于反映供应链整体以及各组成单元的风险指标集合，它的主要功能是为评价供应链风险提供一个标准和尺度。

（3）供应链风险预警专家小组。供应链风险预警专家小组根据采集到的风险数据，对照供应链风险预警指标体系，参考供应链风险预警信息辅助决策系统产生的结论，发出供应链风险预警，并制订相应的风险管理方案。

（4）供应链风险预警制度体系。供应链风险预警制度体系包括一整套能够保证预警体系正常运转的制度。这些预警制度主要由以下四个体系组成：组织管理体系、技术标准体系、安全教育体系、预警预案体系。

（5）供应链风险预警信息辅助决策系统。供应链风险预警信息辅助决策系统（DSS）是目前迅速发展起来的新型计算机人机交互系统，它以现代信息技术为手段，综合运用计算机技术、管理科学、经济数学、人工智能技术等多种科学知识，针对供应链风险预警所出现的某一类型的半结构化决策问题，通过提供背景材料、协助明确问题、修改完善模型、列举可能方案等方式，为管理者做出正确决策提供帮助。

以上是供应链风险预警体系的五个组成部分，而这几个部分依据风险决策工作流程有机地被结合在一起。具体这五个部分的工作流程如图8-14所示。

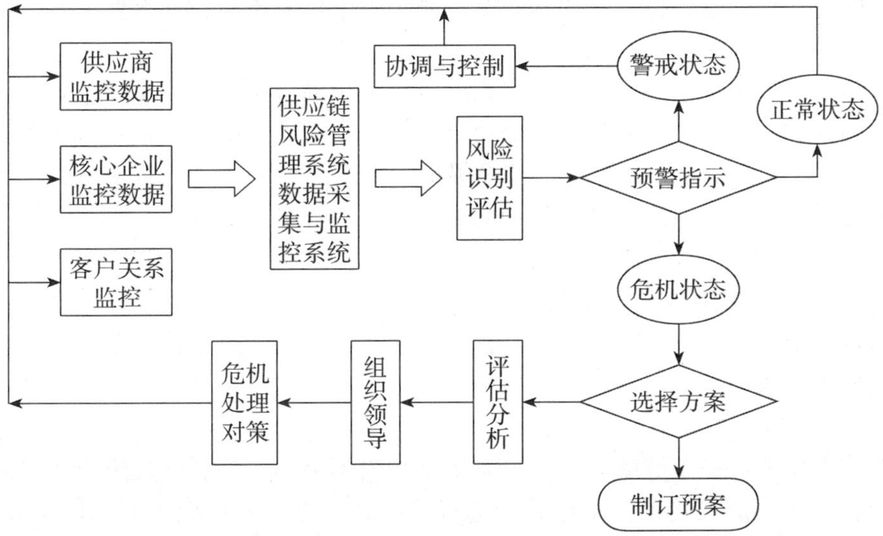

图8-14 供应链风险预警体系工作流程

2.供应链风险预警体系的运作

供应链风险预警体系的运作是在供应链核心企业一把手的统一领导下，由计划、财务、生产、营销等部门参加的，运用预测、预审、预报、预控等措施，及时掌握产生供应链风险的诱因，预防和处理各类突发事件的工作，是供应链管理工作的重要组成部分。其运行实施流程如图8-15所示。

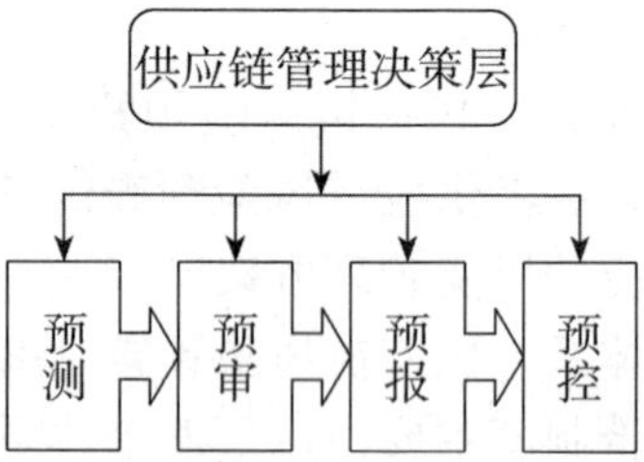

图8-15 供应链风险预警机制运行实施流程

（1）预测。预测是供应链日常风险预警的首要环节。通过调查研究和信息的搜集，科学地分析和把握供应链运行过程中的重点和难点问题。预测要全面、深入、细致。预测的主要内容应包括：国家和地方法律法规、政策的出台而引起利益关系调整中的热点和难点；市场上原材料或生产组件的质量、价格等变化趋势，供应商的生产能力以及可能发生的风险；生产过程中可能出现的问题以及不稳定的原因；客户关系管理出现的问题以及产生问题的原因。

（2）预审。预审是供应链风险预警机制的关键环节。预审是对涉及供应链正常运行的协议和重大改革、经营方案等进行法律、法规、政策性的审核过程。通过审议，确定这些方案内容、程序是否符合法律和政策，防止由于信息不对称使企业的合法权益受到侵害。

（3）预报。预报是基层安全检查组织向上级安全检查机构反映本单位容易引发危机的不稳定因素的重要环节。通过信息渠道，使经营决策者及时掌握供应链企业经营的现状和发展趋势，以采取相应对策。预报要及时、准确，凡本单位出现影响供应链经营的事件的苗头时，基层安全检查组织必须向上级安全检查机构报告。

（4）预控。预控是运用法律武器或经济杠杆等工具，通过规避、控制和承受等方法，化解矛盾，避免供应链整体利益受到侵害，确保稳定的必要措施。预控要标本兼治。要结合安全意识教育，对职工和经营者开展经常性的安全宣传教育，提高职工和经营者的风险危机意识。

3.供应链风险规避

想要建立和维持一个健康的供应链系统是相当不易的，为了保证供应链长期安全稳定地运行，在供应链风险预警工作顺利进行的同时，更需要从根本上预防风险的发生，在风险管理中取得主动，这就是所谓的规避风险。供应链风险规避的措施包括：

（1）加强节点企业的风险管理。供应链从采购、生产到销售过程是由多个节点企业共同参与而形成的串行或并行的混合网络结构。其中某一项工作既可能由一个企业完成，也可能由多个企业共同完成。供应链整体的效率、成本、质量指标取决于节点指标。由于供应链整体风险是由各节点风险传递而成，因此，通过对节点企业风险的识别与判断，进行风险调整和优化，将大大加强整个供应链的风险控制。

加强核心企业对风险的控制能力。供应链上的各个企业，由于所占有的资源不同，因此不可能处于平等的地位。实际上，供应链也是围绕核心企业形成的网链，而绝不是简单地从供应商到用户的一条链。由于供应链是一个业务紧密联系的利益共同体，核心企业的领导作用有利于在整个供应链上保持强大的压力，从而提高供应链的协同性和运作效率。

（2）建立应急处理机制。供应链管理中，对突发事件的发生要有充分的准备。对于一些偶发但破坏性大的事件，可预先制定应变措施，制定应对突发事件的工作流程，建立应变事件小组。同时，要建立一整套预警评价指标体系，当其中一项以上的指标偏离正常水平并超过某一“临界值”时，发出预警信号，及时做出处理。

（3）设计柔性的多头供应链。传统的企业供应链往往是单一的供应商机制，整个供应链缺乏柔性。为确保产品供应稳定，重要产品应该由两个以上的供应商提供，不能单单依靠某一个供应商，否则一旦该供应商出现问题，势必影响整个供应链的正常运行，使整条供应链变成一条危机链。设计柔性的多头供应链是解决供应链瓶颈、预防供应链风险的重要措施，多头的供应商机制不仅使供应链具有足够的柔性，而且还能在供应商之间形成竞争态势，保证产品的稳定供应。

（4）对供应链进行流程重组。消除冗余环节，采取有效措施，使物流畅通。针对供应链进行组织流程重组，对各企业采购、制造、营销和物流等过程采取跨职能部门的平行管理，将多余的交接工作、垂直管理的弊病、不确定性和延误降到最少；对产品的生产、包装和运输进行全面质量管理；对生产设备和运输工具进行管理和维护，降低故障率，增强可用性；对分销网络和运输路线进行优化，采用专用运输工具和路线；安排充足的提前期和时间充裕度，加强运输过程实时跟踪控制和及时信息反馈，通过这些方式保证物流的安全和高效。

（5）加强信息交流与共享，提高信息沟通效率。供应链企业之间应该通过建立多种信息传递渠道，加强信息交流和沟通，增加供应链透明度，加大信息共享程度，以消除信息扭曲，比如共享有关预期需求、订单、生产计划等信息，从而降低不确定性、降低风险。

（6）优化合作伙伴选择，形成价值同盟。供应链合作伙伴选择是供应链风险管理的重要一环。一方面要充分利用各自的互补性以发挥合作竞争优势，另一方面也要考虑伙伴的合作成本与适应性。合作伙伴应将供应链看成一个整体，而不是由采购、生产、销售各环节构成的分离的功能模块。只有链上伙伴坚持并最终执行对整条供应链的战略决策，供应链才能真正发挥成本优势，占领更大的市场份额，达到供应链价值的最大化，实现各成员的共赢。

（7）建立高效的信息传递渠道。实现节点企业之间的信息共享，利用现代化的通信和信息手段管理并优化整个供应链体系，通过EDI（电子数据交换系统）对供应链企业进行互联，实现信息共享，使供应链企业之间实现无缝连接，从而供应链上的客户、零售商、分销商、生产厂、各级原材料供应商、物流运输公司和各个相关业务合作伙伴在信息共享的基础上能够进行协同工作。为了减少信息不完全所带来的风险，提高整条供应链的竞争优势，必须建立一定的机制来约束供应链上各个企业的行为。

（8）供应链风险控制与反馈。供应链风险管理是一项长期的、艰巨的工作，不是一蹴而就的事情，必须定期重复风险管理过程的各个步骤，以使这一过程融入供应链管理运作中。供应链风险反馈机制是一个信息循环机制，供应链将把在风险识别、风险分析及风险处理中得到的经验或新知识，或者是从损失或接近损失中获取的有价值的教训，集中起来加以分析，并反馈到供应链相关经营活动中，从而避免犯同样的错误。

小结

新经济时代的供应链管理的基本思想就是以市场和客户需求为导向，以核心企业为盟主，以提高竞争力、市场占有率、客户满意度和获取最大利润为目标，在不确定因素增多的情况下，供应链的脆弱使今天的供应链面临越来越多的挑战。

本章在讲解了股东价值的相关知识的基础上，分析了供应链管理对资产负债表和净资产收益率的影响，通过杜邦模型探讨了如何提高企业的净资产收益率，运用客户收益分析模型探讨了如何实现供应链财务盈利问题，针对供应链金融管理问题，分析了供应链金融的概念及其特点，讨论了供应链金融的主体，分析了供应链金融的融资模式，讨论了供应链金融不同融资模式下的流程。针对供应链风险问题，分析了供应链风险产生的原因及其分类，讨论了德尔菲法、情景分析法等供应链风险识别方法，分析了供应链风险预警体系，讨论了供应链风险的预警与规避措施。

问题讨论

1．供应链管理对净资产收益率有何影响？
2．供应链管理对资产负债表有何影响？
3．如何进行客户收益分析？
4．供应链金融的含义及其特点是什么？
5．供应链金融融资模式有哪些？
6．为什么供应链风险也可以理解为供应链的脆弱性？
7．如何理解供应链风险？供应链风险的特点有哪些？
8．供应链风险管理的基本环节有哪些？

9．供应链风险预警工作的流程有哪些？

案例探讨　东煤交易平台供应链金融与风险管理

泰德煤网创立于1999年，是中国领先的煤炭供应链管理服务商，其致力于成为专业化煤炭供应链管理专家，推动中国煤炭供应链走向集约、高效和环保。

依托遍布全国的服务网络及渠道，泰德煤网集客户需求，建立起以计划管理为核心的稳定、高效的煤炭供应链网络，实现了对客户用煤的集中采购、集约物流、高效资金流管理、精细质量管理及专业化配煤，并通过完善传统煤炭对接服务，为客户提供高性价比用煤解决方案。同时，泰德煤网不断创新供应链金融服务、探索和完善电商代理及做市商等多种业务模式，以满足客户个性化的服务需求。泰德煤网下属的东煤交易平台，是交易、物流数据支撑金融的接口，交易·物流·数据构成的供应链服务能力是东煤交易平台服务的基石。

在2015年3月26日召开的供应链金融高峰论坛上，东煤交易平台高级副总裁做了如下演讲：

“大宗商品的供应链金融运作模式与其商品的‘天然属性’紧密相关。煤炭需要超长距复杂物流（陆·铁、海、江）；绝大多数时间处在运动状态；黑金：变现能力强；产品的消耗周期大约为一个月；产品不标准。东煤交易平台风险控制的关键点在于平台与用户共建的供应链管理能力。东煤交易平台解决价格波动风险的途径包括：将交易周期随机或者长协标准化为月度（月度价格波动小于5%），缴纳10%的履约保证金，建立违约标的拍卖处理机制。过去，东煤交易平台一直纠结做第二方物流还是第三方物流。做第二方物流很挣钱，做第三方物流规模很大。后来我们发现不用那么纠结，既然做了供应链金融，必须我们自己来做。否则，控制不了风险。我们已经做了16年的贸易和物流，我们要提供金融服务，就要做到：第一，物流可视化；第二，货权全程监管；第三，保险；第四，第三方检测；第五，信用风险控制。目前，东煤交易平台主要围绕线下的1＋N共同评估客户信用，通过黑名单曝光与品牌积分，建立信用评估体系和大数据信用积累。东煤交易平台产品应该包括四项：第一，实物产品；第二，供应链金融；第三，物流路径设计与服务；第四，交易服务。我们认为，互联网＋只是一个噱头，供应链＋才是根本。如果只是有互联网或者只有供应链，是没有用的。所以，我们觉得供应链＋互联网会爆发出巨大的价值。”

在新的时代、新的环境下，传统的煤炭交易正在拥抱互联网时代，东煤交易平台也正在不断探索煤炭物流与金融的创新与标准化，建立开放、共享、高效、环保的互联网煤炭生态圈。

（根据公开的网络资料整理）

问题：

1．分析资料，根据所学内容描述泰德煤网创新应用供应链金融带来了哪些好处？

2．泰德煤网公司应该如何进行供应链风险管理？

3．根据你对供应链金融的了解，展望一下未来供应链金融的发展前景。

第9章 供应链管理战略

学习目标

1.掌握QR、ECR、供应链推-拉系统、精益供应链、敏捷供应链、延迟战略的特点和应用；

2.理解供应链推动、拉动和推-拉战略的适用范围、供应链推-拉战略与精益、敏捷供应链战略的关系、供应链业务外包战略的利益和风险、全球化供应链的概念及其驱动力；

3.了解QR与ECR的异同之处、精益和敏捷供应链的关系、业务外包的主要方式、全球化供应链的趋势。

基本概念

QR　ECR　推-拉式系统　精益供应链　敏捷供应链　延迟战略　业务外包战略　全球化供应链

引导案例　国美高效率供应链战略优势

国美电器一直保持行业领先水平。国美之所以能领先于中国电器行业正是因为国美开放型低成本高效率供应链以采购、物流、信息为三大核心支撑，国美通过对资金流、物料流、信息流的控制，将供应商、制造商、分销商、零售商及最终消费者用户整合到一个统一的、无缝化程度较高的供应链当中，以形成一个极具竞争力的敏捷链条。国美通过介入上游产业链的方式掌握定价权和主动权，实现了差异化产品的包销定制，其中OEM、ODM、一步到位价、包销买断、反向定制等成为主要采购模式，而这种延迟战略提供了一种减少物流预估风险的战略。在传统安排中，大多数的库存运动和储存是按照对未来交易的预估进行的。如将一种产品的最后制造和配送延期到收到了客户的订单后再进行，这样，不合适或错误的生产及库存就能自动被减少或被消除，这不仅能突出产品的差异属性，更可以满足消费者个性化、差异化的需求。国美差异化的产品属性和绝对低价优势已成为市场竞争力持续提升的重要保障。此外，在减少了中间代理、经销等流通环节的基础上，国美专业供应链还全面实行了ERP系统优化存货管理。目前，国美的存货周转天数基本维持在64天左右，由此也进一步保证了国美高效率的供应链竞争优势。

（根据公开的网络资料整理）

21世纪，随着经济全球化、市场国际化和电子商务的发展，企业所处的竞争环境发生了根本性的改变。市场竞争已经由原来的有形产品、服务的竞争转向供应链与供应链之间的竞争。面对用户需求以及经济的不确定性日益增加，任何一个企业只有建立有效的供应链系统才能取得市场竞争的主动权。为适应企业市场竞争需要，供应链战略的选择对企业能否在激烈的市场竞争中取胜起着至关重要的作用，正确引导企业培育核心竞争力、增强竞争优势是顺应时代之需。

随着我国加入WTO，企业同跨国集团企业之间的竞争日趋激烈，而创新是现代经济增长的核心力量。提高企业自身的竞争能力，在企业内部进行制度创新、管理创新、战略创新是应对这种竞争的有效手段。因此，在企业中，进行供应链战略的创新，建立适应现代企业发展要求的供应链战略，是提高企业经营效益、增强企业竞争力的关键环节之一。根据企业产品的特点、工作流程以及社会供需情况选择适合本企业的供应链战略关系着企业的生死存亡。

9.1 快速反应（QR）战略

1.快速反应概述

快速反应（Quick Response，简称QR）这个概念最早是在美国的服装行业孕育而生的。20世纪70年代，美国的通货膨胀给制造商带来了价格上的巨大压力，为了缓解这种压力，制造商采取“提前购买”的方法转嫁价格压力。制造商的这种竞争战略把整个供应链分成三个部分：供应商与分销商、分销商与零售商、零售商与消费者，各个部分相互独立，业务流程相互分离，各个部分关注与之相关的环节。这种模式使得供需双方生产和销售上严重脱节。到80年代，随着社会经济的发展，人们的生活水平快速提高，个性化的消费倾向凸显出来，服装行业的表现尤为突出：客户需求复杂而变化频繁，市场竞争更加激烈，对客户需求的快速反应越来越成为服装企业获得市场份额的关键。在此背景下，快速反应理论应运而生。

美国纺织服装联合会对快速反应的定义为：制造企业为了在精确的数量、质量和时间的条件下为客户提供产品，将订货提前期、人力、材料和库存的花费降到最小；同时，为了满足竞争市场不断变化的要求而强调系统的柔性。我国《国家标准物流术语》中对快速反应的定义为：物流企业面对多品种、小批量的买方市场，不是“储备”产品，而是准备了各种要素，在客户提出要求时，能以最快的速度抽取要素，及时“组装”，提供所需服务或产品。

我们可以这样理解快速反应：就是零售商、制造商和供应商之间相互配合，以最快的方式、在适当的时间与地点为消费者提供适当的产品和服务，即以最快的速度、最好的服务满足消费者需要。

作为一种供应链的战略和运作方式，其目的在于减少产品在整个供应链上完成业务流程的时间，尽可能减少库存，最大限度地提高供应链管理的运作效率。核心就是能在适当的时间和地点及时地给客户提供适当的产品。它是一种客户拉动、以市场为中心的策略，旨在从客户和需求出发，协调从计划到生产、销售的整个过程，实现多品种、小批量的快速生产和销售。

2. 快速反应产生的原因

快速反应的产生有以下几个具体的原因：

（1）激烈的市场竞争。随着消费的个性化发展，市场更加复杂，竞争更加激烈，企业只有及时了解市场变化和实时信息并且贴近客户，快速满足客户需求，才能在激烈的市场竞争中立于不败之地。

（2）以时间为基础的速度经济。快速反应是将信息系统和准时制（JIT）物流系统结合起来，实现"在特定的时间、特定的地点将特定的产品交与客户"，其基本思想就是建立一套对环境能够反应敏捷和迅速的系统，利用供应链的整体协作体系，尽可能缩短产品从生产到消费的整个业务流程，再以时间为基础，实现速度经济，提高市场竞争力。

（3）信息技术的发展及信息的采集。快速反应机制的突出特点是通过加快系统处理速度，减少大量的前置时间，及时向客户提供满意的产品，并减少库存。快速反应的实现依靠于信息技术的发展，特别是电子数据交换（EDI）、条形码和激光扫描仪、电子销售点系统（EPOS）等技术的应用。

供应链合作伙伴的反应速度最终要受信息的直接影响。信息完整性对于系统的快速反应起着至关重要的作用，在有先进的信息技术为保障时，我们就可以得到更多更完整的信息，为我们制订供需方案提供必备的条件。没有大量精确资料作保证，任何方案都是纸上谈兵。

3. 快速反应实施的前提条件

现代化的信息技术为快速反应的实施提供了技术保证，但仅有技术上的支持是不够的。要想使快速反应的实施成功还必须具备其他的一些条件，主要包括：

（1）转变经营模式，树立现代化的经营意识。企业必须树立与供应链各方合作的思想，以满足快速反应的需要，明确垂直快速反应系统内各个企业之间的分工协作范围和形式，消除重复作业，建立有效的分工协作框架，保证整个供应链的协调行动，共同利用各方资源。由于零售商是垂直型快速反应的起点，也是终点，所以，应明确零售商在垂直型快速反应中的主导作用。

（2）采用现代信息处理技术。这些信息技术由商品物流条形码技术、电子订货系统（EOS）、销售时点信息系统（POS）、EDI技术、预先发货通知（Advanced Shipping Notice，简称ASN）技术、电子资金支付系统（Electronic Funds Transfer，简称EFT）、供应商管理库存（VMI）和连续补货计划（Continuous Replenishment）等。

4.快速反应的实施步骤

实施快速反应战略需要六个步骤，每个步骤都需要以前一个步骤为基础。

（1）运用EDI和条形码。为了获取更为准确的销售数据，并使信息沟通更加畅通，零售商首先必须安装通用产品代码（UPC码）、销售时点信息（POS）扫描和EDI等技术设备。POS扫描用于数据输入和数据采集，即在收款检查时用光学方式阅读条形码，然后将条形码换成相应的商品代码。通用产品代码是行业标准12位条形码，用作产品识别，正确的UPC产品标志对POS端的客户服务和有效操作是至关重要的。扫描条形码可以快速准确地检查价格并记录交易。

（2）建立固定周期的自动补货系统。为实现保证满足销售商的多次、重复订货的要求，能够更快、更频繁地运输订购的商品，以保证店铺不会出现缺货，供应商可以根据目前的情况建立固定周期的补货系统。

自动补货就是由零售商、批发商使用基于过去和目前销售数据及其可能变化的软件进行定期预测，同时考虑当前的存货状况和其他一些因素，确定订货数量，在仓库或店内自行补货，以保证销售的连续性。通过对商品实施快速反应，合作伙伴企业之间保证所需商品及时供应，从而使消费者可以选择更多品种，并及时购买到所需的商品。

（3）建立先进的预测和补货联盟。为了保证补货业务的流畅，零售商和制造商需要联合起来检查销售数据，做出关于未来需求的计划和预测，在保证有货和减少缺货的情况下降低库存水平，还可以进一步由制造商管理零售商的存货和补货，以加快库存周转速度，提高投资毛利率。

（4）联合开发商品。制造商和零售商联合开发像服装等生命周期短的商品，缩短从新产品概念到新产品上市的时间，通过店内的新产品试销，准确把握消费动态，根据消费者的需要及时调整设计和生产。联合开发新产品，使制造商和零售商的关系更加紧密，因而提高了双方合作的效率。

（5）快速反应的集成。以消费者为中心，通过重新设计业务流程、组织绩效评估系统和信息系统，将快速反应的前期步骤和公司的整体业务结合起来，支持供应链的整体战略。通过集成的信息技术，使零售商和消费品制造商密切合作，加快完成产品从设计、生产、补货、采购到销售的整个业务流程。

9.2 有效客户反应（ECR）战略

1.有效客户反应概述

有效客户反应（Effective Customer Response，简称ECR）最早是从美国食品业发展起来的一种供应链管理策略。到上世纪80年代，随着消费者需求的个性化和多元化发展，以及现代信息技术的发展，市场日益复杂，市场竞争的重心转向流通领域，生产商越来越依赖于零售商。为了保证在销售额不断增加的前提下最大限度地减少这种损失，生产商不断增加产品生产品种，扩大产品线，这又加剧了企业间的无差异竞争状况。产品的多样化也增加了零售商的进货成本和管理成本。因此，生产商和零售商紧密合作，联合确定产品生产和销售，从很多环节大幅度减低成本。有效的客户反应正是由零售商、批发商与生产商等组成的供应链节点企业相互协调合作，为客户提供更多价值的一种供应链管理方法，它可以有效地消除系统中不必要的成本和费用，并给客户带来更大的效益。

有效客户反应是以满足客户要求和最大限度降低物流过程费用为目标，通过生产商、批发商和零售商之间的相互合作与协调，对市场需求及时做出准确反应，为消费者更好、更快并以更低的成本提供满意商品，从而达到商品供应和服务流程最佳化。

ECR以信任和合作为基础，以创造消费者价值为理念，将零售业的精细化管理和供应链整体协调性管理结合，力求达到满足消费者需求和优化供应链的双重效果。这个过程分为四个贯穿整个供应链的核心过程，它们是：有效新产品投入（Efficient New Product Introductions）、有效商店管理（Efficient Store Assortment）、有效促销（Efficient Promotions）和有效商品补充（Efficient Replenishment），也被称为ECR的四大要素，如图9-1所示。

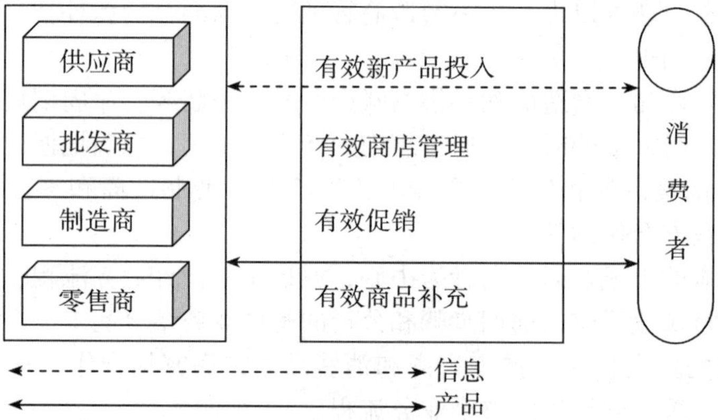

图9-1　ECR与供应链过程

（1）有效新产品投入。ECR的核心就是通过信息共享，及时准确地分析消费趋势，正确把握市场定位，向市场导入有效的新产品。

（2）有效促销。ECR系统简化了生产商和零售商之间的贸易关系，零售商将经营重点由采购转移到销售，将更多的金钱和时间投入到有效的促销活动中，消费者因此可以获得更多的利益。

（3）有效商店管理。零售商加强零售点的商品品类管理、商店布局管理和促销管理，在生产商保证高效连续补货的前提下，零售商能够及时补充畅销商品，撤换滞销商品。这就加快了货物销售，并且低成本、高效率地扩大销售额。

（4）有效的商品补充。通过电子数据交换（EDI）和计算机辅助订货系统，实现小批量、即时补货，实现补货系统的时间和成本优化组合。

2.有效客户反应的实施原则

美国食品市场营销协会曾经对美国食品市场做了调查研究，其在报告中提出应用ECR必须遵守的五项指导原则：

（1）ECR的目的是以低成本向消费者提供高价值服务。这种高价值服务表现在向供应链客户提供更优的产品、更高的质量、更好的分类、更好的库存服务和更多的便利服务等方面。ECR通过整个供应链整体的协调和合作来实现以低成本向消费者提供更高价值服务的目标。

（2）ECR要求供需双方关系必须从传统的赢输型交易关系向双赢型联盟伙伴关系转化。需要企业的最高管理层对本企业的组织文化和经营习惯进行改革，使供需双方关系转化为双赢型联盟伙伴关系成为可能。

（3）及时准确的信息在有效地进行市场营销、生产制造和物流运送等决策方面起着重要作用。ECR要求利用行业电子数据交换系统在组成供应链的企业间交换和分享信息。

（4）ECR要求从生产线末端的包装作业开始到消费者获得商品为止的整个商品移动过程产生最大的附加价值，使消费者在需要的时间能及时获得所需的商品。

（5）ECR为了提高供应链整体的效果（如降低成本、减少库存、提高商品的价值等），要求建立共同的成果评价体系。该评价系统应注重整个系统的有效性，即通过减低成本与库存以及更好的资产利用，实现更强的增值能力，可以清晰地表示出潜在的回报，并且要求在供应链范围内进行公平的利益分配。

总之，ECR是通过推动供应链各方间的真诚合作，来实现消费者满意和基于各方利益的整体效益最大化。

3.有效客户反应的实施基础

有效客户反应的实施基础主要包括：

（1）良好的合作意愿。对于大多数组织来说，改变对供应商或客户的内部认知过程，即从敌对态度转变为将其视为同盟的过程，将比ECR的其他相关步骤更困难，时间花费更长。创造ECR的最佳氛围，首先必须明确ECR是建立在交易各方的合作基础上，对ECR树立明确的信心。没有良好的合作意愿，就无法实施ECR。

（2）同盟关系基础。对于大多数刚刚实施ECR的公司来说，应该至少有2~4个初期同盟伙伴，并在各个职能区域的高级同盟代表之间就ECR本身及怎样启动ECR进行讨论，通过联合任务组，专门致力于已证明可取得巨大效益的项目。事实证明，往往要花上9~12个月的努力，才能赢得合作伙伴足够的信任和信心，在开放的非敌对环境中探讨相关的重要问题。

（3）必要的技术支持。虽然在信息技术投资较少的情况下也可能获得ECR的许多利益，但是具备必要的信息技术可以充分发挥ECR优势。这些技术包括支持商品类别管理、计算机辅助订货、实施连续补货的POS系统、EDI系统和条形码技术等。

4.有效客户反应的系统构建

作为一个供应链的管理系统，构建ECR需要将营销技术、物流技术、信息技术和组织革新技术有机地结合起来，才能实现ECR目标，真正做到交易各方消除隔阂、协调合作，共同为消费者提供低成本、高品质商品。

（1）营销技术。在ECR系统中，进行市场营销主要体现在商品类别管理（Category Management）和商店布局管理（Space Management）。商品类别管理是以商品类别为管理单位，寻求整个商品类别整体收益最大化。商店布局管理是对商店的空间安排、各类商品的展示比例和商品在货架上的布置等进行最优化管理。

（2）物流技术。ECR系统要求准时制（JIT）配送和通过型配送（Flow-Through Distribution）。物流管理是实现这一目标的基本保证，它涉及连续补充计划（CRP）、自动订货（Computer Assisted Ordering，简称CAO）、预先发货通知（ASN）、供应商管理库存（VMI）、直接转运（Cross-Docking，也译为交叉转运）和商店直送（Direct Store Delivery，简称DSD）等。

（3）信息技术。ECR系统应用的主要信息技术有电子数据交换（EDI）和销售时点信息（POS）系统。

EDI技术最大的作用之一就是在供应链企业之间传递交换订货清单、价格变化信息和付款通知等单据信息，实现电子化作业。此外，利用EDI在供应链企业之间传递销售时点数据、库存信息、新产品开发信息和市场预测信息等直接与经营有关的信息，可以提高整个供应链的效率。POS对于零售商掌握消费者购买动向找出畅销与滞销商品，做好商品类别管理、库存管理和订货管理，以及对制造商准确地把握消费者需求、制订生产计划、开发产品都起到重要的作用。

（4）组织革新技术。应用ECR系统不仅需要组成供应链的每个成员紧密协作，还需要每个企业内部各部门间紧密协调合作，因此成功地应用ECR还需要对企业的组织体系进行革新。供应链上的每个合作伙伴都需要在各自企业内部建立以商品类别为管理单位的组织。这样，成员企业中的商品类别管理团队就可以相互衔接，共同讨论从材料采购、生产计划到销售状况、消费者动向等有关商品类别的全盘管理问题。

5.QR模式与ECR模式的相同之处

（1）共同的外部环境。有效客户反应和快速反应系统都受到了两种外部环境的影响。一是零售商和供应商之间的交易平衡发生了变化。由于通信技术的发展及零售商向传统领域之外的扩张，零售商变得越来越向全国化甚至是国际化方向发展。交易平衡的中心已偏向零售商了；二是经济增长速度的放慢加剧了竞争，因为零售商必须生存并保持消费者的客户忠诚度。

（2）调整供应商与批发商的关系成为必然。在供应商和零售商或批发商的关系非常恶劣时，相互之间互不信任，双方都各自追求自己的目标。必须调整相互之间的关系，消除隔阂，才能真正实现供应链的整体增值。

（3）共同的威胁。供应商和零售商都受到了新的贸易方式的威胁。对于零售商来说，威胁主要来自大型综合超市、廉价店、仓储俱乐部及折扣店等新型的零售形式，它们采用新的低成本进货渠道。这些新的竞争者把精力集中在每日低价、绝对的净价采购和快速的库存周转等策略上。对于供应商来说，压力来于自有品牌商品的快速增长，这些商品威胁了它们的市场份额。

（4）共同的目标。上述威胁迫使零售商和生产商必须采取行动。生产商和零售商各自为战，按照各环节自己的业绩测量标准是有效率的，但是从整个供应链来说，他们的效率都非常低。必须集中在一个共同的目标上，以最低的总成本向消费者提供他们真正想要的商品，这样才能实现整个系统的高效率。

（5）共同的战略。QR和ECR都重视供应链的核心业务，对业务进行重新设计，以消除资源的浪费。这些业务包括：补货、品种管理、产品开发和促销等。当然，QR和ECR针对总战略的各个具体部分，侧重点可能会有所差异。

（6）共同的错误。供应商和零售商都错误地认为，QR和ECR是技术方面的战略。虽然技术在战略的实施中所扮演的角色非常重要，但是它本身并不能保证战略的实现。只有信息在整个系统快速、准确和及时地流动，再加上销售、店内经营和物流配送等方面的有效运作，零售商和制造商才能获得成功。

6.QR模式与ECR模式的不同之处

QR模式与ECR模式的不同之处主要有以下几点：

（1）作用的行业不同。ECR主要是以食品行业为对象，其主要目标是降低成本，提高效率；QR主要是集中在一般商品和纺织行业，其主要目标是提高补货和订货的速度。

（2）产生时间不同。QR的最初目的是提高零售业中的一般商品和纺织品的设计、制造和流通效率。QR的成功引起了其他行业零售商的注意。随后，在1993年1月，食品和超市行业的零售商也提出了ECR。由于很多供应商既为普通商店服务又为超市服务，所以ECR的采用比QR快。

（3）它们的目标不同。对于ECR，其目标是使供应商和零售商为消除系统中不必要的成本费用，给客户带来更大效益而进行密切的战略性的合作；而QR主要目标是对客户的需求做出快速反应。

9.3 推动、拉动和推-拉式战略

从供应链的发展历史我们可以看到，传统的供应链网络常被划分为推动式和拉动式两种。推动式战略的供应链是以生产企业为中心，即产品的供需是由生产企业的生产能力决定的，这样的供应链在发展初期适应了以制造业为主的市场经济的发展。而随着市场需求多样化的到来，推动式的供应链就不再适应市场经济的发展，随之产生了拉动式的供应链。拉动式的供应链是以市场需求为动力，是适应顾客需求个性化发展而产生的。但是，拉动式的供应链并不能兼有推动式供应链的优点，所以在最近的几年里，相当一部分公司开始实行这两种形式的混合型：推-拉式的供应链战略。本节在分析推、拉两种供应链优缺点的基础上提出了推拉的结合形式——推-拉式供应链。

1.推动式供应链

推动式供应链（Push Supply Chain）的运作是以产品为中心，以生产制造商为驱动源点，战略决策都是根据长期预测的结果做出的。通常，生产企业根据自己的MRP-II/ERP计划来安排从供应商处购买原材料，生产出产品，并将产品经过各种渠道，如分销商、批发商、零售商一直推至客户端。传统的供应链管理几乎都属于推动式的供应链。

在推动式供应链中，生产商对整个供应链起主导作用，是供应链的核心或关键成员，而其他环节如流通领域的企业则处于被动地位。然而，由于生产商在供应链上远离客户，对客户的需求远不如流通领域的零售商和分销商了解得清楚，这种供应链中企业之间的集成度较低，反应速度慢。在缺乏对客户需求了解的情况下，生产出的产品和驱动供应链运作的方向往往是无法匹配和满足客户需求的。

此外，由于生产商无法掌握供应链下游，特别是最末端的客户需求，一旦下游有微小的需求变化，反映到上游时这种变化将被逐级放大，这种效应称为牛鞭效应。为了对付这种牛鞭效应，响应下游特别是最终端客户的变化，供应链的每个节点都必须采取提高安全库存量的办法来应付需求变动，从而使整个供应链上的库存量增加，最终导致响应客户需求变化的速度较慢。

在推动式供应链下，制造商不清楚应当如何确定它的生产能力，如果根据最大需求确定，就意味着大多数时间里制造商必须承担高昂的资源闲置成本；如果根据平均需求确定生产能力，就需要在需求高峰时期寻找昂贵的补充资源。同样，对运输能力的确定也面临着这样的问题：以最高需求还是平均需求为准。这样，在一个推动式供应链中，常常会出现由于紧急的生产转换引起的运输成本增加、库存水平变高和生产成本升高等情况。

2.拉动式供应链

20世纪90年代初，工业化的普及使生产率和产品质量不再成为生产企业的绝对竞争优势，为了更好地取得竞争优势，企业开始把满足客户的需求作为经营的核心。因此，供应链的运营规则也从推式运作转变为以客户需求为原动力的拉式运作。拉式供应链（Pull Supply Chain）管理的理念是以顾客为中心，根据对市场和客户的实际需求来拉动产品的生产和服务。

在一个真正的拉动式供应链中，企业不需要持有太多库存，只要对订单做出反应就可以了。为此，供应链必须要有快速的信息传递机制，可以将顾客的需求信息（如销售点数据POS）及时传递给不同的供应链参与企业。这种运作和管理需要整个供应链能够更快地跟踪甚至是超前于客户和市场的需求，来提高整个供应链上的产品和资金流通的效率，减少流通过程中不必要的浪费，降低成本，提高市场的适应力。这样，在一个拉动型的供应链中，我们常常发现系统的库存水平有了很大的下降，从而提高了资源利用率，并且对客户需求的变化的反应性提高，管理能力也随之加强了。

但是，拉动式供应链的要求较高，要求供应链上的成员间，特别是对下游的流通和零售行业有更强的信息共享、协同、响应和适应能力。而且，在拉动式系统中，也比较难以利用生产和运输的规模优势，因为系统不可能提前较长一段时间作计划。

这些推动式和拉动式供应链的优缺点，促使企业寻找一种新的供应链战略，以便能同时兼具两者的优点。

3.推–拉式供应链

在推–拉式战略中，供应链的某些层次，如最初的几层以推动的形式经营，同时其余的层次采用拉动式战略。推动层与拉动层的接口处被称为推–拉边界。

为了更好地理解这一战略，让我们看一下供应链时间线，也就是从采购原材料开始，到将订单送至顾客手中的一段时间。推–拉边界必定在这条时间线的某个地方，在这个点上，企业就应当从最初使用的一种战略，如推动战略，转换为另一种战略，一般是拉动战略。参见图9–2。

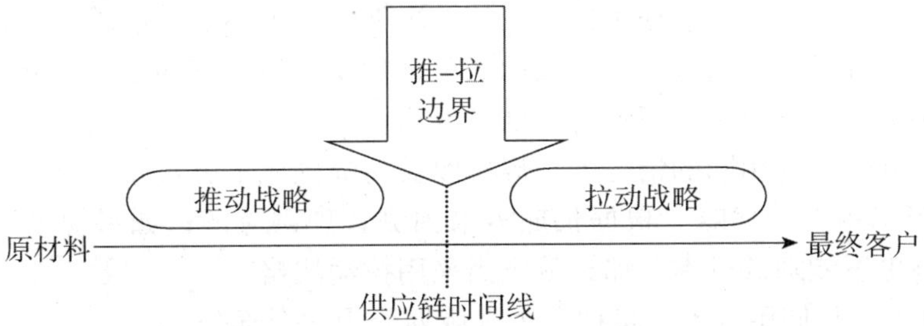

图9–2 推-拉式供应链

我们来考虑一家家用洗衣机制造商。该制造商按照订单生产，是一个推-拉式战略的例子。在该案例中，部件库存是按预测进行管理的，但最后装配是根据最终的顾客订单进行的。这样，这家生产商的推动部分是在装配之前，而供应链的拉动部分则从装配之后开始，并按实际的顾客需求进行，所以，推-拉边界就是装配的起始点。

在这个例子中，制造商充分利用了总体预测更为准确的特点。事实上，对所有产品都会用到的部件的需求就是一个总体需求。因为总体预测更为准确，所以对部件需求的不确定性就比每种制成品的需求的不确定性要小。因此，安全库存也会下降。

产品设计延迟或推迟差异步骤，也是个推拉式战略的典型例子。延迟差异策略可以看成是一个在供应链中把推动系统和拉动系统结合起来的方法，即无差异化的产品按照长期预测的方法生产和运送，而差异化的产品则根据市场需求做出反应。因此，供应链从差异化开始的部分就是拉动供应链。由于预测总体需求比预测单个数据精确，供应链的推动部分是指在生产差异化开始前的行为和决策，这些行为和决策是在总体需求数据预测的基础上做出的。

在延迟策略中，企业在设计产品和制造过程中，将区分产品的步骤尽可能地向后推迟。制造过程以生产通用或组成产品开始，当需求确定后，再将它们差异化成不同的最终产品。在产品差异化以前的供应链部分应当采用推动式战略。换句话说，通用产品的生产和运输根据长期预测进行。因为对通用产品的需求是一个对所有最终产品的组合需求，对它的预测准确性越高，库存水平就越能降低。差异化生产或组装应当在实际需求发生后再进行，这样从差异化发生的那一刻以后的供应链部分应当采用拉动式战略。

4.确定合适的供应链战略

对一个特定产品而言，应当采用什么样的供应链战略呢?企业是应该采用推动式战略还是拉动式战略，或者是推一拉式组合战略?图9-3给出了一个确定与产品和行业相匹配的供应链战略的框架模型。纵轴表示顾客需求不确定性的信息，横轴表示生产和分销的规模经济的重要性。在其他条件不变的情况下，需求不确定性越高，就越应当采用根据实际需求管理供应链的模式——拉动战略；相反，需求不确定性越低，就越应该采用根据长期预测管理供应链的模式——推动战略。

同样，在其他条件相同的情况下，规模效益对降低成本更重要，组合需求的价值越高，就越应当采用推动战略，根据长期需求预测管理供应链；如果规模经济不那么重要，组合需求也不能降低成本，那么就应当采用拉动战略。

在图9-3中，我们用两维变量把一个区域划分为四个部分。

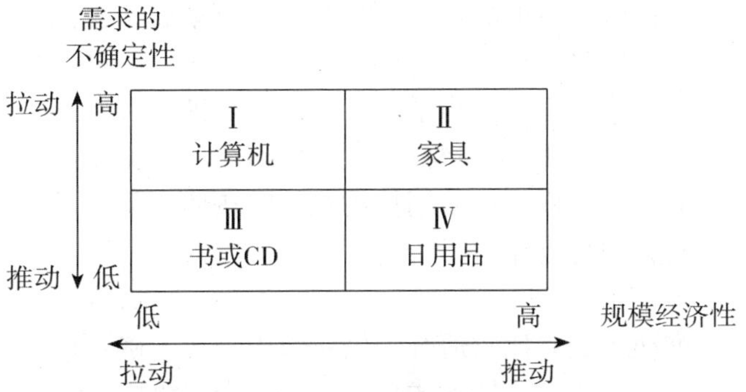

图9-3 与产品匹配的供应链战略

区域Ⅰ表示该行业的特点是：具有较高的不确定性，同时生产、安装或分销的规模效益不十分重要，如计算机行业。我们的框架模型建议对这种行业或产品应当采用拉动式供应链战略。

区域Ⅳ表示的是需求不确定性较低，而且规模经济性较重要的产品，如日用品行业的产品，汤料、啤酒、意大利面等都属于这一类。对这类产品的需求相当稳定，所以通过满载运输来降低运输成本，对整个供应链的成本控制而言十分重要。在这种情况下，采用拉动式战略就不太合适，传统的推动式零售战略反而更有利。因为根据长期预测来管理库存，不但不会提高库存持有成本，反而能用大规模运输来降低运输成本。

区域Ⅰ和Ⅳ表示的情况比较容易选择有效的供应链战略。在其他两个区域中，用不确定性和规模经济重要性这两维提出的供应链战略就不太匹配了。事实上，在这两个区域中，不确定性将供应链"拉"向一个战略，而规模经济重要性则将供应链"推"向另一个战略。

例如，区域Ⅲ表示的产品具有较低的需求不确定性，表面是一个推动式的供应链，但同时它的规模经济重要性也低，表明应当是一个拉动式的供应链。许多大量/快速移动的书或CD就属于这一类。在这种情况下，就应当进行更为慎重的分析，看起来传统的零售业推动战略和更有创意的推—拉式战略似乎都可以，这主要取决于成本与需求是否确定。

最后，区域Ⅱ表示的是那些需求不确定性高，而且在生产和运输过程中规模效益十分明显的产品和行业。家具行业是这种情况的最典型的例子。事实上，一般的家具零售商提供的是同样的产品，只是由于外形、颜色、构造等的差异而有所不同，因此它的需求不确定性相当高。不幸的是，由于这种产品的体积大，所以运输成本也非常之高。比如在家具行业的产品体积大、需求又不确定的情况下，就有必要对生产分销进行区分。生产战略要采用拉动式战略，因为不可能根据长期的需求预测进行生产计划。另一方面，分销策略又必须充分利用规模经济的特性，以降低运输成本。这正是许多不会持有多少库存的家具零售商们所采取的战略。当顾客给出订单后，再把订单信息传送到决定产品结构和类型的制造商那里进行生产，产品生产完成后，就将它与其他产品一起送到零售商的商店里去，并从这里送到顾客手中。为了实现这个目标，制造商一般有固定的运输时间表，这样就可以组合所有需要运到一个地区的产品，从而降低运输成本。因此，家具业的供应链战略是这样的：采用拉动式战略按照实际的需求进行生产，采用推动式战略根据固定时间表进行运输。

5. 实施推-拉式战略

在上节中提到，推动式战略比较适合于供应链中需求不确定性相对较小，能用长期预测进行管理的产品。另一方面，拉动式战略比较适合于供应链中不确定性高，需求按实际需求进行管理的产品。这种把供应链划分成不同部分的方式，对整个供应链战略和有效管理都会产生重要的影响。

因为供应链推动部分的不确定性相对较小，服务水平不是问题，因此重点应当放在成本最小化上。另外，供应链的推动部分除了具备不确定性小、生产或运输过程中实现规模经济的特点，还有较长的提前期和复杂的供应链结构，如产品装配层次较多等。这样，通过对诸如生产和分销能力的有效管理，实现库存、运输和生产成本的最小化，就能达到总成本最小化的目标。

另一方面，供应链的拉动部分具有较高的不确定性，以及简单的供应链结构和较短的循环周期。因此，这部分的重点是提高服务水平。一般要达到高的服务水平，必须使供应链更加灵活和敏捷，也就是说，供应链要能对顾客需求的变化做出快速适应。

这说明，在供应链的不同部分需要用到不同的流程。因为服务的水平是供应链拉动部分的核心目标，因此就要用到订单满足流程。同样，因为成本和资源利用率是推动部分的核心，就要用供应链计划流程来为后面几个星期或几个月制定高效率的策略。表9-1总结了供应链的推拉部分的特点。

表9-1 **供应链推拉部分的特点**

内容	推动	拉动
目标	最小成本化	最大化服务水平
复杂程度	高	低
重点	资源配置	快速反应
提前期	长	短
流程	供应链计划	订单满足

我们注意到供应链的推动部分和拉动部分只有在推拉边界才会相交，这就是在整个供应链时间线上需要协调的两种战略的节点，一般会通过设置缓冲库存的方法来解决这

个问题。然而，这种库存在不同的部分里也扮演着不同的角色。在推动部分，边界的缓冲库存是实施计划产出的一部分；而在拉动部分里，这是订单满足流程的一项输入。

所以，供应链推动和拉动部分的接口就是预测需求。这个预测是根据拉动部分的历史数据做出的，通常被用来驱动供应链计划流程和确定缓冲库存。

9.4 精益供应链

1.精益生产的内涵

所谓精益生产（Lean Production），又称精良生产，其中“精”指质量，“益”指具有经济性。精益生产方式就是指以整体优化的观点，以社会需求为依据，以发挥人的因素为根本，有效配置和合理使用企业资源，最大限度地为企业谋求利益的一种新型生产方式。精益生产的目标被描述为“在恰当的时间（或第一时间，the First Time）将恰当的物品送到恰当的地点，同时使浪费最小化”。

精益生产不仅要求在技术上实现制造过程和信息流的自动化，更重要的是从系统工程的角度对企业的活动及其社会影响进行全面的、整体的优化。精益生产体系从经营理念、管理原则到生产组织、生产计划与控制、作业管理以及对人的管理等各方面，都与传统的大量生产方式有明显的不同。具体表现在以下几方面：首先，精益生产方式在产品质量上追求尽善尽美，保证客户在产品整个生命周期内感到满意。其次，精益生产方式在企业内的生产组织上，充分考虑人的因素，采用灵活的小组工作方式，强调相互合作的并行工作方式。再次，精益生产方式体现在物料管理方面就是，准时的物料后勤供应和零库存目标，使在制品大大减少，节约了流动资金。最后，精益生产方式在生产技术上采用适度的自动化技术，可以明显地提高生产效率。

所有这一切，都使企业的资源能够得到合理的配置和充分的利用。此外，精益生产还反映了重复性生产过程中的管理思想，其指导思想是：通过生产过程整体优化，改进技术，理顺各种流，杜绝超量生产，消除无效劳动与浪费，充分而有效地利用各种资源，降低成本，改善质量，达到用最少的投入实现最大的产出的目的。

精益生产作为一种从环境到管理目标都全新的管理思想，并非简单地应用一两种新的管理手段，而是一套与企业环境、文化以及管理方法等都高度融合的管理新体系，因此精益生产自身就是一个自治系统。精益生产的特点可归纳如下：

（1）拉动式准时化生产。以最终客户的需求为生产起点。强调物流平衡，追求零库存，要求上一道工序加工完的零件立即进入下一道工序。组织生产线依靠JIT中的看板，生产中的节拍可由人工干预和控制，但重点是保证生产中的物流平衡（对于每一道工序来说，即为保证对后套工序供应的准时化）。由于采用拉动式生产，生产中的计划和调度实质上是由各个生产单元自己完成的，在形式上不用采用集中计划，但操作过程中生产单元之间的协调则极为必要。

（2）全面质量管理。强调质量管理是生产出来而非考验出来的，由生产中的质量管理来保证最终质量。每一道工序都要进行生产过程中的质量检验与控制，重在培养每位员工的质量意识，在每一道工序进行时注意质量的检测与控制，保证及时发现质量问题。如果在生产中发现质量问题，根据情况，可以立即停止生产，直至解决问题，从而保证不出现对不合格品的无效加工。对于出现的问题，一般是组织相关的技术与生产人员成立一个小组，一起协作，尽快解决。

（3）团队工作（Teamwork）。每位员工在工作中不仅是执行上级的命令，更重要的是积极参与，起到决策与辅助决策的作用。组织团队的原则并不完全按行政组织来划分，而主要根据业务关系来划分。

团队成员强调一专多能，要求能够比较熟悉团队内部评价的影响。团队工作的基本氛围是信任，以一种长期的监督控制为主，而避免对每一步工作的稽核，提高工作效率。团队的组织是变动的，针对不同事物，建立不同的团队，同一个人可能属于不同的团队。

（4）并行工程（Concurrent Engineering）。在产品的设计开发期间，将概念设计、结构设计、工艺设计、最终需求等结合起来，保证以最快的速度按要求的质量完成。各项工作由与此项相关的项目小组完成。进程中小组成员各自安排自身的工作，但可以定期或随时反馈信息并对出现的问题协调解决。依据适当的信息系统工具，反馈并协调整个项目的进程。

（5）紧密的协作配套管理。在生产组织结构和协作关系上，精益生产方式把70%的零部件的设计和制造委托给协作厂进行。主机厂集中精力抓主体件的设计和制造。协作厂与主机厂之间的关系是长期共存、长期合作、相互依赖的协作关系。

2.精益生产在供应链中的应用

对于运输、仓储和配送行业来说，从表面上看，精益生产在供应链环境下并不是一个合适的模型。但是仔细研究，它的很多内容即便对于最小规模的企业也是适用的。精益生产在企业中的应用表现在以下方面：

（1）符合准时制标准的采购。用少量、频繁的交货取代大宗合同。这要求供应商（最好拥有电子数据交换）与企业的生产程序紧密结合。

（2）机器小组。按产品和部件而不是工作种类对机器和工人进行分组。

（3）减少准备时间。将准备工作看做是一个不能带来价值的活动，因而减少或消除准备工作。

（4）统一完工。按客户要求的速度运作生产工序的各个环节。

（5）“拉动”系统。应用卡片系统确保按需（如按照客户的要求）生产部件。不允许所谓为了“以防万一”而进行生产，这只能是消耗资源，让投资白白地呆滞在存货里。

（6）质量标准。设计产品、工序和卖方质量担保计划，以确保从生产的第一道关口就开始按照适当的质量标准进行生产。

（7）雇员的参与度。精益生产带来了一种重大的企业文化转变，这种转变只有通过雇员的全面、全程参与才能够实现。这是准时制的一个内在的特性。

（8）设备标准化以确保联运模式的交接。通过与卖方和运输商合作共同对兼容设备进行投资，可以确保不同运输地点和运输方式之间的高效转换。

（9）存货与需求管理。为了加强对需求的预期和减少存货投资，必须用有限的资源对需求变动进行管理。实现以上目标的最有效的方法是摒弃传统储存方式，厂商对客户直接送货、直接换装和分段运输。在控制存货水平中，应用交货预约系统控制到货，应用电脑模型系统预测销售水平，在配送网点和客户之间保持规律的通信，这都是至关重要的。

（10）动态储藏。摒弃“以防万一”为原则的储藏运作方式，采用“动态储藏”方式（刚到的存货立即通过直接转运转到相对应的装货门），能产生如下效果：货物在系统中停留的时间更加短暂了；一件物品被搬运的次数减少了；计数物品的频率降低了；操作所需的空间缩小了。这不仅仅降低了运作成本，而且通过加快工序速度使损害风险减小并提高服务质量。

9.5 敏捷供应链

1.敏捷供应链概述

敏捷供应链（Agile Supply Chain，ASC），是指以核心企业为中心，通过对资金流、物料流、信息流的控制，将供应商、制造商、分销商、零售商及最终消费者用户整合到一个统一的、无缝化程度较高的功能网络链条，以形成一个极具竞争力的动态战略联盟。“动态”表现为适应市场变化而进行的供需关系的重构过程；“敏捷”用于表示供应链对市场变化和用户需求的快速适应能力。在敏捷供应链中，计划和协调各实体之间存在物料流、资金流、信息流和增值流，增加动态联盟对外部环境的敏捷性是敏捷供应链管理的主要任务。为了达到以最低成本、最短时间、最高质量满足客户个性化的需求的目的，敏捷供应链管理系统必须以单个订单为单位，快速制订出订单的执行计划，并保证计划的可行性。在竞争日趋激烈、市场需求复杂多变的网络时代，有必要将敏捷化思想运用于整条供应链管理，其实质是在优化整合企业内外资源的基础上，更多地强调了供应链在响应多样化客户需求方面的速度目标。

敏捷供应链是供应链的一种新形态，也是供应链优化后的良性结果和表现形式，它除了供应链的基本特性外，还具有如下五方面的特征：

（1）敏捷供应链是快速反应的供应链

敏捷供应链是基于某一具有增值价值和战略意义的市场而形成的以应对多样化客户需求的快速反应为特征的供应链，有明确的目标及要求。因此，敏捷供应链起源于对不确定性环境中的某种市场机会的敏捷把握，但是对于这一机会来说，将其转化为现实的企业价值往往是本企业的有限资源难以实现的，因此它需要整合相关资源来共同发现这一机会，使之能够在有效生命周期内实现，并且这些资源拥有者整合的前提为：以优势加入这个群体，实现共赢。

（2）敏捷供应链是动态的供应链

敏捷供应链是对有效客户需求进行快速反应的动态供应链。由于敏捷供应链形成的市场机会因素的限制，决定了这一集合体不可能为所有客户服务，它必须是以明确的市场细分为前提，将有限的资源用于有限的明确客户；其次，它必须是对明确的客户需求做出快速反应，形成客户壁垒、技术壁垒和价值优势，实现有限客户生命周期、有限产品生命周期和有限合作伙伴周期三者结合，从而实现价值在短时间内的最大化。这样就决定了这一集合体的特征是动态的，以动态的敏捷化供应链来应对市场环境的不确定性。

（3）敏捷供应链是集成链

敏捷供应链是一体化集成之“链”，具有客户导向性、集成性和复杂性。事实上，这一特征是前两个特征的必然结果。从运行机制上看，它必须是集成的；从方向上看，它必须是以客户为导向的；从形态上看，它是复杂的网络结构。

（4）敏捷供应链是敏感性的虚拟供应链

敏捷供应链是一条以信息技术为支持，对市场敏感的虚拟供应链。敏捷供应链必须对市场敏感，这种敏感是指企业能够把握市场的真实需求，并在此基础上给予及时的响应。有效的客户响应（ECR）和信息技术的使用，使企业能够从市场的实时销售中获取直接的需求数据，企业对市场的把握更加准确、反应更加及时。这种利用信息技术实现的买方与供应商之间的数据共享也在无形中形成了一条以信息技术为支持的虚拟供应链。这条虚拟供应链不同于传统意义上的供应链，敏捷供应链的管理主要强调对供应链各方之间多级库存的管理，它的目标就是使系统中的库存在数量上和地理位置的分布上均达到最优，所以在管理中会用到许多的数学公式和算法进行最优的规划。而虚拟供应链的基础是信息技术的应用，如 EDI Internet 等，通过对信息的共享使需求对企业透明，让供应链各方的行动依据统一，避免企业运作各自为政，产生“牛鞭效应”。同时这种敏感性的虚拟供应链要求企业之间必须进行流程的整合——买方和供应商之间的协同合作，共同进行产品的开发、各系统的规范统一和信息的沟通与共享。

（5）敏捷供应链的内涵特征

敏捷供应链从扩大的生产概念出发，在敏捷制造技术、信息技术及并行工程技术的支持下，将企业的生产活动进行前伸和后延，把上游的供应商和下游的客户纳入企业的战略规划之中，降低了整条供应链库存量，实现对企业内外资源的最佳配置。敏捷供应链的目标是获得具有增值价值和战略意义的市场机会，基础是基于核心竞争力的动态联盟和协同商务的伙伴关系和客户关系，纽带是现代信息技术，运作机制是寻求企业价值最大化与客户价值最大化的平衡，运作方式是协同型快速反应。

2.精益供应链与敏捷供应链的比较

（1）精益供应链与敏捷供应链的相同点

首先，“敏捷”和“精益”都对产品提出了高质量的要求。

其次，二者对于提前期的要求也都是尽可能的短。对于敏捷供应链而言，难以预测市场中的变动，如果从供应端至消费端之间的耗时过长，必然会影响企业响应市场变化的速度。另外，企业在缩短反应周期的过程中做出的努力涉及到企业运作的其他方面，往往还会带来企业制造成本的大幅度下降和生产效率的大幅提高。而对于精益供应链而言，它的定义是消除一切多余的浪费，反映在时间上就是要求提前期最短。

（2）精益供应链与敏捷供应链的不同点

首先，从为顾客提供价值的方面来看。敏捷供应链以客户服务为主要标准，用客户满意度来衡量；而精益供应链以成本为标准，最直接的表现就是产品的价格，产品的价格只是顾客衡量产品和服务的一个方面，并不代表顾客的所有要求，因此精益生产是企业达到敏捷的一个必要条件。

其次，在采购政策上两者也有所不同。精益供应链采用的是“顺流而下”的方式，即在供应链上游企业获得订单之后进行产品生产，然后产品或者零部件顺流而下流向市场中进行销售；而敏捷供应链则是在供应链的末端对产品进行分配，配合企业快速响应的要求。技术的使用只是一种理想的状态，并不是必要的条件之一。

最后，在信息技术上，供应链各方对市场信息的共享是敏捷供应链的一项强制性要求，供应链各方为了信息沟通的流畅还必须进行相应的流程整合，实现各方之间的无缝对接，使各个供应链成员的行动统一。而对于精益供应链而言，信息技术的使用只是一种理想的状态，并不是必要的条件之一。

3.敏捷与精益供应链的应用

今天企业面临的最大挑战之一，就是要求对从未有过的需求变数做出快速的反应。很多原因导致了产品和技术的生命周期缩短，企业间的竞争压力也导致产品的频繁化，消费者的需求种类远胜于以往。为了应对这个挑战，企业需要集中精力做到比以前更敏捷，以便在更短的时间内对产量和种类的变化做出反应。也就是说，企业必须能够快速调整产品以便符合市场需求，做到随机应变。对一个真正做到敏捷反应的企业来说，需求的多变不算什么，企业合理的流程、组织结构以及紧密的供应链关系能确保它对付各种各样的产品需求。

从确保供需平衡这个意义来说，敏捷不必与精益有相同的内涵。关于精益生产的理论随处可见，但通常是汽车行业的。精益生产寻求的是零部件和在制品的库存最小化，并在任何可能的环境下推行“准时制”。然而，在某一具体情况下，精益生产是敏捷生产的一个要素，因此，单就精益生产本身来说，它并不能保证企业又快又准地满足客户的需求。事实上，至少到现在还存在争议，就是在精益理念的所有运用者中，汽车行业是敏捷度最低的行业之一。

敏捷有很多层含义，可运用于单个公司也可运用于整个网络。其实敏捷反应的关键是核心企业的上下游都有敏捷的合作者。举个例子，虽然说企业可能在内部流程上达到快速反应，但如果它们面临的前置时间很长，那么敏捷程度将大打折扣。

敏捷正如我们所说，与精益的含义并不相同，但却可以建立在精益的基础之上。精益的基本含义就是用最少的投入得到最大的产出，它源于丰田生产系统，专注于减少或消除浪费。精益生产以平衡的生产计划为特征，也就是说后期的计划要确保资源利用的合理化。其思想来源于20世纪70年代日本的汽车行业。当时，日本的汽车行业都是以标准化产品的大规模生产为特征的，提倡用资源换取效率并且达到规模效益最大化。事实表明，在这种情况下即在产品标准化生产和需求是可以预测的情况下，采取精益生产是一种良策。

但是，在需求不确定、产品种类要求多的市场环境下，每种产品的库存单元很低，此时就要求有不同的反应了。供应链管理不仅要注重效率，同时也要把效益作为主要考虑对象。这里的效益是指那种满足细分市场里的精确需求的快速反应能力，它与在没确定需求之前就生产面向大范围市场的标准化产品不同，是企业必须能够生产种类丰富的各种产品（通常是为客户定做的）来满足个性生产中预知的需求。

现实中，在同一个企业内部，很可能是“精益”和“敏捷”这两种供应链方式并存，因为有的产品的需求是可预测的，而另一些产品的需求则更容易改变。这对传统的“一通百通”的供应链设计战略提出了质疑，今天我们需要的是复合型的供应链模式。在不同的情况下，采取哪种类型的供应链策略是合适的呢?这需要根据企业的供应与需求的特点来确定产品在企业投资组合中的位置。

“供应特征”是指企业补给的前置时间。这种补给可以指产品本身的购入（如零售商），也可以指制造商所需的零部件的补给。很显然，相对于前置时间较长的情况，如果补给前置时间短，则可以采用一个不同的供应链战略。

具体的需求状况可用需求的预测度来辨别。衡量需求预测度的指标是对需求变化的可见程度。很显然，那种在一段时间内都变化不大的确定的需求是比较容易预测的。根据每种产品的供给和需求情况，图9-4说明了四种普遍的供应链战略。

前置时间长
前置时间短

敏捷	混合策略
看板	精益
需求可预测	需求不可预测

图9-4 精益、敏捷供应链战略应用

在需求可预测、补给前置时间短的情况下，“看板”方式是比较适宜的。这是一种持续补给的理念，这种思想被发挥到极致就是每一件产品被卖掉或用掉时就能立即得到补充。

在图9-4中左上角方格显示，在前置时间长但需求可预测的情况下，采用精益方式比较适合。原料、零部件或者产品在需求确定之前都可以预先订购，这样生产和运输设备在成本和设备利用率上也能达到合理化。相反，右下角则是适宜采用敏捷供应链的区域，该区域的需求是不可预测的，且前置时间要求较短，这就要推行快速反应策略——最极端的情况就是接到订单后再立即生产（要求时间极短）。

在图9-4中右上角方格显示的是一种较有意思的情形：前置时间较长而且需求是不可预测的。在这种情况下，最先做的是尽力去压缩前置时间，因为多变的需求在绝大部分情况下是不受企业控制的。缩减前置时间就可以采用敏捷方式。然而，如果不能缩减前置时间，第二个选择就是寻找一种精益/敏捷的混合方法。这些混合方案要求供应链通过持有原材料或者半成品的战略储备实现“分离”，一旦知道真正的需求便能够迅速地提供最终产品，这是典型的延迟策略。当产品的最终物理组合不能被推迟时，另一个可替代的延迟战略方法就是通过将产品储存在为数不多的库房来延迟产品的实际配送。一旦得知真实的需求，可用快递的方式把产品运送到终端市场或使用现场。

混合策略的目标是在精益思想的平台上建立敏捷反应，它从精益生产开始，过渡到分离点，在这点之后又采用敏捷运作。图9-5说明了这一思想。

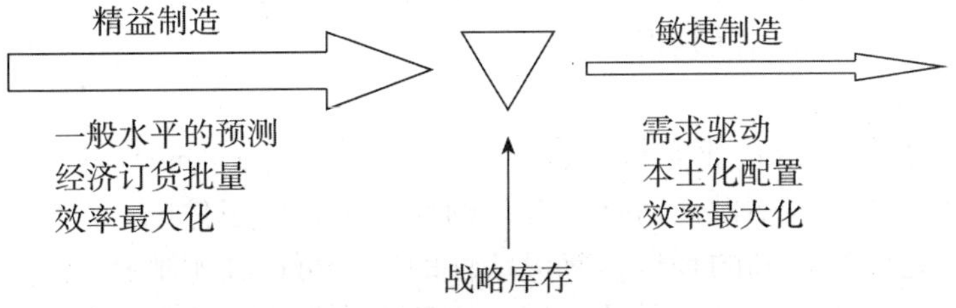

图9-5 混合策略

图9–4与推–拉供应链战略（图9–2）在形式上基本相同，都分为两个阶段，但是二者有本质的区别，基于的思想也不同。

9.6 延迟战略

1.延迟战略概述

最早的“延迟”的概念是爱德森（Alderson）在1950年首先提出的，并分析了如何通过延迟战略来应对需求的不确定性，从而降低生产的风险成本。但在物流领域，直到10多年前，才开始对这一概念进行定义和研究，最早进行此项研究的是奇恩（Zinn）和鲍尔索克斯（Bowersox），他们在1988年发表的学术论文中，对延迟的概念进行了定义，同时提出并分析了五种延迟类型——贴牌延迟、包装延迟、组配延迟、生产延迟和时间延迟。

近年来，随着全球化进程的加速、商品种类数量的激增以及顾客个性化服务需求的增长，供应链管理中的延迟战略越来越受到人们的重视，其中，较早应用延迟战略并取得成功的是世界知名企业惠普公司，后来，包括摩托罗拉等在内的一些世界知名公司对延迟战略的应用也都取得了明显的成效。

在当今的市场环境中，几乎所有的企业都面临着一个同样的问题，那就是市场需求的不确定性。这种不确定性主要来自于两方面，一是随着生活水平的提高，消费者的个性化需求越来越强烈；另一方面，企业为了在激烈的竞争中取得竞争优势，吸引消费者，必须不断地进行产品创新。随着产品种类的急剧增加，市场需求的不确定性越来越大，为此，一些世界级的公司提出了大批量定制（Mass Customization）的概念，显然，这对于传统的以需求预测为主线的供应链运作方式产生了强烈的冲击。

新的市场环境、新的服务需求需要采取新的供应链管理战略，而延迟（Postponement）就是一种以实现敏捷供应链管理为目标的战略思想。所谓延迟，是指不经过提前预测，而是在得到了确定的市场需求信息后，才开始进行产品生产或者物流运作，并且能够及时准确地满足顾客需求的战略机制。有两种延迟战略：生产延迟（或形态延迟）和物流延迟（或时间延迟）。

（1）生产延迟

所谓生产延迟，是指企业实行一次一单（One Order a Time）的生产运作，在客户明确提出订货要求之前，不做任何针对客户的预备工作和组件的采购工作。这种订制运作的做法早已有之，所不同的是这具有灵活性的生产可以在不牺牲效率的同时，实现针对客户需求的快速反应。借助于科技力量，这种以市场需求为基础的灵活性运作策略可以使企业完全摆脱预测型运作模式。

诚然，规模生产在实际运作中是不可忽略的。解决规模生产与延迟运作之间的矛盾意味着必须在量化采购、平衡生产和物流之间进行成本取舍。我们必须深刻认识到这种取舍的意义所在，它是面对预测型生产带来的高成本和高风险问题以及由于灵活性延迟运作的引入而带来的规模效益的降低所必须做出的取舍。规模生产的降低要求我们首先必须将生产线的建立与转化、采购费用与储存成品的库存成本和风险进行比较，并从中进行取舍。在传统的职能管理模式中，企业是通过生产安排来实现最低的单位生产成本的。从整合管理的角度来看，企业的目的就是以最低的总成本来实现客户的满意度，这就可能需要在牺牲一些单位成本的前提下进行生产延迟运作，从而最终实现整个供应链效率以及整体效益的提高。

生产延迟的运作目标就是在市场需求不确定或者未得到客户需求的情况下，尽可能长地保持产品处于中性或者无承诺状态的时间。最理想的延迟运作形式就是先以规模生产的方式产出足够的标准件或基本件，只在收到具体的客户订单需求之后，才开始进行最后环节的运作，如颜色的调配、辅件的安装等等。企业首先生产大批量的标准件和基本件，然后经过延迟运作满足不同客户的需要。这样，企业通过延迟运作模式就把规模效益成功地引入物流链。比如，企业可以在零售环节中针对客户的要求，对产品进行重新着色。与以往相比，零售商店不再需要存储大量不同颜色的产品，仅需要储存一些标准品，根据需要进行着色处理就可以了，这样就可以大大地降低零售店所需的库存单位，从而大大地降低库存成本。

生产延迟的效果表现在两方面：第一，原先在预测型运作模式指导下的大量的不同产品的数量随着生产延迟运作的应用而降低，物流运作失误的风险也随之得到降低。第二，也是更为重要的一点，就是越来越多的企业通过物流设施以及分销网络的广泛应用来进行生产延迟和最后的安装。也就是说，假如在生产企业中没有专业化的人才和规模效益的限制，那么，对产品进行客户服务运作的环节最好是安排在最接近客户市场的环节上。因此，有些行业中传统的物流仓库的职能已经从产品存储开始向满足企业延迟生产需求的职能转化。

（2）物流延迟

在很多情况下，物流延迟恰恰是生产延迟的对立面。事实上，加速运作往往是加速地满足客户的需求。所谓物流延迟，也叫地域延迟，就是在一个和多个具有战略意义的地区建立储存全套产品的仓库。只有在收到客户订单后，才能进行库存产品的分拨配送。物流流程一经启动，企业在保持规模生产的同时，可以完全摆脱由预测型运作模式引发的库存风险。

一个最典型的物流延迟的例子就是Sears的商店运送系统。使用订单系统，Sears在收到客户订单之后才开始启动电器产品供应链延迟运作和物流服务。客户星期一在商店购买了一套电器产品，Sears在星期三就可以将产品运到客户家并进行安装。这种运作模式最具特色的一点就是，这套电器在客户订货的时候并不是制成品，它是在星期一晚上或是星期二早上才被制造或被装配出来的。

物流延迟的运作还涉及到部件的供应。企业利用中心存储的方式存储一些重要的、高价值的部件来确保满足客户的潜在需求。当需求产生之后，订单通过电子数据系统传送到中央服务中心并通过“加急”手段，以快速可靠的方式直接将客户所需的部件送到各分服务点。通过这种方式实现快速可靠的客户服务，同时降低整体的库存投入。

企业运作能力的提高以及高度准确、快速订单流转能力的实现也进一步促进了物流延迟运作的发展，取消了预测型运作模式对市场进行的库存调度，从而快速准确地满足客户需求。与生产延迟运作模式不同的是，利用物流延迟不仅可以通过快速、直接的运输方式来满足客户需求，而且也可以保持企业规模效应的优点。

2. 延迟战略的优点

延迟战略的优点显而易见：第一，库存的状态是原始的、一般化的，这就减少了库存环节中的可变因素，总体库存也相应地下降；第二，由于库存的一般化，其灵活性有所增强，这意味着相同的零件、模板或平台能组成的产品千变万化；第三，对产品初始状态需求的预测比最终状态需求的预测要容易得多。在全球市场上，对地方性需求的预测远不如对世界范围内的预测准确度高，此时，延迟战略的最后一个优点显得尤为突出。进一步说，本土化定制产品也就意味着能以最低的总成本提供更多的个性化服务，这就是“大规模定制”的原理。

为了充分利用延迟战略的各种优势，我们需要“本土化设计”这样一个理念。产品和流程应该设计成这样一种形式：在尽可能少的标准化模板或零件基础上，半成品经过组装、配置和成型，能给客户尽可能多的个性化产品。很多情况下，工作的最后完成阶段一般都发生在本地市场中，如配送中心，而且现在将这些活动外包给第三方物流公司，已成为一种流行趋势。

3. 延迟战略的应用

在全球化市场迅速发展的今天，产品的国际化趋势与日俱增，但是客户和消费者的需求还是有明显的地区性差异。即使在一个相对较小的市场内，比如西欧，都存在消费偏好和语言的不同，这也是很多标准化产品在全球市场上失宠的原因。

以人们对家用电器偏好的不同来举例，如洗衣机和冰箱：

北欧地区的人比较喜欢体积较大的电冰箱，因为他们经常一次性采购一周的食物；而南欧地区的人由于采购比较频繁，他们对体积较小的冰箱情有独钟。类似地，英国人比其他欧洲人更喜欢购买冷冻的食物，所以他们需要的电冰箱要有更大的冷冻空间。

至于洗衣机，偏好大概分为两类：波轮式和滚筒式。在英国，基本上顾客所购买的洗衣机都是滚筒式洗衣机，而在法国则相反。

怎样才能使满足地区性差异和在全球范围内组织物流运作两者间达到平衡呢?事实

上，企业都希望产品实现标准化以降低成本获得利润，同时依靠产品的地区性差异措施最大限度地拓展市场。

延迟战略正在被越来越多的企业所接受。产品的延迟所依据的原则是：使用公共的制造平台、相同的零件或模板进行产品设计，但只有在最终用户市场或客户需求已经明确时，产品的最后组配个性化加工才得以进行。

总之，延迟战略运作模式给企业提供了多种选择，以避免在订单未确定前就进行市场分销的不恰当行为。一个企业究竟该选择什么样的延迟战略取决于运作总量、产值、规模生产、竞争策略以及所要达到的客户订单发运的速度及一致性等很多因素。在越来越多的供应链运作中，生产延迟与物流延迟运作都被结合起来使用以提高企业的快速反应能力。

9.7 供应链业务外包战略

供应链管理注重的是企业核心竞争力，强调根据企业的自身特点，专门从某一领域、某一专门业务，在某一点上形成自己的核心竞争力，这必然要求企业将其他非核心竞争力的业务外包给其他企业，即所谓的业务外包。

传统的“纵向一体化”模式已经不能适应目前技术更新快、投资成本高、竞争全球化的经营环境。现代企业更注重高价值生产模式，更强调速度、专门知识、灵活性和革新。与传统的“纵向一体化”控制和完成所有业务的做法相比，实行业务外包的企业更强调集中企业资源于少数具有竞争力的核心业务，也就是集中在那些使他们真正区别于竞争对手的技能和知识上，而把其他一些虽然重要但不是核心的业务职能外包给世界范围内的“专家”企业，并与这些企业保持紧密合作关系，从而使自己企业的整个运作提高到世界级水平，而所需要的费用与目前的开支相比而言则大量减少，并且还往往可以省去一些巨额投资。把多家公司的人才集中起来为我所用的概念正是业务外包的核心，企业把内向配置的核心业务与外向配置的外包业务紧密联系起来，形成一个关系网络即供应链。

1.业务外包的概念及作用

业务外包（Outsourcing），也称资源外包、资源外置，是指企业整合其外部最优秀的专业化资源，从而达到降低成本、提高效率、充分发挥自身核心竞争力和增强企业对环境的迅速应变能力的一种管理模式。

面对激烈的竞争环境，一个企业很难具有全面的资源优势。供应链环境下的资源配置决策是一个增值的决策过程，如果企业能以更低的成本获得比自制更高价值的资源，那么企业就可选择业务外包。企业如果把资源分散到各个环节上，必然会造成资源的浪费，不利于迅速建立自己的竞争优势。而采用外包模式，一方面可以通过集中，选择自己的核心优势，并在该领域形成技术优势和规模优势，既充分利用了资源，又有利于建立自己的核心优势；另一方面，外包企业可以突破企业内部资源约束，减少建立核心竞争力的时间成本及风险。一般来说业务外包对企业的作用包括以下几方面：

（1）降低企业的生产成本。企业在把业务外包时，首先要考虑的是成本问题。如果企业自己生产，除了生产的费用外，还必须有研发、人员培训、设备等诸多投资，和外包相比，在投资和费用上造成了浪费。选择业务外包可有效地降低企业在以上各方面的投资，为企业节省大量的沉没成本。

（2）分担企业风险。企业可以通过外向资源配置分散由政府、经济、市场、财务等因素产生的风险。企业本身的资源、能力是有限的，通过资源外向配置，与外部企业的合作伙伴分担风险，企业可以变得更有柔性，更能适应变化的外部环境。

（3）为企业提供专业服务。外包商对于某个领域应该是非常擅长的，他们把一些重要但是非核心的业务外包给外面的专家去做，这样就可以把多家公司最优秀的人才集中起来，并且利用多家公司的专业技术资源为己所用。但是，企业必须同时进行成本、利润分析，确认在长期情况下这种外包是否有利，由此决定是否应该采取外包策略。

（4）加速重构优势的形成。企业重构需要花费很多的时间，并且获得效益也要很长的时间，而业务外包是企业重构的重要策略，可以帮助企业很快解决业务方面的重构问题。

（5）减少企业难以管理或控制的辅助业务职能。企业可以将在内部运行效率不高的业务职能外包出去，以减少管理和提高管理效率。但是，有时这种方法并不能彻底解决企业的问题，相反这些业务职能可能在企业外部变得更加难以控制。在这种时候，企业必须找到问题的症结所在并加以解决。

（6）对社会市场需求迅速反应。在社会信息流动非常快的情况下，企业必须将更多的精力放在新产品的开发上，并且针对客户的需求随时做出反应和调整。由于专业分工越来越细，技术的更新换代越来越快，借助于外包，企业可以以更低的价钱达到更高的品质，超越企业自身的能力，同时能使企业在业务的调整上比较有弹性。另外，从事外包业务的企业规模比较小，对环境和需求变化的反应比较灵敏，弥补了大企业业务流程复杂、调整慢的缺陷。

2.业务外包的主要方式

业务外包主要包括以下几种方式：

（1）临时服务（Temporary Service）和临时工（Contract Labor）。一些企业在完全控制其主要产品生产过程的同时，会外包一些诸如自助餐厅、邮件管理、门卫等辅助性、临时性的服务。同时，企业更偏向于使用临时工（指合同期短的临时职工），而不是雇用工（指合同期长的稳定职工）。企业用最少的雇用工，最有效地完成规定的日常工作量，而在有辅助性服务需求的时候雇用临时工去处理，因为临时工对事业的恐惧或报酬的重视，使他们对委托工作认真负责，从而提高了工作效率。在企业需要有特殊技能的职工而又不需永久拥有，特别是在有超额工作时，临时性服务的优势尤为显著。这样企业可以缩短估量的经常性开支，降低固定成本，同时提高劳动力的柔性，提高劳动生产率。

(2) 子网（Subsidiary Networks）。为了夺回以往的竞争优势，大量的企业将以往的“控制导向”、“纵向一体化”的企业组织分解为独立的业务部门或公司，形成母公司的子网公司。从理论上而言，这些独立的部门性公司几乎完全脱离母公司，变得更加柔性、效率和创新；同时，因为减少了纵向一体化环境下官僚作风的影响，他们能更快地对快速变化的市场环境做出反应。

(3) 与竞争者合作（Collaborative Relation with Competitor）。与竞争者合作是两个竞争者把自己的资源投入到共同的任务（诸如共同的开发研究）中，这样不仅可以使企业分散开发新产品的风险，同时也使企业可以获得比单个企业更高的创造性和柔性。尤其在高科技领域，要获得竞争优势，企业就必须尽可能小而又有柔性，并尽可能与其他企业建立合作关系。

(4) 除核心竞争力之外的业务完全外包（Outsourcing All but the Core Advantage）。这种方式也称为转包（Subcontract）。企业主要集中做好其核心业务，其余的业务完全外包出去。

3. 业务外包战略的利益与风险

企业习惯于把业务外包视为只是降低短期直接费用的一种手段。然而，通过战略性的业务外包，企业能够大大地降低他们长期的资本投资，大大地调节他们的关键能力。不仅如此，企业还能将多种风险和不必要的管理费用转移给供应商。

从战略上看，业务外包能够给企业提供较大的灵活性，尤其是在购买高速发展的新技术、新式样的产品，或复杂系统的无数组成部件方面更是如此。当多个供应商同时生产一个系统的个别组成部件时，就会缩短企业的设计周期。而且，每个供应商既具有更多的人才，又具有专业领域方面的复杂的技术知识，能够更高质量地支持更为专业的设备。同样的道理，战略性的业务外包把企业对零部件和技术的发展所承担的风险扩展到大量的供应商身上，企业无须承担全部的零部件系统投资或不断升级生产能力的责任。而且，买主不仅可以改善本身的革新能力，还可以开发新产品、改进运作流程，并拓展质量潜能，这在没有外包之前是很难实现突破性进展的。

业务外包带来了极大的机会，但是它同时也带来了新的风险。管理的主要战略性问题在于：

(1) 丧失了关键的技能。过去，很多美国企业外购的是当时看起来只是些细小组件的产品，并告诉供应商如何按照所需质量标准生产这些产品。后来发现，他们的供应商不能或不愿按要求给他们供应产品，而此时他们已经丧失了所需产品的生产技能，并且无法阻止他们的供应商与其竞争者合作，或者阻止这些供应商自行趁机进入市场。有时，通过外购一种关键的组件，企业虽然可以减少开发新产品的成本，但在一定程度上会增加对供应商的依赖性，当供应商无法顺应企业的变化时，企业设计能力的不足就表现出来了。

（2）丧失创新技能。不同职能部门中的技术人员之间的相互交流常常能够碰撞产生新的思想火花或灵感。企业担心外包会使这种交叉职能的灵机一动的才能丧失殆尽。然而，如果企业有意识地确保现有雇员不断紧密地与外界专家相互作用，那么，他们雇员的知识基础比起自己生产时会高得多。

（3）丧失对供应商的控制。当供应商要同时应付几家买主，而其能力又有限时，供应商就会把买主企业按重要程度分类。显然，那些不是供应商的重要客户的企业，就要面临供应短缺的危险。如果企业也不能加强对供应商的控制时，这种危险会变得不可控制。因此，与供应商保持紧密的私人关系、亲善友好，这是绝对必要的。

4.业务外包的实施

降低成本对于企业来说是追求业务外包的根本目的，但由于整个外包生命周期的管理是一个重要的观念，客户的不注意或是误解将可能导致内部甚至外部成本的增加，与节省成本的目标背道而驰。是否决定外包或如何进行外包是需要经过详细的计划才能实施的。一个企业要成功地实施外包，通常需要经历三个阶段：

第一阶段，企业的内部分析和评估。企业高层管理者在该阶段主要是确定外包的需求并指定实施的策略。要从外包中获得效益，企业最高决策层必须采取主动的态度，因为只有最高决策层才有外包成功所必需的视角和推动变革的力量。须了解哪些业务需要外包，从而将企业的力量聚焦于自己的核心业务上来。例如，在制定外包策略时，就要考虑到：首先，明确企业的经营目标和外包之间的联系。其次，明确哪些业务领域需要外包，在确定了要外包业务后，还需要收集大量的材料和数据以确定从哪些外包的业务中可以获得最快或者最佳的投资回报。最后，与员工进行开诚布公的沟通。

第二阶段，评估自己的需求，并选择业务外包厂商。企业领导层将听取来自内部或外部专家的意见，这支专家队伍至少涵盖法律、人力资源、财政和需要外包的业务等领域。在综合了各方面的意见后，综合考虑服务等级、需要解决的问题以及详尽的需求等。除此之外，外包商的财政状况也是需要考虑的重要问题。了解外包商的财政状况，可以分析外包商承担外包业务的能力，为企业业务外包上一份保险。

第三阶段，外包的实施和管理阶段。作为用户，在第一阶段要保持对外包业务性能的随时监测和评估，并及时与厂商交换意见。在外包实施的初期，还要注意帮助自己公司内部的员工适应这一新的业务方式。

【小资料】

从1898年清末的香港广生行到今天的现代化化妆品公司，上海家化历经数代人的努力，走过了百余年的历史。上海家化以自行开发、生产、销售化妆品、个人护理用品、家庭保护用品以及洗涤类清洁用品为主营业务，拥有六神、美加净、清妃、佰草集、家安、舒欣、梦巴黎等诸多中国驰名品牌，占有很高的市场份额，营销网络遍及全国，是中国最早、最大的民族化妆品企业。

上海惠尔物流有限公司作为专业的第三方物流供应商，为企业客户提供个性化物流解决方案。它利用遍布全国的区域分发中心在24小时之内把客户产品送到其销售终端或客户手中，受到客户的好评。公司业务范围涉及：运输、仓储、拆零、分拣、包装、配送和整体物流方案设计。

上海家化同惠尔物流合作五年，双方成为战略合作伙伴，开创了整体物流外包的先河。惠尔通过分析家化的物流现状得到以下结论：庞大的企业物流管理团队；同营销网络相匹配的仓储运输网络；已有的物流设施比较齐全；物流供应商众多；仓储系统比较分散；物流部门同制造部门、采购部门职能不够明晰，协调管理成本高、难度大。所以导致以下结果：市场反应过缓，影响销售工作；运作环节多，信息沟通不畅；总体物流运作成本较高。

针对上述情况，惠尔提出如下建议：

1. 减少现有仓储、运输、配送等物流供应商，整合资源，降低管理成本。

2. 改变现有上海家化物流配送模式，采取仓库集中管理、统一配送模式，以减少参与运作的因素和环节，降低物流成本，提高物流运作效率，减少货损、货差现象。

3. 借用有效的社会资源，与专业第三方物流公司合作整合现有的运作体系和人员，真正实现整体外包。

同时，在对上海家化的物流运作系统各个环节进行全面考察的基础上，惠尔的物流咨询和运作专家对家化的总体物流成本进行了深入分析，确定了家化物流系统中继续维持的部分、可以改善的部分、必须放弃的部分，然后对整体的物流系统从人员、管理、设施到流程方面进行全面整合。

（根据公开的网络资料整理）

9.8 全球化供应链战略

1. 全球化供应链概述

全球化供应链又称为全球网络供应链，即在这种供应链体系中，供应链的成员遍及全球，生产资料的获得、产品生产的组织、货物的流动和销售、信息的获取都是在全球范围内进行和实现的。在这种全球化供应链中，企业的形态和边界将发生根本的变化，甚至国与国之间的边界概念也产生了巨大变化，国家和区域界限在全球化供应链的业务经营中被逐渐淡化。在一个理想的、真正意义上的全球化供应链中，从投入产出到流通消费的整个流程就像不受国界的限制一样。然而，在实际中，全球化供应链的价值实现就在于利用了这种国与国的边界。国际化供应链的运作是按照国际分工协作的原则，利用国际化供应链网络，实现资源在全球范围内的合理分配、流动和优化配置，促进全球经济的进一步发展。

在全球经济一体化的环境下，企业要参与世界经济范围内的经营和竞争，就必须在全球范围内寻找生存和发展的机会。在国际市场、技术、全球成本以及政治和经济的强力驱动下，那些有能力实现海外业务的企业迅速向国际经营转变。因此，在全球范围内实现原材料、零部件和产品的配置已成为企业国际化进程中获得竞争优势的一种重要经营手段。然而，全球资源配置已经逐渐使“产品制造国”的概念变得越来越无法界定。

例如，美国通用汽车公司的汽车Pontiac已经不能再简单定义为美国制造的产品，因为它的设计来自于德国，发动机、车轴、电路板等部件是在日本生产的，其他一些零部件是由新加坡和中国台湾地区提供的，总装则在韩国完成，数据处理是在爱尔兰和巴贝多进行的，市场营销和广告服务是由西班牙提供的，而只有像战略研究、金融、法律和保险这样的业务才是在美国本土进行的，在美国本土发生的业务成本大约只占总成本的40%。因此，原来由一个国家进行开发、设计、制造出的产品，现在完全可以利用国际化的供应链网络、先进的通信技术、迅捷的交通运输，由分布在世界各地的优秀供应链伙伴来完成，从而实现成本最低和利润最大化。

目前，这种发展趋势有增无减，而且越演越烈。来自美国的统计数字显示，从20世界80年代起，超过一半的美国企业在海外投资，且数目和投资额都在不断增加：美国企业的1/5产品是在海外生产的；美国企业的1/4进口贸易发生在海外子公司与美国母公司之间。另外，据统计，目前跨国公司已控制着全球生产总值的1/2以上、国际贸易的3/5以上和国际投资的9/10。跨国公司正在由各国子公司独立经营的阶段，向围绕公司总部战略、协同经营一体化发展。这些都对全球化供应链的管理和应用提出了更高的要求，也表明全球网络供应链在全球化企业的经营运作中具有越来越重要的地位和作用。

加入WTO之后，中国对外开放的步伐将进一步加快。一方面，国外的商品和服务将更容易挤入国内市场；另一方面，大型国际企业将增加对我国的投资，进一步挤占国内市场份额。这将使国内商品和服务市场出现更加激烈的竞争，使国内企业面临更加严峻的挑战，迫使国内企业必须积极实施国际化发展战略，在更广阔的空间参与国际经济竞争，去寻求新的生存发展空间，获取稀缺资源和市场份额。例如，海尔集团发展跨国经营就是在国内市场竞争日益激烈、家电领域价格战频繁发生的背景下进行的，国内市场生存空间的挤压是海尔走出去的客观要求。

2. 全球化供应链的类型

全球化供应链包括从较为初始的以国内市场为主的国际供应商，到较为高级的真正的全球化供应链等形式。下面四种类型各具特点：

（1）国际配送系统。这种系统的生产以国内为主，但有一些配送系统与市场在海外。

（2）国际供应商。在这种系统中，原材料与零部件由海外供应商提供，但最终的产品装配在国内完成；在一些情况下，产品装配在国内完成后，会再运往海外市场。

（3）离岸加工。在这种系统中，产品生产的整个过程一般都在海外的某一地区进行，成品最终运回到国内仓库进行销售与配送。

（4）全球化供应链。在这种系统中，产品的进货、生产、销售的整个过程都发生在全球的不同地区。由于经济全球化的快速推进、国际贸易的扩张，以及互联网技术的发展，使采购和销售在全球范围内进行。全球化供应链已从这些初始的模式逐渐发展到今天跨国集团的设计、采购、生产、配送和销售、服务等业务遍及全球的较为高级的全球化供应链的运作和管理模式。例如，戴尔、摩托罗拉、IBM、丰田、大众等跨国企业，就已经逐渐形成了各具特点的高级全球化供应链网络的运作管理模式。

在许多方面，全球化供应链的管理与本土化供应链管理的原理基本是一致的，只是涉及了海外的国际业务，地域覆盖更广泛。然而，正是由于包含了跨国业务，使得它的运作方式更为复杂，同时也存在着更多风险和挑战，会受多国家、多城市之间的地域、语言、货币、时差、文化、政治等因素的影响。例如，国际航运方面可能遇到地域方面的限制，订单和再订货可能遇到配额的限制，汇率变动及货币的不同也会影响支付的运作等等。目前，我国已加入世界贸易组织，国际贸易和跨国经营都面临着巨大商机和严峻挑战，为了使我国在世界经济格局中占有利地位，提高中国跨国公司的竞争能力和成本优势，开展和加强国际化供应链管理的研究和应用，就具有极为重要的意义。

3.供应链全球化的驱动力

（1）国际市场驱动力

国际市场驱动力来自海外竞争者的压力与海外消费者提供的机遇。即使对一家没有海外生意的公司而言，外国公司在本国市场上的出现也会极大地影响其自身的生意。为了成功地捍卫本国市场，公司也许有必要进军海外市场。当然，扩展海外市场也会有一定的困难，如早餐谷类食品的市场，已主要被美国的凯洛格公司（Kellogg）和欧洲的雀巢公司所占据。过去两家公司都有过进入对方国家内部市场的尝试，但都失败了，而且还遭到对方的报复，结果两家公司都只好维持现有的市场份额。

另外，许多需求增长都来源于海外市场与新兴市场。近年来，美国公司为了进入中国市场做出了一定牺牲，特别在技术所有权方面承担了巨大风险。然而，美国在全球消费市场中所占的份额也确实在逐渐下降，因而拓展海外市场在一定程度上也是美国公司不得已而为之。

（2）技术力量

技术力量也是促进供应链全球化的驱动力之一。一方面，科学技术的发展，尤其是现代交通技术和信息网络技术正在使整个世界不同区域之间的距离变小、沟通更快捷，从而使实现全球化供应链成为可能。另一方面，技术力量与产品有关。在世界各国及地区经济关联度日益密切的今天，许多成功的公司需要快速与高效地利用全球性的资源。为了实现这一目标，公司需要让研究、设计与生产场地靠近这些地区。如果供应商参与商品的设计，这一做法会特别有效。为了获得市场与技术，不同地区的公司经常相互合作，把合资工厂建在合作厂家附近。与此相适应的是，在世界各地建立研究发展机构变得越来越普通。其主要原因有两个：首先，产品周期缩短，时间变得重要起来，因而公司把研究机构建在制造厂家附近就十分方便。这一方面有利于从研究机构向制造厂家的转移，另一方面也有利于及时解决转移过程中出现的问题。其次，不同的地区拥有具有不同技术专长的专家，例如，微软公司最近就在英国剑桥设立了一个研究实验室，以充分利用欧洲的专家技能。

（3）全球成本驱动

成本问题往往决定着公司海外设厂的厂址决策。成本要素主要体现在四个方面：人力、土地、原材料和资本成本。

过去，非技术劳动力的廉价成本常常是厂址决策的决定性因素。最近，许多案例研究表明，这种廉价成本带来的竞争又时常会被其增加的运作成本所抵消。某些情况下，廉价劳动力成为设厂选址的主要原因，然而近年来，其他全球性的成本驱动力变得越来越显著。例如，廉价的技术劳动力正在逐渐成为海外设厂的主要原因。如美国公司的许多分析软件与程序设计软件都在印度生产，因为那里的程序设计成本更为低廉。

有时，很多发达国家土地和原材料匮乏，这使很多公司趋向于在土地成本低或原材料丰富及成本低的国家考虑建厂。

最后，建立新厂时，资本成本方面的考虑往往更多，甚至超过对劳动力成本的考虑。许多政府愿意提供减税或成本分摊方案来降低设立新厂的成本。另外，供应商降低价格、建立合资公司实行成本分担等因素都对厂址决策有着很大的影响。

（4）客户驱动力

为了把供应商与消费者的供应链紧密连接起来，以提高效率、降低成本，其中的有效办法往往是使供应链的不同参与方在地理上比较靠近。于是很多国际跨国企业为了实现当地化和快捷的供应服务，从而更好地服务于国际化客户，它们也跟随客户在国外设立分公司、销售渠道、服务网络等。

（5）政治和经济驱动力

政治与经济驱动力将会极大地影响国际化趋势。例如，地区贸易协议也许会促使某些公司选择进入该地区的某一个国家。在欧洲、环太平洋地区与北美自由贸易区内，原材料进口与生产都会比在其他国家或地区方便。例如，公司将产品运到贸易区，以逃避对“产成品”的征税。

类似的，不同的贸易保护措施会对全球性的供应链产生影响。关税与配额会影响产品的进口，从而也会导致公司考虑在出口国或地区投资建厂。许多微妙的贸易保护政策，包括地方保护的要求，都会影响供应链。例如，德州仪器公司与英特尔公司，它们都是美国公司，却把芯片的加工地设在欧洲；又如，日本的汽车制造厂商把生产地设在欧洲等地。资源出口限制对供应链也会产生影响：在日本答应对出口美国的日本汽车实行自愿出口限制后，日本的汽车制造商开始生产更昂贵的汽车。这也是为什么像英菲尼迪和凌志汽车出现的原因。在不同的市场上，政府采购政策对跨国公司的成功与否也会产生一定的影响。例如，在美国，国防部的产品采购中，只有50%是向美国公司购买的。

小结

随着经济全球化、区域化以及跨国企业的迅猛发展，全球化供应链趋势日趋明显，且不断壮大。本章介绍了快速反应和有效客户反应供应链的产生背景、特点及实施策略；分析讨论了传统的供应链战略方式即推动式和拉动式，并提出了一种新型的模式——推拉结合的供应链；为了减少浪费，提高资源利用率，从而降低成本，改善质量，提出了精益供应链；为了在由客户个性化需求驱动的动态市场环境中能够快速响应，提出了敏捷供应链，在此基础上，详细讨论了这两种供应链战略在企业中的应用；为适应市场需求的不确定性，提出了延迟战略，分为生产延迟和物流延迟，并讨论了它们的应用；介绍了供应链业务外包战略和全球化供应链的概念、特征及其驱动力。

问题讨论

1. 试分析QR系统的优缺点以及在企业运作中的应用。
2. 试分析ECR系统的优缺点以及在企业运作中的应用。
3. 结合现实例子谈谈推-拉结合式供应链系统在企业的应用。
4. 结合书本知识阐述精益供应链产生的特征及其原因。
5. 详细阐述精益生产的实现机制。
6. 敏捷供应链的优势是什么？
7. 分析延迟战略在供应链管理中的重要性。
8. 企业如何实施供应链业务外包战略？
9. 为什么会产生全球化供应链？

案例探讨 青啤通过战略转型升级破解了“啤酒效应”

青岛啤酒股份有限公司（以下简称“青啤”）早在1903年由德国和英国商人共同创立，是中国历史最悠久的啤酒生产企业。随着青啤的发展，青岛啤酒的供应已大大超越青岛人的需求，急需扩大销路。然而，啤酒新鲜度对啤酒口感和品质有着直接影响，长途跨省跨市运输使青岛啤酒的品质无法保证，近距离的分销网络无法解决青啤产能过剩难题。另外，由于缺乏合理的供应链管理和需求采集通道，特别在冬夏淡旺两季，青岛啤酒对需求的预测几乎完全陷入瘫痪状态，生产供应不均衡问题尤为突出。青啤并未满足现状也没向困难妥协，而是加强了其“做大做强”的决心。青啤决定扩大发展与自修内功并存，一方面走出青岛，积极扩张，扩大外部供应网络；另一方面加强内部供应链管理，解决需求预测顽疾。

青啤在近20年时间里先后“自我革命”三次，融资、扩张、重组、构建，并最终完成了全国性战略布局，并建立了中央管理的“总部一体化”供应链管理模式，在这种运营管理模式下，整体供应链形成了紧密的“卫星式企业群体”，使青岛啤酒总部成为整个供应链的核心企业，保证青啤在庞大的网络运营下，总部依然能对供应链业务起到主导作用。

在整体的供应链管理框架下，青岛啤酒全面应用信息系统，并立足重点对外部分销供应和内部供应系统两手同时抓，两手同时硬。在实施过程中青岛啤酒却并没有盲目上马，而是审时度势划分重难点先易后难的构建供应链管理体系。未来青啤的供应链信息平台管理重点将聚焦在计划平台搭建、分析的深度挖掘、移动工具的应用以及食品安全过程的全面监控上。青岛啤酒的信息化供应链管理将成为青啤新的增长点，加速推动青岛啤酒国际化进程，理顺分销体系，解扣“啤酒效应”。深度分销是供应链环节中非常重要的一环，网络合理与通畅直接影响到企业的盈利额，另外，企业与各分销环节的合作方式也是企业生死存亡的关键。

啤酒生产是青岛啤酒的核心，随着企业的扩展、集团化区域的覆盖，对分销业务的管理和客户服务水平的专业性要求不断对青啤提出更高要求。青岛啤酒以其仓库、车队及业务为基础，招商局物流以其物流网络和管理经验为基础，共同组建了合资物流公司，全面处理青啤的全国物流业务。双方建立了由专家组成的物流改革推进小组，共同制订包括合资公司表现测评、青啤市场分析、当前操作分析、当前物流成本分析、物流整合与青啤战略盈利模型、物流信息系统、总结和实施计划等方面内容的物流改革执行方案。

青岛啤酒统一规划分销网络和区域。设立中央仓和区域仓优化了全国性物资调配模式，减少了各个环节上的库存量，避免了许多不必要的库存成本消耗；通过信息系统对接，实现了合作伙伴企业之间的信息共享，促进物流通畅，提高了客户反应速度，最大限度地减少了产品生产、分销、服务的时间和空间距离，实现了对客户需求的快速有效反应，大幅度缩短订货的提前期；通过运输标准制定，使全国范围内青岛啤酒的销售区域有效半径在300公里内，运输质量大幅度提高，保证了啤酒的品质和新鲜度。

信息技术为企业的深度分销提供了必不可少的载体，是支持企业业务外包的前提条件。在合作的过程中，招商局物流将自有SAP系统与青啤现行的Oracle系统进行对接，以SAP系统作为物流执行信息系统，将库存、订单及财务等各模块的相关数据与Oracle系统中的数据进行核对，产生正确数据，为青岛啤酒销售公司的决策提供相关支持。配合新的“中央仓—区域仓—客户”网络布局的形成，青啤实施营销管理模式的改革，调整了青啤各分公司的职能，将各销售分公司改制为办事处，取消其原有的物流职能，专注于市场开拓。

对于青啤而言，解决深度分销问题，仅仅解决了外部供应渠道拓展的问题，内部供应链管理依然是青啤成长的一块短板，只有理顺了内部供应链才能实现生产过程的精益。啤酒需要经历发酵、制作等工艺，一般的制造周期是半个月到一个月，受淡旺两季的影响，啤酒需求的波动非常明显，销售计划不能通过通畅的供应链条传递给生产环节，生产犹如盲人摸象般混乱。另外，业务链条环节长，内部管理幅度增大，财务审批反应慢，缺乏有效的信息沟通平台，不同部门不同岗位相互间以邮件的方式传递各自的需求信息，随之出现的问题是更改变动大、变动追溯难，最终需求版本确认低，相互间责任推诿严重。

青啤为适应不断扩大和继续扩大的业务需求，决定构建以青啤总部为核心的卫星式供应链管理模式，青岛啤酒历时十几年逐步通过“特区制”、“事业部制”和“总部一体化制”三步管理模式的转型，完成了集团统一供应链管理平台的搭建。在这种模式下，青啤总部在供应链中扮演了“中心”的角色，是组织结构的调整中心、信息的交换中心、物流集散的调度中心、多阶相应周期的控制中心。也只有在这种管理模式下，青啤总部才能在供应链管理中占据主动地位，对供应链的业务起主导作用，在供应链决策中产生严重分歧的可能性较小，这也更利于供应链管理。

青啤的内部供应链管理是建立在统一平台上，在这个平台上，从供应商、生产厂到销售公司、办事处，再到一级批发商、二级批发商，形成了一个完整的链条。通过供应链管理平台，以智能、全程可视、实时响应的方式为渠道提供各种增值服务，使整个供应链的参与方高效协同，减少整个供应链上的存货数量，加速对客户需求的反应能力，通过协同为最终客户创造价值。

同时，青啤透明的供应链管理平台，更利于对分销渠道管理，包括客户信息的全面收集、实时处理，客户的消费规律分析等，提出个性化的客户关怀、客户服务方案，提升客户服务水平，加强对市场掌控。

（根据公开的网络资料整理）

问题：

1．啤酒供应链管理的不协调表现在什么地方？

2．青啤战略转型升级包括哪些方面？

3．青啤在供应链管理方面可以给其他企业什么借鉴？

主要参考文献

［1］赵林度，王海燕.供应链与物流管理［M］.北京：科学出版社，2011.

［2］徐杰.采购管理［M］.2版.北京：机械工业出版社，2009.

［3］许淑君.现代物流管理［M］.上海：上海财经大学出版社，2013.

［4］龚国华，吴嵋山，王国才.采购与供应链［M］.上海：复旦大学出版社，2008.

［5］骆温平.物流与供应链管理［M］.北京：电子工业出版社，2013.

［6］马士华.供应链管理［M］.武汉：华中科技大学出版社，2010.

［7］曹雄彬.供应链管理［M］.2版.北京：机械工业出版社，2010.

［8］朱道立，龚国华，罗齐.物流和供应链管理［M］.上海：复旦大学出版社，2011.

［9］杨华龙.物流实务全解［M］.大连：东北财经大学出版社，2009.

［10］辛奇-利维，等.供应链设计与管理［M］.季建华，季晓峰，译.2版.北京：中国财政经济出版社，2004.

［11］辛奇-利维，等.供应链设计与管理［M］.季建华，季晓峰，译.3版.北京：中国人民大学出版社，2010.

［12］乔普拉，彼得·迈因德尔.供应链管理［M］.陈荣秋，等，译.北京：中国人民大学出版社，2008.

［13］利恩德斯，弗雷泽·约翰逊，哈罗德·费伦.采购与供应管理［M］.张杰，等，译：北京：机械工业出版社，2009.

［14］克里斯托弗.物流与供应链管理［M］.何明珂，等，译.4版.北京：电子工业出版社，2012.

［15］鲍尔索克斯.供应链物流管理［M］.马士华，等，译.3版.北京：机械工业出版社，2010.

［16］莱桑斯，法林顿.采购与供应链管理［M］.鞠磊，等，译.北京：电子工业出版社，2007.

［17］马士华，林勇.供应链管理［M］.4版.北京：机械工业出版社，2014.

［18］刘宝红.采购与供应链管理：一个实践者的角度［M］.北京：机械工业出版社，2012.

［19］谢家平，迟琳娜.供应链管理［M］.上海：上海财经大学出版社，2012.

［20］许淑君.现代采购管理［M］.上海：上海财经大学出版社，2014.

［21］刘宝红.采购与供应链管理：一个实践者的角度［M］.2版.北京：机械工业出版社，2015.

［22］乔普拉，迈因德尔.供应链管理［M］.陈荣秋，译.5版.北京：中国人民大学出版社，2013.

［23］宋华.供应链金融 ［M］.北京：中国人民大学出版社，2015.

［24］郑艳玲.供应链增值［M］.北京：中国人民大学出版社，2013.

［25］姚建明.战略供应链管理［M］.北京：中国人民大学出版社，2014.

［26］李海刚.电子商务物流与供应链管理［M］.北京：北京大学出版社，2014.

［27］查先进，严亚兰.供应链管理［M］.武汉：武汉大学出版社，2013.

［28］刘志学.国际物流与供应链管理［M］.北京：电子工业出版社，2011.

［29］夏春玉.物流与供应链管理［M］.大连：东北财经大学出版社，2013.